新编21世纪公共管理系列教材
城市管理系列

中国城市管理史概论

郑 国 编著

Introduction to the History of Urban Management in China

中国人民大学出版社
·北京·

内容简介

《中国城市管理史概论》是中国城市管理领域的第一部通史性教材。全书采用国家与社会、城市与乡村、知识与行动、历史与制度、传统与现代五种理论视角进行分析，系统阐述了自先秦以来的中国城市管理发展史。本书通过系统梳理中国城市管理制度和知识的“源”与“脉”，阐释中国主要历史时期城市管理的核心内容及其传承关系；通过与同时期国外城市管理制度的比较，凸显中国城市管理制度的特色及其形成逻辑；通过分析中国共产党城市治理思想的演进脉络，以及当代中国城市治理所取得的成绩，进一步将“人民城市人民建，人民城市为人民”的思想有机融入“谁管城市、管什么和怎么管”等城市管理学的基本问题之中。

“欲知大道，必先为史。”本书强调，中国城市历史悠久，古代城市管理思想博大精深，传统城市管理制度自成体系。要想更好地把握中国城市管理的未来，必须追本溯源，探求中国传统城市管理的基因及其发展脉络。构建植根于中国传统又适应现实发展需要的城市管理制度，是发展中国城市管理知识体系和形成学科身份认同的基本路径。

作者简介

郑　国　中国人民大学公共管理学院教授、博士生导师。主要从事城市与区域规划方面的教学和科研工作，在区域发展战略、城市规划理论、文旅产业发展、城市管理史等领域具有较强的影响力。讲授“中国城市发展史”“城市发展与管理史”“城市发展战略规划”等课程。被评为中国人民大学2021—2022学年教学标兵。出版《城市发展与规划》《国内外数字化城市管理案例》《开发区发展与城市空间重构》《城市发展阶段与阶段性空间结构模式》等著作多部；在《城市规划》《城市规划学刊》《旅游学刊》以及*Cities*, *China Economic Review*, *Habitat International*等国内外核心期刊上发表学术论文50余篇。主持和参与多项国家自然科学基金项目、国家重要战略区域和城市规划项目。

出版说明

现代意义上的公共行政与公共管理研究和教育始于 20 世纪初。时至今日，随着公共管理职业化的发展，公共行政与公共管理的研究和教育事业在许多国家方兴未艾。自 20 世纪 80 年代起，为了适应政府改革与公共管理人才培养的需要，我国的公共行政与公共管理研究和教育在经历了发展的挫折之后，开始了恢复和重建的工作。经过多年的发展，特别是公共管理一级学科的设置和我国公共管理硕士（MPA）教育的启动以及高校公共管理类本科专业的大量开设，公共管理已成为当代中国社会科学和管理科学领域的一个充满生机活力、具有远大发展前景的学科。

为了满足广大高校公共管理类专业的教学需要，在历届教育部高等学校公共管理类学科专业教学指导委员会的指导和支持下，中国人民大学出版社自 1999 年起，陆续出版了“21 世纪公共行政系列教材”“21 世纪公共管理系列教材”“21 世纪公共事业管理系列教材”“公共管理系列教材”“公共管理核心课程系列教材”等多个系列教材。这些教材被国内高校公共管理类专业广泛选用，并得到了公共管理学界的支持和认可，数十种教材被评为“十五”“十一五”“十二五”国家级规划教材、普通高等教育精品教材，以及各省市精品教材、规划教材，为我国公共管理学科发展和人才培养做出了积极的贡献。

我国高等教育改革的进一步深化，以及新技术和新媒体的不断发展，对高校教材提出了更高的要求。为了回应这种要求，我们在广泛调研的基础上，对上述系列教材进行整合和提升，推出“新编 21 世纪公共管理系列教材”，以满足国内高校公共管理一级学科下设的行政管理、公共事业管理、劳动与社会保障、土地资源管理、城市管理、海关管理、交通管理、海事管理、公共关系学、健康服务与管理等专业的教学需要。

“新编 21 世纪公共管理系列教材”将秉承中国人民大学出版社“出教材学术精品，育人文社科英才”的宗旨，从公共管理教育的特点出发，为广大高校公共管理类专业师生提供一套高质量的教材。在教材编写和内容安排上，“新编 21 世纪公共管理系列教材”强调基础知识、基本理论和基本技能，同时，也尽可能地体现创新性和前沿性，反映相关领域理论与实践的最新发展情况。

“新编 21 世纪公共管理系列教材”由中国人民大学、中山大学、北京大学、清华大学、复旦大学、厦门大学、武汉大学、浙江大学、吉林大学、东北大学、北京师范大学、山东大学、四川大学、暨南大学、西北大学等著名高校的知名学者领衔著述。我们期望通过这种强强联合、优势互补、资源共享的方式，为公共管理学界奉上一套体现系统性、权威性、通用性，并兼具创新性、前沿性、启发性的精品教材。

公共管理的实践是不断发展和变化的。随着公共管理实践的不断发展，公共管理学科研究的范围、主题和内容也在不断地发展和变化。我们将紧跟公共管理学科的发展，与所有作者一起，不断对本套教材进行修订和完善。望广大读者给我们反馈信息，对本套教材提出批评和建议，以使我们能够在所有读者和作者的帮助下，与中国公共管理学科共同成长。

中国人民大学出版社

总序

“新编 21 世纪公共管理系列教材”城市管理系列终于面世，这是中国人民大学公共管理学院城市规划与管理系教师团队联合兄弟院校教师，长期合作、共同努力的结果，希望可以有效助力我国城市管理专业本科教育与人才培养的高质量发展。

习近平总书记 2014 年 2 月在北京市考察工作时的讲话中指出：“城市管理是一门科学，需要精心打理，打理好了还有很多可以扩展的空间。”① 这里的“空间”，可以理解为物理空间，也可以理解为高质量发展的路径和举措。建设和发展好城市管理学，为国家培养城市管理专业人才，是国家高质量发展和实现社会主义现代化强国的重要保障。正如习近平总书记 2020 年在浙江考察时强调的，“推进国家治理体系和治理能力现代化，必须抓好城市治理体系和治理能力现代化”②。

我国城市管理专业起步早，发展道路曲折，当前学科发展水平和人才培养的规模、结构与质量还远远不能满足城市管理现代化的需要。中国当代行政学的奠基人之一夏书章教授早在新中国成立初期就在中山大学开设了市政学课程。1952 年全国高校院系大调整时，市政学课程被撤销。1985 年，经国家教育委员会批准，北京经济学院（首都经济贸易大学前身）正式设立城市管理专业并开始招生。1989 年受院系调整的影响该专业被合并到经济系，1994 年停止招生。直至 2000 年我国没有高校正式开设城市管理专业。进入 21 世纪，为了适应国家城镇化快速发展的需要，我国城市管理专业进入快速发展阶段。2001 年，云南大学率先开设城市管理专业，至目前全国有 80 余所高校设立了城市管理专业或者系所，其中有 40 余所高校的城市管理本科专业设立在公共管理相关学院，其他高校主要开设在工程规划类学院、经济学院、文法类学院以及一些独立学院。2004 年教育部把城市管理专业列入高等院校本科专业目录外的招生专业；2012 年教育部重新修订目录时将城市管理正式纳入其中，专业代码为 120405。

---

① 中共中央党史和文献研究院．习近平关于城市工作论述摘编．北京：中央文献出版社，2023：77.

② 同①114.

党的十八大以来，中国特色社会主义进入新时代，全国进入新型城市化高质量发展时期，城市管理成为城市化和城市高质量发展的主要抓手，城市管理专业人才十分短缺。应时代需要，各地城市管理专业发展如雨后春笋，方兴未艾。但是作为新兴学科，尤其是面对极其复杂的城市巨系统，城市管理学学科建设、课程建设基础薄弱，许多学校都是“白手起家”，迄今为止全国还没有一套适合于城市管理专业本科教学使用的成套教材。如何选择教材、教授课程，是我国许多高校城市管理专业高质量发展的最大难题，也是其实现高质量发展，为国家培养合格城市管理专业人才的关键环节。

中国人民大学城市规划与管理系创立于2006年，所开设的城市管理专业是全国办学较早的，师资力量强、教学体系完备、社会影响力大。历经多年的不懈探索和创新发展，其城市管理专业课程建设和教材建设逐步走向成熟，1门课程入选国家级一流课程，2门课程被评为中国人民大学金课，3门课程的授课教师被评为中国人民大学教学标兵。2020年，中国人民大学城市管理专业被评为首批国家级一流本科专业，专业建设的水平和前沿性得到国家的认可。全系教师经过多年的不懈努力和细致打磨，陆续编写完成高质量的城市管理本科专业系列教材，为我校城市管理专业持续高质量发展提供新的平台，也希望为兄弟院校人才培养和学科建设提供教材与知识支持。

“新编21世纪公共管理系列教材”城市管理系列首批书目主要是根据中国人民大学城市管理本科专业培养方案专业核心课程确定的，包括15本教材：《城市管理学》《城市经济学》《城市地理学》《城市技术学》《城乡基层治理》《社区发展与治理》《建筑学概论》《城市总体规划原理》《城市规划管理》《中国城市管理史概论》《城市交通治理与政策》《地理信息系统与智慧城市治理》《城市公共财政管理》《城市公共事业智慧治理》《城市研究设计与方法》。中国人民大学城市管理专业的核心课程知识结构的基本框架是“4+N”模式，即4个学科领域的理论知识结构——管理学、经济学、社会学和规划学，以及N类分析与研究方法——城市规划设计方法、大数据及其应用、智慧城市治理方法、计量经济学、统计学等。教学目标是：学生通过课程体系的学习，可以读懂城市，以整体性视角把脉城市，并提出城市发展的系统性政策建议。

本系列教材具有以下特点和优势：第一，集中体现党和国家意志。系列教材以习近平新时代中国特色社会主义思想的核心要义、科学内涵和实践要求为根本遵循，全面介绍和阐释中国特色城市发展与治理的基本立场、观点和方法，突出原文原著进教材，注重系统整体设计、有机融入。第二，扎根中国大地，努力构建中国城市管理学自主知识体系。系列教材将带领读者深入实践，了解我国城市治理现代化发展过程中的伟大成就和优秀实践，直面当前我国城市治理面对的一系列严峻挑战和复杂问题，在学习、引入和反思传统城市治理理论的基础上，努力建构具有中国特色的城市治理理论与方法，并将大量案例研究成果写进教材，帮助读者掌握前沿理论，深刻了解国情，引导读者提高理论学习的自觉性，增强责任感、使命感。第三，顺应大数据时代的变化，将基于现代信息技术分析城市数据的相关方法广泛运用在教材中。城市每天都在产生海量数据（大数据），利用以机器学习、深度学习为代表的前沿方法对这些数据进行统计、分析和挖掘，将会创造意想不到的价值。系列教材高度重视充分发挥信息和数据的作用，旨在挖掘大数据和前沿技术在城市治理场景中的巨大潜力，运用科学研究方法把握民情、收集民意，做好事前预测、智慧监管、科学决策，以提供更好的、节约成本的个性化服务，建设智慧城市，推动城市治理体系和治理能力现代化。

中国人民大学城市管理专业的突出特点是综合性和规划管理领域的专业性，系列教材首批书目的知识结构也突出了综合性、基础性和规划专业特性。但是，城市治理许多领域的专业课程尚未纳入首批教材书目，包括城市生态治理、城市人口与社会治理、城市环境治理等。我们真诚欢迎兄弟院校城市管理学科具有相关课程教学经验的教师加入我们，一起完善本系列教材。我们期待和全国高校城市管理学科的学者们一起，把“新编 21 世纪公共管理系列教材”城市管理系列建设好，为培养新时代城市管理人才提供有力支撑。

叶裕民

前言

国家治理体系和治理能力现代化被誉为中国第五个现代化，是实现其他四个现代化的前提和基础。随着城市化的快速推进，城市治理已经成为国家治理的主要内容。2011年，中国城镇化率突破50%，这意味着中国进入以城市社会为主体的新时期。党的十八大以来，以习近平同志为核心的党中央不断加强党对城市工作的领导，先后召开中央城镇化工作会议和中央城市工作会议等一系列重要会议，对推进以人为本的城镇化和城市治理工作作出战略部署，走出了一条具有中国特色的城市发展道路。到2022年底，中国城镇化率增至65.22%，已经达到中等收入国家城镇化的平均水平，全国城镇常住人口有92 071万，人数远远超过世界其他国家。在此背景下，实现城市善治是继续推进国家治理现代化的重要基础，也是实现中华民族伟大复兴的先决条件。党的二十大报告也明确提出，“加快推进市域社会治理现代化，提高市域社会治理能力”。

实现城市善治需要“善制”。中国城市历史悠久，传统城市管理制度自成体系。晚清以后，随着各种西方知识的传入，中国城市管理制度开始发生变化。新中国成立以后，中国共产党领导全国人民积极探索、不断创新，形成了具有中国特色的城市管理制度体系。党的十九届四中全会提出要坚定制度自信，并将其作为道路自信、理论自信和文化自信的依托。制度自信的基础是制度自觉，也就是要明白中国特色城市管理制度的源起、形成过程、特色和发展趋势。“知来路，晓自我”，才能“明去处”。有了制度自觉，才会有制度自信，具有在新的时代条件下进行选择和提升的能力，也就能以“中国之制”推进“中国之治”、以“城市善制”推进“城市善治”。

城市善治也需要“善知”。中国古代城市管理思想博大精深，传统的城市管理知识自成一体。近代以后，随着各种西方知识的不断传入，中国城市管理知识出现了从内生到外生的变化。改革开放以后，中国的城市管理取得了巨大的成就和丰富的经验。但由于自主知识体系建构不足，学术研究和学科发展长期由西方理论和话语体系主导。2017年5月，中共中央印发《关于加快构建中国特色哲学社会科学的意见》，提出构建有中国特色、中国风格、中国气派的学科体系、学术体系和话语体系。2022年4月25日，习近平总书记在中国人民大学考察调研时进一步指出："加快构建中国特色哲学社会科学，归根结底是建构中国自主的知识体系。"中国自主知识体系是以中国人作为认知主体获得的对过去、当下与未来的真理性的认识。因此，必须追本溯源，探求中国城市管理知识的基因及其发展脉络，理清各种知识之间的关系，这是构建中国城市管理学科知识体系和形成学科身份认同的必要之举。

了解中国城市管理的历史，才能把握中国城市管理的未来。本书通过对中国城市管理制度和知识的"源"与"脉"进行深入系统的梳理，来分析主要历史时期中国城市管理的特点；通过与同时期国外城市管理的比较，帮助读者把握中国特色城市管理的形成过程和逻辑。同时，本书系统阐释了党的城市治理思想的演进脉络和取得的经验，将党的"人民城市人民建，人民城市为人民"的思想有机融入"谁管城市、管什么和怎么管"等城市管理学的基本问题之中，将思政之"盐"融入城市管理专业课程之"宴"中。

历史是丰富多彩又错综复杂的，根据历史学、地理学、公共管理学、城市规划学等学科的丰富研究成果，通过在浩瀚的文献中爬梳剔抉，才形成了这本关于中国城市管理的通史性教材。在此向本书写作过程中所有参阅文献的作者表示衷心感谢，如果没有你们打下的坚实基础，本书不可能诞生。也对在本书编写过程中参与资料收集、图片制作、文字校正的岳严、刘舸、林政彧、马国栋、何娟、卢思远、行鸣、龙子洋、王磊、周硕、贺嘉麒等同学表示感谢。

作为第一部中国城市管理史教材，本书存在许多问题和不足。因此，恳请广大读者和同行提出批评、建议和意见。希望在读者和同行的帮助下，本书得以不断修正和完善，与中国城市管理学科共同进步。

郑　国

目录

第 1 章 导　论

第 2 章 先秦的城市管理

第 3 章 秦汉时期的城市管理

第1章

导　论

知识的生产和积累是学科发展的基础，而概念又是知识的基本单元。本章首先介绍城市、管理、城市管理和历史等核心概念，然后阐释中国城市管理知识的三个来源，强调历史知识的重要性，最后介绍国家与社会、城市与乡村、知识与行动、历史与制度、传统与现代等五种理论视角，帮助读者了解本书的写作思路和主要内容。

重点问题

- 城市、管理和城市管理的含义
- 历史的含义
- 中国城市管理知识的生产途径
- 学习和研究城市管理史的主要理论视角

1.1　概念阐释

概念是对事物或现象本质属性的反映，是知识的基本载体，也是知识交流和学科发展的基础。由于社会事物或现象通常具有抽象性，对其本质的认识常常带有主观性，因此社会科学面临的第一个问题就是对概念的认识问题。与城市管理史紧密相关的核心概念是城市、管理、城市管理和历史，本章首先对这些概念进行阐释。

1.1.1　城市

“城市是什么”和“什么是城市”是任何一个研究城市、规划城市和管理城市的人都会思考的两个问题。前者是关于城市的定义，后者是关于界定城市的标准。虽然人们对现代城市有一个大体相似的认识，但一旦试图对其进行科学定义和准确界定就会陷入迷茫。古今中外许多知名学者、各类词典以及相关学科都尝试对城市下定义，但迄今为止仍没有一个能被普遍接受的定义。城市也从来没有统一的界定标准，尽管许多国家根据当代城市的特征，制定了以人口规模和密度为主要指标的界定标准，但要在城市与乡村之间准确地划出一条界线是一件非常困难的事情。产生这两个问题的根源在于，不同历史时期的城市现象和特征存在显著差异。离开了城市发展的历史背景，我们就很难去认识和理解城市。因此，本书不对城市进行明确定义和准确界定，而是将城市视为一个历史现象，根据不同历史时期的政治、社会和经济背景，从动态的角度认识城市、把握城市。

1.1.2 管理

管理学作为一门科学，于20世纪初诞生于西方。现代管理学通常将“管理”定义为管理者在特定的环境下，对组织的各类资源进行有效的计划、组织、指挥、协调和控制，以实现组织目标的活动。但是，与对城市的定义类似，对管理的定义也没有达成普遍共识。本书将管理视为一种社会实践，这与现代管理学之父彼得·德鲁克（Peter Drucker）“管理既不是一门科学，也不是一门艺术，管理就是实践”的观点一致。管理活动伴随着人类社会的诞生而产生，伴随着社会发展而不断成熟。中国拥有悠久的历史和文明，自然具有悠久的管理实践和丰富的管理思想。与西方现代管理相比，中国传统管理具有自身的特色：一是中国传统管理实践侧重于政治和社会领域，而西方现代管理侧重于经济领域。二是在政治领域，中国传统管理的核心是完善君主专制制度，而西方首先探讨的是政体选择问题。三是在社会领域，中国传统管理强调的是稳定和秩序，儒家伦理是其主导法则。即使在商业领域，中国传统商人也是“一手拿算盘，一手拿《论语》”①。而西方现代管理关注企业效率和效益，在社会领域也是侧重于价值计算。

1.1.3 城市管理

在当代中国，对城市管理的理解和认识通常有四种：

（1）一种社会实践。城市管理是人类社会管理实践的重要组成部分，有了城市也就有了管理城市的实践，这种实践随着城市发展和城市问题增多而不断扩展。改革开放以来，我国经历了世界历史上规模最大、速度最快的城镇化进程，在取得举世瞩目成就的同时也产生了诸多城市问题，城市管理因此受到社会各界的高度关注。城市管理实践可以分为两个层面的内容：一是宏观层面的城市管理体制，包括国家对城市的管理制度和城市管理组织架构两个方面；二是城市内部社会经济的管理方式，也就是各种城市问题的应对之策和解决之道。在不同政治体制和历史环境下，这两个层面的城市管理实践都存在显著差异。受中国特色管理思想的影响，中国城市管理和西方城市管理也存在明显

---

① 吴照云，李晶．中国古代管理思想的形成轨迹和发展路径［J］．经济管理，2012（7）．

的差异。相对而言，中国城市管理在国家层面与西方的差异更为显著，而在城市层面相似性较强。

（2）一个行政部门的管理活动。20 世纪 80 年代中期，我国各个城市相继成立了市容管理机构，主要负责环境卫生和城市绿化。20 世纪 90 年代中期，为提高行政执法效率，北京市宣武区率先成立了城市管理监察大队，开展城市管理综合执法的试点工作。进入 21 世纪后，这一做法在全国普遍推行，许多城市相继成立了城市管理局。2016 年 10 月，住房城乡建设部设立了城市管理监督局，形成了从地方到中央的城市管理执法体系。2017 年 5 月，住房城乡建设部颁布了《城市管理执法办法》，为全国城市管理行政机构的执法活动提供了制度保障。

（3）一个本科专业。1985 年，北京经济学院（现为首都经济贸易大学）开设了我国第一个以“城市管理”为名的本科专业，但不久后就停办了。进入 21 世纪后，云南大学、北京大学、中国人民大学、中央财经大学等一批高校开始自设城市管理本科专业，首都经济贸易大学的城市管理专业也于 2004 年恢复。2012 年，教育部颁发《普通高等学校本科专业目录（2012 年）》，将城市管理正式列入其中，此后一大批高校开始设立城市管理本科专业。

（4）一个快速发展的学科。学科与专业并非同一概念，但经常被混为一谈。改革开放以来，我国先后设置了诸多城市相关学科，如城市规划学、城市社会学、城市经济学、城市地理学等，其中城市规划学于 2011 年成为一级学科。根据库恩的范式理论和华勒斯坦的学科规训思想，判断一个学科形成的标准主要有：明确的学科范围和学科边界、具有内在逻辑的学科知识体系、成熟的研究方法以及完善的学科社会建制。从这些标准来看，我国的城市管理学还不是一门成熟的学科，只能算是一个研究领域。① 随着城市管理实践的广度和深度不断拓展、行政管理部门业务需求不断增加、本科专业扩张和众多城市管理学者的共同努力，城市管理学将得到快速发展并不断走向成熟。

本书所指的城市管理以第一种理解为主，即主要从国家层面和城市层面来展开对城市管理的论述；但同时也兼顾其他三种认识，尽可能对城市管理进行全面的介绍。

1.1.4 历史

对于历史有三种不同的理解：一是指过去的事。这是客观的历史，是不以人的意志为转移的。但对于过去发生的事情，现代人知之甚少，要完整还原过去的事情是天方夜谭。城市是一个复杂的巨系统，要完整再现城市的过去不仅不可能，也没有必要。事实上，我们不仅不能还原过去的城市，对于当下的城市，我们的认识也是支离破碎的。二是指对过去发生的事情的反映。过去发生的事情有一些会通过器物、建筑、文字、艺术和语言等形式流传至今，通过它们可以推测和在一定程度上还原过去发生的事情。城市是人类文明的结晶，也是人类文明的重要标志。城市的历史遗存非常丰富，考古学和历史学在这方面已经取得了非常丰硕的成果，这为我们了解城市的过去提供了重要支撑。

---

① 姜杰，张新亮，司南．城市管理学科发展的基础性问题分析［J］．中国行政管理，2014（3）．

三是对过去的认识。客观的历史遗存通过人们的加工形成了对过去的认识，这个过程不可避免地具有主观性，同样的历史遗存通过不同人的加工会形成不同的认识。① 学习和研究历史必然是一种有意识的选择的活动，这正如哲学家卡尔·波普尔（Karl Popper）所言："没有观点就没有历史，历史必定是有选择的，否则历史就会被一大堆不相干的乏味材料所塞满。"② 因此，本书的目的不是去完整还原中国城市管理的过去，而是基于我们对现代城市和当代城市管理的认识，利用相关史料回溯过去，以求"通古今之变，成一家之言"。

1.2 城市管理知识

知识积累和结构化是学科形成的必要条件，要使城市管理从一个研究领域发展成为一个成熟的学科，一个至关重要的任务就是建立学科知识体系。当前我国城市管理的知识生产有三条路径。

第一条路径是向西方发达国家学习，借鉴西方城市管理的相关理论和实践经验。由于西方城市化比中国早，遇到和解决各类城市问题的时间也比中国早，因此学习西方城市管理知识具有合理性，这也是全球化时代知识生产的必需之举。但是，中国城市与西方城市的发展逻辑不同，政体和思想文化也不一样，国家层面的城市管理体制迥异，难以模仿和借鉴。虽然城市内部社会与经济管理具有较强的相似性，但因国家层面上城市管理体制的差异性，西方的理论和实践引入中国后常常"水土不服"，难以有效解决中国城市面临的现实问题。

第二条路径是直面当前中国城市管理的重大问题，基于国内城市的管理实践开展实证研究。实践出真知，中国的城市管理知识建构必须扎根于丰富的城市管理实践，否则我们将会错过从一流的实践中汲取营养和发展壮大的时代机遇。③ 因此，"从实践中来，到实践中去"也是解决中国城市管理现实问题的必由之路。但是，当前中国城市问题多种多样、层出不穷，由于缺少核心理论的支撑，实证研究常常"只见树木，不见森林"。缺少理论指导的实践是盲目的实践，只能"摸着石头过河"，即使偶尔走上了正确的道路也容易得而复失。

第三条路径是从历史中寻求出路。"欲知大道，必先为史。"中国城市历史悠久，管理思想博大精深，管理制度自成体系。在漫长的农业社会中，农业的稳定性决定了城市发展的稳定性，儒家思想和中国传统治国理政的基本制度又具有极强的传承性。因此城市管理制度与中国传统制度文明都得到了较好的传承。到了晚清，中国遭遇了"三千年未有之变局"，很多人认为中国从此进入了一个与传统割裂的时代。在国外，中国近现代史一度被"西方冲击-中国回应"的解释模式所主导，西方学者认为中国近现代的发展是

---

① 张汉林．由历史的本质反思历史教学［J］．中学历史教学参考，2004（7）．

② 波普尔．历史决定论的贫困［M］．上海：上海人民出版社，2015.

③ 薛澜，彭宗超，张强．公共管理与中国发展：公共管理学科发展的回顾与前瞻［J］．管理世界，2002（2）．

以对传统的否定为代价的。[①] 在国内，在相当长一段时期内出现了以洋为美、以洋为尊和贬低、漠视中国传统的现象。

但是，20 世纪 60 年代以后，西方对中国近现代史的研究发生了“由外至里”的转变，即从以“西方冲击-中国回应”为主导转向以“中国中心观”为主导。越来越多的西方学者认为，从更长的时间维度来看，西方对中国的影响其实非常有限，并未导致中国产生根本性的变化。[②] 在国内，传统文化和制度也随着国家实力的增强而受到重视，越来越多的学者开始关注中国历史的内在逻辑和制度韧性。他们认为传统在现代化过程中依然发挥着不可替代的作用，仍然是塑造中国现代化的中坚力量[③]，因而中国现代化的方式明显有别于西方发达国家和印度等发展中国家。[④] 城市管理也是如此，虽然现代城市和传统城市在经济领域存在巨大差异，但在社会文化领域的差异相对较小，中国传统的城市管理制度并未中断和割裂。

要想理解现在，必须认识过去，不忘历史才能创造未来。传统能给予人们安全感和归属感，当前中华民族正处于伟大复兴的重要时期，传统的作用正在进一步受到重视。要想系统把握我国城市管理，必须追本溯源，探求中国传统城市管理的基因及其发展脉络，结合工业化和城市化的时代特点对其进行创造性转化，促使其创新性发展。构建植根于中国传统又适应现实发展需要的城市管理制度，是发展中国城市管理知识体系和形成学科身份认同的基本路径。[⑤]

1.3 分析视角

人类社会关系错综复杂，为了便于理解和比较，不同学科的学者提取出一些最基本的关系，将之上升为抽象的理论框架。这些理论框架对于深入了解人类社会至关重要，也是本书分析城市管理历史的基本视角和重要理论支撑。但作为一种“人造学术工具”，这些理论框架无论多么严谨，都必然存在局限和盲区，不能等同于人类社会的现实。[⑥] 为了避免以偏概全，本书从国家与社会、城市与乡村、知识与行动、历史与制度、传统与现代五种理论视角进行分析，以更加全面地把握中国城市管理的历史演进。

1.3.1 国家与社会

国家与社会是人类组织和维持秩序的两种基本形式，国家通过法律和行政手段管理人民，社会则凭借传统、习俗与道德的力量约束个人。在西方国家与社会的研究中，学

---

① 肖文明．宏大叙事的探寻与中国中心观的再思考［J］．学术研究，2016（5）．

② 柯文．在中国发现历史：中国中心观在美国的兴起［M］．北京：中华书局，2002.

③ 姚新中．传统与现代化的再思考［J］．北京大学学报（哲学社会科学版），2015（3）．

④ 张笑川．本土环境与西方冲击互动中的中国通商口岸［J］．史林，2006（1）．

⑤ 朱正威，吴佳．面向治国理政的知识生产：中国公共管理学的本土叙事及其未来［J］．中国行政管理，2017（9）．

⑥ 钱杭．血缘与地缘之间：中国历史上的联宗与联宗组织［M］．上海：上海社会科学院出版社，2001.

者们提出了多种类型的关系模式，大体可以分为两个派别：一派主张以国家为中心，提出安全国家模式和普遍国家模式；另一派则以社会为中心，提出立宪国家模式和最小限度国家模式。20 世纪 90 年代以后，随着市民社会的兴起，国家与社会的关系从传统的“国家-社会”二分法向强调国家与社会互动转变，西方学者提出了“国家在社会中”“国家与社会共治”等理论。①

中国传统的国家与社会的关系也是西方学者关心的一个话题。受黑格尔“中国是一个没有社会的国家”和魏特夫“东方专制主义”等观点的影响，西方学者对中国国家与社会关系的认识曾长期以“国家凌驾于社会之上”为主导，认为国家通过一系列制度和暴力机构对社会进行控制，只有在国家暴政危及民众生存时，社会才以暴力的形式进行反抗。国内外诸多学者对此进行了质疑，20 世纪 80 年代以来，一些学者结合明清时期中国乡村的实际提出了“士绅社会”“宗族社会”等解释古代中国国家与社会关系的经典理论，认为中国传统的国家与社会的关系并非西方传统理论所认为的那样，并不是非此即彼的关系。

城市是国家与社会关系的交汇之地，城市管理既包括国家通过法律和行政规章约束市民，也包括社会通过习俗和道德规范市民。里坊是中国古代城市的基本居住和管理单元，既是国家权力在城市的末梢，也是城市居民的基本生活场域，因而里坊是分析城市中国家与社会关系的焦点。在不同的历史时期，国家和社会这两种力量在城市中的强弱和相互关系是不一样的。在不同行政级别的城市，国家和社会这两种力量也有较大的差异，首都与地方城市的差异尤为明显。本书将国家视为从中央到地方的各级政府机构以及支撑其运行的法律法规，将社会理解为除国家之外的各种社会组织及其运行规则，分析不同历史时期国家和社会对城市管理的作用和意义，同时关注首都和地方城市的区别。

1.3.2 城市与乡村

城市与乡村是人类社会组织和空间组织的两种基本形式，两者相伴而生。要想理解城市，必须将其与乡村相对照。要想理解城市管理，必须将其与乡村管理进行比较。

从总体上看，人类社会的城乡关系和城乡治理模式经历了“合—分—合”三个阶段：在农业社会，农业是整个社会的基础，城市依附于乡村。工业革命以后，城乡开始分离，形成“城市-工业”和“乡村-农业”的地域格局。进入工业化后期，城乡再次融合，但此时是以城市文明为主体的融合。与此相一致，在农业社会，由于农民和农业是整个社会的基础，因此乡村是国家治理的重点，对城市的管理也是按照乡村管理方式进行的。进入工业社会后，城市和乡村采用不同的管理体制和管理模式。到工业社会后期，城市和乡村在经济和社会方面的差异减弱，城乡治理模式由城乡分治转变为城乡合治。

本书主要从两个方面来考察城市与乡村的关系：一是城市与乡村的差异，主要是功

---

① 石德生，李云．“国家与社会”理论模式的历史演进［J］. 求索，2009（10）.

能和规模的差异。在不同的历史时期，城市功能的侧重点是不同的，因此城市管理的重点也不一样，而乡村的功能相对稳定。城市因聚集而形成规模，因规模扩大而产生各种城市问题，城市管理也必然产生相应变化。大城市与乡村的差异更为显著，因此本书将重点关注各个历史时期的大城市在城市管理方面的表现。二是城市与乡村的联系，包括经济和人口方面的联系。在经济上，城市和乡村都具有生产和消费功能，但不同历史时期两者的重要性和互补性存在较大的差异。在人口方面，本书重点考察城乡人口流动和对应的户籍制度。

1.3.3 知识与行动

作为一项社会实践活动，城市管理的核心在于“行”。人类行为动机错综复杂，经济学以“经济人”为假设，认为人们从自身利益出发，全面考虑所有成本和收益，然后作出理性的决定。但自 20 世纪 60 年代，这一观点开始受到批判。其中一个批判逻辑是：受知识和信息的制约，人们很难准确地计算出所有的成本和收益。一部分思想家将知识与行动的关系作为其理论研究的基础，认为“知识促成行动”。西方政策科学产生和发展的一个重要基础就是对知行关系的反思和对知识的关注。约翰·弗里德曼（John Friedmann）认为：“城市规划的本质就是将知识运用于公共活动、社会指导和社会改革的过程，知与行的矛盾是规划理论应当长期关注的问题。”① 如果将其中的“城市规划”换成“城市管理”，其论断也是成立的。

但在中国，知与行的关系自古以来就是传统思想关注的核心问题，从先秦诸子百家到近现代的孙中山和毛泽东，几乎所有的思想家都对知与行及其相互关系进行过论述。对绝大多数思想家而言，知行统一是不言自明的。② 这是中国传统思想与西方哲学的一个显著差别，也是当前人文社会科学“知识转向”过程中中国的优势所在。因此，系统梳理中国传统思想中的知行观及其与城市管理的关系，对于理解中国城市管理实践具有重要的理论和现实意义。

本书对知识与行动关系的分析主要集中在三个方面：一是知识的来源。唯心主义认为知识是与生俱来的，是用来表达天（神）意的。唯物主义否定有先知，否定神的启示，强调知识来源于人类的感觉经验和后天学习。宗教思想、儒家思想、祖制、科学技术、地方习惯等是中国传统城市管理知识的重要来源，但在不同时代，由于唯物主义和唯心主义的地位不同，这些知识本身也在不断变化，因此“知”也就有所不同。二是知与行的关系。西方传统认识论主要关注知识本身和认知过程，而我国传统知行观不仅关注知识的来源，还特别关注知与行的关系。但不同时代对于知与行的先后、轻重、难易的认识有所变化，城市管理实践也因此存在差异。三是西方知识和中国传统知识的关系。近代以来，随着西方城市管理知识的引入，中国传统城市管理受到了明显影响。站在不同

---

① FRIEDMANN J. Planning in the public domain: from knowledge to action [M]. New Jersey: Princeton University Press, 1987.

② 傅云龙．中国知行学说述评［M］．北京：求实出版社，1988.

的立场上看待这个影响，其结论是不一样的。西方中心主义基于西方的主体地位，认为西方知识优于中国传统知识，因此得出“西方冲击-中国回应”的结论。本书基于中国的主体地位，重点以产生于英国的田园城市（garden city）思想为例，分析中国对该思想的引进和再造过程，认为西方知识对中国的影响取决于中国的意识形态和现实需求，本质上是“客随主便”的。

1.3.4 历史与制度

从时间的角度来分析制度的演进，其主要逻辑在于：历史的稳定性决定了制度的延续和规则变化，而历史的易变性又导致制度的不规则变化甚至是意外变迁。①

根据历史制度主义的观点，本书主要关注以下几个概念：（1）路径依赖。人们过去的选择会影响他们现在的选择，一旦在某个领域作出了最初的制度选择，就会产生一种惯性，进入锁定和自我强化状态，除非有足够的力量来打破这个惯性。②（2）历史关键节点和关键性前因。历史关键节点（或称关节点）是制度变迁的转折点，在此之前，制度变迁存在多种可能性。在此之后，一旦新的制度确立，其他可能性就不再存在，制度就会形成路径依赖，直到下一个历史关键节点出现。③ 关键性前因是历史关键节点之前的因素，这些因素与历史关键节点的因素相结合，使制度发生改变。（3）容许性条件和生成性条件。这两者是历史关键节点内的两类因素，容许性条件是历史关键节点内有利于制度变迁的因素，生成性条件是历史关键节点内促成制度变迁的因素。④

城市管理也是一种制度选择，存在明显的路径依赖。城市管理制度涉及经济、社会和政治等不同领域，这些领域路径依赖的机制和表现方式各不相同。但相对于各个领域的差别，本书更关注各个历史时期城市管理的整体性变化，重点分析各个时期城市的历史关键节点、关键性前因、容许性条件和生成性条件，从总体上把握城市管理的制度演进过程。

1.3.5 传统与现代

城市是推进现代化的重要载体，也是现代化水平的一个重要表征。我国传统的城市管理知识与制度相对独立地发展。明清以后，随着传统国家各种矛盾的激化和西方影响的不断加深，中国开始了一系列跌宕起伏的社会变革，城市管理也开始从传统向现代转变。关于中国从传统到现代的转变过程，不同时代、不同国家学者的认识不同。古典现代化理论认为，作为典型的后发外生型现代化国家，中国的现代化从一开始便与西方资本主义的全球性扩张相联系。而新现代化理论更加强调历史和传统在国家现代化过程中

---

① 刘圣中．时间中的政治：历史制度主义的制度历史分析［J］．甘肃行政学院学报，2009（2）．

② 马得勇．历史制度主义的渐进性制度变迁理论：兼论其在中国的适用性［J］．经济社会体制比较，2018（5）．

③ 花勇．历史关节点前沿研究述评［J］．国外理论动态，2014（11）．

④ 雷尚清．重新理解稳评的遂宁实践：历史制度主义的视角［J］．中国行政管理，2019（8）．

的重要作用，主张进行更加细致的分析。经过100多年，特别是新中国成立以来70多年的探索，我们逐渐走出了一条有别于其他国家的中国式现代化道路，这引发了全球关于“中国模式”的热烈讨论。本书将中国的现代化进程分为两个阶段：第一阶段是从洋务运动到民国时期，这一阶段的核心是学习西方，是“现代化在中国”的阶段；第二阶段是中华人民共和国成立后，中国共产党领导全国人民探索具有中国特色的现代化道路，是“中国式现代化”的阶段。本书将分别分析在这两个阶段城市管理知识与制度的变迁过程，着重论述中国的现代化道路与中国共产党和社会主义的紧密关系。

以上五个视角是本书关注的主要内容，也是支撑本书的内在逻辑点。但是，由于不同历史时期上述视角表现的强弱不同，史料的支持度也有所差异，因此在实际的编写过程中各章节并不与之一一对应，而是根据各时期的实际情况而各有侧重。

本章小结

1. 对“城市”“管理”“城市管理”“历史”有多种不同的解释和理解，本书将城市作为一种历史现象，将管理视为一种社会实践活动，从国家和城市两个层面来分析城市管理实践的演进过程，以获得对中国城市管理“源”与“脉”的整体性认识。

2. 我国当前城市管理的知识生产主要有三条路径：一是向西方发达国家学习，借鉴西方市政管理学的相关理论和实践经验。二是直面当前中国城市管理的重大问题，基于各个城市的管理实践开展实证研究。三是从历史中寻求出路。这一路径在20世纪没有受到足够的重视，导致城市管理知识生产和制度变革脱节。“欲知大道，必先为史”，在当前强调中国式现代化和构建中国自主知识体系的背景下，这一路径更具有紧迫性和现实意义。

3. 国家与社会、城市与乡村、知识与行动、历史与制度、传统与现代是本书的主要分析框架，本书后面各章内容将基于这五个视角，结合各个历史时期城市管理的特点而各有侧重地展开叙述。

关键术语

城市　管理　城市管理　历史　国家　社会　历史制度主义　城乡关系　知行观　现代化

复习思考题

1. 你都知道哪些关于城市的经典定义？如果让你来定义城市，你会怎么表述？
2. 什么是城市管理？你是怎么理解城市管理的？
3. 你目前已经掌握的与城市管理相关的经典理论有哪些？这些经典理论来自哪里？
4. 除了本章列出的五个视角外，还有哪些理论视角？
5. 学习和研究历史有什么意义？请结合具体事例来说明。

第2章

先秦的城市管理

先秦是指从华夏文明形成到秦代建立这一漫长历史时期，历经夏、商、西周、春秋、战国等历史阶段，历时近2 000年。这一时期是中国传统国家和城市的形成期，也是传统城市管理制度的孕育期。本章重点介绍先秦的国家和城市，然后重点分析《周礼》和《管子》中的城市管理制度，最后介绍先秦时期的古希腊城邦的基本情况，为读者展示中国早期主要的城市管理制度及其与西方早期的差异。

重点问题

- 中国城市的起源和早期城市的特点
- 春秋战国时期城市的变化
- 《周礼》中的城市管理制度
- 《管子》中的城市管理制度
- 中国与西方早期城市管理的差异

2.1 先秦的国家

从夏代到清代，中国的国家制度总体以战国为界分为两个历史阶段：战国以前是王权时代，战国以后是皇权时代。王是天下共主，是神权的象征和名义上的国家领袖。皇帝是天下独主，既是神权的象征也是实际上的国家领袖。[①] 夏商周三代是中国王权诞生、巩固和消亡的时期，也是中国皇权制度的孕育期，为后世奠定了思想和制度基础。

夏是中国历史上第一个奴隶制国家。关于夏代的历史还带有一定的传说性质，没有系统的文字记载，只能从后世古籍中留存的只言片语去推测当时的国家管理制度。夏是

① 臧知非，沈华．分职定位：历代职官制度［M］．长春：长春出版社，2008.

在禹领导的部落联盟基础上建立起来的，国家是松散的氏族部落构成的联合体，机构设置简单，不成体系，分工也不明确。

商原本是夏的一个属国，商汤率领方国部落推翻了夏的统治。商代是中国第一个有直接的同时期文字记载的朝代，这也被多项考古发掘所证实。商王通过宣扬“天命玄鸟，降而生商”强化君权神授的思想，使神权与王权融为一体。商代创立了内外服的国家体制，形成了中央和地方关系的雏形：内服即王畿，是商王直接统治的地区，建立了以相为核心、以宗教和军事为主体的中央机构；外服是王畿之外臣服于商的邦国和部落联盟，由于它们的社会发育程度和臣服于商的时代不同，管理制度也各不相同，因此商代外服的管理体制是多元的，与内服的关系是松散的。①

西周继承了商代的君权神授思想，完善了宗法制，推行分封制，创立了礼乐制度，王权政治由此达到顶峰。宗法制依据血缘关系区分出大宗和小宗，强调大宗对小宗的支配以及小宗对大宗的服从，其核心是嫡长子继承制。分封制是天子将土地和人民分封给王室子弟、有功之臣或其他人员，他们在其封国内享有世袭统治权，但必须臣服于天子。西周的宗法制和分封制紧密结合，其本质是基于血缘关系的国家权力分配和传承制度。周王自称天子，是天下的大宗。天子的除嫡长子以外的儿子被封为诸侯。诸侯的嫡长子为继承人，余子进一步分封为卿大夫。礼乐制度将宗法制和分封制神圣化、等级化和生活化，形成政教合一、家国同构、尊卑有别的政治与文化制度。西周通过强化周天子天下共主的地位，维护国家政治统一和稳定社会秩序。西周建立的政治和典章制度虽到春秋以后逐步瓦解，但其中相当一部分内容仍不断为后代所传承，也常常被后代一些统治者或思想家所美化，对中国传统社会乃至现代社会都具有深远的影响。

春秋时期王权逐步衰落，天下共主的地位受到挑战。各诸侯相互竞争，出现了强弱分化，弱国逐渐被强国吞并，强国之间又相互混战。强国争霸时仍打着“尊奉王室”的旗号，表面上承认天子的地位，实则是“挟天子以令诸侯”。经过长期的兼并和争霸战争，到战国时期诸侯国数量大大减少，只剩下以齐、楚、燕、韩、赵、魏、秦为代表的为数不多的一些国家。为了富国强兵，各国纷纷推行以强化君主集权以及推行法治和郡县制为主体的改革，各国政治制度转变为君主专制制度。国家管理主体不再是世袭贵族，而是由君主任命的官吏。王权制度逐步消亡，皇权制度开始形成。

2.2　先秦的城市

目前发现的最早的“城”字和“市”字均出自周代金文。“城”在西周金文中为“𩫖”，“𩫏”即“郭”，代表城墙，“成”则代表兵器。战国时期出现的“城”字，早期为上下结构，即上面是“成”，下面是“土”，后变为左右结构。②“市”是会意字，上面是“之”（往），下面是“兮”，表示人多嘈杂之地。在“城”出现之前，常用“邑”来指代

① 唐晓峰．商代外服与“地方”权力［J］．江汉论坛，2006（1）．

② 李乐毅．汉字演变五百例［M］．北京：北京语言大学出版社，2002．

有城墙的聚落。甲骨文“邑”的上部是“囗”，意指城墙所包围的区域，下部是一个跪坐的人。该字在秦篆阶段还衍生出右“阝”旁，因此带有右“阝”的字多与聚落或地名相关，如“都”“郊”“邻”等。[①] 商代以“亳”来指代首都，西周则以“京”来指代天子所居之地。

当代与城市对应的概念是乡村，即以农业为主要生产方式、以农民为主体的聚落，但在先秦并未出现这个词，因此当时也没有现在意义上的城乡关系。甲骨文的“乡”是“飨”的雏形，本义是用酒食款待别人。在春秋战国时期，“乡”的意思演变为一个地域单位，但与农业和农村仍无直接关系。汉字“村”出现的时间较晚，在秦代之前没有发现这个字。秦代小篆中有“邨”字，其意与“村”相同，但在古籍中出现频率较低。

关于中国城市的起源，古史传说中有两种说法：一种说法是起源于三皇五帝，如《轩辕本纪》中有“黄帝筑邑造五城”，《淮南子》中有“黄帝始立城邑以居”。另一种说法是起源于鲧，传说他在治水的过程中发明了筑城的方法，如《世本》中有“鲧作城郭”，《淮南子》中有“昔者夏鲧作三仞之城”，《吴越春秋》中也有“鲧筑城以卫君，造郭以居人”。古史传说中还有很多先皇建都的记载，如《世本》中有“夏禹都阳城，避商均也。又都平阳，或在安邑，或在晋阳”。另据《史记》等古籍记载，自禹开始的400多年里，夏代都城大约迁移10次，主要集中在以洛阳为中心的区域。

据已公布的考古资料，我国发现的史前城址共60余处，主要分布在黄河和长江流域。[②] 夏商周断代工程和中华文明探源工程通过对我国已发掘的早期城址的综合分析，认为河南灵宝西坡遗址可能与黄帝传说有关，山西襄汾陶寺遗址与传说中尧时代的时空吻合，河南登封王城岗遗址可能是禹都阳城，河南新密新砦遗址可能是夏启之居。我国目前发现的最早能与其他文明相提并论的城址是河南偃师二里头遗址，其被确认为夏代中晚期都城遗址。

延伸阅读

关于城市起源的理论解释

城市为什么会产生？考古学家、历史学家和社会学家提出了四种有关城市起源的代表性理论：(1) 灌溉农业论。只有在土地和气候适宜并且能创造出剩余农产品的地区，城市才能产生，剩余农产品很大程度上又是灌溉的结果。因此，城市是随灌溉农业的发展而产生的。灌溉导致人口聚集、大规模合作和劳动分工，从而导致城市的形成。(2) 市场贸易论。世界上几乎所有的城市都具有重要的商业功能，汉语“城市”中的“市”就是指进行交易的场所，商业也是中世纪西欧城市复兴的主导力量。因此，市场贸易导致了人口聚集和劳动分工，进而导致城市的兴起。(3) 防御据点论。城市是因人们寻求保护的需要而兴起的，古老的城镇大都有防御工事，防御促进了聚落集中和劳动分

---

① 陈政．字源谈趣：详说800个常用汉字之由来［M］．北京：新世界出版社，2006．

② 牛世山，杨婧雅．中国古代初期城市的营建考察：以石家河聚落群、陶寺城址为例［J］．江汉考古，2019(5)．

工。古埃及象形文字中的“城市”是在圆圈中画一个十字，圆圈代表城墙，汉语中的“城”也是用作防卫的墙垣。(4) 宗教论。原始社会出于对自然和对祖先的崇拜，需要在一些固定的地方进行祭祀，这些地方一般建有祭坛和庙宇。随着经济发展和人口增长，以祭坛和庙宇为中心形成了城市。如果没有对权威的尊重、对某种场所的依附及对他人权力的服从，光凭城墙是不足以控制人民的。以上理论都有各自的支持者，但也都有一定的局限性。灌溉、市场、城墙、宗教都可能是某些城市起源的关键因素，但是把它们当作城市起源的直接和普遍原因，又过于简单化了。城市是在长时期的社会经济变动和文化适应等多种因素共同作用下产生的，因此需要结合具体的城市进行具体分析。

资料来源：周一星．城市地理学［M］．北京：商务印书馆，1995.

商汤建立商朝的时候，国都位于亳（位于今河南商丘）。商代国都迁移频繁，《西京赋》和《旧唐书》都有“殷人屡迁，前八后五”之说，即商汤立国前，商族迁徙了八次，汤至盘庚间迁都五次。据考证，仲丁迁于隞（位于今河南郑州），河亶甲迁于相（位于今河南内黄），祖乙从相迁于邢（位于今河南温县东），南庚迁于奄（位于今山东曲阜），最后是盘庚迁于殷（位于今河南安阳）。河南偃师尸乡沟遗址、郑州商城遗址、洹北商城遗址和安阳殷墟是目前已经发掘出的商代都城遗址。受社会经济发育程度所限，商代城市数量较少、规模普遍不大，尚未形成完整的城市体系。

周人原本生活在周原（今陕西宝鸡），周文王营建了丰京，之后周武王营建了镐京。丰京主要是宗庙和园囿的所在地，镐京为周王理政与居住的中心。丰京和镐京合称丰镐，是西周的首都，屯军六师，由周王室直接管理。成王时期，周公营建洛邑作为陪都，其目的有两个：一是因洛邑居“天下之中，四方入贡道里均”（《史记·周本纪》），周公希望将其建设成为一个新的政治和经济中心；二是为避免“三监之乱”之类的事件再次发生，迁殷顽民于洛邑，其中包括一些从事手工业的家族，分别是陶氏（陶工）、施氏（旗工）、繁氏（马缨工）、锜氏（锉刀工或釜工）、樊氏（篱笆工）等。周公在洛邑屯军八师，亲自监管。①

随着宗法分封制的推行，西周城市数量迅速增加。被封诸侯到达封地后，首先修筑城郭作为自己的防御和统治据点，也就是“国”。“国”之外被诸侯统治的区域称为“野”。这是周以有限的人力控制殷商土地和人民的有效办法。② 随着宗法制与分封制的推行，全国新建了许多“国”，《荀子》中有周公“兼制天下，立七十一国，姬姓独居五十三人”。此后，随着国土范围的扩大，封国进一步增加，达到100多个。一些诸侯进一步将土地和人民分封给卿大夫，卿大夫的统治的中心地被称为“都”，其统治的区域被称为“鄙”。

大量国和都的建成使得全国形成了“京—国—都”三级城市体系。西周对于各级城市的规模和城墙高度具有严格的规定，《左传·隐公》曰：“先王之制：大都，不过参国之一；中，五之一；小，九之一。”孔疏云：“正义曰：定以王城方九里。依此数计之，

---

① 张广志，李学功．三代社会形态［M］．西安：陕西师范大学出版社，2001.

② 杜正胜．周代城邦．2版［M］．台北：联经出版事业公司，2018.

则王城长五百四十雉……公城方七里，长四百二十雉……侯伯城方五里，长三百雉……”《公羊传》中有“天子之城千雉，高七雉；公侯百雉，高五雉；子男五十雉，高三雉”。《五经异义》曰：“天子之城高九仞，公侯七仞，伯五仞，子男三仞。”城市建设本身也成为维护宗法制、分封制和礼制的一种重要手段，即“大人世及以为礼，城郭沟池以为固，礼义以为纪”（《礼记·礼运第九》）。

在春秋时期之前，统治阶层占有工商业者并进行垄断性经营的制度，称为工商食官。周王室和各诸侯国拥有各种手工业作坊，设工官对其进行管理。为更好地为统治阶级服务，工商业者必须集中居住，“工不族居，不足以给官”（《逸周书·卷二》）。因此，西周城市的经济职能依附于政治和军事职能，城市工商业规模小，“城”的功能突出而“市”的功能非常弱。

进入春秋时期，由于政治和社会经济体系的重构，城市发展也出现了一些重要变化，主要表现在：

（1）城市数量大幅增加。随着生产力的发展和诸侯之间战争爆发的频率不断增加，破坏性不断增强，各国为防御和作战而竞相筑城。基于“地从于城”和“城得而地得”的认识，城市成为各国争霸的基础和角逐的焦点。《吴越春秋》中记载了伍子胥向吴王阖闾提出的治国之术就是要把城市建设好，即“凡欲安君治民，兴霸称王，从近制远者，必先立城郭，设守备”。除了“都”大量增加外，还普遍增加了一类新的统治中心地“邑”。《左传》中记载了庄公二十八年鲁国筑郿邑，并解释说：“凡邑有宗庙先君之主曰都，无曰邑。邑曰筑，都曰城。”据推测，春秋战国时期各国城邑的总量应在 1 000 个以上。

（2）城市的经济和文化职能增强。春秋以后，工商食官制度逐步瓦解，私营工商业开始蓬勃发展，涌现出以白圭、子贡、吕不韦、范蠡、猗顿等为代表的商人群体。一些国家在争霸的过程中也意识到发展工商业是富国强兵的有效措施，积极实行“通商惠工”的政策。城市的经济职能因此增强，“市”开始成为城市的重要组成部分。城市经济的发展也为城市文化繁荣提供了重要基础，各国君主和贵族普遍招徕大批门客，使得城市中人才聚集、思想活跃、学术繁荣，从而形成我国城市文化的第一个高峰。

（3）城市规模扩大。随着城市工商业和文化的繁荣，城市规模逐渐扩大。兴建于春秋时期的韩都新郑（位于今河南新郑）、秦都雍城（位于今陕西凤翔）、鲁都奄（位于今山东曲阜）的面积都在 10 平方公里以上，超过了东周王城的规模。战国时期的赵都邯郸（位于今河北邯郸）、楚都寿春（位于今安徽淮南）、秦都咸阳（位于今陕西咸阳）、燕下都（位于今河北易县）的面积扩大到 20 平方公里以上①，故《战国策》曰，“古者，四海之内，分为万国，城虽大，无过三百丈者；人虽众，无过三千家者……今千丈之城、万家之邑相望也”。但各个诸侯国对于国都之外的城市规模持限制态度，担心其发展过大影响国都的地位和国家的统治，“都城过百雉，国之害也”（《左传·郑伯克段于鄢》），“大都耦国，乱之本也”（《左传·闵公二年》）。

春秋时期，“城”和“市”开始普遍出现于文献中，但两字通常分开使用。到战国时

---

① 何一民，冯剑. 王迹之兴起于闾巷：城市平民的兴起与秦末战争［J］. 史学月刊，2017（2）.

期，一些文献中开始出现“城市”一词。由于城市在政治、军事、社会、经济中的重要地位，春秋战国时期的政治家和思想家开始重视城市建设和管理，先秦留下来的许多古籍都有城市管理相关的内容。其中《周礼》和《管子》中的记载比较全面和系统，从中可以提炼出我国早期的城市管理制度和思想。

2.3 中国传统城市管理的制度基因：《周礼》中有关城市管理的内容

儒家文化是中华文明的主脉之一，也是中国传统治国理政思想的一个核心。儒家经典是儒家思想的核心载体，位居“经史子集”四部分类法之首。汉代立《诗》《书》《易》《仪礼》《春秋》于学官，为五经。唐初加《周礼》和《礼记》，并将《春秋》分为《春秋左氏传》《春秋公羊传》《春秋谷梁传》，形成九经。唐代后期又增加了《孝经》《论语》《尔雅》，形成十二经。南宋增加《孟子》，最终确定为十三经。这些经书具有权威性和规范性，是传统社会知识分子的主要知识来源。① 虽然先秦许多著作中都有城市管理相关的记载，但由于“经”被看作万世不变的真理，因此经部典籍被视为传统城市管理的主要文献。

经部典籍各有侧重，或着眼于伦理道德，或关注于一般政治原则，或聚焦于历史记述，唯有《周礼》所记载的与城市管理相关的内容最为系统和丰富。该书是我国第一部系统、完整记述国家机构设置和职能分工的专著，是儒家政治思想的表达，也是封建士大夫治国平天下的理想准则，为“圣人立制”的集中体现，被视为中国版的《理想国》。② 因此，《周礼》中有关城市管理的内容可以被视为中国传统城市管理的制度基因。

关于《周礼》的成书年代众说纷纭，主流观点认为该书形成于战国时期③，是当时的儒家学者根据西周官制，参照战国时期的各国制度，按照儒家政治理想绘制的蓝图。全书共六篇，分别对应六种不同类型的官职：（1）天官冢宰，掌“邦治”，主要是协助天子统揽朝廷重大政务和管理内宫事务。（2）地官司徒，掌“邦教”，主要职责是管理国家的土地和人民。（3）春官宗伯，掌“邦礼”，负责礼、乐、卜筮、历法、祭祀等礼事活动。（4）夏官司马，掌“邦政”，主管诸侯事务及军务。（5）秋官司寇，掌“刑法”，主管法律、司法、治安等。（6）冬官司空，应当为“事官”，掌“事典”，负责工农业生产技术与服务保障等。但有关“冬官”的内容缺失，所以汉代以《考工记》补入。各篇分门别类地讲述了这些官职的制度设置、机构职能、官吏职责，为秦汉以后历代官职设置提供了蓝本，对传统中国的治国理政具有深远的影响。《周礼》中与城市管理相关的内容分散在各个章节，本节分别从国家对城市的管理和城市内部事务管理两个层面进行全面

① 章清．传统：由“知识资源”到“学术资源”：简析20世纪中国文化传统的失落及其成因［J］．中国社会科学，2000（4）．

② 杨宽．西周史［M］．上海：上海人民出版社，2003．

③ 李晶．《周礼》成书时代与国别问题研究：基于《周礼》所见若干制度的考察［D］．天津：南开大学，2007．

梳理和系统总结。由于早期城市规模不大，政治军事功能之外的其他功能相对简单，城市内部事务管理主要分为经济管理、人口与社会管理两个方面。

2.3.1 国家视野下的城市管理

《周礼》的成书时期是中国传统城市体系的形成期，为了维护国家政治统治和城市自身社会经济发展的需要，统治者必须重视对城市的管理。在国家治理视野下，《周礼》通过体国经野、国野分治、等级体系等城市管理制度来维持政治权力和维护国家统一。

1. 体国经野

《周礼》前五篇都以“惟王建国，辨方正位，体国经野，设官分职，以为民极”开篇，其中“体国经野”是城市管理与国家治理的核心，它是指主次有别地划分天下，通过自上而下的行政区划实现对天下的治理和经营。① 体国经野是设官分职的前提和基础，只有先设置城市和行政区划，才能设置官职。因此，中国传统城市围绕国家统治需要而发展，城市管理也基于国家治理而展开。

为了实现体国经野，《周礼》设置了一系列官职（见表 2-1）。全面负责此事的是大司徒和大司马，大司徒是掌管土地和人民的最高长官，“大司徒之职，掌建邦之土地之图与其人民之数，以佐王安扰邦国。……以土圭之法测土深，正日景以求地中。……凡建邦国，以土圭土其地而制其域。……凡造都鄙，制其地域而封沟之；以其室数制之”（《周礼·司徒》）。大司马是全面负责诸侯和军政事宜的最高长官，“大司马之职，掌建邦国之九法，以佐王平邦国。制畿封国以正邦国”（《周礼·司马》）。大司徒和大司马之下分别有小司徒和小司马辅助他们完成相应工作。

表 2-1 《周礼》“营国”官职与级别

官职	职掌	级别
大司徒	掌管土地和人民	卿
大司马	掌管诸侯和军政	卿
小司徒	辅佐大司徒	中大夫
小司马	辅佐大司马	中大夫
掌固	修筑与守护城池	上士
土方氏	测量	上士
量人	城市规划与土地度量	下士
匠人	修建城市	—

具体承担“营国”工作的是量人、掌固、土方氏、匠人等。量人是掌握城市建设的规划之法及土地度量的官，“量人掌建国之法。以分国为九州，营国城郭，营后宫，量市朝道巷门渠。造都邑，亦如之。营军之垒舍，量其市朝州涂、军社之所里”（《周礼·司

① 刘泽华．先秦政治思想史［M］．天津：南开大学出版社，1984.

马》)。掌固是负责修筑和守护城池的官员,“掌固掌修城郭、沟池、树渠之固,颁其士、庶子及其众庶之守。……若造都邑,则治其固,与其守法。凡国都之竟有沟树之固,郊亦如之。民皆有职焉,若有山川,则因之”(《周礼·司马》)。土方氏是负责测量的官员,“土方氏掌土圭之法,以致日景,以土地相宅,而建邦国都鄙,以辨土宜土化之法,而授任地者”(《周礼·司马》)。匠人负责修建城市,“匠人建国,水地以县,置槷以县,视以景。为规,识日出之景与日入之景。昼参诸日中之景,夜考之极星,以正朝夕。匠人营国,方九里,旁三门。国中九经九纬,经涂九轨,左祖右社,面朝后市,市朝一夫”(《周礼·考工记》)。量人、掌固和土方氏都是夏官,即掌理军政的官职,这进一步体现了中国古代体国经野的特征以及城市与政治军事的密切关系。

2. 国野分治

体国经野包含了国野分治的基本思想,即把国家从整体上分为国和野两部分,分而治之。“国”指城市及其近郊,“野”指“国”之外的地区。国野之分既包括地域差别,也包括社会身份之别。①

国野分治首先是地域分治。在“国”设“六乡”,实行乡制,由下至上形成比、闾、族、党、州、乡六级行政单位。每一级设置相应的官职,即比长、闾胥、族师、党正、州长、乡师。在“野”实行遂制,由下至上形成邻、里、酂、鄙、县、遂六级行政单位。每一级也设置相应的官职,即邻长、里宰、酂长、鄙师、县正、遂大夫。在同级的乡和遂中,乡官的爵位级别比遂官高一级(见表 2-2)。

表 2-2　《周礼》乡遂行政之分

乡			遂		
行政单位	行政长官	级别	行政单位	行政长官	级别
比	比长	下士	邻	邻长	—
闾	闾胥	中士	里	里宰	下士
族	族师	上士	酂	酂长	中士
党	党正	下大夫	鄙	鄙师	上士
州	州长	中大夫	县	县正	下大夫
乡	乡师	卿	遂	遂大夫	中大夫

在地域分治的基础上,《周礼》规定了一系列的国野差别,主要包括:(1)政治权力不同。国人有权参与国家政治决策,如国君废立、外交战和、国都迁移等,而野人没有这些权力,“小司寇之职,掌外朝之政,以致万民而询焉:一曰询国危,二曰询国迁,三曰询立君”(《周礼·秋官》),“大询于众庶,则各帅其乡之众寡而致于朝。国有大故,则令民各守其闾,以待政令。以旌节辅令,则达之”(《周礼·地官》)。(2)兵役权不同。国人是军队的成员,承担保卫国家的任务。乡既是居民组织,也是军事组织,各级乡官都是军官。野人不能参军打仗,只可承担修筑堡垒和饲养牛马等后勤事务。(3)劳役年

① 张荣明.《周礼》国野、乡遂组织模式探原[J]. 史学月刊,1998(3).

限和免除条件不同。国人服役年龄从20岁到60岁，野人为15岁到65岁。可以免除劳役的包括爵位高的、贤能的、有才能的、在政府机关服务的、年老力衰的、有疾病的人，“国中自七尺以及六十，野自六尺以及六十有五，皆征之。其舍者，国中贵者、贤者、能者、服公事者、老者、疾者皆舍”（《周礼·地官》）。（4）赋税不同。以国都为中心，按距离远近划分为若干等级，并以此确定纳税额度。距离国越近赋税越轻，“凡任地，国宅无征，园廛二十而一，近郊十一，远郊二十而三，甸稍县都皆无过十二，唯其漆林之征二十而五”（《周礼·地官》）。（5）道路建设和管理不同。国中道路分为经、纬、环、野四种，由匠人在城市规划建设中统筹考虑。野中道路分为径、畛、涂、道、路五级，由遂人负责规划和组织建设，由野庐氏负责管理交通秩序，由司险负责危险地带的道路安全。

3. 等级体系

礼是传统中国国家治理的基本原则，也是《周礼》的出发点和归宿。周公摄政后，从政治和文化等方面制定了一系列典章制度，其核心是一套严格贯彻宗法等级制度，分别亲疏、贵贱、尊卑、上下的礼制体系。《周礼》各篇开篇的“惟王建国”就是强调王的最高权威，“辨方正位”的目的是“以和邦国，以统百官，以谐万民”（《周礼·天官》）。礼的核心在于树立等级秩序，对国民的身份进行划分，并制定相应的行为规范。因此，《周礼》中对于法律、官职、器物、礼仪、军事等方方面面都有严格的等级规定，使等级制度深入国民的日常生活，以维护政治稳定和社会安定。

城市规划和建设也是维护礼制的重要工具，《周礼》将城邑分为三级：第一级是王城，即王国都城；第二级为诸侯城，即封国都城；第三级为都，即宗室和卿大夫采邑。对于不同等级的城邑，其城门与宫墙的高度以及道路的宽度都有严格的限定，“王宫门阿之制五雉，宫隅之制七雉，城隅之制九雉。经涂九轨，环涂七轨，野涂五轨。门阿之制，以为都城之制。宫隅之制，以为诸侯之城制。环涂以为诸侯经涂，野涂以为都经涂”（《周礼·考工记》）。这套上下有序、尊卑有礼的城市体制体现并进一步强化了礼制的等级制度，成为传统中国国家治理的重要组成部分。

2.3.2 城市经济管理

《周礼》将经商作为九种重要的职业之一，不存在明显的抑商思想，“以九职任万民……六曰商贾，阜通货贿”（《周礼·天官》），并设立了一套完整的市场和商业管理制度，严格管理商人，维护商业秩序。[①] 天官系统中的内宰负责城市中市场的规划、设置度量单位和祭祀，“凡建国，佐后立市，设其次，置其叙，正其肆，陈其货贿，出其度量淳制，祭之以阴礼”（《周礼·天官》）。全面负责市场管理的是地官系统中的司市，承担市场布局、市场准入、价格管理、信用担保、防止欺诈、维持秩序、解决争端、防止投机倒把等市场管理之职。在其之下，则是具体承担市场管理职能的质人、廛人、胥师、

① 李普国．周礼的经济制度与经济思想［M］．郑州：中州古籍出版社，1987.

贾师、司暴、司稽、胥、肆长等一系列的官职（见表2－3）。

表2－3　《周礼》中的市场管理官职

官职	职掌	级别
司市	全面负责市场管理	下大夫
质人	价格管理	中士
廛人	税收管理	中士
胥师、贾师	肆的管理	—
司暴	市场秩序	
司稽	市场巡查	
胥	管理二肆的秩序	
肆长	管理一肆的秩序	

与商业流通管理有关的还有地官系统中的泉府、掌节、司门和司关。泉府掌管税收，收购市面上的滞销物资调节供需，“泉府掌以市之征布。敛市之不售，货之滞于民用者，以其贾买之，物揭而书之，以待不时而买者。买者各从其抵，都鄙从其主，国人郊人从其有司，然后予之。凡赊者，祭祀无过旬日，丧纪无过三月。凡民之贷者，与其有司辨而授之，以国服为之息”（《周礼·地官》）。掌节负责发放和检查通行证件，“凡通达于天下者必有节，以传辅之。无节者，有几则不达”（《周礼·地官》）。司门掌管城门的启闭和违禁物品，“司门掌授管键，以启闭国门。几出入不物者，正其货贿。凡财务犯禁者，举之”（《周礼·地官》）。司关检查出入都城货物的证件，“司关掌国货之节以联门市。司货贿之出入者，掌其治禁与其征廛。凡货不出于关者，举其货，罚其人。凡所达货贿者，则以节传出之。国凶札，则无关门之征，犹几。凡四方之宾客叩关，则为之告。有外内之送令，则以节传出内之”（《周礼·地官》）。

2.3.3　城市人口与社会管理

《周礼》确立了人口登记制度，登记内容包括性别、年龄、职业、住址、健康状况、财产等，每年岁始和岁终进行调查登记，由各比、闾、族、党、州、乡行政长官逐级上报，并进行一年一度和三年一次的考核评比。《周礼·地官》中记载，“乃颁比法于六乡之大夫，使各登其乡之众寡、六畜、车辇，辨其物，以岁时入其数，以施政教，行征令。及三年，则大比”。

城市社会管理以属地管理为主，由地官的官员负责。《周礼》规定了适用于六乡的八种刑罚，如果有不服从的，由大司徒会同地方官一起审理和判决，“以乡八刑纠万民……凡万民之不服教而有狱讼者，与有地治者听而断之，其附于刑者，归于士”（《周礼·地官》）。为了实现对百姓的控制，《周礼》实行联保制，让百姓互相监督，“比长各掌其比之治。五家相受、相和亲，有罪奇邪，则相及”（《周礼·地官》）。《周礼》还严格控制人口流动，严禁随意迁徙。因灾荒和社会矛盾而需要迁徙的必须获得许可，“徙于国中及郊，则从而授之。若徙于他，则为之旌节而行之。若无授无节，则唯圜土纳之”（《周礼·地官》）。

由于司寇掌管刑罚，因此也承担一些社会治安管理方面的职责，具体相关工作由司寤氏和修闾氏负责。司寤氏的职责是禁止居民在城市中夜行、游荡，“御晨行者，禁宵行者、夜游者”（《周礼·司寇》）。修闾氏主管宿卫、追捕盗贼和维护城市交通秩序，“修闾氏掌比国中宿互柝者，与其国粥，而比其追胥者而赏罚之。禁径逾者，与以兵革趋行者，与驰骋于国中者。邦有故，则令守其闾互，唯执节者不几”（《周礼·司寇》）。由于国中道路交通首先需要满足王和各级贵族出行的需要，因此在秋官中设立了条狼氏这一官职专门负责王和贵族出行时清除道路和驱除行人，“条狼氏掌执鞭以趋辟。王出入则八人夹道，公则六人，侯伯则四人，子男则二人。凡誓，执鞭以趋于前，且命之”（《周礼·司寇》）。在对社会严格管理的同时，《周礼》也设立了调人这一官职调解民众之间的争端，“调人掌司万民之难而谐和之”（《周礼·地官》）。

火灾自古以来就是城市安全的重要威胁，《周礼》中没有统一的消防管理机构，但是有宫正、司烜氏和司爟等与消防管理有关的官职。其中宫正主要掌管王宫中的戒令、纠察、禁绝之事，也负责宫中的防火事宜，“春秋，以木铎修火禁”（《周礼·天官》）。司烜氏负责取火工作，同时也负责城中的防火事宜，“中春以木铎修火禁于国中”（《周礼·秋官》）。司爟掌行火的政令，处罚失火与擅自焚烧野草的人，“凡国失火，野焚莱，则有刑罚焉”（《周礼·夏官》）。

2.4 城邦霸业：《管子》中的城市管理思想

管仲是我国春秋时期著名的思想家、政治家、军事家和经济学家，被后世尊称为“管子”，也被誉为“华夏第一相”。在齐桓公初任国君时，齐国只是一个面临内忧外患的诸侯国，国土面积仅“方五百里”（《管子·轻重丁》）。管仲被任命为卿后，对内进行富国强兵的改革，对外尊王攘夷，最终辅佐齐桓公实现了“九合诸侯，一匡天下”，齐桓公也因此成为春秋首霸。

《管子》是托名于管仲的一部论文集，记载的正是这一时期齐国的治国理政思想。关于《管子》一书的作者及成书年代一直存在较大的争议，现在主流观点认为《管子》成书于战国时期，是当时管仲学派的论文集。书中内容包罗万象，涵盖政治、经济、军事、农业、法律等内容，有“诚百家之总汇，子部之渊薮”之誉。全书原有 86 篇，现存 76 篇。西汉刘向将其内容分为八部分：《经言》《外言》《内言》《短语》《区言》《杂篇》《管子解》《管子轻重》。其中《经言》被认为是管仲治理齐国的思想，因此在书中地位相对较高。其他七部分区分依据尚不为人所知，因此各部分中篇章的关系也不明确。与城市管理相关的论述散布于各部分的篇章中，其中比较集中的有《立政》《乘马》《小匡》《问》《侈靡》《度地》《轻重》等。

在汉武帝“罢黜百家，独尊儒术”之后，《管子》被列入道家，属于“子”部。由于它的一些思想与儒家思想存在冲突，因而在儒家思想鼎盛的时期受到冷落。但在传统国家面临危机或商品经济繁荣的时期，《管子》的思想又备受推崇。最为典型的是东汉末年群雄割据，曹操自比齐桓公，盛赞管仲，希望“一匡天下，不以兵车”而“挟天子以令诸侯”，并作《短歌行》表达自己的雄心壮志。刘备打着“匡扶汉室”的旗帜，号召天下人恢复汉家天下，诸葛亮也“自比于管仲”。孙吴以齐桓公为榜样，秉承管仲“尊王攘夷”的基本思想，“据长江，奋威德，诛除群秽，匡辅汉室”。[①] 进入近代，《管子》再次受到重视，出现了以《管子集校》为代表的一系列著作和以《管子学刊》为主要载体的一系列文章。该书在国外也有较大的影响，很早就流传到朝鲜半岛和日本，在韩国和日本产生了大量关于《管子》的研究文献。进入20世纪，《管子》也引起了其他国家学者的关注，出现了英文版和俄文版的译注及其相关研究文献。

2.4.1　国家视野下的城市管理

1. 体国经野

《管子》非常重视城市尤其是都城对国家治理的重要意义。《度地》篇指出国君凭借都城统治天下，因此君臣都要重视城墙的修建和维护：“内为之城，城外为之郭，郭外为之土阆，地高则沟之，下则堤之，命之曰金城。树以荆棘，上相穑著者，所以为固也。岁修增而毋已，时修增而无已，福及孙子。此谓人命万世无穷之利，人君之葆守也。臣服之以尽忠于君，君体有之以临天下。故能为天下之民先也，此宰之任，则臣之义也。”

修建城市的目的是对国家和区域进行管理，《管子》中涉及行政区划的有《立政》《乘马》《小匡》《度地》四篇，各篇体系各不相同，这与《管子》是一部由多人编纂的论文集有关。由于《立政》篇和《度地》篇关于行政区划的文字较少，制度相对简单，未成体系，因此下面重点分析《乘马》篇和《小匡》篇中的行政区划制度。

(1)《乘马》篇中的行政区划。“乘马”的意思是对经济进行谋划，《乘马》篇中“士农工商”一节包含了比较系统的行政区划内容，原文为：

> 方六里命之曰暴，五暴命之曰部，五部命之曰聚。聚者有市，无市则民乏。五聚命之曰某乡，四乡命之曰方，官制也。官成而立邑：五家而伍，十家而连，五连而暴，五暴而长，命之曰某乡，四乡命之曰都，邑制也。邑成而制事：四聚为一离，五离为一制，五制为一田，二田为一夫，三夫为一家，事制也。事成而制器：方六里，为一乘之地也；一乘者，四马也；一马，其甲七，其蔽五；四乘，其甲二十有八，其蔽二十，白徒三十人奉车两，器制也。

官制就是行政区划制度（见表2-4），以“方六里”的土地为基本单元[②]，从下到上为暴[③]、部、聚、乡、方五级；邑制是居民管辖组织制度，以家庭为基本单元，从小到

---

① 周怀宇．管子与三国：三国时期的管子思想［J］．管子学刊，2019（1）．

② 郭璐．《管子·乘马》国土规划和城邑规划思想研究［J］．城市规划，2019（1）．

③ 一些学者认为“暴”是“里”之误，详见：李零．中国古代居民组织的两大类型及其不同来源［J］．复印报刊资料（先秦、秦汉史），1988。

大为伍、连、暴、长、都五级[①]；事制是生产管理组织制度，以聚为基本单元，其上分为离、制、田、夫、家五级；器制是军事组织制度，以乘为基本单元，每暴一乘，包括4匹马、28个甲兵士、20个盾牌手，外加民夫30人。由此可以看出，《乘马》篇以行政区划为基础建立居民管辖组织、生产管理组织和军事组织。与《周礼》和《小匡》篇相比较，《乘马》篇没有形成国野分治的思想。

表2-4 《乘马》篇中的行政区划与组织体系

官制		邑制		事制	
组织	规模	组织	规模	组织	规模
暴	方6里	伍	5家	离	4聚
部	5暴，方30里	连	10家	制	5离，20聚
聚	5部，方150里	暴	5连，50家	田	5制，100聚
乡	5聚，方750里	长	5暴，250家	夫	2田，200聚
方	4乡，方3 000里	都	4长，1 000家	家	3夫，600聚

（2）《小匡》篇中的行政区划。《尔雅》对"匡"的解释是"匡，正也"，《韩非子》《史记》等书中"一匡天下"的"匡"也是此意。[②]《大匡》《中匡》《小匡》三篇记载了管仲辅助齐桓公成就霸业的事迹，其中《小匡》篇的主要内容是齐桓公接受了鲍叔牙的建议，决定不计一箭之仇而重用管仲，后来管仲从鲁国来到齐国时向齐桓公提出了治国之术。该篇关于行政区划的原文为：

> ……管子对曰："昔者圣王之治其民也，叁其国而伍其鄙。定民之居，成民之事，以为民纪。谨用其六柄，如是而民情可得，而百姓可御。"……桓公曰："参国奈何？"管子对曰："制国以为二十一乡：商工之乡六，士农之乡十五。公帅十一乡，高子帅五乡，国子帅五乡。参国故为三军。……制五家为轨，轨有长；十轨为里，里有司；四里为连，连有长；十连为乡，乡有良人；三乡一帅。"桓公曰："五鄙奈何？"管子对曰："制五家为轨，轨有长；六轨为邑，邑有司；十邑为卒，卒有长；十卒为乡，乡有良人；三乡为属，属有帅。五属五大夫。武政听属，文政听乡，各保而听，毋有淫泆者。"……管子对曰："作内政而寓军令焉。为高子之里，为国子之里，为公里，三分齐国，以为三军。"……管子乃制五家以为轨，轨为之长；十轨为里，里有司；四里为连，连为之长；十连为乡，乡有良人，以为军令。是故五家为轨，五人为伍，轨长率之。十轨为里，故五十人为小戎，里有司率之。四里为连，故二百人为卒，连长率之。十连为乡，故二千人为旅，乡良人率之。五乡一师，故万人一军，五乡之师率之。……是故卒伍政定于里，军旅政定于郊。

"叁其国而伍其鄙"即国野分治（见表2-5）。"叁其国"是将国划分为21个乡，6个商工之乡和15个士农之乡，齐桓公、高子和上卿国子三人分别管理一定的区域。国分

① 根据"方一里，九夫之田"可以验证，官制中的"暴"所容纳家庭数与邑制中"暴"的规定大体一致。
② 郭沫若认为"匡"是竹简的意思，由于用不同尺寸的竹简书写，因而形成了大中小三篇。

为家、轨、里、连、乡、属六个层级，每个层级都有对应的行政官员和对应的军队建制。“伍其鄙”是将国以外的地区划分为五个鄙，鄙分为家、轨、邑、卒、乡、属六个层级，每个层级设置相应的官员进行管理。

表2-5　《小匡》篇中的“国鄙”制度

国				鄙		
组织	规模	官职	军队	组织	规模	官职
家	—	—	—	家	—	—
轨	5家	轨长	伍，5人	轨	5家	轨长
里	10轨，50家	里有司	小戎，50人	邑	6轨，30家	邑有司
连	4里，200家	连长	卒，200人	卒	10邑，300家	卒长
乡	10连，2 000家	良人	旅，2 000人	乡	10卒，3 000家	良人
属	3乡，6 000家	高子和国子	军，10 000人	属	3乡，9 000家	大夫

(3)《乘马》篇与《小匡》篇的比较。由于《乘马》篇属于《经言》，因此被认为是管子的思想。而《小匡》篇属于《内言》，其内容与《国语·齐语》大同小异。据此推测，《小匡》篇中的国鄙制度是西周普遍实行的国野分治在齐国的具体体现，即“昔者，圣王之治天下也，参其国而伍其鄙，定民之居，成民之事”（《国语·齐语》）。而《乘马》篇是管子提出的改革思想，这是由于齐国以“尊贤尚功，先疏后亲”的思想治国，周人和东夷人在经历了300余年的不断融合后，“国人”和“野人”难以区分。同时由于春秋争霸需要更多的兵力，因此管仲提出的改革思想是要打破国野分治制度，按照地域来组织社会、生产和军事活动。

2. 因地制宜

“宗法秩序”是《周礼》的主要思想，而“因地制宜”是《管子》的一大特色，这与三方面的因素有关：一是齐国是太公姜子牙的封国，姜太公从一开始就明确了“因其俗，简其礼”的治国之道，强调一切从实际出发。这和周公之子伯禽“变其俗，革其礼”的治鲁思想迥异，因此《周礼》在鲁而不在齐。二是《管子》一书中有深厚的“天道”思想。《形势》篇即以“道”为核心来论述事物的运行规律：“天不变其常，地不易其则，春秋冬夏不更其节，古今一也。……得天之道，其事若自然；失天之道，虽立不安。……其功顺天者天助之，其功逆天者天违之。天之所助，虽小必大；天之所违，虽成必败。顺天者有其功，逆天者怀其凶，不可复振也。”治理国家必须顺应天道，因地制宜则是其重要体现。三是齐国位于鲁中山地和华北平原相交处，这里地貌多样。都城临淄（位于今山东淄博）地处山地与平原的交汇地带。在此地理环境下形成的《管子》必然和平原地区诞生的《周礼》存在显著差异。

在都城选址和布局上，《管子》并不强调要择天下之中，而是“因天材，就地利”。《乘马》篇提出：“凡立国都，非于大山之下，必于广川之上。高毋近旱而水用足，下毋近水而沟防省。因天材，就地利，故城郭不必中规矩，道路不必中准绳。”《度地》篇提出：“故圣人之处国者，必于不倾之地而择地形之肥饶者，乡山，左右经水若泽，内为落渠之写，因大川而注焉。乃以其天材，地之所生利，养其人以育六畜。”对待不同区域，提倡采用不同的礼俗和治理方法。《侈靡》篇要求：“乡殊俗，国异礼，则民不流矣。不同法，则民不困。乡丘老不通，睹诛流散，则人不眺。安乡乐宅，享祭而讴吟称号者皆诛，所以留民俗也。”对不同层次的区域，应采用不同的治理方法。《牧民》篇提出：“以家为乡，乡不可为也；以乡为国，国不可为也；以国为天下，天下不可为也。以家为家，以乡为乡，以国为国，以天下为天下。”

3. 区域城市观念

《管子》一书中蕴含着鲜明的城市与区域相互依存的思想。《权修》篇指出：“地之守在城，城之守在兵，兵之守在人，人之守在粟。故地不辟，则城不固。”也就是说，如果土地不开辟，就会造成城池不巩固。而城池不巩固，又不可能使土地和人民得到有效的保护。城市的规模也要与土地和人口规模相匹配，不能无限扩张。《八观》篇指出：“夫国城大而田野浅狭者，其野不足以养其民；城域大而人民寡者，其民不足以守其城。”如果城市人口规模过大，就会超过土地的供养能力。如果城区大而城里居民少，居民就防守不了那个城市。《乘马》篇就区域与城市的关系确定了一个规制：“上地方八十里，万室之国一，千室之都四。中地方百里，万室之国一，千室之都四。下地方百二十里，万室之国一，千室之都四。以上地方八十里，与下地方百二十里，通于中地方百里。”

2.4.2 城市经济管理

齐国重视工商业，《史记·齐太公世家》有：“太公至国，修政，因其俗，简其礼，通商工之业，便鱼盐之利，而人民多归齐，齐为大国。”《史记·货殖列传》也说：“故太公望封于营丘，地泻卤，人民寡，于是太公劝其女功，极技巧，通鱼盐，则人物归之，繦至而辐凑，故齐冠带衣履天下，海岱之间敛袂而往朝焉。”管仲及其弟子继承发扬太公的做法，认为“天下之数尽于轻重矣”，“轻重”即经济之术。因此经济思想是《管子》中最为重要的组成部分，书中有 19 篇（现存 16 篇）涉及商品、货币、财政、价格、消费等多方面的内容，是我国早期经济思想的集中体现，在世界经济思想史中占有重要地位。

《牧民》是《管子》中的第一篇文章，其开篇就指出经济发展的重要性，“凡有地牧民者，务在四时，守在仓廪。国多财，则远者来；地辟举，则民留处；仓廪实，则知礼节；衣食足，则知荣辱”。《治国》篇系统论述了治国必先富民的道理：“凡治国之道，必先富民。民富则易治也，民贫则难治也。……民富则安乡重家，安乡重家则敬上畏罪，敬上畏罪则易治也。民贫则危乡轻家，危乡轻家则敢陵上犯禁，陵上犯禁则难治也。故治国常富，而乱国必贫。是以善为国者，必先富民，然后治之。”

在经济发展方式上，《管子》既重农又重商。《治国》篇系统论述了粮食对于国家的重要性，即“粟多则国强”的道理：“粟多则国富，国富者兵强，兵强者战胜，战胜者地广。……粟也者，民之所归也；粟也者，财之所归也；粟也者，地之所归也。粟多则天下之物尽至矣。”粮食多，人民就安居乐业，国家就稳定，反之则不然：“农事胜则入粟多，入粟多则国富，国富则安乡重家，安乡重家则虽变俗易习，欧众移民，至于杀之，而民不恶也。此务粟之功也。上不利农则粟少，粟少则人贫，人贫则轻家，轻家则易去，易去则上令不能必行，上令不能必行则禁不能必止，禁不能必止则战不必胜，守不必固矣。”因此《治国》篇认为农业是国家的根本：“粟者，王之本事也，人主之大务，有人之途，治国之道也。”而工商者由于“一日作而五日食”，会导致“民舍本事而事末作。舍本事而事末作，则田荒而国贫矣”。《乘马数》篇也说：“谷重而万物轻，谷轻而万物重。”

《管子》高度重视工商业发展。《侈靡》篇强调商人的作用，认为发展商业也是一种重要的治国之道：“商人于国，非用人也，不择乡而处，不择君而使，出则从利，入则不守。国之山林也，则而利之，市尘之所及，二依其本。故上侈而下靡，而君臣相上下相亲，则君臣之财不私藏。然则贪动，枳而得食矣。徙邑移市，亦为数一。”发展商业也对促进农业发展有着重要的意义：“市也者，劝也。劝者，所以起。本善而末事起，不侈，本事不得立。”

市是工商业发展的主要载体，也是城市的活力之源，“聚者有市，无市则民乏”（《管子·乘马》）。《管子》全书提到“市”字的共有 21 篇，一共出现了 63 次，包括市场的设置、管理、交易等多方面的内容。通过市场可以知道社会的治乱和物资的多寡，即“市者可以知治乱，可以知多寡，而不能为多寡，为之有道”（《管子·乘马》）。市场和商业的规模应与城市的规模相对应，《轻重甲》篇有：“万乘之国，必有万金之贾。千乘之国，必有千金之贾。百乘之国，必有百金之贾。”市场通常位于一个地区的中央，《揆度》篇提出：“百乘之国，中而立，东西南北度五十里。”

对于如何发展商业和繁荣市场，《地数》篇提出应充分利用齐国的交通和区位优势，多吸引外国人前来经商和消费：“夫齐衢处之本，通达所出也，游子胜商之所道。人求本者，食吾本粟，因吾本币，骐骥黄金然后出。令有徐疾，物有轻重，然后天下之宝壹为我用。善者用非有，使非人。”《轻重乙》篇提出要制定优惠政策吸引外国商人：“请以令，为诸侯之商贾立客舍，一乘者有食，三乘者有刍菽，五乘者有伍养，天下之商贾归齐若流水。”

市场是商品交易之地，因此要制定正确的管理办法，即“市者天地之财具也，而万人之所和而利也。正是道也”（《管子·问》）。《管子》一书并未介绍市场的具体管理方法，只提到管理国家的手工业生产的“工师”，其职责是考核工匠、审定各个时节的工作内容、检查产品质量等，“论百工，审时事，辨功苦，上完利，监壹五乡，以时钧修焉；使刻镂文采，毋敢造于乡，工师之事也”（《管子·立政》）。

城市建设本身也是增加需求、促进经济发展的重要途径。《法法》篇提倡节俭，反对大兴土木建设城市：“明君制宗庙，足以设宾祀，不求其美；为宫室台榭，足以避燥湿寒暑，不求其大；为雕文刻镂，足以辨贵贱，不求其观。”但在国家遭受自然灾害，农业受到影响的时候，又需要通过城市建设来发展经济、解决就业，“若岁凶旱水泆，民失本，则修宫室台榭，以前无狗、后无彘者为庸。故修宫室台榭，非丽其乐也，以平国策也”（《管子·乘马数》），这与凯恩斯主义的主张非常相似。

在税收方面，《管子》认为不应该对房屋、树木、牲畜、人口进行征税，而应该通过专营山海资源来增加国家收入。《海王》篇对此有所记述：“桓公问于管子曰：‘吾欲借于台雉何如?'管子对曰:'此毁成也。''吾欲借于树木?'管子对曰:'此伐生也。''吾欲借于六畜?'管子对曰:'此杀生也。''吾欲借于人,何如?'管子对曰:'此隐情也。'桓公曰:'然则吾何以为国?'管子对曰:'唯官山海为可耳。'"

2.4.3 城市社会管理

对于城市人口和社会管理,《管子》和《周礼》一样强调社会控制。首先是通过空间分隔来防范盗贼、减少犯罪。《八观》篇中的第一观要求:"大城不可以不完,郭周不可以外通,里域不可以横通,闾闬不可以毋阖,宫垣、关闭不可以不修。"这是因为"大城不完,则乱贼之人谋;郭周外通,则奸遁逾越者作;里域横通,则攘夺窃盗者不止;闾闬无阖,外内交通,则男女无别;宫垣不备,关闭不固,虽有良货,不能守也","明君者,闭其门,塞其途,弇其迹,使民毋由接于淫非之地。是以民之道正行善也,若性然"。《八观》篇还指出:"州里不鬲,闾闬不设,出入毋时,早晏不禁,则攘夺窃盗,攻击残贼之民,毋自胜矣。食谷水,巷凿井,场圃接,树木茂,宫墙毁坏,门户不闭,外内交通,则男女之别,毋自正矣。"《立政》篇也有:"筑障塞匿,一道路,博出入,审闾闬,慎管键,管藏于里尉。置闾有司以时开闭。闾有司观出入者,以复于里尉。凡出入不时,衣服不中,圈属群徒不顺于常者,闾有司见之,复无时。"

在通过围墙和空间分隔来进行社会管理的同时,《管子》强调制度建设。《禁藏》篇提出:"夫善牧民者,非以城郭也,辅之以什,司之以伍。伍无非其人,人无非其里,里无非其家。故奔亡者无所匿,迁徙者无所容,不求而约,不召而来。故民无流亡之意,吏无备追之忧。故主政可往于民,民心可系于主。夫法之制民也,犹陶之于埴,冶之于金也。"为此需要根据事务的多少来确定官员的数量,"间男女之畜,修乡闾之什伍。量委积之多寡,定府官之计数。养老弱而勿通,信利周而无私"(《管子·幼官》)。国君要派出相应部门的官员到基层,与三老、里有司、伍长等基层组织官员一起组织普查、治水、军备、防疫、防灾等。

四民分居是《管子》的一个重要思想。《小匡》篇有:"士农工商四民者,国之石民也,不可使杂处。杂处则其言哤,其事乱。是故圣王之处士必于闲燕,处农必就田野,处工必就官府,处商必就市井。"士农工商按职业分类居住,可以使四民从小耳濡目染,有利于职业经验的传承,即"少而习焉,其心安焉,不见异物而迁焉。是故其父兄之教不肃而成,其子弟之学不劳而能",实现《国语·齐语》中的"士之子恒为士""工之子恒为工""商之子恒为商""农之子恒为农"的目标。《大匡》篇对四民在城市中的居住地进行了划分:"凡仕者近公,不仕与耕者近门,工贾近市。"为维护四民分居的思想,《四时》篇严禁人民随意迁移,"禁迁徙,止流民,圉分异"。

鼓励奢侈消费也是促进社会稳定和谐和长治久安的一个重要途径。《侈靡》篇提到:"长丧以毁其时,重送葬以起身财,一亲往,一亲来,所以合亲也。此谓众约。""巨瘗培,所以使贫民也;美垄墓,所以使文明也;巨棺椁,所以起木工也;多衣衾,所以起女工也。犹不尽,故有次浮也,有差樊,有瘗藏。作此相食,然后民相利,守战之备合矣。"

城市必须提供社会福利和社会保障。《入国》篇要求在城市中必须有"九惠之教"，即有"老老、慈幼、恤孤、养疾、合独、问疾、通穷、振困、接绝"的制度、相应的机构和官员。

延伸阅读

《管子·入国》

入国四旬，五行九惠之教。一曰老老，二曰慈幼，三曰恤孤，四曰养疾，五曰合独，六曰问疾，七曰通穷，八曰振困，九曰接绝。

所谓老老者，凡国都皆有掌老，年七十以上，一子无征，三月有馈肉。八十以上，二子无征，月有馈肉。九十以上，尽家无征，日有酒肉。死，上共棺椁。劝子弟，精膳食，问所欲，求所嗜。此之谓老老。

所谓慈幼者，凡国都皆有掌幼，士民有子，子有幼弱不胜养为累者。有三幼者无妇征，四幼者尽家无征，五幼又予之葆。受二人之食，能事而后止。此之谓慈幼。

所谓恤孤者，凡国都皆有掌孤，士人死，子孤幼，无父母所养，不能自生者，属之其乡党知识故人。养一孤者，一子无征。养二孤者，二子无征。养三孤者，尽家无征。掌孤数行问之，必知其食饮饥寒，身之膌胜，而哀怜之。此之谓恤孤。

所谓养疾者，凡国都皆有掌养疾，聋盲喑哑，跛躄偏枯握递，不耐自生者，上收而养之疾官，而衣食之，殊身而后止。此之谓养疾。

所谓合独者，凡国都皆有掌媒，丈夫无妻曰鳏，妇人无夫曰寡，取鳏寡而合和之，予田宅而家室之，三年然后事之。此之谓合独。

所谓问疾者，凡国都皆有掌病，士人有病者，掌病以上令问之。九十以上，日一问。八十以上，二日一问。七十以上，三日一问。众庶五日一问。疾甚者以告，上身问之。掌病行于国中，以问病为事。此之谓问病。

所谓通穷者，凡国都皆有通穷，若有穷夫妇无居处，穷宾客绝粮食，居其乡党，以闻者有赏，不以闻者有罚。此之谓通穷。

所谓振困者，岁凶，庸人訾厉，多死丧。弛刑罚，赦有罪，散仓粟以食之。此之谓振困。

所谓接绝者，士民死上事，死战事，使其知识故人受资于上而祠之。此之谓接绝也。

2.5　同时期古希腊的城邦

古希腊是西方文明的摇篮，也是西方城市管理思想和制度的重要源头。先秦时期的中国和古希腊各自形成了高度发达的政治制度和繁荣的思想文化，也奠定了东西方城市管理的思想和制度基础。在后世面临困境或重大选择的时候，总会有一批思想家将目光聚焦在这一时期，反复思考这一时期的思想和制度中的精髓，为解决现实问题提供精神支撑。

古希腊文明源于克里特-迈锡尼文明，深受同时期两河流域文明的影响。在该文明的中心是以王宫为主体的城市，这是王权政治的重要体现。迈锡尼文明消亡后，古希腊地区进入了一个生产力和文明衰退的荷马时代，重新回到氏族部落时代。到古风时期，随着铁器的广泛使用、对外交流和移民的增加，城邦逐步形成。进入古典时期，在经历希波战争和政治改革后，希腊的民主政治、思想文化和城邦都进入了繁盛时期。

从形态上来看，古希腊城邦与中国西周分封制下的诸侯国相似，也是以城市为中心，两者城市规模、国土面积和人口数量大体相当。在城乡关系上，两者也大体相似。我国一些学者曾认为古代希腊城邦手工业和商业高度发达，并由此推断出东方文明的本体是农耕文明，而西方文明来源于古希腊的工商业。但事实上，古希腊同古代中国一样，是一个以农业为主导的国家。从经济结构来看，农业是古希腊城邦的经济支柱。从观念上来看，土地被认为是城邦最重要而且最可靠的财富，关系到城邦的兴衰。① 因此，古希腊城邦也是城乡合治，对城和乡并无特别的区分。

但在国家和社会关系上，古希腊和先秦时期，尤其是西周时期的中国存在巨大差异，主要表现在：(1) 从形成过程来看，古希腊城邦是由邻近的村社合并而成，是自下而上形成的，城邦之间是平等的。西周的诸侯国是由周天子分封的，是自上而下形成的，因此对天子具有从属关系，诸侯国之间也存在血缘和亲缘关系。(2) 从人口构成来看，古希腊城邦由公民、不具有公民权利的自由民和奴隶构成，公民是城邦的核心，城邦本质上就是一个公民共同体。西周诸侯国的人口分为国人和野人，国人是与天子有血缘或亲缘关系的族群，而野人是指井田上作为农业生产者的庶人，与天子并无血缘关系。(3) 从社会关系来看，古希腊城邦以地缘关系为主，血缘关系在城邦政治中并不显著。与此相对应的是古希腊城邦所信奉的神都是地域神，各城邦的保护神只保护本邦公民，也只由本邦公民祭拜。而中国同时期的国家治理中，血缘关系至关重要。② 西周诸侯国有两个血缘关系集团：一个是国人集团，他们是一个血缘共同体，与天子存在大宗和小宗的关系；另一个是野人集团，他们的社会关系也以血缘为纽带。两个集团内部各自以血缘关系为基础形成共同体，但两者之间靠地缘关系联结。春秋以后的诸侯争霸打破了国人集团的血缘关系和国野之间的血缘分割，战国时期各国的制度变革和聚落形式的改变又在一定程度上破坏了野人集团的血缘关系，地缘关系在社会关系中的地位上升。与此相对应，西周的宗教也是以祖先神为核心，将祖先神政治化，因此在诸侯国国都建设中宗庙被置于中心位置。(4) 从政治制度来看，古希腊城邦决策机构、行政机构和审判机构分立，各机构的官员由公民选举，具有任期限制。全体公民享有参政议政的权利，但奴隶和不具有公民权利的自由民不享有政治权利。在宗法分封制下，西周诸侯国的政治管理是家国一体的，其本质是血缘关系政治化和宗族关系国家化。父权具有至尊地位，家与国的权力和组织体系都按照父家长制进行配置，这对中国传统国家治理具有深远影响。

---

① 郑国．城市发展阶段与阶段性空间结构模式［M］．北京：中国建筑工业出版社，2017.

② 徐义华．略论中国早期国家的血缘与地缘关系［J］．中原文化研究，2020 (1)．

本章小结

1. 夏代和商代是中国早期国家和城市的形成期，西周的宗法制、分封制和礼乐制奠定了中国传统思想、制度和城市体系的基础。到春秋战国时期，随着城市数量大幅增加，城市经济和文化职能增强，城市规模扩大，城市管理开始受到重视。

2.《周礼》是我国第一部系统、完整记述国家机构设置和职能分工的儒家经典，其中有关城市管理的内容可视为中国传统城市管理的制度基因。《周礼》中的城市管理制度包括国家和城市两个层面：在国家层面，《周礼》以城市为基础，通过体国经野、国野分治、等级体系等制度来维护政治权力和国家统一；在城市层面，《周礼》通过户籍登记、属地管理、联保制、人口迁移限制、治安与防火管理等实现对城市的管控，通过对市场和商业流动的管理来维护城市的经济秩序。这些制度经历代封建王朝的传承和发展，成为中国传统城市管理制度的重要组成部分。

3.《管子》记载的是春秋时期齐国的治国理政思想，其中也包含了许多与城市管理相关的内容。在国家层面，《管子》强调体国经野、因地制宜和区域城市观；在城市层面，《管子》重视发展工商业和对市场进行管理，强调社会控制、四民分居和空间分隔，重视社会福利和社会保障。

4. 古希腊城邦的管理实践是西方城市管理思想和制度的重要源头。在形态上，古希腊城邦和西周分封制下的诸侯国相似。但在国家和社会关系上，两者存在巨大差异，中国文明和西方文明由此开始分野。

关键术语

邑　亳　京　城市　国野　都鄙　乡遂　分封制　《周礼》
《管子》　体国经野　营国　国野分治　工商食官　古希腊城邦

复习思考题

1. 你知道的中国最早的城市有哪些？它们形成于什么时期？
2. 简述西周的宗法制和分封制。它们对中国城市发展产生了哪些重要影响？
3. 分析《周礼》中有关城市管理的主要内容及其对后世的影响。
4. 分析《管子》中有关城市管理的主要内容及其对后世的影响。
5. 中国西周时期的诸侯国和古希腊的城邦有何区别？
6. 除了《周礼》和《管子》外，你还知道哪些史籍中有与城市管理相关的论述？

第3章

秦汉时期的城市管理

公元前221年，秦始皇建立了中国历史上第一个统一的中央集权国家，确立了君主专制和中央集权等基本政治制度。汉承秦制，至汉武帝时期，制度进行了较大的调整。秦汉时期建立了更加完整的城市体系，确立了中国传统城市管理的基本制度。本章首先介绍秦汉时期的国家管理和城市发展，然后重点介绍这一时期对城市经济与市场、城市社会以及畿辅和都城的管理，最后与同时期古罗马的城市管理进行比较。

重点问题

- 秦汉时期的国家管理
- 秦汉时期的城市发展与国家管理的关系
- 秦汉时期城市经济与社会管理
- 西汉对畿辅与都城的管理
- 同时期古罗马的城市管理

3.1 秦汉时期的国家管理

秦始皇统一中国后，创立了皇帝制度，采取了两项国家管理的基本措施：一是建立了以“三公九卿”为主的中央行政机构，分掌各项决策和行政权力，以强化皇帝集权。二是废除分封制，全面推行郡县制，以消除封建割据，强化中央集权。

3.1.1 皇帝与中央机构

皇帝制度以君权神授为基础，以严格的等级制度、礼乐制度和皇位继承制度为支撑，强化皇帝个人权威和至高无上的绝对权力。皇帝制度的本质是君主专制，皇帝是国家政治事务的最高决策者，可以任免中央与地方所有文武官员，要求他们遵照自己的意志和指令行事。

皇帝之下为“三公九卿”，“三公”通常指丞相、太尉和御史大夫。丞相辅佐皇帝并统领行政事务，太尉主管军事并兼管人事，御史大夫负责纠察百官兼理秘书事务。“九卿”是中央执行机构负责人的统称，通常包括：主管宗庙礼仪事务的奉常、主管宫廷侍卫的郎中令、主管宫禁守卫的卫尉、主管宫廷车马的太仆、主管山海地泽之税的少府、主管皇室宗族事务的宗正、主管司法刑律的廷尉、主管民族与外交事务的典客、主管国家财政事务的治粟内史（见图3-1）。在这些中央机构中，负责皇族事务的内廷机构与负责国家行政事务的外廷机构交织在一起，负责中央事务的行政机构和负责京师事务的行政机构也相互交叉。

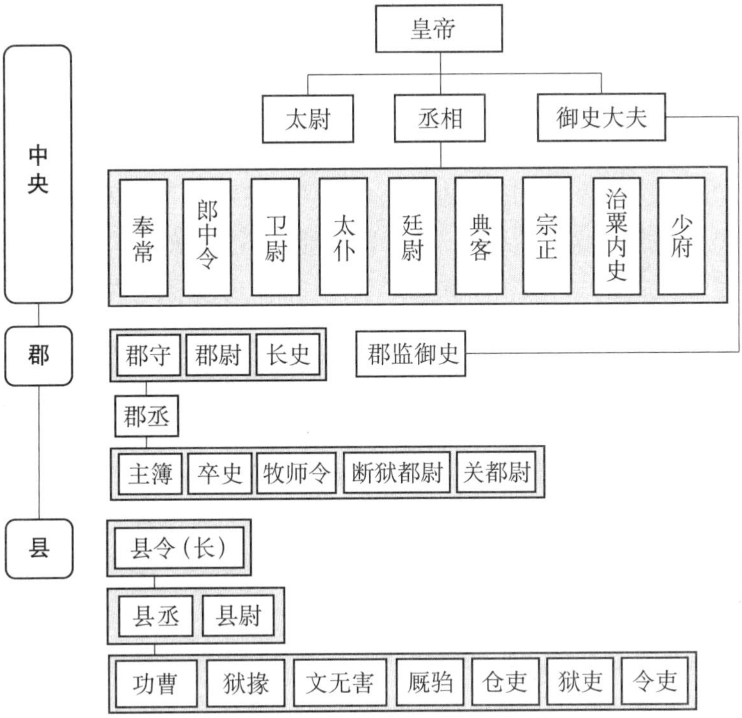

图3-1　秦代三公九卿制

西汉沿袭皇帝制度，中央机构在承袭秦制的基础上有所调整。“三公”职能基本沿袭秦代，不同之处在于汉武帝以前的皇帝均以文治国，因此重相府而轻尉府，丞相的地位提高。汉武帝时期，为进一步强化皇权，进行了内廷与外廷的划分，少府下属的尚书台掌握了中枢决策大权。汉成帝以后，由于外戚干政，尚书台地位进一步上升，“三公”职权进一步被削弱。“九卿”的基本架构没变，只是调整了部分职能或改变了名称：奉常改名为太常，增加了文教和考试等职能；典客改名为大鸿胪，增加管理列侯和郡国贵族在京官邸的职能；太仆增加了负责重大国事活动的职能；郎中令改名为光禄勋；治粟内史改名为大司农。

王莽代汉称帝后假托符命，仿《周礼》对国家机构进行改制。但大多只是名称的改变，没有实质的改进。东汉初年重新恢复西汉制度，复置三公九卿，但有些机构的名称发生改变，从属机构被裁减，官吏编制大幅缩减，职能和地位大大下降。其目的是削弱皇亲国戚的权威，提升尚书的地位，重新强化中央集权。“三公”已演变为太尉、司徒、司空，太尉居三公之首，不仅掌管武事，同时也分管部分行政事务；司徒失去中枢决策大权，变成了民事管理机构；司空失去监察职能，成为主管水土工程的机构。在少府下设御史台，作为国家的监察机构。“九卿”的许多职权已被尚书取代，其组织结构和官吏设置等也发生了较大变化。

3.1.2 地方行政体系

秦代初期将原来各诸侯国的土地划分为36个郡，后经调整增加到40多个，每郡设郡守、郡尉和郡监御史。郡守总领全郡事务，边地多以武将担任，内地多以郎官担任。其属官为丞，协助郡守工作。边疆地区的郡还设长史，掌管军马。郡守的属吏有负责文书和内务的主簿、负责军务的卒史、管理军政的牧师令、负责刑罚的断狱都尉、负责在关口收税和查验通关文牒的关都尉（见图3-1）。郡尉领兵，主管军事，独立开府，不受郡守管辖。郡监御史隶属于御史大夫，负责监察郡守和其他地方官员，兼掌举荐人才和兴修水利，不是常设之官。官员由中央朝廷直接任命，以秦人为主，定期更换，属吏由郡守从本郡人士中辟举。

郡下设县，秦代共有近千个县。少数民族地区设道，体制与县相同。人口万户以上的大县设县令，不满万户的小县设县长，由朝廷直接任命，以秦人为主。属官有县丞和县尉，县丞协助县令（长）工作，县尉负责全县的治安。属吏有负责考核县吏工作业绩的功曹、负责文书档案管理的令吏、负责县狱的狱掾、负责案件复审的文无害、管理一县车马的厩驺、管理县库的仓吏、管理狱卒的狱吏（见图3-1），属吏由县令（长）从本县人士中辟举。

汉代分封制与郡县制并存。西汉初期分封了七个功臣为异姓诸侯王，但很快就被废除。然后开始分封同姓诸侯，宫室百官，同制京师。“王”是一国之长，其下有太傅辅政，丞相统众官，中尉掌武职，内史治国民，其他机构设置均仿中央。太傅与丞相由中央任命，其余官员由诸侯王自己任命。西汉初期还分封了100多位功臣为列侯，建立侯国，其地位与县相当，但直接隶属于中央（见图3-2）。汉景帝和汉武帝通过削藩和推恩令分解和削弱诸侯国，强化郡县的地位。汉武帝还分天下为十三州，每州派遣一名刺史监察所属郡国（见图3-3）。州只是行政监察区域，不是一级行政区，刺史无固定治所。到汉平帝时期，共有83个郡，20个诸侯国。东汉仍分封诸侯，但封地普遍较小，诸侯没有行政管理职权，所封之地只是为其提供衣食租税，因此与郡没有实质区别（见图3-4）。东汉末年，出于镇压黄巾起义的需要，改刺史为州牧，由朝中九卿出任，州由此成为郡以上的一级行政区，国家行政区由郡县二级向州郡县三级转变（见图3-5）。

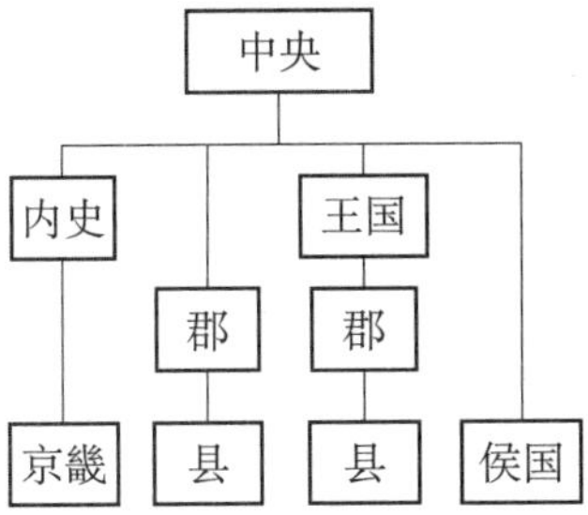

图 3-2　西汉前期的行政区划体系示意图

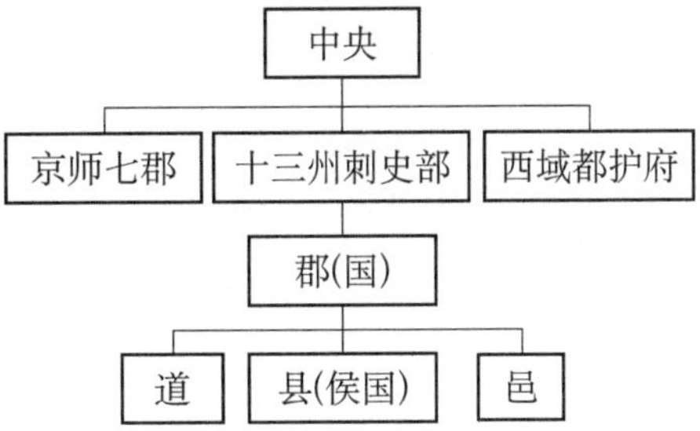

图 3-3　西汉中后期的行政区划体系示意图

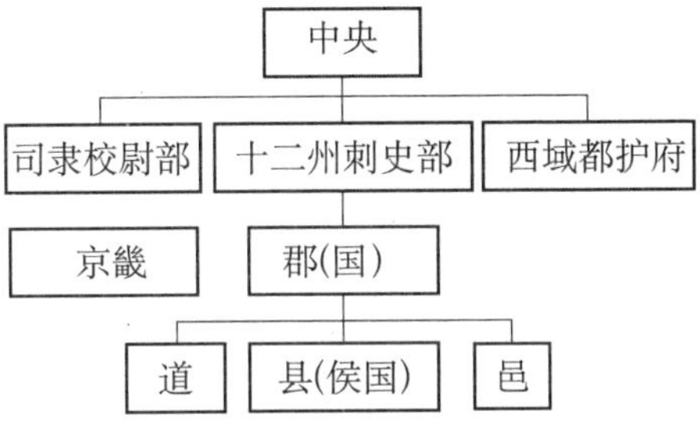

图 3-4　东汉前期的行政区划体系示意图

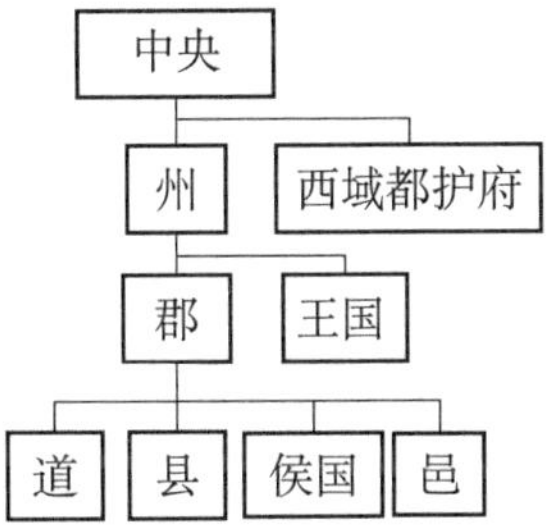

图 3-5　东汉后期的行政区划体系示意图

汉代郡的管理体制沿袭秦代，设太守、都尉、监御史。西汉因人口较秦代大幅增加，太守的职能和地位进一步提升，其下属机构和属吏人数大幅增加。比如为限制都尉权力，增设管理虎符和竹使符的直符史；因官学的发展，增设管理学术的郡掾祭酒、管理学校的郡文学和讲授经书的经师；因工程建设事务增加和官营工业的发展，增设管理本郡土木工程和工匠的郡司空；因郡级官府规模的扩大，增设直接为太守服务的别驾（太守最主要的助手）、舍人（太守秘书）、宗师（掌本郡居住的宗室）、门下掾（掌太守仪卫）、郡少府（掌郡府财务）、守属（掌太守府洒扫诸事）、督邮（掌本郡驿站、巡查诸县）等，因此汉代郡级官府规模远超秦代。东汉时期郡级官府的规模似比西汉更庞大，《汉官》中有"河南尹员吏九百二十七人"的记载。河南尹为京畿之地，其属吏数量应当比一般郡多一些，但据此也可以看出汉代郡级官府的大致规模。汉代县的管理体制与秦代相比变化不大，但数量远多于秦代。与县同级的还有侯国（列侯的封国）、汤沐邑（皇太后、皇后、公主的私邑）、道（少数民族居住地）三类。至汉平帝时期，县、邑共 1 314 个，道 32 个，侯国 241 个。

3.2　秦汉时期的城市发展

秦人出自天水（位于今甘肃天水），从秦襄公建国到秦二世，先后定都西犬丘（位于今甘肃礼县）、秦邑（位于今甘肃天水）、汧邑（位于今陕西陇县）、汧渭之会（位于今陕西宝鸡）、平阳（位于今陕西宝鸡）、雍城（位于今陕西宝鸡凤翔区）、泾阳（位于今陕西泾阳县）、栎阳（位于今陕西西安）、咸阳。商鞅变法期间兴建咸阳宫，"大筑冀阙，营如鲁卫”（《史记·商君列传》）。公元前 350 年，秦国将都城自栎阳迁至咸阳，咸阳自此至秦灭亡一直都是秦的都城，历时约 144 年。在统一天下的过程中，秦国每征服一国，就将这些国家的宫殿描绘下来，在咸阳北塬上按照原样建造，将掳掠来的宫女和钟鼓等安置其中：“秦每破诸侯，写放其宫室，作之咸阳北阪上，南临渭，自雍门以东至泾、渭，殿屋复道周阁相属。所得诸侯美人钟鼓，以充入之。”（《史记·秦始皇本纪》）统一中国后，秦始皇继续在渭河以南修建阿房宫、信宫等大型宫殿和多个离宫，形成以咸阳为中心的一个巨大宫殿群。大兴土木常被认为是秦灭亡的一个重要原因，咸阳宫阙因此被后人广为评述并不断用以警戒后代。

秦代城市建设的核心是咸阳，许多地方城市不仅没有得到发展，反而衰落。由于城市是政治权力和经济文化的中心，所以其是战争的首要目标。在统一六国的过程中，不少繁华的城市在战争中受到严重破坏。为进一步削弱六国实力，秦始皇下令破坏六国城郭：“堕坏城郭，决通川防，夷去险阻”（《史记·秦始皇本纪》），“夷郡县城，销其兵刃，示不复用”（《史记·李斯列传》）。他还将六国的贵族和豪民迁移至咸阳或偏远的地方，以此削弱一些重要城市的实力。秦汉之间的战争使得城市再次受到严重破坏：“天下初定，故大城名都散亡，户口可得而数者十二三。”（《史记·高祖功臣侯者年表》）

公元前 202 年刘邦称帝，开始按照统一国家和中央集权的需要建设城市。其一，高度重视首都长安城的建设，以突出皇权至高无上。刘邦委任丞相萧何主持修建长乐宫和未央宫。宫殿规模宏大、建筑宏伟、装饰奢华，与汉初“自天子不能具钧驷，而将相或乘牛车，齐民无藏盖”（《史记·平准书》）这一窘困的现实形成鲜明对比，其目的正如萧何所言，“非壮丽无以重威，且无令后世有以加也”（《史记·高祖本纪》）。汉惠帝时期建设了长安城墙，汉武帝在城内增修了桂宫、北宫和明光宫等，城外兴修了上林苑和建章宫。西汉末年，王莽在南郊修筑了规模巨大的礼制建筑群，大建明堂、辟雍和宗庙，扩建太学。但在推翻王莽政权的战争中，长安遭到了严重破坏，这些礼制建筑被焚毁。

其二，重建各级城市的城墙。城墙是国家政权与秩序的象征，公元前 201 年，刘邦下令在所有的城市修建城墙，“六年冬十月，令天下县邑城”（《汉书·高帝纪》）。汉代城市中城墙的功能有所变化，从以对外防御为主转变为以对内控制为主，这正如《史记·龟策列传》所言：“故牧人民，为之城郭。内经闾术，外为阡陌。”城墙的格局也与春秋战国时期不同，春秋战国时期很多城市既有城又有郭，统治者居内城，百姓居外郭，即“筑城以卫君，造郭以守民”（《吴越春秋》）。但汉代开始城郭合一，地方城市只有一道城墙。

其三，在新增的国土上建设城邑。在汉武帝时期平定匈奴后，于河西走廊设武威、张掖、酒泉、敦煌四郡。在这些新的土地上，新建的聚落往往以城邑的形式出现，城邑也因疆土开拓从中原向四方扩散和推广。① 如汉武帝时期收复河套地区并设置朔方郡（今内蒙古自治区巴彦淖尔市磴口县）后，大臣晁错提议首先要做的事情就是“营邑立城，制里割宅”（《汉书·爰盎晁错传》），并将内地居民迁移到这些城邑。

东汉定都洛阳，光武帝时期整修了西汉时期建成的南宫。汉明帝时建北宫及诸王府，汉和帝至汉桓帝、汉灵帝时增建东宫、西宫。东汉末年董卓挟汉献帝西迁长安时下令放

---

① 张继海．汉代城市社会［M］．北京：社会科学文献出版社，2006.

火烧毁了洛阳。公元211年，曹植路过洛阳时写下了“洛阳何寂寞，宫室尽烧焚。垣墙皆顿擗，荆棘上参天”的诗句。东汉时期改长安为陪都，称西京。因长安是宗庙陵寝所在地，所以东汉时期对长安也有所修复。董卓挟持汉献帝迁都长安时，从洛阳及周边迁来百万之众，为长安带来了短暂的繁荣，但随后长安又遭受了更严重的破坏。除首都外，原西汉的其他城市也都有所发展，城市数量略有增加。由于政治中心和经济中心东移，中原地区与长江流域的城市得到较大发展。此外，随着海上贸易的发展，新置了番禺（位于今广东广州）、徐闻（位于今广东湛江）、合浦（位于今广西北海）等沿海城市。

秦汉时期，带有城郭的居民点是占主导地位的聚落形态，它们被统称为城邑。秦汉县城和许多大的乡村聚落主要承袭战国时期的城邑，因此许多乡村聚落都建有城郭。县城与乡村最主要的差别在于县城有一套政治和行政机构，其他方面并无多大区别。一些大的乡村聚落比小县城的规模还大，县城中也有大量农业人口。城邑被汉代人视为文明的标志，“凡虎狼之在山林，犹人民之居城市”（《后汉书·法雄》）。汉代文献在谈及四方蛮夷时，通常会强调他们没有城邑。为了发展农业生产和便于征收赋役，官府严禁“弃邑居野”。因此在和平时期，居住在城邑之外或者散居的人口相对较少。但在战乱时期，许多百姓会逃往山林，导致城邑衰落，出现了“名都空而不居，百里绝而无民者，不可胜数”（《后汉书·王充王符仲长统列传》）的景象。

秦汉时期巫术盛行，巫术、相天法地和谶纬神学是当时重要的知识来源，对城市发展有着深刻的影响。汉代是中国历史上巫术最盛行的时期，巫觋遍布朝野，在政治、社会生活中产生了重大影响。最高统治者及上层权贵对巫术笃信不疑，并建立了一套巫官体系，专门负责皇帝及国家巫祝之事。秦汉时期官员经常利用巫术和谶纬神学来指陈时弊、进计献策、打击对手和维护自身利益，甚至将其纳入典章制度之中。① 在民间社会，巫术是日常生活的一个有机组成部分。巫觋通过祈祝、卜筮、占星、占相、治疗疾病等活动，在民间社会拥有很大的影响力，以至于“街巷有巫，闾里有祝”（《盐铁论·散不足》）。在晁错提出的徙民实边方略中，也将“为置医巫，以救疾病，以修祭祀”作为城市建设的重要内容，以达到“使民乐其处而有长居之心也《汉书·爰盎晁错传》”的目的。② 占卜城郭与建筑的吉凶也是一项专门的学问，形成了以《堪舆至匮》和《宫宅地形》为代表的著作。

延伸阅读

“法天之行”与汉代城市规划

西汉初期，陆贾、贾谊等一批思想家以儒家为本，融汇道家、阴阳家和法家思想，形成了以黄老思想为主导的政治观念。董仲舒在前人的基础上进一步系统地提出了“天人感应”的思想和“法天之行”的知行观，认为圣人可以通过体察“天意”而获得这些神秘的知识：“天无所言，而意以物。……君子察物之异，以求天意，大可见矣。”（《春秋繁露》）汉武帝采用董仲舒的思想，使“法天之行”成为汉代占据主导地位的知行观。

---

① 蔡亮．政治权力绑架下的天人感应灾异说（公元前206年至公元8年）[J]．中国史研究，2017（2）．

② 赵光怀．汉代民间巫术与知识信仰［J］．民俗研究，2011（4）．

这一时期的“知”就是知天道，“行”亦是行天道。观星术和道术成为此时获取知识的主要方法，“众星列布，体生于地，精成于天，列居错峙，各有所属，在野象物，在朝象官，在人象事”（《史记·天官书》）。除了《史记》外，《五星占》《汉书》《淮南子》《白虎通义》等汉代典籍中都记载了丰富的星象知识。考古发现的汉代文物中，与星象和神仙有关的内容比比皆是。这一时期的城市规划的核心也是“法天之行”，汉长安城规划就是其典型。从张良力主在长安建都和萧何主持长乐宫与未央宫的营建开始，法天之行已经有所体现：“其宫室也，体象乎天地，经纬乎阴阳，据坤灵之正位，仿太紫之圆方。”（《西都赋》）汉惠帝时修筑长安城墙，“城南为南斗形，城北为北斗形”（《三辅黄图》）。汉武帝大规模扩建汉长安城，开凿昆明池，“昆明池中有二石人，立牵牛、织女于池之东西，以象天河”（《关辅古语》）；筑建章宫，“其北治大池，渐台高二十余丈，名曰泰液池，中有蓬莱、方丈、瀛洲、壶梁，象海中神山龟鱼之属”（《史记·孝武本纪》）。凡此种种，不一而足。

资料来源：郑国．知行观与城市规划：中国传统哲学的启示［J］．城市规划，2018（3）．

3.3 城市经济与市场管理

秦汉思想家对待工商业的态度各不相同，形成了抑商和重商两派：以贾谊和晁错为代表的抑商派秉承“一夫不耕，或受之饥；一女不织，或受之寒”（《论积贮疏》）的古训，强调耕织的重要性，认为工商业者“男不耕耘，女不蚕织，衣必文采，食必粱肉”（《论贵粟疏》），不利于农业发展和社会稳定，因此需要限制。而以司马迁和桑弘羊为代表的重商派认为“无末利，则本业无所出”（《盐铁论·通有》），重视“末业”对“本业”的促进作用，主张“百工居肆，以致其事。农商交易，以利本末”（《盐铁论·通有》），强调本末并重。①

从秦汉国家的经济政策来看，“重农抑商”是主旋律。在农业社会，重农不单纯是一个经济问题，也是一个政治问题，是巩固政权和维护社会稳定的基本国策。所谓抑商，实际上是抑制私营工商业，官营工商业并不在被抑制之列。汉代多位皇帝先后下诏强调农业的重要性，对私营工商业者进行压制。商人被编入市籍，他们及他们的子孙是“七科谪”的主体，要强制服徭役（据《汉书·武帝纪》，“七科”为“吏有罪一，亡命二，赘婿三，贾人四，故有市籍五，父母有市籍六，大父母有市籍七”）。汉初规定商人不得穿高档衣服，不得乘车。到孝惠帝时期，对商人的禁令有所放宽，但仍规定商人子孙不许当官作吏：“天下已平，高祖乃令贾人不得衣丝乘车，重租税以困辱之。孝惠、高后时，为天下初定，复弛商贾之律，然市井之子孙，亦不得仕宦为吏。”（《史记·平准书》）汉武帝时期颁布算缗和告缗令，对私营工商业者征收重税，以增加国家收入、打击商人集团势力。汉哀帝时进一步强调商人不允许占田为吏：“贾人皆不得名田、为吏，犯者以

① 陈新岗．试论汉代诸子的经济自由思想［J］．山东大学学报（哲学社会科学版），2005（3）．

律论。”(《汉书·哀帝纪》)

秦汉官营工商业传承工商食官的传统，初期主要为满足统治集团的消费需求，在汉武帝以后作为增加国家财政收入和抑制豪民的重要手段而被进一步重视。在桑弘羊的建议下，汉武帝下令实行盐铁专卖，随后又将酒也纳入其中。同时推行均输和平准法，对主要商品流通进行控制。新朝期间，王莽根据《易经·系辞》中“理财正辞，禁民为非”、《周礼》中赊贷和《乐语》中五均的记载，选定洛阳、邯郸、临淄、宛、成都为“五都”，置五均司市师，通过对这五大都市以及京师商业的管理来控制全国商业：“‘……今开赊贷，张五均，设诸斡者，所以齐众庶，抑并兼也。’遂于长安及五都立五均官。更名长安东西市令及洛阳、邯郸、临甾、宛、成都市长皆为五均司市师。东市称京，西市称畿，洛阳称中，余四都各用东西南北为称，皆置交易丞五人，钱府丞一人。”(《汉书·食货志》)在五均司市师之下设有交易官和钱府官两套管理系统，交易官负责平抑物价，防止商贾囤积居奇。钱府官负责收税和赊贷，赊贷的主要目的是增加国家财政收入和抑制高利贷商人的欺行霸市行为。汉代通常采取以商治商的策略，任用私营盐铁商人来主持官营工商业，既保证工商业活动的顺利进行，又在一定程度上维护社会稳定。①

秦汉时期，国家统一、国土拓展、人口增加、土地私有和农业生产水平的提高等客观因素有利于工商业发展，汉代初期奉行的无为而治之策和废除关卡的措施也为私营工商业的发展提供了良好的制度环境。汉代初期私营工商业发展因此日渐繁荣：“汉兴，海内为一，开关梁，弛山泽之禁，是以富商大贾周流天下，交易之物莫不通，得其所欲。”(《史记·货殖列传》)到汉元帝时，“故民弃本逐末，耕者不能半”(《汉书·王贡两龚鲍传》)。尽管不断推行抑商政策，但经营工商业利润丰厚，更容易发家致富，“夫用贫求富，农不如工，工不如商。刺绣文，不如倚市门，此言末业贫者之资也”(《史记·货殖列传》)。因此私营工商业突破重重障碍，即使在抑商的制度背景下仍能蓬勃发展，“今法律贱商人，商人已富贵矣；尊农夫，农夫已贫贱矣”(《汉书·食货志》)。汉成帝时，“间者，民弥惰怠，乡本者少，趋末者众”(《汉书·成帝纪》)。受历史和区位的影响，形成了一些具有地域性的商人集团，《盐铁论·力耕》中有“宛、周、齐、鲁，商遍天下”的说法。《史记·货殖列传》称齐人“好贾趋利，甚于周人”。在张骞通西域后，对外贸易也逐渐繁荣。东汉对待私营工商业较为宽松，商人的社会地位和生活水平不断提高，舍本逐末的风气也更甚。

在工商业发展的大背景下，汉代城市的经济职能有所增强，出现了一批重要的工商业城市。当时的工商业主要以城市中官宦和贵族为服务对象，京师、郡国都城和部分郡级城市聚集着大量的官吏和贵族，因此这些城市的工商业比较发达，成为所在区域的经济中心。《史记·货殖列传》列举了当时存在的多个都会，如邯郸、洛阳、临淄、陶（位于今山东菏泽）、睢阳（位于今河南商丘）、寿春、番禺、宛等。但很多城市尤其是绝大多数县城依然保持着浓厚的自然经济色彩，许多县城居民的主体还是农民，对外界的依赖比较少，县城之间以及县城和乡邑之间经济联系也不多。大多数城市在经济上是自给自足的，还不能算是现代意义上的城市。

① 孙少华.《盐铁论》与西汉经济转型中的学术及文学生态［J］. 河南大学学报（社会科学版），2012（2）.

市是商业活动的场所，在汉代绝大多数城市中都有市，郡县官府负责这些市的设立、规划布局和管理。汉高祖“令天下县邑城”，同时也下令在一些重要的城市设立了大市，如“高祖六年，立大市”。① 官方设立的市在规划布局上比较整齐，市场四周筑有围墙，市场中有市楼，为市井官署所在，在市楼上可以看到市内的交易。因市楼之上悬挂旗子，以旗为号指挥市场的启闭，故又称为“旗亭”，“廓开九市，通阛带阓，旗亭五重，俯察百隧”（《西京赋》）。市内实行分肆制度，即各种商品分门别类地在指定地点进行交易。规模较大的市还有存放商品的房屋，称为“邸舍”或“市廛”。这些文献记载的市场形制已被汉代市井画像砖和对汉长安城的考古成果所证实。

延伸阅读

汉市井画像砖

1975 年出土于成都附近墓葬中的汉市井画像砖是汉代建筑构件，现收藏于成都市博物馆。砖为长方体，颜色为泥质青灰色，面有市井图案。市内有道，周绕围墙，设三市门，东、北市门有门名题字。正中有重檐市楼一座，其上置鼓，其下正中开门。市道在楼四方，将市井隔成四个交易区，每区在长廊下设肆三至四列。在西北、西南、东南列肆与墙间，有纵横交错的市宅，中设旅邸。在靠北墙两区的肆内堆有货物。道中肆前的顾主、商贩，行停站坐，姿态各异，相互交谈，反映了蜀郡地区“万商之渊”（左思《蜀都赋》）的市井热闹景象（见图 3-6）。

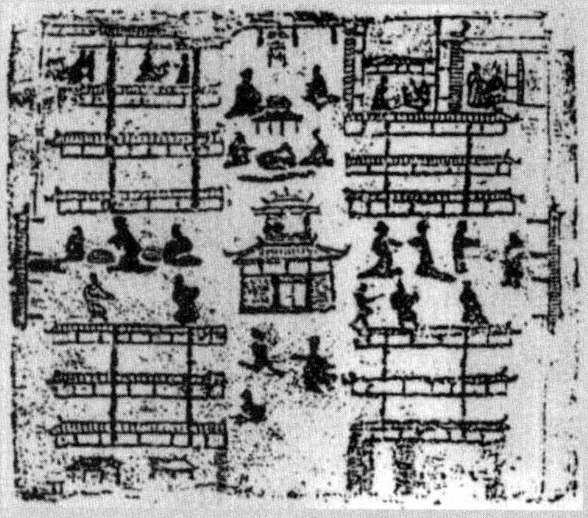

图 3-6　市井画像砖

重要工商业城市的市规模较大，商业繁荣。长安城共有九个市场，《三辅黄图》记载：“长安市有九，各方二百六十六步。六市在道西，三市在道东，凡四里为一市。”班固《西都赋》称：“九市开场，货别隧分。”其中东市和西市是长安城中两个最重要的市场，汉代史籍对其记叙较多。洛阳有三个大市场，皆在城外，“三市，大市名也；金市

① 李根蟠．汉代的“大市”和“狱市”：对陈直《汉书新证》两则论述的商榷［J］．中国社会经济史研究，2002（1）．

在大城西，南市在大城南，马市在大城东。按：金市在临商观西，兑为金，故曰金市；马市在东，旧置丞焉”（《洛阳记》）。市场商品种类丰富，各类农副产品、手工业产品、文化用品和来自西域的外国商品琳琅满目，其中纺织品、砖瓦、明器是汉代具有特色的商品。

汉代主管市场的官吏是市令或市长，大市曰令，小市曰长。长安东市属于京兆郡的辖区，由市令管理。长安西市属于左冯翊的辖区，由市长负责管理。《续汉书·百官志》中记载了东汉都城洛阳的市官“雒阳市长”，刘昭注引《汉官》解释了市官的配置：“市长一人，秩四百石。丞一人，二百石，明法补。员吏三十六人，十三人百石啬夫，十一人斗食，十二人佐。”在汉代的印章封泥中已经发现有“陕市”“河市”“云市”等字样的市印和“广陵市长”“齐都市长”“定阳市丞”等字样的封泥。市场官吏负责管理市场物价、质量、度量、钱币、治安以及征收市租等。秦律已规定市中的商品要明码标价，汉代要求在每季度的第二个月规定每类商品的最高和最低价格。①

市场开市和闭市时间有严格规定，一般白天开市。但也有关于夜市的记载，如《风俗通义》中有：“俗说市买者，当清旦而行，日中交易所有，夕时便罢。今乃夜余，明其痴騃不足也。”《新论》云：“添县邠亭，本大王所部，其人相与夜市，不为则有重害焉。”《说文解字·邑部》中对“邠”字解释时也提到了“民俗以夜市”。乡邑中的市是民间自发形成的，由于商品交换的总量较小，通常是数日一市。

除了商品交易外，市也是一个重要的公共场所。市中有各类服务业，其中在汉代比较有特色的是占卜。官府的一些法令布告通常在市门或市中公布，处决犯人也在市中进行，当时称之为“弃市”。西汉著名政治家晁错即被腰斩于长安东市，《西京杂记》中也载有“画工弃市”的故事。但根据当时的正统观点，市是小人争利之地，是一个不洁的场所，因此有德行的君子应该远离市。

3.4　城市社会管理

3.4.1　城市基层组织与社会控制

秦汉时期县下设乡，乡下置亭，亭下置里。乡的主要管理者是三老、有秩、啬夫、游徼（见图3-1）。据《汉书·百官公卿表》载：“大率十里一亭，亭有长。十亭一乡，乡有三老、有秩、啬夫、游徼。三老掌教化。啬夫职听讼，收赋税。游徼徼循禁贼盗。”三老由本乡德高望重者担任，并非官吏，也没有俸禄，但地位较高，经常参政议政，甚至向皇帝建言献策。汉代除了有乡三老外，还增设了县三老，“举民年五十以上，有修行，能帅众为善，置以为三老，乡一人。择乡三老一人为县三老”（《汉书·高帝纪》）。县三老参与本县重要事务，享受免除徭役的待遇，“择乡三老一人为县三老，与县令丞尉

① 林剑鸣．秦汉时代的市政［J］．历史教学问题，1983（5）．

以事相教，复勿徭戍”（《汉书·高帝纪》）。有秩和啬夫负责征收赋役和调停纠纷，人口达 5 000 人的乡，由郡指派一人为有秩；不足 5 000 人的乡，由县指派一人为啬夫。游徼负责巡查盗贼，由服徭役者充当。

亭为秦汉基层治安管理机构，是乡游徼的派出机构，亭长也由服徭役者担任。其下属还有负责本亭保洁的亭父和负责追捕盗贼的求盗。亭除了负责治安外，还兼具其他职能。城市中的亭称为都亭，既负责辖区内的盗贼追捕，又具有邮驿交通和住宿接待的职能。东汉时，洛阳城的都亭还常驻屯重兵。

里是最基层的行政组织，是编户齐民、什伍连坐、社会教化和赋役征收等的组织基础，对维护国家统治和社会稳定至关重要。从战国时期开始，里就是各国普遍设立的基层行政组织，通常设有里正、伍长和什长、父老等共同管理一里事务。里正为一里之长，统领一里行政事务。秦始皇登基后，为避秦王嬴政之讳改里正为里典。西汉复称里正，东汉称里魁。伍长和什长都源起于军事组织制度，秦国在商鞅变法后耕战合一，把整个国家纳入军事化管理。秦统一后，取消各国的轨、联、比等称呼，统一为伍和什。伍长和什长是什伍连坐制的主要责任人，父老是一里之中德高望重的老人，其作用和地位与乡三老类似。① 由于城乡差异不大，除首都和少数几个大城市外，普通郡县城市中的里和乡邑之里非常相似。

里有里墙和里门，里墙禁止逾越。里门是居民出入的必经之处，由里监门看守，按时启闭。只有极少数位高权重的人可直接将家门开在大街上，“自五大夫以下，比地为伍，以辨券为信，居处相察，出入相司。有为盗贼及亡者，辄谒吏、典。田典更挟里门籥(钥)，以时开；伏闭门，止行及作田者”（《二年律令·户律》）。里监门通常为贫穷者担任，其在秦汉文献中常为穷苦之民的代名词。汉代法律规定私自翻越里墙和偷开里门者会被处以黥刑：“越邑里、官市院垣，若故坏决道出入，及盗启门户，皆赎黥。”（《二年律令·杂律》）如果在追捕罪犯过程中，罪犯翻越里墙，追捕者可以随之翻越进行追捕：“捕罪人及以县官事征召人，所征召、捕越邑里、官市院垣，追捕、征者得随迹出入。”（《二年律令·杂律》）侵占里中或里间道路垦殖者会被处罚：“盗侵巷、术、谷巷、树巷及垦食之，罚金二两。”（《二年律令·田律》）

虽然里的管理者不是国家任命的官吏，但国家会通过一系列法律制度对社会进行控制，因此里有自治之形而无自治之实。秦汉实行严格的户籍连坐制度（“令民为什伍，而相牧司连坐。不告奸者腰斩，告奸者与斩敌首同赏，匿奸者与降敌同罚”《史记·商君列传》）和邻里守望制度（“田典更挟里门籥(钥)，以时开；伏闭门，止行及作田者；其献酒及乘置乘传，以节使。救水火，追盗贼，皆得行；不从律，罚金二两”《二年律令·户律》）。为了加强对编户百姓的控制，秦汉禁止自由迁徙，外出办事需要申请通行证。“流民法”禁止脱籍，防止人口流失；“舍匿法”禁止百姓藏匿逃犯，使得罪犯无容身之所。② 但到东汉后期，一些乡里中的大姓豪族势力兴起，他们在乡里社会事务中起着重要作用，中央集权的管理制度受到挑战，由此形成此后数百年以门阀士族为主导的地方

① 张信通．秦汉里治研究［D］．郑州：河南大学，2013.
② 万昌华，赵兴彬．秦汉以来基层行政研究［M］．济南：齐鲁书社，2008.

社会管理格局。

3.4.2 城市教育与文化管理

商鞅认为文化和礼乐会导致国家贫弱，影响社会稳定，因此秦国重耕战而轻文教，“辩慧，乱之赞也；礼乐，淫佚之征也”（《商君书·说民》），“国去言则民朴，民朴则不淫”“《诗》、《书》、礼、乐、善、修、仁、廉、辩、慧，国有十者，上无使守战。国以十者治，敌至必削，不至必贫”（《商君书·战农》）。秦统一中国后，继续加强对思想文化领域的控制，“秦灭旧章，以吏为师”（《文心雕龙·练字》）。春秋战国时期各国教育兴盛、文化繁荣的局面中断，城市作为教育和文化中心的功能大大削弱。

汉武帝“罢黜百家，独尊儒术”后，官学在各级城市兴起并逐步繁荣。郡国学是地方设立的官学，汉景帝末年蜀郡太守文翁在成都创立了蜀郡郡学，创办“石室精舍”，开了中国地方官办学校的先河。此后，汉武帝“乃令天下郡国皆立学校官”（《汉书·循吏传》）。郡国文学官充任教师，其别名有文学祭酒、文学师、文学掾史、文学主事掾等。学生称为文学弟子或郡学生。学生可免除更役，学成后作为地方吏员人选。汉平帝时王莽“立官稷及学官。郡国曰学，县、道、邑、侯国曰校。校、学置经师一人”（《汉书·平帝纪》）。东汉时期地方官学更加兴盛，规模较大的城邑中都有小学和大学。学校具有一定的规模和标志性的建筑，为地方城市增添了新的要素和功能，改变了城市的性质和面貌。

里是最基层的行政组织，也是推行教化的重要场所。汉代在乡设立“庠”，在里设立“序”，两者都是公共教化的场所，有专职教师负责讲授以孝为核心的礼制知识，“于是里有序而乡有庠，序以明教，庠则行礼而视化焉”（《汉书·食货志》）。也有一些地方是多个里共设一个“序”，“乡曰庠，聚曰序。序、庠置孝经师一人”（《汉书·平帝纪》），“聚”就是相邻几个里组成的聚落。同时在各里推选孝者、悌者、力田、贞妇、顺孙等道德楷模，发挥言行示范和教化的作用。

汉代地方城市普遍在东南一隅设立灵星祠，祭祀灵星，祈求丰穰，“汉兴八年，有言周兴而邑立后稷之祀，于是高帝令天下立灵星祠。言祠后稷而谓之灵星者，以后稷又配食星也”（《后汉书·祭祀志》），由地方主要官员率众祭祀。汉代地方各级官府都立有社，乡以上的社由官府设置，里社则由居民按照国家制定的祭祀制度自己组织祭祀。除了这些官方的祠庙外，汉代因巫术盛行，谶纬和方士活动频繁，城市中各种民间祠庙也广为分布。

3.5 畿辅与都城的管理

3.5.1 畿辅管理机构

关中为秦代和西汉的畿辅之地，秦和汉初均以内史掌治关中。内史一职始置于西周，主要负责掌管天子的册命，经常作为天子的参谋参与决策，地位显要。① 《周礼》中有大史、小史、内史、外史、御史等五种史官，均为春官宗伯的属官，其中内史品秩最高，为中大夫。春秋时期周天子仍设有内史一职，各诸侯国也仿天子设内史。战国时期各国内史逐渐脱离了其原本职能，而与财政关系更加密切。② 商鞅变法以后，内史掌治京师，同时管理全国太仓和大内。秦统一全国后，太仓和大内从内史职能中分离出来，归治粟内史管辖，内史则成为专职掌治京师的行政长官。内史为中央官职，其品秩为两千石，与九卿等同。公元前221年，秦将蒙恬因破齐有功被拜为内史。

公元前206年，项羽自立为西楚霸王，定都彭城（位于今江苏徐州），分封诸侯。他将关中分封给三名秦的降将：封章邯为雍王，都废丘（位于今陕西西咸新区），辖咸阳以西地区；封司马欣为塞王，都栎阳，辖咸阳以东地区；封董翳为翟王，都高奴（位于今陕西延安），辖咸阳以北的上郡。公元前206年，刘邦平定三秦。刘邦最初计划建都洛阳，因此将关中分为渭南、河上、中地三郡，而在洛阳设立内史。③ 公元前198年，在迁都长安后，将关中三郡改为畿辅，由内史管辖。

自汉景帝时开始分内史为左内史、右内史。汉武帝时改右内史为京兆尹，改左内史为左冯翊。京兆有高大富足之意，“京兆，绝高曰京。京，大也。十亿曰兆，欲令帝都殷盈也。左辅右弼，蕃翊承风也”（《汉官六种·汉官仪》）。左冯翊的“冯”通“凭”，“翊”通“翼”，寓意为左冯翊是京兆尹的翅膀，二者共同护卫京师长安。京兆尹除了负责京师的部分事务外，还统辖长安、新丰、蓝田、奉明、霸陵、杜陵等12县，治所位于长安城内的尚冠里，属官有长安市、厨两令丞及都水、铁官两长丞。左冯翊负责京师的部分事务，同时统辖高陵、栎阳、云陵、万年、长陵、阳陵、云阳等24县，治所在长安城太上皇庙附近，东汉移至高陵，属官有廪牺令丞尉及左都水、铁官、云垒、长安西市四长丞。右扶风与京兆尹、左冯翊并称为“三辅”，在秦代名为主爵都尉，汉景帝中六年（前144年）更名都尉，汉武帝太初元年（前104年）更名右扶风，寓意“扶助京师、以行风化”。右扶风治所也在长安城内，东汉移至槐里（位于今陕西兴平），辖槐里、美阳、陈仓、杜阳、虢、安陵、茂陵、平陵、武功等21县（见图3-9），属官有掌畜令丞及右都水、铁官、厩、廱厨四长丞。三辅长官属于中央官员，秩为二千石。《汉官六种·汉官解诂》中称“三辅职如郡守，独奉朝请”，即三辅长官的职责虽和其他郡守一样，但有资格参与朝议。东汉定都洛阳，左冯翊和右扶风地位下降，与一般郡太守相同。京兆尹因承担祭祀诸帝陵寝相关的职责，地位比一般郡太守稍高。④

3.5.2 都城治安与社会管理

由于三辅地区人员复杂，社会管理难度非常大：“是故五方杂厝，风俗不纯。其世家则好礼文，富人则商贾为利，豪桀则游侠通奸。濒南山，近夏阳，多阻险轻薄，易为盗

① 杨振红．从秦“邦”、“内史”的演变看战国秦汉时期郡县制的发展［J］．中国史研究，2013（4）．

② 贾俊侠．内史之名及职能演变考析［J］．西安联合大学学报，2004（6）．

③ 张梦晗．汉初内史职能辨析［J］．中国社会科学院研究生院学报，2019（5）．

④ 贾俊侠．两汉三辅研究：政区、职官与人口［M］．西安：陕西人民出版社，2019．

贼，常为天下剧。”（《汉书·地理志》）因此朝廷经常任用酷吏掌治三辅，如公孙弘做丞相的时候，向皇上建议调任汲黯担任右内史：“弘为丞相，乃言上曰：‘右内史界部中多贵人宗室，难治，非素重臣不能任，请徙黯为右内史。’”（《史记·汲郑列传》）永始、元延年间，长安城中盗贼奸民极多，酷吏尹赏以三辅高第身份被任命为长安令，得到特权可以相机行事。他令户曹、属吏以及乡吏、亭长、里正等举报各种黑恶势力，对这些人施以极刑：“乃部户曹掾史，与乡吏、亭长、里正、父老、伍人，杂举长安中轻薄少年恶子，无市籍商贩作务，而鲜衣凶服被铠扞持刀兵者，悉籍记之，得数百人。”（《汉书·酷吏传》）

汉长安城作为西汉皇帝居所、国家政治中心和经济文化中心，建立了严密的治安防卫系统。军队是维护长安城安全的主要力量，有大量的军队拱卫京师，其中最重要的就是北军和南军。北军驻屯于城北，主要负责京师治安，由中尉统领，长安武库也归其管理。汉武帝时中尉改称执金吾，专门负责京师治安和纠察。南军位于城南未央宫，负责京师宫门和皇家陵寝的守卫工作，由卫尉统领。汉武帝时期增设期门和羽林两支宫廷禁军。期门即殿门，期门军随时等候在殿门外听候皇帝的调遣。皇帝微服出行时，期门军担任便衣侍卫。期门军以骑兵为主，其主官称为仆射。汉平帝时，期门军更名为虎贲。羽林军是汉武帝正式出巡时的正规仪仗队，兵士都是汉匈战争中牺牲的烈士的子弟，期门、羽林皆归光禄勋掌管。城门校尉掌管京师城门屯兵，秩二千石。每门都有门候，秩六百石，按时启闭城门。《三辅黄图》有：“汉城门皆有候，门候主候时、谨启闭也。”门候执法严格，《后汉书·申屠刚鲍永郅恽列传》记载了东汉光武帝外出打猎夜里回洛阳城，守城官员拒不开门的故事：“帝尝出猎，车驾夜还，恽拒关不开。帝令从者见面于门间，恽曰：‘火明辽远。’遂不受诏。帝乃回从东中门入。”司隶校尉始置于汉武帝，秩二千石，率领一支由1 200名官兵组成的武装队伍。除监督朝中百官和三辅官员外，司隶校尉还是维护京畿社会秩序的重要力量，“掌察举百官以下，及京师近郡犯法者”（《后汉书·百官志》）。[①] 汉武帝时期设置三辅都尉，秩二千石。其中京辅都尉治华阴，左辅都尉治高陵，右辅都尉治郿。东汉取消三辅都尉，并都尉之职于太守。

京城道路通达，交通问题不大，交通管理主要作为礼仪制度的重要内容。驰道和警跸制度就是为体现皇帝的威严和保证皇帝出行安全而设立的交通管理制度。主要街道中间都有驰道，没有皇帝的特许，任何人都不能在驰道中行走。据《汉书·成帝纪》记载，汉成帝刘骜为太子时也不敢擅自在驰道上行走，只能绕行：“初居桂宫，上尝急召，太子出龙楼门，不敢绝驰道，西至直城门，得绝乃度，还入作室门。”《汉书·王贡两龚鲍传》中记载了汉哀帝时司隶校尉鲍宣维护驰道制度的故事：丞相孔光负责巡视园陵，其属官仗恃有皇帝的敕令而违反规制，乘车在驰道中行走，鲍宣外出正好遇见，就让属吏扣留了丞相掾史，并没收其车马，羞辱丞相：“丞相孔光四时行园陵，官属以令行驰道中，宣出逢之，使吏钩止丞相掾史，没入其车马，摧辱宰相。”警跸是指帝王出行时，沿途由侍卫警戒和清道止行。《史记·张释之冯唐列传》记载了汉文帝时廷尉张释之对“犯跸”者按法律规定处以罚金的事例：“上行出中渭桥，有一人从桥下走出，乘舆马惊。于是使骑

① 王尔春．司隶校尉在汉代国家经济生活中的职能与影响［J］．武汉大学学报（人文科学版），2009（3）．

捕，属之廷尉。释之治问。曰：‘县人来，闻跸，匿桥下。久之，以为行已过，即出，见乘舆车骑，即走耳。’廷尉奏当，一人犯跸，当罚金。”①

汉代以孝治国，重视祭祀活动。郊祀为最高等级的祭祀活动，汉武帝时期初定郊祀之礼，王莽进一步确定了儒家祭祀体系。南郊祭天是郊祀的核心，因此西汉长安和东汉洛阳都兴建了大规模的礼制性建筑。宗庙是祭拜先祖的场所，其核心是帝庙，位于京城或陵城。西汉前期，不仅都城长安有宗庙，一些郡国也立有宗庙。汉元帝为精简宗庙，“罢祖宗庙在郡国者”（《汉书·元帝纪》）。

汉武帝在京师长安设立太学，由太常负责管理，五经博士负责讲授儒家经典。博士弟子由太常选拔，在读期间享受免除赋税徭役和获得一定的生活补助的待遇，学习成绩优异者可任命为中央或地方行政官员。地方官吏也可以推荐合适的人选进入太学作为旁读生，但不享受相关待遇。太学最初规模很小，只有博士弟子 50 人。汉元帝时因其爱好儒学，博士弟子人数达到千人。西汉末年，王莽修建的太学可容纳万人，“莽奏起明堂、辟雍、灵台，为学者筑舍万区，制度甚盛”（《资治通鉴·汉纪》）。新朝末年，长安的太学毁于战火。东汉时在洛阳城南恢复太学，规模进一步扩大，汉质帝时太学学生人数曾达 3 万余人。太学的繁盛是西汉后期和东汉京师城市发展的一大特点，也对国家政治和社会经济发展产生了深刻影响。

3.5.3 京师陵邑的管理

长安附近的陵邑是一种特殊类型的城市。西汉沿袭秦始皇的做法，在帝陵之旁设置陵邑，11 座帝陵中有 7 座设有陵邑。设立陵邑主要有两个目的，一是尊陵护陵，体现汉代以孝治天下的特点。汉代法律对帝陵的保护也极为严密，“盗宗庙服御物者”会被“弃市”。二是“内实京师，外销奸猾，此所谓不诛而害除”（《史记·平津侯主父列传》）。为此汉代强迫关东豪族和富户迁移到这些陵邑居住，前期主要迁移的是战国时期六国贵族后裔及汉初功臣，中后期主要迁移的是新兴贵族与地方豪杰：“汉兴，立都长安，徙齐诸田，楚昭、屈、景及诸功臣家于长陵。后世世徙吏二千石、高訾富人及豪桀并兼之家于诸陵。盖亦以强干弱支，非独为奉山园也。”（《汉书·地理志》）史书记载的几次有规模的迁徙有，“孝惠帝葬安陵，徙关东倡优乐人五千户以为陵邑”（《太平御览·乐部》），汉武帝“又徙郡国豪杰及訾三百万以上于茂陵”（《汉书·武帝纪》），汉成帝“徙郡国豪杰赀五百万以上五千户于昌陵”（《汉书·成帝纪》）。这些迁往陵邑的人口数量一般在 10 万～20 万，茂陵最多，达到 27 万。考古发掘证实的几个陵邑的占地规模为：长陵邑 2.7 平方公里、茂陵邑 5.54 平方公里、安陵邑 1.19 平方公里。

陵邑经济以工商业为主，侈靡之风盛行。如《史记·货殖列传》记载：“长安诸陵，四方辐凑并至而会，地小人众，故其民益玩巧而事末也”，《汉书·地理志》中有：“又郡国辐凑，浮食者多，民去本就末，列侯贵人车服僭上，众庶放效，羞不相及，嫁娶尤崇侈靡，送死过度。”游手好闲的官宦或富豪子弟汇聚陵邑，后世诗文常以五陵少年指代纨

① 王社教．汉长安城［M］．西安：西安出版社，2009.

绔子弟。《西京杂记》记载了五陵中几位具有奇技淫巧的少年，其中一个叫许博昌的安陵人，他善于六博，自编了六博口诀，三辅地区皆唱诵。他还写了一篇《大博经》，在当时广为流传。

这些帝陵本身地位显要，陵邑居民又非富即贵，因此管理体制与一般县邑不同。陵邑虽然在地理位置上分属京兆尹、左冯翊、右扶风三辅管辖，但行政上归掌管宗庙礼仪的太常管理，各陵邑的官吏由太常任免，“太常，社稷郊畤，事重职尊，故在九卿之首”（《汉官六种·汉官解诂》），直到西汉末年，元帝才把陵邑分归三辅管理。秦汉时期人口万户以上的县才设县令，秩六百石至千石；万户以下的县设县长，秩三百石至五百石。而陵邑虽不满万户也设令，秩二千石。① 陵邑中也划分为若干里，有围墙和里门，进入里门需要下车下马。《史记·万石张叔列传》记载了汉初一个著名的大臣石奋及其儿子石庆的故事：石奋为人谦虚恭敬、严于律己。他原住在长安城的中戚里，后迁居到某个陵邑居住。担任内史的儿子石庆酒醉归来，进入里门时没有下车。石奋听到这件事后不肯吃饭，石庆恐惧，袒露上身请求恕罪，石奋没有宽恕他。其他儿子以及全族的人也袒露上身请求恕罪，此事才得以平息。从此以后，石庆和石家的人进入里门时，都下车快步走回家。

3.6　同时期古罗马的城市管理

古罗马是中国秦汉时期西方的文明中心，“西有罗马，东有长安”是对当时世界格局的总体概括。古罗马起源于台伯河畔的一个城邦，经过不断的军事扩张成为一个环绕地中海的大帝国。鼎盛时期的罗马帝国和秦汉时期的中国规模大体相当，当时世界上大约一半的人口生活在这两个帝国。古罗马也建设了大量的城市，创造了灿烂的城市文明。但由于地理环境、发展过程和政治体制的不同，二者的城市管理制度也存在显著的差异。其中，与秦汉时期的中国相比，罗马帝国在城市管理方面的最大特点是实行城市自治制度。

古罗马的政治体制经历了较大变化，但很长一段时间为共和制。古罗马于公元前9世纪初兴起于亚平宁半岛中部，先后经历了王政时代和罗马共和国时代，于公元前27年进入罗马帝国时代。王政时代是军事民主制的时代，社会的基本组织是父系氏族。罗马共和国时代，古罗马形成以贵族为主体的共和体制。元老院是最高权力和决策机构，主要由贵族组成，总揽国家行政、司法、军事和财政权力，是古罗马共和政体的代表者和维护者，其下设有保民官、财政官、监察官和司法官等。罗马帝国时代，皇帝的个人专制权力不断加强，中央集权的官僚体制逐步形成。但这个过程非常漫长，共和体制在帝国政治生活中仍体现出顽强的生命力，皇帝的权力常受元老院和公民大会的制约。直到公元3世纪末4世纪初，戴克里先和君士坦丁担任皇帝，君主专制制度才得以真正确立。而中国在秦代开创了皇帝制度，皇帝总揽国家大权，发展过程与同一时期的古罗马存在

---

① 喻曦．西汉京畿地区城市规模初探［J］．干旱区资源与环境，2013（3）．

较大差异。

在罗马共和国扩张的过程中，古罗马在亚平宁半岛之外的区域设立行省。每建一个行省，就由元老院制定法规，确定该行省的权利和义务，规定该行省应缴纳贡赋的品种与数量，并委派总督、副总督和财务官进行管理。罗马帝国时期，行省主要官员由皇帝任命。但古罗马对行省的控制和管理远不及同时期中国对郡县的管理，行省机构设置简单，中央任命的官员人数很少，行省的自治性较强。尽管随着皇权的强化，中央对行省的控制不断加强，但始终没有形成中国郡县制那样层次分明、体系完整的纵向管理体制。

在行省之下，城市实行自治制度。罗马共和国时期和帝国初期是古罗马城市快速发展的时期，城市数量大幅度增加，主要包括三种类型：（1）被征服地区原有的城市。古罗马东部的行省和亚平宁半岛深受古希腊的影响，具有悠久的城邦文明，古罗马征服这些地区后继续沿用城市自治的传统模式。（2）在古罗马军事扩张过程中建立的营寨城。古罗马军团在新征服的地区广泛建立营寨城作为军事控制基地和进一步扩张的前哨，营寨城一般都建立在区位和交通条件较好的地方，而且具有先进的供水、道路、仓储、营房等基础设施，因此以这些营寨城为基础形成了一批新的城市。（3）罗马帝国初期建立的殖民城市。在罗马帝国初期，随着军事扩张和战争的减少，一些军事统帅在罗马帝国西部建立了一批殖民城市。建立殖民城市的主要目的是安置退役老兵，同时也可以镇压、管理和同化原住民。在营寨城基础上形成的城市和殖民城市都具有浓厚的军事色彩和古罗马特色，其管理体制也套用古罗马的自治体制。① 因此，罗马帝国绝大多数城市都是自治的，普遍建立起以市议会、市政官和公民大会为主的自治机构。市议会是自治市的最高权力机构，主要行使立法权。市政官由公民选举产生，负责城市的管理事务，是不享受薪俸的。公民大会由城市的全体公民组成，行使选举权和立法权。

自治城市与中央政府签订协议，明确城市政府与中央政府的权利与义务。② 根据这些权利和义务，可将罗马帝国的城市分成同盟城市、自治城市、自由城市、殖民城市和纳贡城市等类型。其中殖民城市地位最高，可视作罗马城的外延；纳贡城市没有任何特权，承担的义务最为沉重，城市数量也最多。城市类型是可以转变的，要想从承担义务多的城市转变为更加自由和自治的城市，不仅要对罗马帝国尽忠尽责，还要按罗马帝国的标准建立和完善城市管理制度。因此，罗马帝国版图内的城市都以罗马城为样板进行规划、建设和管理。③ 城市也由此成为罗马化的重要载体，罗马帝国的建筑、城市规划、法律、拉丁语、生活方式、宗教和价值观念以城市为据点传播到各个角落。

公民权是罗马帝国城市自治的制度基础。与希腊城邦类似，罗马帝国城市人口包括公民、无公民权的自由民和奴隶三大群体。公民是统治阶层，市议会成员和市政官只能由公民担任。公民权原本是一种政治权利，拥有公民权就有选举权和被选举权，可以参政议政；但随着罗马帝国势力的不断扩张，公民权附带了越来越多的经济权利，公民在土地、财产和人身保护、税收等方面拥有特权，因此“如果一个人不是罗马帝国的公民

① 王鹤．罗马军队与帝国西部行省城市化［J］．学习与探索，2012（9）．
② 祝宏俊．罗马帝国初期的城市管理［J］．历史教学，2004（10）．
③ 段光达．罗马帝国早期行省城市等级制度及其特征［J］．求是学刊，1993（3）．

就什么都不是，而有了这个头衔就等于有了一切”[①]。公民权因出生或由授予而获得，非公民要想获得罗马帝国公民权必须对罗马帝国有功且具备一定的文化素养，由此强化非公民群体中的精英阶层对罗马帝国的政治认同和加强罗马帝国的统治。[②] 为进一步扩大公民团体和强化国家意识，提升各民族对罗马帝国的认同，公元212年，罗马帝国皇帝卡拉卡拉颁布敕令将公民权赋予帝国的全体自由民。但这一举措过于激进，公民权失去其原本意义和价值，导致一系列以公民权为基础的制度难以为继，为帝国后期的统治带来危机。

罗马城是罗马共和国和罗马帝国的首都，是元老院或皇帝真正能直接控制的城市。罗马城也是罗马帝国最大的城市，其鼎盛时期人口超过100万。共和国时期的罗马城是一个自治城邦，城市与国家为一体。随着古罗马对外扩张，罗马城的自治制度成为新征服地区城市管理的制度原型。在罗马共和国末期和罗马帝国初期，罗马城的规模快速扩大，住房、交通、卫生和治安等城市问题日益突出。为了应对这些问题，奥古斯都时期逐步增设了各种城市官吏，专门负责罗马城的管理。罗马城的管理开始从中央政府中分离出来，市长成为常设职务，一般由元老院或皇帝任命，由卸任的执政官担任。市长统率城市军队，建立了自己的法庭。奥古斯都还将罗马城从共和国初期划分的4个区调整为14个区，每个区从本区公民中选举街区督察使来负责街区的社会治安。[③]

古罗马开了城市自治制度的先河，是西方国家地方制度的历史源头，地方自治也因此成为西方城市管理的制度基因。古希腊的城邦自治是国家政体，而古罗马的城市自治事关中央和地方的关系。古罗马的城市自治受古希腊城邦的影响，同时也是古罗马皇帝权威和中央集权不足的历史条件下的产物。由于缺乏像中国同一时期那样强大的官僚体系，罗马帝国的中央政府无法有效地直接管理地方，因此需要依靠公民群体和城市自治来维持统治。罗马帝国后期，虽然中央集权得到加强，但城市自治相对弱化。罗马帝国的中央集权始终没有达到像中国秦汉时期那样的高度。

本章小结

1. 秦始皇统一中国后，创立了皇帝制度，在中央建立了三公九卿为主的中央机构，在地方全面推行郡县制，确立了中国国家管理和城市体系的基本框架。汉初大体沿袭这一制度，汉武帝时期进行了较大的调整。秦汉时期城市围绕国家统治需求而发展，城市管理也主要基于政治需要而展开。城市被视为文明的标志，但城市规划和管理深受巫术和谶纬之学的影响。

2. 秦汉时期限制私营工商业的发展，重视官营工商业的发展，城市经济职能有所发展，出现了一批重要的工商业城市。官府负责市场的设置和管理，市场一般有围墙环绕，开市和闭市时间有严格的规定，由市令或市长负责管理。

---

① 孟德斯鸠．罗马盛衰原因论［M］．北京：商务印书馆，1962．

② 尹宁．政治认同视角下的古罗马公民权政策：以元首制前期为例［J］．西南政法大学学报，2014（5）．

③ 王振霞，王玉冲．古罗马城市与城市化［M］．济南：山东人民出版社，2018．

3. 秦汉时期城乡基层设有乡、亭、里等社会管理组织，其中里是最基层的行政组织，对维护国家统治和城市社会稳定至关重要。里有自治之形但无自治之实，国家通过礼和法对里进行控制。秦代城市的文化和教育功能被削弱，汉武帝以后得到了恢复和发展，郡县城市都设立了学校和学官。

4. 关中为秦代和西汉的畿辅之地，秦代和汉初均以内史管理关中，西汉中后期改由三辅管理。由于京师地区兼具政治和文化功能，贵族和富豪聚集，社会管理难度较大，因此建立了以军队为主体的治安管理体系，并经常任用酷吏打击各种黑恶势力。陵邑是汉代一种特殊类型的城市，行政上归掌管宗庙礼仪的太常管理，陵邑县令的地位远高于一般县令。

5. 古罗马文明开了城市自治的先河，中国和西方城市管理的基本制度存在较大差异。罗马帝国绝大多数城市都是自治的，普遍建立起以市议会、市政官和公民大会为核心的自治机构。罗马城是罗马帝国各个城市效仿的对象，罗马城的文化和制度也以城市为据点传播到帝国各个角落。

关键术语

皇帝　三公九卿　郡县制　三辅　内史　陵邑　市令　太学　郡国学　谶纬　亭　里　什伍　营寨城　殖民城市　城市自治　公民权

复习思考题

1. 分析秦汉时期建立的国家管理体系的特点及其对城市发展有哪些影响，并将其与同时期的罗马共和国和罗马帝国进行比较。

2. 简述秦汉时期城乡基层社会的管理组织和制度。

3. 简述秦汉时期城市经济和文化特征及其管理制度。

4. 与一般郡相比，汉代对畿辅的管理有哪些特点？

5. 何谓陵邑？西汉如何管理陵邑？

第4章

隋唐时期的城市管理

隋代结束了自西晋末年以来长达200多年的分裂局面，恢复了中央集权的政治制度，奠定了隋唐盛世的基本格局。唐代初期沿袭隋代制度并加以完善，出现了贞观之治和开元盛世的局面。唐代中晚期，因宦官专权、藩镇割据、吏治腐败，国家由盛转衰。隋唐国家统一和经济发展为城市繁荣创造了条件，国家和社会关系开始发生变化，推动了城市管理制度的变革。

重点问题

- 隋唐时期的城市体系
- 隋唐时期国家和社会关系的变化
- 唐代“市”的变化和对市场的管理
- 唐代里坊制度的演变
- 唐代都城的建设与管理
- 同时期西欧、拜占庭和阿拉伯地区的城市管理

4.1 隋唐时期的国家与社会

4.1.1 国家管理

隋代在国家中央机构的设置上吸取了魏晋以来的经验教训，创设了五省六曹制。五省是秘书省、内侍省、内史省、门下省和尚书省，秘书省掌管书籍历法，内侍省掌管宫廷事务，两者涉及国家政务较少，实际的中枢机关为内史、门下、尚书三省。内史省是中央决策机构，负责拟制奏章、出纳诏令。门下省是中央审议机构，主掌驳诏、谏议和审核内史省所拟的奏章与诏令。尚书省是中央决策的执行机构，主管吏、民、礼、兵、

刑、工六曹。吏曹为六曹之首，掌管全国中下级官吏的选拔、任命和退休等事务。民曹是中央财政事务管理机构，掌全国土地、户籍、赋税、财政收支。礼曹是中央礼仪事务管理机构，负责国家的礼仪、祭享、贡举等事务。兵曹是中央军事管理机构，负责全国武官的选任和兵籍、军械、军需等。刑曹是中央的司法机构，掌管国家法律和刑狱。工曹是土木及水利工程事务管理机构，负责全国各类土木工程、工匠、屯田、水利、交通。内史省、门下省和尚书省将秦汉时期丞相府的权力一分为三，彼此制约，有利于削弱相权和强化皇权。六曹则使行政分工更趋于专业化、条理化，有利于提高行政效率和培养专业的行政官员。

除了五省六曹外，隋代中央还设有“三台”“五监”“九寺”等机构。“三台”是御史台、谒者台和司隶台，核心职能是监察中央和地方官员。“五监”是指国子监、将作监、都水监、少府监和长秋监，国子监是国家教育事务管理机构，将作监是土木工程事务管理机构，都水监是国家水利事务管理机构，少府监掌管进奉宫室和宗庙的器物及军用器械，长秋监掌管后宫事务。“九寺”包括负责国家礼仪事务的太常寺、负责宫廷饮食的光禄寺、负责国家军械和仪仗事务的卫尉寺、负责皇族事务的宗正寺、负责宫廷车马的太仆寺、负责国家司法事务的大理寺、负责外交及民族事务的鸿胪寺、掌管粮食供应的司农寺和执掌国家财物的太府寺。这些监、寺与尚书省六曹的职能存在交叉，在很大程度上是受北周旧制的影响，具有新旧交替的特点。

在地方管理体制上，隋初将东汉末年开始的州郡县三级制改为州县二级制。州置刺史，其下置长史、司马、录事、参军等属官。京师所在地称府，其级别等同于州，主吏称京兆尹。隋炀帝时，将州改为郡，全国有郡 190 个，县 1 255 个。

唐代初期仿效隋朝的五省六曹制，确立了三省六部制。但中书省、门下省和尚书省互相掣肘和互相推诿，导致政令难行、效率低下。唐高宗时设置“同中书门下平章事”行使宰相的权力，弱化中书省和门下省的权力。后又将之前设置的议事机构“政事堂”改为“中书门下”，使之成为新的中枢决策机构。“中书门下”设“五房”，分别处理有关政务：吏房掌选官与官吏管理，枢机房掌中枢大政决策与诏令，兵房掌军事，户房掌民事财政，刑礼房掌礼仪和刑法。尚书省和六部的地位也因此被削弱。唐玄宗为进一步加强皇权，设置了翰林学士院，执掌起草拜免将相、征伐等机密诏令，与“中书门下”共掌中枢决策大权。唐代后期，由于宦官专权擅政，枢密院成为新的中枢决策机构，不仅负责起草诏令，而且统领军队，位高权重。

唐代初期的地方管理体制亦采用州县二级制，道仅起监察作用（见图 4－1）。与州同级的还有府，唐初有上都京兆府、东都河南府、北都太原府，后来又陆续设有凤翔、成都、江陵、兴德等府。唐代各州依据户口多寡、地望轻重、军事地位高低而划分为辅、雄、望、紧、上、中、下七个等级，其官吏级别和职数有所不同。在州级机构内，主吏为刺史，属官有别驾、长史、治中、司马、录事参军事、司功参军事、司仓参军事、司户参军事、司田参军事、司兵参军事、司法参军事、司士参军事等。

州（府）下辖县，县也有赤、畿、望、紧和上、中、下两类等级区分，前者是以政治地位划分，后者是以人口数量划分。京都所在的县为赤县，也称京县，辖长安和万年二县，东京辖洛阳和河南二县，北京辖太原和晋阳二县。首都及陪都所在的京兆府、河南府及太原府的其他 82 个属县为畿县。望、紧两个等级的县是地理位置重要而又事务繁多的县，数量不是太多。上、中、下三等则以户口多少为标准划定，唐初武德年间以 5 000 户以上为上等，2 000 户以上为中等，1 000 户以下为下等。唐代中期全国人口增加，分等标准也随之提高。开元年间定 6 000 户以上为上县，3 000 户以上为中县，不满 2 000 户为下县。县级官府主吏一律称为县令，属官有主簿、尉、录事、司户、司法等，畿县另加司功、司仓等属官，京县又加司士、司兵等属官，各县还设有佐、史、书令、博士、助教等佐吏。①

唐代中后期行政区划有两个重要变化：一是道一级行政区的出现。唐太宗将天下按照山川形势和交通便利情况分为十个道，设监察官监管州级行政区。但到唐中后期，道逐步演变为州之上的一级地方行政区，道-府（州）-县三级制开始形成。② 二是藩镇割据愈演愈烈。节度使凌驾于州之上，在行政上分割了原属于中央的大部分权力，拥有州县官员的任用权和自行辟署幕僚的权力（见图 4-2）。在军事上，藩镇握有兵权，形成外重内轻的局面。③

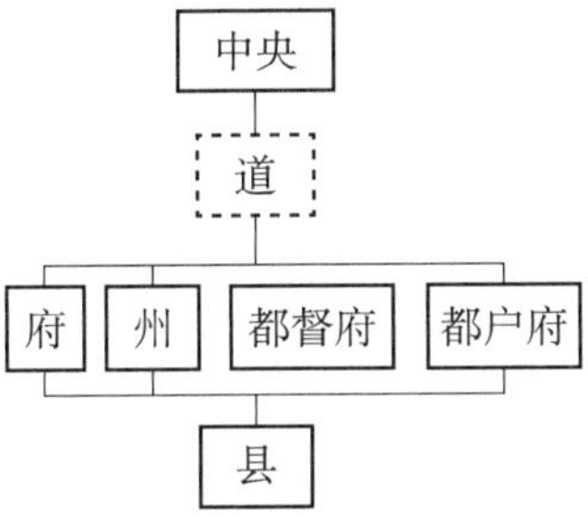

图 4-1　唐代初期的行政区划体系示意图

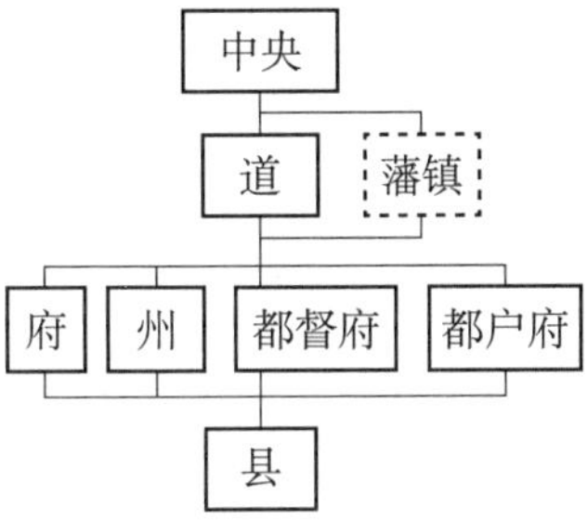

图 4-2　唐代中后期的行政区划体系示意图

法律制度是国家政治制度的重要组成部分，唐代在法制史上占有十分重要的地位。唐代法律将儒家思想法律化的同时也将法律制度儒家化，对社会关系进行了全面的调整和规范，形成了完备的法律体系。唐以后的各代法律都以唐律为范本，宋代的《宋刑统》、元代的《至元新格》、明代的《大明律》和清代的《大清律》都受到唐律的影响。唐律对亚洲其他国家的法制建设也产生了深远影响，朝鲜的《高丽律》、日本的《大宝律令》和《近江令》、越南的《国朝刑律》等都与唐律有共通之处。④

4.1.2　国家与社会关系的演进

隋唐是中国历史上的一个鼎盛时期，也是国家与社会关系大变动的时期。隋代和唐

① 周振鹤．中国历代行政区划的变迁［M］．北京：商务印书馆，1998.
② 唐进，郑川水．中国国家机构史［M］．沈阳：辽宁人民出版社，1993.
③ 李治安．唐宋元明清中央与地方关系研究［M］．天津：南开大学出版社，1996.
④ 张晋藩．中国法制史．5 版［M］．北京：中国政法大学出版社，2016.

代前期取消盐酒专卖，免征商业赋税，这为商品经济的发展提供了宽松的政策环境。大运河的贯通、漕运技术的改进和农业生产水平的提高又为商品经济的发展提供了强劲动力。① 伴随着商品经济的发展，土地制度和赋役制度这两大农业社会最核心的制度发生了巨大变化：隋代和唐代前期的均田制是一种土地为国家所有的制度，国家按人口分配土地，严禁土地买卖。但农业的商品化生产需要对土地进行长期投入和规模化经营，导致土地私下交易活跃，土地日益集中。均田制由此逐步瓦解并在唐代中叶被废止，此后土地私有制开始占据主导地位。与此相对应，“有田则有租，有身则有庸，有户则有调”的租庸调制被“唯以资产为宗，不以丁身为本”的两税法所取代。两税法又进一步促进了土地的兼并和集中，即“兼并者不复追正，贫弱者不复田业，姑定额取税而已”(《文献通考·田赋》)。商品经济的发展和土地制度与赋役制度的变革进一步引发了社会经济的巨大变迁，进而导致国家与社会关系的重构。这可以从国家对社会控制的弱化和社会组织的蓬勃发展两方面来说明。

1. 国家对社会控制的弱化

在自然经济占主导地位的社会中，土地和劳动力是最基本的生产要素，社会经济的生产、分配和再生产都主要局限在单个经济组织内，社会具有很强的分散性和封闭性。因此，中唐以前，国家严格限制人口的空间流动，同时通过尊卑贵贱的身份等级制度将社会各阶层与土地的关系进一步固化，限制人口的身份等级流动。而商品经济是一种以交换为目的的经济，需要独立的生产者和可以自由出卖劳动力的劳动者。商品经济的发展必然促进人口和其他生产要素的流动和重组，国家对社会的支配和严密控制难以为继，人口的空间流动和身份等级流动日益增加。

在空间流动方面，由于土地私有化和两税法的施行，农民对地主和土地的依附性减弱。商品经济的繁荣导致大量农民自愿或被迫离开故土，进入城市从事商业和手工业，城市人口快速增加。顺应这一变化，国家取消了之前严格控制工商业者职业和身份的市籍制度，代之以坊郭户和乡村户进行区分，以适应城市人口管理的需要。在身份等级流动方面，商品经济的蓬勃发展及其等价交换原则使确定人们身份等级的主要因素从出身贵贱转变为财富多寡。依靠商业和手工业致富的“富户”对“因贵而富”的门阀士族产生冲击，以致“至富敌至贵”。② 加之科举制度的成熟，读书人在“学而优则仕”的同时也“学而优则入居城市”，身份等级变动和空间流动更加频繁。③

2. 社会组织的蓬勃发展

唐代社会组织可分为两类，一类是经济领域的行会，另一类是民间的会社，这两类社会组织在这一时期都得到了快速发展。行会在数量上迅速增加，其性质和功能也有所变化。行会最初是因国家对工商业管理和征税的需要而设置的，但随着商品经济的发展，行会防止竞争、规范秩序等功能开始增强。国家利用行会管理工商业，行会也积极为本

---

① 林文勋．商品经济与唐宋社会变革［J］．中国经济史研究，2004（1）．

② 林文勋．唐宋社会变革论纲［M］．北京：人民出版社，2011．

③ 韩昇．南北朝隋唐士族向城市的迁徙与社会变迁［J］．历史研究，2003（4）．

行业争取利益，甚至不惜与国家进行对抗。[①] 民间结会和结社也是这一时期较为普遍的社会现象，其发展速度和发育程度都远超之前的朝代。唐代初期的民间会社还比较单一、孤立，对社会生活的影响不大。随着商品经济的发展、国家对社会控制的弱化、人口流动的增加和城市的蓬勃发展，各类基于政治、军事、经济、文化、宗教、志趣乃至慈善的会社纷纷兴起。这些民间会社通过自身的资源和渠道对国家产生影响，开始呈现出社会与国家互动的发展态势。

4.2　隋唐时期的城市发展

隋代建立后，在重整政治、经济、社会秩序的同时，也将城市建设作为宣告天下统一和实现长治久安的重要工作，其主要成就在于兴建大兴城和洛阳城。

4.2.1　隋代的城市建设

从西汉末年至北周的五个多世纪里，以汉长安城为基础的都城多次遭受战火破坏和水患威胁，损毁严重并被认为是不祥之地。到北周时，长安城宫殿狭小，空间格局混乱，“不足建皇王之邑，合大众所聚”（《隋书·帝纪》）。因此，隋文帝称帝之初便下诏另建新都。新都选址于原长安城的东南、龙首山南麓，“龙首山川原秀丽，卉物滋阜，卜食相土，宜建都邑，定鼎之基永固，无穷之业在斯。公私府宅，规模远近，营构资费，随事条奏”（《隋书·帝纪》）。因隋文帝曾被封为大兴公，新都便取名“大兴城”，取其永远兴盛之意。

从东晋到隋代，唯心主义是中国思想发展的主要潮流。汉末以后，儒家学说衰落，玄学和道教兴起。魏晋时期玄学盛行，重知轻行。道教以“道”为最高信仰，强调知行统一。佛教在东汉时期传入中国，魏晋南北朝时期逐步兴盛。佛教和道教的“知”是指一种神秘的智慧，“行”是指宗教修行活动，即指导人们得道成佛的途径。隋文帝是佛门信徒，但他也意识到儒家学说对于维护国家统治的重要性，“弟子是俗人天子，律师为道人天子。……律师度人为善，弟子禁人为恶，言虽有异，意则不殊”（《续高僧传·隋京师大兴善寺释灵藏传》），因此确立了以儒为本、儒佛并举的文化策略，大兴城的规划和建设就具有鲜明的儒学和佛教的特点。

宇文恺是大兴城的总设计师，他根据“天人合一”思想和儒家经典的要求，借鉴了北魏洛阳和北齐邺城的空间布局，充分利用新都的地形地貌，将六道黄土梁附会为乾卦六爻之象，以卦辞含义来布置各类建筑，从而彰显皇权的至高无上。在营建大兴城的同时兴建了大兴善寺等多座寺庙，也鼓励官民私建寺庙，“文帝初移都，便出寺额一百二十枚，于朝堂下制云：‘有能修造，便任取之’”（《长安志·长安志图》）。开皇元年，“高祖普诏天下，任听出家，仍令计口出钱，营造经像。而京师及并州、相州、洛州等诸大都

---

① 曲彦斌．行会史［M］．上海：上海文艺出版社，1999.

邑之处，并官写一切经，置于寺内”（《隋书·经籍志》）。

582年，大兴城开工营建，一年后隋文帝迁入新都。开皇九年（589年）隋灭陈后，荡平其都城建康。为彻底铲除江南势力，将江南贵族迁入大兴城，“江南士人，悉播迁入京师”（《隋书·天文志》），“陈叔宝与其王公百司发建康，诣长安，大小在路，五百里累累不绝。帝命权分长安士民宅以俟之，内外修整，遣使迎劳，陈人至者如归”（《资治通鉴·隋纪》）。此后，大兴城继续进行大规模的建设，直到613年才建成外郭城墙。

随着大运河的开通，洛阳成为全国重要的经济中心和水运交通中心。隋炀帝为进一步加强对关东和江南地区的控制，于604年颁布《营东都诏》，下令建设东都洛阳。605年“诏杨素与纳言杨达、将作大匠宇文恺营建东京，每月役丁二百万人，徙洛州郭内居民及诸州富商大贾数万户以实之”（《资治通鉴·隋纪》）。此后“敕江南诸州科上户分房入东都住，名为部京户，六千余家。……敕河北诸郡送工艺户陪东都，三千余家”（《大业杂记》），并在北临洛水的城区规划十二坊给艺户居住。① 虽隋炀帝“今所营构，务从节俭。无令雕墙峻宇，复起于当今；欲使卑宫菲食，将贻于后世”（《北史·隋本纪下》），但“恺揣帝心在宏侈，于是东京制度穷极壮丽。帝大悦之，进位开府，拜工部尚书”（《隋书·列传》）。

除两都外，地方城市也有所发展。大业十一年（615年），隋炀帝下诏要求各地重建城市，“设险守国，著自前经，重门御暴，事彰往策，所以宅土宁邦，禁邪固本。而近代战争，居人散逸，田畴无伍，郛郭不修，遂使游惰实繁，寇歉未息。今天下平一，海内晏如，宜令人悉城居，田随近给……”（《隋书·帝纪》），并充分利用灾荒年份发动灾民筑城，“十三年，天下大旱。时郡县乡邑，悉遣筑城，发男女，无少长，皆就役”（《隋书·五行志》）。大运河的开通也促进了运河沿岸城市的兴起和繁荣，苏州、杭州、常州、润州（位于今江苏镇江）、楚州（位于今江苏淮安）等城市工商业进一步发展。此外，由于隋炀帝登基前曾任扬州总管，他视江都（今江苏扬州）为福地，登基后又三次巡幸扬州，非常重视江都的城市建设，在那里建造了一批宫室和苑囿。

4.2.2 唐代的城市发展

唐代仍以隋大兴城为都城，改称长安。城市建设进一步完善，重点兴建了大明宫、兴庆宫和夹城。洛阳是东都，在武周时期一度取代长安成为首都，因此也得到了进一步发展。唐代长安和洛阳都具有规模宏伟、建筑壮丽、规划整齐、布局严谨等特点，是中国古代城市规划和建设的一个里程碑，成为国内外城市建设的典范。唐代边疆地区的龟兹、高昌、碎叶、渤海上京龙泉府，同一时期日本藤原京、平城京、平安京，以及北宋开封、金中都、元大都、明清都城等都深受唐代长安和洛阳的影响。

唐代地方城市尤其是南方城市也得到较快的发展。东汉以后，北方人口因战乱大量南迁，长江以南的城市数量不断增加，到唐代城市数量已经超过长江以北地区。中唐以

---

① 韦述，杜宝．两京新记辑校大·业杂记辑校［M］．北京：中华书局，2019.

后，国家对外交往重心由西北转向东南、由陆路转向海路，东南沿海城市也蓬勃发展①，吸引了大量来自日本、朝鲜、阿拉伯、印度、波斯等地的商人。② 地方城市经济功能进一步增强，扬州、成都、广州、苏州、杭州等城市更加繁荣，城市规模进一步扩大，大运河城市发展带、长江城市发展带和沿海城市发展带逐步形成。

唐代对宗教兼容并包，因此城市中寺庙众多。唐代继续扶持佛教，广立佛寺，多次盛迎佛骨，大力支持佛经翻译，佛教对城市居民的日常生活、节令节庆、丧葬习俗、文化活动等方面都产生了深远影响。③ 唐代后期，因佛教势力过度扩张，唐文宗开始抑制佛教，唐武宗时进一步缩减佛教势力，但唐宣宗即位后又恢复佛事。道教在李渊反隋的起义中发挥了重要作用，唐代建立后又追认老子为其先祖，崇老尊道，对道教积极予以扶植。统治者在全国各地大建道观，并于开元二十九年（741 年）诏“两京及诸州各建玄元皇帝庙一所”。唐武宗抑佛崇道，在城市中大筑道观。除佛教和道教之外，祆教、景教、摩尼教等宗教也传入中国并得到快速发展，因而城市中各类寺庙林立。据《两京新记》记载，唐开元时期“僧寺六十四，尼寺二十七，道士观十，女冠观六，波斯寺二，祆祠四”，而玄宗之后各类寺庙还有较大规模的增加。

“镇”在唐代开始快速发展。“镇”最初是指“一方之首山”，即一定区域内地势险要、便于驻兵镇守的山。④ 镇作为行政建制单位始于北魏在西北边境要塞设置的军镇，唐代沿袭这一做法，“兵之戍边者，大曰军，小曰守捉，曰城，曰镇”（《新唐书·兵志》）。镇分上、中、下三等，“每防人五百人为上镇，三百人为中镇，不及者为下镇”（《新唐书·百官志》），每镇设将、镇副、仓曹参军事等负责防守。上镇将的品秩为正六品下，同一时期上县令的品秩为从六品上，两者大体相当。⑤

4.3　城市经济管理

中国古代手工业分官营和私营两种，官营手工业产品一般不对外销售，只供皇室、官府和军队消费。唐代工部主管官营手工业，其下属管理机构有少府监、将作监、军器监等，监下设署，署下设作坊，主要布局于城市和都市周围的地区。私营手工业主要有纺织业、陶瓷业、矿冶业等，隋唐时期江南城市的私营工商业发展较快。

隋代和唐中前期强调“四民分业”，手工业者入匠籍，商人入市籍，工商业者处于“四民”之末，不得入仕为官，也不允许官员经商，“贞观元年十月敕：五品以上，不得入市”（《唐会要》），“士农工商，四人各业。食禄之家，不得与下人争利。工商杂类，不得预于士伍”（《旧唐书·食货志》），“辨天下之四人，使各专其业。凡习学文武者为士，肆力耕桑者为农，巧作器用者为工，屠沽兴贩者为商。工商之家，不得预于士。食禄之

① 庄林德，张京祥．中国城市发展与建设史［M］．南京：东南大学出版社，2002．

② 冯兵．隋唐五代时期都市民族融合与城市发展［J］．西藏大学学报（社会科学版），2016（4）．

③ 王涛．唐宋之际城市民众的佛教信仰［J］．山西师大学报（社会科学版），2007（1）．

④ 张厚安，白益华．县以下层次区划模式［M］．成都：四川人民出版社，1993．

⑤ 吴翔．镇的起源与流变［J］．学术论坛，2015（11）．

人，不得夺下人之利”（《旧唐书·职官志》）。《唐六典》中也有“凡官人身及同居大功已上亲自执工商，家专其业，皆不得入仕”的规定。但安史之乱后，中央需要开辟财路用以削藩①，开始实行盐铁专卖，后将茶酒也纳入，由盐铁使负责管理。大量中央和地方官员也开始通过商业活动谋利，以至于大历十四年（779年），朝廷又“令王公百官及天下长吏，无得与人争利”（《唐会要》）。

商品经济的发展使人们对待工商业的态度逐步转变，“四民分业”制度开始瓦解。唐代诗人姚合《庄居野行》一诗中的“客行野田间，比屋皆闭户。借问屋中人，尽去作商贾。官家不税商，税农服作苦”反映了人们当时重商轻农的态度。② 汉代以来的市籍制度逐步废除，“坊郭户”成为一种新的户籍类型，“市民”一词开始广泛出现于唐代的正史中，表明工商业者已经成为城市的重要人群。③ 他们的地位显著提升，到武周时已出现“富商大贾衣服过制、丧葬奢侈、损废生业”（《唐大诏令集》）的局面。虽各朝皇帝仍不断下诏限制商人，但“庶人商旅，只著白衣”（《旧五代史·明宗纪》）的诏令难以落实。唐高宗时期“禁工商不得乘马”（《唐会要·舆服》）的规定被打破，到唐文宗时期，商人“得以恣其乘骑，雕鞍银镫，装饰焕烂，从以童骑，骋以康庄。此最为僭越”（《全唐文》）。

随着商品经济的发展，唐代的市出现了一些新的变化：（1）市与坊分离。中唐之前，大多数城市实行坊市制，市场与里坊一样在一个封闭空间中。但随着商品经济的繁荣，坊市难以满足城市商业发展的需要，市突破了坊的限制，开始与坊分离。（2）市与场结合。市和场本是两个不同的空间概念，市是交易之地，场是宗教祭祀、军事活动、运动娱乐等开展的场所。中唐以后，随着市与坊的分离，市开始与场结合，“市场”逐步成为一个新的固定搭配。④（3）夜市与早市出现。市和坊分离以及城市夜禁制度的松弛使城市中夜市兴起，都城和一些规模较大的地方城市的夜市非常繁荣，江南的一些城市还出现了早市。唐诗中有许多诗句描绘了夜市景象，如王建《夜看扬州市》：“夜市千灯照碧云，高楼红袖客纷纷。如今不似时平日，犹自笙歌彻晓闻。”（4）草市发展。中唐之前只允许在州府、县城和皇帝巡幸之地设市，“景龙元年十一月敕：诸非州县之所，不得置市。……车驾行幸处，即于顿侧立市，官差一人权检校市事”（《唐会要》）。草市是州县市场以外未经官府批准而出现的交易场所，在魏晋南北朝时期就在南方开始产生，到唐代数量增多。中唐以后，华北地区也广泛出现草市。草市没有官市的整齐规划和限制，交易时间也比较自由。（5）庙市繁荣。庙市是以寺庙为依托的商业活动，因其一般和寺庙中的法事、斋会及各种宗教、文化活动相结合，所以又称为庙会。⑤ 唐代宗教兴盛，所以庙市和庙会也逐步繁荣。

市令负责市场管理，“市令、丞掌市廛交易，禁斥非违之事”（《唐六典·三府督护州县官吏》）。都督府的市令隶属于仓曹参军事，州府的市场官吏隶属于司仓参军事，“仓

① 张剑光．唐代经济与社会研究［M］．上海：上海交通大学出版社，2013.
② 冯兵．隋唐五代城市社会等级与社会结构变迁［J］．云南社会科学，2017（2）.
③ 宁欣．从士人社会到市民社会：以都城社会的考察为中心［J］．文史哲，2009（6）.
④ 宁欣．唐宋城市社会公共空间形成的再探讨［J］．中国史研究，2011（2）.
⑤ 张春兰．城市发展与权力运作：唐代都城管理若干问题研究［M］．北京：人民出版社，2018.

曹、司仓掌公廨、度量、庖厨、仓库、租赋、征收、田园、市肆之事”（《旧唐书·职官志》），县城市场的官吏直接由县令管理。各级城市市令级别不同，都督府及上州的市令皆为从九品上职事官，中下州及诸县市令无官品。① 官府对市令的人选有相关要求，《唐六典》规定：“凡州、县及镇仓督，县博士、助教，中、下州市令及县市令，岳、渎祝史，并州选，各四周而代。（州、镇仓督，州、县市令，取勋官五品已上及职资九品者；若无，通取勋官六品已下，仓督取家口重大者为之。州市令不得用本市内人，县市令不得用当县人。）”各级城市市令属官数量也有所不同，大中五年（851年）州县职员令规定：“大都督府市令一人……通判市事丞一人，掌判市事，佐一人，史一人，师三人（掌分行检察州县市，各令准此）。”同月敕令规定：“中县户满三千以上，置市令一人，史二人。其不满三千户以上者，并不得置市官。若要路须置，旧来交易繁者，听依三千户法置，仍申省。诸县在州郭下，并置市官，又准户部格式，其市吏壁师之徒，听于当州县供官人市买。”市令具体工作包括：

（1）管理市场启闭，定时交易。中唐之前，城市中坊市的大门定时启闭，“其市当以午时击鼓二百下，而众大会。日入前七刻，击钲三百下，散。其州县领务少处，不欲设钲鼓，听之”（《唐会要》）。若违犯这些规定，《唐律疏议》中有明确的处罚规定，如逾越或破坏市墙者杖七十，未依法开闭市场，也与此同罪。唐代中后期因坊市制度的解体，市令的这一职能逐渐弱化。

（2）管理市籍和征收市税。市令需要详细记录市内工商业者的户籍和财产，作为征收资产户税的依据。唐代中期开始征收市场交易税，称为除陌钱，“天宝九载二月二十四日敕：自今以后……除陌钱每贯二十文”（《唐会要》）。

（3）管理商品规格与质量。官府对一些重要商品的规格与质量有具体的要求，如对纺织品要求：“锦、罗、纱、縠、绫、紬、絁、绢、布，皆广尺有八寸，四丈为匹。布五丈为端，绵六两为屯，丝五两为絇，麻三斤为綟。”（《新唐书·百官志》）不合规定的商品不得入市，《唐六典》提到：“用器、兵、车不中度，布帛精麄不中数，幅广狭不中量，奸色乱正色，五谷不时，果实未熟，木不中伐，禽兽鱼鳖不中杀，皆不鬻于市。”对于缺斤短两或假冒伪劣商品，《唐律疏议》规定：“诸造器用之物及绢布之属，有行滥、短狭而卖者各杖六十……得利赃重者计利准盗论。贩卖者亦如之。市及州、县官司知情各与同罪，不觉者减二等。”

（4）管理度量衡器。《唐律疏议》规定：“诸校斛斗秤度不平，杖七十。监校者不觉减一等，知情与同罪。”每年八月对全国的度量衡器进行校验，“每年八月诣太府寺平校，不在京者，诣所在州县平校，并印署，然后听用”（《宋刑统·杂律》）。

（5）制定与调控物价。各级市场管理部门要根据行情的变化对市场内出售的每类商品按精、次、粗三等制定时价，每隔十日调整一次并做好记录，即“平货物为三等之直，十日为簿”（《新唐书·百官志》）。市令若营私舞弊将受到法律处罚，“诸市司平物价不平者，计所贵贱坐赃论，入己者以盗论”（《唐律疏议·杂律》）。

---

① 刘玉峰．论唐代市场管理［J］．中国经济史研究，2002（2）．

（6）管理特殊商品的交易。奴婢和马、牛、驼、骡、驴等特殊商品交易需要市署公证，“凡卖买奴婢、牛马，用本司、本部公验以立券”（《唐六典·太府寺》）。若不经官方公证会被处罚，“诸买奴婢、马牛驼骡驴已过价，不立市券，过三日笞三十，卖者减一等。立券之后，有旧病者三日内听悔，无病欺者市如法，违者笞四十。即卖买已讫而市司不时过券者，一日笞三十，一日加一等，罪止杖一百”（《唐律疏议·杂律》）。

（7）维护市场秩序。严禁扰乱市场秩序，“诸在市及人众中故相惊动令扰乱者杖八十，以故杀伤人者减故杀伤一等，因失财物者坐赃论；其误惊杀伤人者从过失法”（《唐律疏议·杂律》）。

唐代还设有互市监，掌管陆路上的对外贸易以及与少数民族的马匹贸易等事务：“每监，监一人，从六品下；丞一人，正八品下。掌蕃国交易之事。（隋以监隶四方馆。唐隶少府。贞观六年，改交市监曰互市监，副监曰丞，武后垂拱元年曰通市监。有录事一人，府二人，史四人，价人四人，掌固八人。）”（《新唐书·百官志》）。

行会的出现是唐代中后期城市经济管理的一大变化。隋代史籍中已有关于行的记载，但其含义是各类工商业聚集的地方。到唐代，工商业规模的扩大导致行业分工细化，都城和重要州县城市普遍拥有多个行会，其性质也由工商业分类聚集地转变为具有社会组织功能的行业共同体。每一行都有行头或行首负责供应官府物资，代官府销售物资、查验物资与估定价格等。唐代中期以后，行会在行业及市场管理中的作用得到进一步发挥，官府将制定物价、公证奴婢和大型牲畜买卖、平抑物价、检举揭发使用短陌钱等重要事宜交由各行负责。① 大中七年（853年）“废州县市印”，标志着官府对市场直接控制的终结，转而通过行会等社会组织来间接管理市场。② 为了维持行会的团结和行头的权威，行会积极争取和保护自身利益。一些行会开始制定行规，由此产生了我国最早的行会习惯法。③

4.4 城市社会管理

隋代在位于京畿的县下设保、闾、族三级，京畿之外的县下设里、党二级，“及颁新令，制人五家为保，保有长。保五为闾，闾四为族，皆有正。畿外置里正，比闾正，党长比族正，以相检察焉”（《隋书·食货志》）。唐代县以下基层行政组织为乡、里二级，“诸户以百户为里，五里为乡，四家为邻，五家为保。每里置正一人，若山谷阻险，地远人稀之处，听随便量置”（《通典·食货》）。在城市中，乡是虚设的行政组织，里正是城市基层社会管理者，其职责为“掌按比户口，课植农桑，检察非违，催驱赋役。……白丁清平强干者充”（《通典·食货》）。与里并设的还有坊和村，“在邑居者为坊，别置正一人，掌坊门管钥，督察奸非，并免其课役。在田野者为村，别置村正一人。其村满百家，

① 冯兵，黄俊棚．隋唐五代时期“行”与城市工商业管理［J］．河北学刊，2017（6）．

② 张弘．中国封建社会城市市场管理综观［J］．济南大学学报（社会科学版），2003（4）．

③ 高其才．论中国行会习惯法的产生、发展及特点［J］．法律科学（西北政法学院学报），1993（6）．

增置一人，掌同坊正”（《通典・食货》），开始对城乡地域采用不同的称呼。

4.4.1　户籍管理

户籍是人口、赋役和治安管理的基础。唐代户籍每三年编制一次，由州县官府负责。户籍一式三份，州、县各留一份，报送尚书省一份。“诸户籍三年一造，起正月上旬，县司责手实计帐，赴州依式勘造。乡别为卷，总写三通。其缝皆注某州某县某年籍。州名用州印，县名用县印。三月三十日纳讫，并装潢一通，送尚书省。州县各留一通。”（《唐会要・籍帐》）尚书省将全国户籍汇总之后，抄写四部分别存放于长安、洛阳、尚书省和户部。

手实和计帐是编造户籍的依据，手实是民户申报户口的文书，内容包括户主、家口、年龄、田地等。手实末尾大都写有“若后虚妄，求受重罪”“如后有人纠告隐漏一口，求受违敕之罪”之类的保证词。计帐时要核实“团貌”，“诸户口计年将入丁老疾应免课役及给侍者，皆县亲貌形状，以为定簿。一定以后，不得更貌。疑有奸欺者，听随事貌定，以付手实”（《唐会要・团貌》）。里正“按比户口”的具体工作就是收手实和计帐，并在年底根据手实和计帐核算每户来年应承担的赋役，“凡里有手实，岁终具民之年与地之阔狭，为乡帐”（《新唐书・食货志》）。唐代法律严禁漏报户口，若有漏报瞒报，会对相关责任人严加惩处。

唐代初期城市人口根据社会地位大致可分为良人与贱民两类。良人是指城市中的一般平民，而贱民则分为官贱民和私贱民。官贱民包括官户、工乐户、杂户、官奴婢和太常音声人等，私贱民包括奴婢、部曲、随身等，寺观奴婢也属于贱民的范畴。唐初有籍帐制度对各类人户进行管理，如兵籍、民籍、匠籍、市籍、乐籍、僧尼籍等。[①] 随着城市经济的发展，官府对工商业者的控制逐渐松弛。在唐代中后期，“城郭户”与“乡村户”之分开始出现。

4.4.2　里坊制度的演进

作为中国古代城市的基本居住和管理单元，里坊既是国家权力在城市的末梢，也是城市居民的基本生活场域，体现了国家与社会的关系。从先秦到北魏，中国城市的居住区称为“里”。里最初是一个基本的农业生产组织单元，后被看作城市的基本居住单元。里周围有围墙，围墙上的门称为“闾”。从北魏开始，出现了“坊”的称呼。无论是里还是坊，其功能都是监管教化、防范盗贼、征收税赋和征发徭役。中唐以前，与国家对社会的支配相一致，里坊制度是国家征兵、征发徭役、保证税收和进行社会控制的基础，国家权力通过里坊渗透到城市的每一个角落和每一个家庭。城市内官民分居，平民根据职业居住在不同的里坊。里坊内严禁商业交易，一般民户不能临街开门，严禁侵占城市

---

① 张春兰．城市发展与权力运作：唐代都城管理若干问题研究［M］．北京：人民出版社，2018．

街道。坊门昼开夜闭，禁止市民夜行。若坊墙损坏，则由本坊居民负责修缮。①

中唐以后，里坊制度开始受到冲击并逐渐瓦解。由于商品经济的发展和城市规模的扩大，城市中原有的封闭市场不能满足商品交易的需要，出现了“侵街打墙，接檐造舍”和坊内开店的现象。在唐代宗大历二年（767 年）和唐德宗贞元四年（788 年），曾先后两次下诏对此进行制止，但都未能如愿。与里坊制度相配合的夜禁制度也被破坏，一些里坊“或鼓未动即先开，或夜已深犹未闭”（《唐会要·街巷》）。这也导致城市街道的开放性和公共性增强，宣示、警示与信息传播等功能显现②，街巷制开始形成。

从里坊制到街巷制，反映了国家与社会关系的变化：坊墙的倒塌消除了城市中人口和经济要素流动的障碍，拓展了工商业的发展空间，延长了经营时间，进一步促进了城市经济的发展；里坊制度的逐渐瓦解使城市中各行业和各阶层人口混居，强化了城市居民的互动和交流，进一步促进了城市文化的繁荣和市民等级身份的流动；里坊制度的逐渐瓦解也使各类社会组织从最初的“里社合一”走向“里社分离”，并进一步促进各类社会组织的蓬勃发展。唐代里坊制的变化与新中国成立以后单位制的演进具有一定的相似性。

延伸阅读

新中国成立后我国城市单位制的变迁

新中国成立后，为终结自晚清以后形成的弱国家和弱社会的局面，我国构建了总体性社会以加速实现国富民强的目标。国家管控几乎所有的重要资源，并以此为基础对社会生活进行控制。改革开放以后，受市场经济的影响，我国的国家与社会关系再次重构。随着国家管控资源的减少和新生社会力量与社会组织的出现，国家的社会控制范围逐渐缩小，对社会生活的干预逐渐减弱。作为连接国家和社会关系的纽带，单位制也随着市场经济的发展和国家与社会关系的转变而逐步瓦解，这一过程与里坊制的变化具有一定的相似性（见表 4-1）。

表 4-1 古代里坊制与新中国成立后单位制变迁的比较

时代		古代	新中国成立后
转型前	经济形态	自然经济主导	计划经济主导
	国家与社会的关系	国家对社会进行支配和控制	国家对社会进行整合和控制
	里坊/单位在国家与社会关系中的作用	里坊是连接国家与城市社会的纽带，国家将城市居民严格限制在里坊中，限制人口的空间流动和身份流动	单位是连接国家与城市社会的纽带，国家将城市大多数居民限制在单位中
	里坊/单位的空间特点	封闭、分割，坊墙林立	封闭、分割，自成一体，院墙林立

① 郑卫，杨建军．也论唐长安的里坊制度和城市形态：与梁江、孙晖两位先生商榷［J］．城市规划，2005（10）．

② 宁欣．街：城市社会的舞台：以唐长安城为中心［J］．文史哲，2006（4）．

续表

时代		古代	新中国成立后
转型的原因		商品经济及其引发的一系列制度变革	市场经济及其引发的一系列制度变革
转型后	国家与社会的关系	从国家支配和控制社会向互动转变	从国家对社会进行整合和控制向合作共治转变
	里坊/单位制度的变化	里坊制解体，街巷制形成，坊墙消失	单位制弱化，院墙逐步拆除
	里坊/单位制度变化对国家与社会关系的影响	对国家与社会关系重构具有积极促进作用	促进我国国家与社会关系的重构

4.4.3 治安和防火管理

《唐律疏议》是唐代刑律及其疏注的合编，是中国现存最早最完整的刑事法典，其中与城市治安管理相关的内容有：(1) 禁止逾越城垣，“诸越州、镇、戍城及武库垣，徒一年；县城，杖九十（……纵无城垣，篱栅亦是）”。(2) 禁止犯夜，“诸犯夜者笞二十，有故者不坐”。其注云：“闭门鼓后、开门鼓前行者，皆为犯夜。”所谓“有故者”，即“谓公事急速。但公家之事须行，及私家吉、凶、疾病之类，皆须得本县或本坊文牒然始合行。若不得公验，虽复无罪，街铺之人不合许过。既云闭门鼓后、开门鼓前禁行，明禁出坊外者。若坊内行者，不拘此律”。(3) 禁止非法侵入人家，“诸夜无故入人家者，笞四十。主人登时杀者，勿论；若知非侵犯而杀伤者，减斗杀伤二等”。(4) 禁止向建筑物投射危险品，“诸向城及官私宅若道径射者杖六十，放弹及投瓦石者笞四十，因而杀伤人者各减斗杀伤一等”。(5) 严禁无故在城内和人群中驾车通行，对因交通事故导致他人人身伤害和财产损失的进行处罚，“诸于城内街巷及人众中，无故走车马者笞五十，以故杀伤人者减斗杀伤一等。(杀伤畜产者，偿所减价。余条称减斗杀伤一等者，有杀伤畜产并准此。)若有公私要速而走者不坐，以故杀伤人者以过失论。其因惊骇，不可禁止而杀伤人者，减过失二等”。(6) 严禁侵占和污染街道，“诸侵巷街、阡陌者杖七十，若种植垦食者笞五十。各令复故。虽种植无所妨废者，不坐。其穿垣出秽污者杖六十，出水者勿论。主司不禁，与同罪”。(7) 严禁赌博，“诸博戏赌财物者各杖一百，举博为例，余戏皆是。赃重者各依己分准盗论。输者，亦依己分为从坐”，但“赌饮食者，不坐”。

对于城市防火，《唐律疏议》也有多项严格的规定：(1) 禁止在官库粮仓中用火，“诸库藏及仓内皆不得燃火，违者徒一年”。(2) 对故意纵火者予以严惩，“诸故烧官府廨舍及私家舍宅若财物者徒三年，赃满五匹流二千里，十匹绞，杀伤人者以故杀伤论”。(3) 官员渎职导致失火要受处罚，“诸于官府廨院及仓库内失火者徒二年，在宫内加二等。(庙、社内亦同。)损害赃重者坐赃论，杀伤人者减斗杀伤一等。延烧庙及宫阙者绞，社减一等”。(4) 对见火起不告或应救不救者进行处罚，“诸见火起，应告不告，应救不救，减失火罪二等”。但守卫宫殿、仓库及掌囚者不得离岗救火：“其守卫宫殿、仓库及掌囚者，虽见火起，并不得离所守救火，违者杖一百。”

由于《唐律疏议》位居唐代法律体系的核心，而唐代法律又被后世所继承，因此后世有关城市治安和防火管理的诸多法律也与上述内容大体一致。

4.4.4 城市教育与宗教文化管理

唐代是中国古代官学发展的重要时期。官学分为中央官学和地方官学。中央官学又称“六学二馆”，六学指国子学、太学、四门学、律学、书学和算学，“二馆”指弘文馆与崇文馆。地方官学由京都学、都督府学、州学、县学、市镇学、里学等构成，京都学以西京长安为中心，都督府学、州学、县学分别依托对应的城市，市镇学与里学是县乡级的学校。各州置功曹参军和司功参军负责教育及文化管理，“功曹、司功掌官吏考课、祭祀、祯祥、道佛、学校、表疏、医药、陈设之事”(《旧唐书·职官志》)。地方官学教学内容以经学和医学为主，教师配置和学生名额有较为严格的规定，“大都督府：……经学博士一人，从八品上；助教二人；学生六十人。医学博士一人，从八品下；助教一人……中都督府：……经学博士一人，从八品下；助教二人……医学博士一人……下都督府：……经学博士一人……上州……经学博士一人……中州……经学博士一人……下州……经学博士一人……”(《唐六典·三府督护州县官吏》)。私学也蓬勃发展，唐玄宗曾下诏，“许百姓任立私学，欲其寄州县受业者亦听”(《唐会要·学校》)。在江南一些城市，私学甚至超过官学成为士人子弟教育的主要方式。①

唐代国家祭祀进一步完善和规制化。大祀以祭天和祭皇帝的祖先为核心，中祀以社稷和历代皇帝祖先为主体，小祀以地方神为主体，形成了天-地-人的祭祀体系。皇帝是国家祭祀的最高主祭者，各级行政区的官员是各自属地内的主祭者，形成了都城-州-县的城市祭祀体系。② 唐代也是我国城市保护神发展的一个重要时期，佛教中的毗沙门天王和我国本土的城隍神是两个主要的保护神。毗沙门天王是佛教四大天王中的北方护法天王，为唐代统治者所信奉，“昔唐太宗从高祖起义兵，有神降于前，自称毗沙门天王，愿同乃定乱。……故所向成功。及即位，诏天下公府皆祀之”(《三教源流搜神大全·天王》)。毗沙门天王主要为北方城市所供奉，而城隍神主要盛行于南方城市，“吴俗畏鬼，每州县必有城隍神”(《太平广记·宣州司户》)。③ 城市里各级官吏与市民为消灾祈福往往寻求城市保护神的庇护，如韩愈、杜牧、张九龄等人在任时都曾为一方风调雨顺而去祈求城隍神。④

---

① 冯兵．隋唐五代科举制与城市教育变迁［J］．湖北大学学报（哲学社会科学版），2016（5）．

② 黄佛君，段汉明，张常桦．古代国家都城祭祀体系与空间模式：以唐长安为例［J］．人文地理，2012（1）．

③ 王涛．唐宋城市保护神二元格局的形成与分布［J］．社会科学战线，2009（5）．

④ 王涛．唐代的城隍神信仰与唐中后期南方城市的发展［J］．首都师范大学学报（社会科学版），2006（3）．

4.5　唐代都城的管理

4.5.1　行政管理机构

唐代长安城实行府县两级管理。京兆府管辖包括万年和长安在内的 20 多个县，京兆牧是最高行政长官，品秩为从二品，“……掌清肃邦畿，考核官吏，宣布德化，抚和齐人，劝课农桑，敦敷五教”(《旧唐书·职官志》)。由于职位显要，京兆牧常由亲王担任。京兆府还置府尹一员，从三品；少尹二员，从四品下。京兆尹“纲纪众务，通判列曹”，是京兆府实际最高行政长官。

京兆府下设司录参军及司功、司仓、司户等属官和执刀、典狱等佐吏共 200 多人，其职责分工为“司录、录事参军掌勾稽，省署钞目，监符印。功曹、司功掌官吏考课、祭祀、祯祥、道佛、学校、表疏、医药、陈设之事。仓曹、司仓掌公廨、度量、庖厨、仓库、租赋、征收、田园、市肆之事。户曹、司户掌户籍、计帐、道路、逆旅、婚田之事。兵曹、司兵掌武官选举、兵甲器仗、门户管钥、烽候传驿之事。法曹、司法掌刑法。士曹、司士掌津梁、舟车、舍宅、百工众艺之事。市令掌市廛交易、禁斥非违之事。经学博士掌五经教授诸生。医药博士以百药救民疾病。下至执刀、白直、典狱、佐史，各有其职。州府之任备焉”(《旧唐书·职官志》)。京兆府廨位于光德坊东南隅，建于隋开皇年间，后经多次修缮，整座建筑非常壮丽。

京兆府之下，以长安与万年两县为京县。两县以朱雀大街为界，街西归长安县管辖，街东归万年县管辖。长安县廨在朱雀街西长寿坊西南隅，万年县廨在朱雀街东宣阳坊东南隅，皆开皇初年所建。京县设“令各一人，正五品上。丞二人，从七品。主簿二人，从八品上。……尉六人，从八品下。司功、佐三人，史六人。司仓、佐四人，史八人。司户、佐五人，史十人。司兵、佐三人，史六人。司法、佐五人，史十人。司士，佐四人，史八人。典狱十四人，问事八人，白直十八人。博士一人，助教一人，学生五十人”(《旧唐书·职官志》)。县令统领各项政事，“京畿及天下诸县令之职，皆掌导扬风化，抚字黎甿，敦四人之业，崇五土之利，养鳏寡，恤孤穷。审察冤屈，躬亲狱讼，务知百姓之疾苦”(《旧唐书·职官志》)。京县官员的品秩比畿县和上县明显要高，官员数量也更多（见表 4-2）。因“京兆尹，天下取则之地”(《唐语林》)，京县成为各地管理的标杆和效仿的对象。

表 4-2　京县、畿县与上县官员品秩与数量比较

京县	畿县	上县
令一人，正五品上 丞二人，从七品上 主簿二人，从八品上 尉六人，从八品下 录事二人，从九品下	令一人，正六品上 丞一人，正八品下 主簿一人，正九品上 尉二人，正九品下	令一人，从六品上 丞一人，从八品下 主簿一人，正九品下 尉二人，从九品上

资料来源：《旧唐书·职官志》。

县下为坊，长安城共有2市108坊，朱雀大街以东隶属万年县，有1市53坊；朱雀大街以西隶属西长安县，有1市55坊。坊整齐划一，“棋布栉比，街衢绳直，自古帝京未之比也”（《长安志·长安志图》），白居易在《登观音台望城》中将其描绘为“百千家似围棋局，十二街如种菜畦”。里坊有里正和坊正，其职责与其他城市的里坊相同。

4.5.2 都城治安管理

唐代都城治安管理系统较为复杂，由禁军左右金吾卫和左右监门卫、门下省城门郎、中央监察机构左右巡使、地方行政机构等共同组成。

禁军是护卫皇帝和皇宫、警备首都的军队，唐高祖从太原起义的军队中选拔出三万禁军，负责皇宫的守卫工作。此后不断发展，到唐高宗时期扩充为十六卫，分别担负皇帝的侍卫仪仗，宫城、皇城与郭城诸门的守卫，管理整个都城地区的治安防卫工作。左右金吾卫是其中的两卫，其前身是隋代左右武侯。唐高宗时期改左右武侯为左右金吾卫，主要负责皇帝住行安全、卫护皇城、维护公共秩序、擒奸捕盗。① 左右金吾卫将领多由皇亲国戚、功勋重臣子弟和皇帝的心腹亲信担任，其下左右翊中郎将具体负责京城左右街巡警治安之事。

左右街使是左右金吾卫的属官，承担京城街道治安的具体管理工作。唐代长安没有街亭，而是在城门和坊角设置武候铺而形成完善的治安和消防网络，“凡城门坊角，有武候铺，卫士、彍骑分守，大城门百人，大铺三十人，小城门二十人，小铺五人，日暮，鼓八百声而门闭；乙夜，街使以骑卒循行叫呼，武官暗探；五更二点，鼓自内发，诸街鼓承振，坊市门皆启，鼓三千挝，辨色而止”（《新唐书·百官志》）。唐代中前期，左右金吾卫所领士兵由府兵担任。后因府兵制改为募兵制，由宦官掌控的神策军接替了左右金吾卫和左右街使的大部分治安管理工作。

左右监门卫也是禁军十六卫中的两卫，执掌城门禁卫及门籍查验，“文武官九品以上，每月送籍于引驾仗及监门卫，卫以帐报内门。凡朝参、奏事、待诏官及缴扇仪仗出入者，阅其数。以物货器用入宫者，有籍有傍。左监门将军判入，右监门将军判出，月一易其籍。行幸，则率属于衙门监守。长史，掌判诸曹及禁门，巡视出入而司其籍、傍。余同左右卫。兵曹参军事兼掌仓曹，胄曹兼掌骑曹”（《新唐书·百官志》）。

门下省下设城门局，由城门郎负责管理都城、皇城、宫城城门的启闭及其礼仪，“城门郎四员。从六品上。……（……皇朝隶城门局，分番上下，掌送管钥。）城门郎掌京城皇城宫殿诸门启闭之节，奉出纳管钥。开则先外而后内，阖则先内而后外，所以重中禁，尊皇居也。候其晨昏击鼓之节而启闭之。凡皇城宫城阖门之钥，先酉而出，后戌而入；开门之钥，后丑而出，夜尽而入。京城阖门之钥，后申而出，先子而入；开门之钥，后子而出，先卯而入。若非其时而有命启闭，则诣阁覆奏”（《旧唐书·职官志》）。

御史台是中央监察机构，有“弹纠不法”之职能。左右巡使是御史台监察都城的主要使职，由殿中侍御史分任，在都城治安管理中主要行使监察职能，但也常常直接参与

---

① 杨月君．唐代京畿地区治安管理研究［M］．北京：中国社会科学出版社，2014．

具体的治安管理工作。《唐会要·御史台上》中记载左右巡使的职能为："凡两京城内，分知左右巡察。其不法之事，谓左降流移、停匿不去，及妖讹宿宵、蒲博盗窃、狱讼冤滥、诸州纲典贸易、赋敛违法，如此之类，方合奏闻。比者因循，务求细事，既甚烦碎，颇失大猷。宜令自今以后，据六典合举之事，所司有隐蔽者，即具状奏闻。其余常务。不须更闻。"《通典》中的规定为："分为左右巡，纠察违失……以承天、朱雀街为界，每月一代。将晦，即巡刑部、大理、东西徒坊、金吾及县狱。若蒐狩，则监围，察断绝失禽者，量宜劾奏。……开元初，革以殿中掌左右巡，监察或权掌之，非本任也。"

缉捕盗贼、打击豪强、惩治恶少、巡街夜禁、防火救灾和听讼断狱也是京兆府和两京县官府的重要工作。京兆尹是长安城中负责治安的最高地方长官，仓曹参军事负责商业和市场秩序，户曹参军事主要负责民事案件，法曹参军事主要负责刑事案件。在京县，县尉承担具体工作。每县有县尉六名，按行业进行分工，大体与六曹的工作相对应。不良人是唐代主管侦缉逮捕的衙役，每个县尉拥有一定数量的不良人供其差使。

除了中央和地方官府负责长安的社会治安管理外，居民也需要积极参与。长安城和其他城乡一样实行邻保制，坊内居民相互监督，如发现贼盗事件必须立刻报告。《唐律疏议》中规定："……同伍共相保伍者，须告报主司者……若家人同伍单弱不能告者，比伍为告，每伍家之外，即有比伍，亦须速告主司……谓家有男夫年十六以上不为告者，一日杖六十。"若遇到追捕盗贼而不予以协助，或遇到凶杀案不积极救助受害者会受到处罚，"部司及邻伍、知见避质不格者，徒二年""其行人力能助之而不助者杖八十""诸邻里被强盗及杀人，告而不救助者杖一百，闻而不救助者减一等。力势不能赴救者，速告随近官司，若不告者亦以不救助论"（《唐律疏议》）。

隋代和唐代前期，长安城基于严密的里坊制度而实行严格的夜禁制度。"……隋文立坊之制，启闭有时，盗窃可防也"（《雍录·唐都城内坊里古要迹图》），所有城门和坊门"随昼夜鼓声以行启闭"（《雍录·唐都城内坊里古要迹图》），呈现出"六街鼓歇行人绝，九衢茫茫空有月"（《秋夜吟》）的景象。对于犯夜者"令其主司定罪，庶人杖已下决之，官吏杖已下皆送于大理"（《唐六典·家令率更仆寺》），甚至还出现"夏四月癸丑，中使郭里旻酒醉犯夜，杖杀之"（《旧唐书·本纪》）的案例。但到唐代中后期，随着里坊制度的崩溃，夜禁制度也就逐渐瓦解。到唐末，与东市和皇城毗邻的崇仁坊更是"因是一街辐辏，遂倾两市，昼夜喧呼，灯火不绝，京中诸坊莫之与比"（《唐两京城坊考·西京》）。

京城禁止私藏与携带武器出行，禁止习武聚射。皇帝对此多次颁布禁令，如贞元八年（792年）德宗诏令："枪甲之属，不蓄私家。令式有闻，宜当遵守。如闻京城士庶之家，所藏器械，宜令京兆府宣示，俾纳官司。"（《全唐文·德宗》）元和元年（806年），"京城内，无故有人于街衢中带戎仗及聚射，委吏执送府县科决"（《唐会要·军杂录》）。大和元年（827年）下令"如闻京城百户，多于坊曲习射，宜令禁断。其诸军诸使，各仰有司自差人觉察"（《唐会要·军杂录》）。大中六年（852年）规定："坊市诸车坊客院，不许置弓箭长刀。如先有者，并勒纳官。百姓所纳到弓箭长刀等，府县不合收贮，宜令旋纳弓箭库。仍委司府切加觉察，所守等不得辄有藏隐。"（《唐会要·军杂录》）对于私藏兵器者，《唐律疏议》规定："诸私有禁兵器者徒一年半，弩一张加二等，甲一领及弩三张流二千里，甲三领及弩五张绞。私造者各加一等，造未成者减二等。即私有甲、弩非全成者杖一百，余非全成者勿论。”

4.5.3 都城市场管理

隋初在长安城设立东市和西市，唐代继续沿用。中唐以后，商业布局逐渐突破了两市的限制，在两市外的一些坊里中也出现了许多店铺。商业也逐渐突破了时间的限制，在一些坊里中甚至出现了夜市。

负责都城市场管理的机构为两京都市署，《旧唐书·职官志》记载两京都市署的编制和职能为：“京师有东西两市，东都有南北两市。令一人，从六品上。丞各二人，正八品上。录事一人，府三人，史七人，典事三人，掌固一人。京、都市令掌百族交易之事。丞为之贰。凡建标立候，陈肆辨物，以二物平市，谓秤以格，斗以概。以三贾均市，贾有上、中、下之差。”《新唐书·百官志》的记载为：“令一人，从六品上；丞二人，正八品上。掌财货交易、度量器物，辨其真伪轻重。市肆皆建标筑土为候，禁榷固及参市自殖者。凡市，日中击鼓三百以会众，日入前七刻，击钲三百而散。有果毅巡迣。平货物为三等之直，十日为簿。车驾行幸，则立市于顿侧互市，有卫士五十人，以察非常。有录事一人，府三人，史七人，典事三人，掌固一人。”都市署隶属于太府寺，《唐六典·太府寺》中有“太府卿之职，掌邦国财货之政令，总京·都四市、平准、左·右藏、常平八署之官属，举其纲目，修其职务；少卿为之贰。以二法平物：一曰度量，二曰权衡”。都市署市场管理的主要工作与其他城市基本一致。

唐代初期在东市和西市兴建常平仓，以平抑粮价、调节物价、备荒赈恤，由太府寺常平署进行管理。常平署“令一人，从七品上；丞二人，从八品下；监事五人。掌平籴、仓储、出纳。有府四人，史八人，典事五人，掌固六人。显庆三年，置署。武后时，东都亦置署”（《新唐书·百官志》）。太府寺下设的平准署负责掌握市场上物价的涨落。凡官府需要之物，由平准署负责购买。对于百司衙门不用之物及没官后的物品，也由平准署按时价出售。“令二人，从七品下。丞四人，从八品下。录事一人，府六人，史十三人，监事二人，从九品下。典事二人，价人十人，掌固十人。平准令掌供官市易之事。丞为之贰。凡百司不任用之物，则以时出货。其没官物，亦如之”。（《旧唐书·职官志》）

延伸阅读

唐代长安的宫市

宫市最初是为了方便宫中之人的生活需要而在宫廷内设立的市肆。但到唐德宗贞元末年，宫中派宦官到市场强行买物，白居易的《卖炭翁》形象地反映了当时宫市之害。韩愈的《顺宗实录·宫市》进一步揭露了宫市的问题，原文如下：“旧事：宫中有要市外物，令官吏主之，与人为市，随给其直。贞元末，以宦者为使，抑买人物，稍不如本估。末年不复行文书，置‘白望’数百人于两市并要闹坊，阅人所卖物，但称‘宫市’，即敛手付与，真伪不复可辨，无敢问所从来，其论价之高下者。率百钱物，买人直数千钱物，仍索进奉门户并脚价钱。将物诣市，至有空手而归者。名为‘宫市’，而实夺之。

尝有农夫以驴负柴至城卖，遇宦者称‘宫市’取之，才与绢数尺，又就索门户，仍邀以驴送至内。农夫涕泣，以所得绢付之，不肯受。曰：‘须汝驴送柴至内。’农夫曰：‘我有父母妻子，待此然后食。今以柴与汝，不取直而归，汝尚不肯，我有死而已！’遂殴宦者。街吏擒以闻，诏黜此宦者，而赐农夫绢十匹。然‘宫市’亦不为之改易。谏官御史数奏疏谏，不听。上初登位，禁之；至大赦，又明禁。”

4.5.4　都城建设管理

与都城建设相关的管理机构有：（1）将作监。中央五监之一，负责京城宫殿、宗庙、城郭、衙署、道路、桥梁等公共建筑的营造和修缮，“监一人，从三品；少监二人，从四品下。掌土木工匠之政，总左校、右校、中校、甄官等署，百工等监。大明、兴庆、上阳宫，中书、门下、六军仗舍、闲厩，谓之内作；郊庙、城门、省、寺、台、监、十六卫、东宫、王府诸廨，谓之外作。自十月距二月，休冶功；自冬至距九月，休土功。凡治宫庙，太常择日以闻”（《新唐书·百官志》）。（2）都水监。中央五监之一，为国家水利工程管理机构，负责都城水渠、漕运和农田水利之事，其机构编制和职能为：“使者二人，正五品上。掌川泽、津梁、渠堰、陂池之政，总河渠、诸津监署。凡渔捕有禁，溉田自远始，先稻后陆，渠长、斗门长节其多少而均焉。府县以官督察。丞二人，从七品上。掌判监事。凡京畿诸水，因灌溉盗费者有禁。水入内之余，则均王公百官。主簿一人，从八品下。掌运漕、渔捕程，会而纠举之。”（《新唐书·百官志》）（3）虞部。工部四司之一，主管全国山林、川泽、苑囿等，兼掌都城街巷种植，供应百官蕃客菜蔬、薪炭，及殿中省、太仆寺所管马匹刍料、田猎等。（4）庄宅使。唐代内诸司使之一，掌管两京官府的庄田、磨坊、店铺、菜园、车坊等产业和没收的官员房产，一般由宦官担任。

唐代规定了官员及庶人住宅的营造等级：“诸王公以下，舍屋不得施行（重）拱、藻井。三品以上不得过九架，五品以上不得过七架，并听（厅）厦两头。六品以下不得过五架。其门舍，三品以上不［得］过五架三间，五品以上不得过三间两厦，六品以下及庶人不得过一间两厦。五品以上仍连作乌头大门。父、祖舍宅及门，子孙虽阴（荫）尽，仍听依旧居住。诸公私弟（第）宅，皆不得起楼阁，临视人家。”（《天圣令·营缮令》）城市居民一般不允许向街开门，官品较高者除外，“诸文武职事、散官三品以上及爵一品在两京，若职事、散官五品以上及郡、县公在诸州县，欲向大街开门，检公私无妨者，听之”（《天圣令·杂令》）。

但随着商品经济的发展，违建住宅越来越多，出现“则天以后，王侯妃主，京城第宅，日加崇丽”（《封氏闻见记·第宅》）的现象。到唐玄宗时期，很多权贵第宅非常奢华。朝廷为此多次颁布禁令，大和六年（832 年）规定：“诸营造舍宅，于令有违者，杖一百。虽会赦令，皆令改正，其物可卖者听卖。若经赦百日不改去，及不卖者，论如律。”（《唐会要·杂录》）为了严肃禁令，朝廷也处理了一批都城违规建筑，如泾原节度使马璘在长兴坊建造豪宅，“重价募天下巧工营缮，屋宇宏丽，冠绝当时”（《长安志·长安志图》），大历十四年（779 年）唐代宗下令将其拆除。

为了保持街道的畅通与整洁，官府禁止侵街种植与造舍，唐律中对此也有规定。但长安城内侵街行为时有发生，中唐以后更加普遍，各朝皇帝为此不断下令严禁侵街行为。唐代宗广德元年（763 年）下令“城内诸街衢，勿令诸使及百姓辄有种植”（《唐会要·街巷》），大历二年（767 年）令“诸坊市街曲，有侵街打墙、接檐造舍等，先处分一切不许，并令毁拆”（《唐会要·街巷》）。大中三年（849 年），时任驸马都尉的韦让在怀真坊侵街造舍九间，唐宣宗令其拆除：“韦让侵街造舍，颇越旧章，宜令毁拆。”（《唐会要·街巷》）为了保持街道整洁，禁止街巷挖坑取土，开元十九年（731 年）唐玄宗诏令，“京洛两都，是惟帝宅，街衢坊市，固须修筑。城内不得穿掘为窑，烧造砖瓦。其有公私修造，不得于街巷穿坑取土”（《唐会要·街巷》）。对于临街开门也加以禁止，大和五年（831 年）唐文宗诏令“非三品以上，及坊内三绝……悉令闭塞”（《唐会要·街巷》）。①

延伸阅读

唐代长安城的道路

长安城的街道是黄土路面，晴天尘土飞扬，雨雪天泥泞难行。白居易《酬张十八访宿见赠》中有“长安久无雨，日赤风昏昏。怜君将病眼，为我犯埃尘”，反映的是长安城晴天街道的情况。杜甫《狂歌行赠四兄》中的“长安秋雨十日泥”则反映的是雨天长安街道的窘况。长安雨天道路泥泞，不仅给百姓生活带来了极大不便，也影响朝廷政治活动的举行。《唐会要·朔望朝参》中记载广德二年（764 年）九月一日曾有一条敕令：“朝官遇泥雨，准仪制令，停朝参。军国事殷，若准式停，恐有废阙。泥既深阻，许延三刻传点。待道路通，依常式。以后亦宜准此。”此后，朝廷还多次因泥雨停朝参之事制定新的办法。贞元二年（786 年）八月一日，御史中丞窦参为此上奏说：“准仪制令，泥雨合停朝参。伏以军国事殷，恐有废缺，请令每司长官一人入朝。有两员并副贰，亦许分日。其夜甚雨，至明不止，许令仗下后，到外廊食讫，入中书。其余官及王府长官，并请停朝，任于本司勾当公事。泥雨经旬，亦望准此。”（《唐会要·朔望朝参》）为解决长安道路出行难的问题，京兆尹萧炅曾上奏请求在道路上铺撒细沙，“请于要道筑甬道，载沙实之，至于朝堂”（《唐会要·道路》）。张籍《沙堤行·呈裴相公》中说：“长安大道沙为堤，早风无尘雨无泥”，沙堤从皇城直接铺到宰相的私宅，反映出宰相的权威。后来沙堤路也成为一种特殊的礼遇，“凡拜相礼，绝班行，府县载沙填路，自私第至子城东街，名曰沙堤”（《唐国史补·拜相礼优异》），“沙堤欲到门”在唐代就是即将拜相的同义语。

唐代非常重视长安城的街道绿化，广种槐树、柳树和果树，禁止私伐。相关工作由虞部与地方官府共同负责，由左右街使来执行，费用由官府承担。皇帝多次下令要求做好绿化和树木保护工作，如开元二十八年（740 年）“令两京道路，并种果树。令殿中侍御使郑审充使”（《唐会要·道路》）。左右街使还要经常检查诸街树植，凡发现病虫枯缺者即于当年八月替换添补，所需费用由京兆府支取。大和九年（835 年），“诸街添补树，

① 李合群．论中国古代里坊制的崩溃：以唐长安与宋东京为例［J］．社会科学，2007（12）．

并委左右街使栽种，价折领于京兆府，仍限八月栽毕，其分析闻奏”（《唐会要·街巷》）。在拆除侵街违制房屋的时候，“其种树栽植，如闻并已滋茂……不得使有斫伐。致令死损”（《唐会要·街巷》）。正是由于官府对城市绿化工作的高度重视和严格管理，才出现了白居易描绘的“下视十二街，绿树间红尘”（《登乐游园望》）和王维描绘的“俯十二兮通衢，绿槐参差兮车马”（《登楼歌》）等美丽景象。

4.6 同时期西方的城市管理

与中国隋唐时代城市繁荣和变革并行的是西欧城市的衰退、拜占庭城市的延续和阿拉伯地区城市的兴起。

4.6.1 西欧城市的衰退

从3世纪末开始，自然灾害、蛮族入侵、基督教扩张和帝国自身的社会矛盾导致罗马帝国的奴隶制经济和社会制度开始衰退，君主专制和中央集权制度也难以为继。395年，罗马帝国分裂为东罗马帝国和西罗马帝国。476年，西罗马帝国灭亡。此后，在西欧相继出现了法兰克、勃艮第、东哥特、西哥特等由欧洲北方蛮族人建立的国家。这些国家先后建立以采邑制为主的封建制度，即国王把土地作为采邑（即“恩赏”）分封给有功的下属，下属又把土地进一步分封给自己的下属，被封者拥有采邑的行政、司法、军事和财政权。领主有保护下属土地的责任，下属也有义务为领主效劳和打仗，由此形成了以土地为纽带的领主与下属之间的紧密关系。

从文艺复兴时期开始，西欧的历史学家开始以“衰亡范式”来论述西罗马帝国后期到中世纪早期的历史。他们认为军队的蛮族化及蛮族入侵使西罗马帝国灭亡，落后的文明取代了先进的文明，西欧进入了“黑暗时代”。[①] 18世纪，英国历史学家爱德华·吉本（Edward Gibbon）的《罗马帝国衰亡史》进一步强化了这一范式，主宰了此后两个世纪人们对中世纪前期西欧历史的认知。但是，从20世纪20年代开始，“衰亡范式”受到挑战，“转型范式”开始兴起。转型范式认为，西罗马帝国政权的结束并不意味着罗马文明的结束，社会经济制度和文化具有很强的惯性和连续性，因此3—8世纪的西欧应当被视为古代晚期。这一历史时期涵盖了西罗马帝国衰亡、蛮族入侵和查理曼重建秩序，是一个延续和变化并存的时期，而不是一个简单的断裂期。[②]

总体而言，3—8世纪是西欧城市的衰退期，但各个区域城市衰退的情况和原因具有较大的差异性。在高卢和意大利，许多城市在战争中遭受破坏。城市的政治、经济和文化功能普遍弱化，但防卫功能进一步强化，许多城市将公共设施和纪念性建筑的砖石拆下，用于建设城墙和防御性建筑。罗马城先后于410年被哥特人、455年被汪达尔人和

---

① 刘林海．史学界关于西罗马帝国衰亡问题研究的述评［J］．史学史研究，2010（4）．

② 李隆国．从“罗马帝国衰亡”到“罗马世界转型”：晚期罗马史研究范式的转变［J］．世界历史，2012（3）．

472 年被勃艮第人入侵和洗劫，到 530 年城市人口只剩下约 10 万人。535—554 年的哥特战争使罗马城的建筑和城市制度遭受更大的破坏，此时罗马城只剩下 2～3 万人。在不列颠地区，罗马式城市几乎全部消失。伦敦和约克等城市虽然还留下一些建筑，但已经不具备基本的城市功能。战争也严重影响了陆路交通和商业贸易，许多位于内陆的城市失去商业支撑。但这一阶段地中海的航海基本畅通，因此地中海沿岸的一些商业城市依然繁荣。最具代表性的是马赛，直到 8 世纪，马赛商业依然繁荣，较好地保留了罗马帝国的城市特性。

在西罗马帝国灭亡以前，城市精英阶层已经开始迁往乡村，原有的城市制度逐步解体。罗马帝国中后期的城市管理机构被本地贵族或僧侣所操纵，城市管理的主要内容是城防建设和日常防务。6—7 世纪，大多数城市的管理主体为蛮族统治者。到 8 世纪西欧全面封建化后，城市管理的主体又变为封建主。封建主将城市作为行政管理中心，但他们通常不住在城内。

基督教越来越活跃，教会在城市中的地位越来越重要。在城市衰落甚至消失后，教区的地位更加突出，每个主教管区相当于一个城市。从 9 世纪开始，城市（civitas）一词具有主教管区中心的特殊含义，如 civitas Parisiensis 既指巴黎主教管区，也指主教驻节的巴黎市本身。教会积极支持城市建设和城市管理，教堂的规模和华丽程度成为城市财富和繁荣程度的重要象征。①

4.6.2 拜占庭城市的延续

在西罗马帝国灭亡后，拜占庭帝国延续并发展了罗马帝国的军事、法律、行政管理和城市制度。由于拜占庭帝国的奴隶制度不如西罗马帝国那样典型，因此奴隶制的危机没有西罗马帝国那样严重。

在 7 世纪，拜占庭帝国开始推行以军事分封为主体的封建制度，逐步进入封建社会。全国被划为多个军区，军政权力都由将军控制。军区的各级权力机构按师、团、营等军事单位设立，国家行政管理系统附属于军事系统。军区将土地按照军种和级别分给各级官兵，他们平时耕种，战时自带武器随军作战。② 这种军政一体、兵农合一的封建制度保持了高度的中央集权。8—9 世纪发生的圣像破坏运动进一步强化了皇权，使拜占庭帝国的政局在较长时期内相对稳定。

在拜占庭帝国初期，城市大多沿用罗马帝国的自治制度。但随着中央集权的强化，城市自治开始弱化。7 世纪以后，由于军事分封制的推行以及受战争的影响，城市发展和管理的军事化特征越来越显著。越来越多的城市变成了防御性的军事据点，军事建制取代了城市行政管理体系。

君士坦丁堡是拜占庭帝国的首都，拥有得天独厚的地理和区位条件。324 年，君士坦丁调集了罗马帝国各地的建筑大师和能工巧匠，按照罗马的形制精心设计了这座新首

---

① 亨利·皮雷纳．中世纪的城市［M］．北京：商务印书馆，2006.

② 赵彦．拜占庭文明［M］．长春：吉林美术出版社，2012.

都，“一切有助于显示一座伟大都城的宏伟、壮丽的东西，一切有助于为其居民的生活提供便利和娱乐的东西，在君士坦丁堡的四墙之内应有尽有”（《罗马帝国衰亡史》）。在近千年的时间里，君士坦丁堡是一个非常重要的商贸中心，拥有发达的工商业。行会是君士坦丁堡工商业管理的主体，市政官利用法律对这些行会进行严格监督。《市政官法》是关于君士坦丁堡城市工商业管理的法律，共 22 章 219 条，前 19 章是 19 个行会的管理原则和对违法者的惩戒措施，后 3 章规定了监督和检查机构人员的资质和责任，是了解君士坦丁堡城市管理的一把钥匙。[①]

4.6.3 阿拉伯地区城市的形成

在 7 世纪初，穆罕默德创立了伊斯兰教并在阿拉伯半岛快速传播。伊斯兰教的出现不仅把一盘散沙的阿拉伯各部落统一起来，而且使之很快发展成地跨亚非欧三大洲的庞大帝国。阿拉伯帝国历经 626 年，主要有四大哈里发时期（632—661 年），以及倭马亚王朝（661—750 年）和阿拔斯王朝（750—1258 年）两个世袭王朝时期。阿拉伯帝国以神权政治为基础，吸收了巴比伦和波斯的政治制度，形成了一种伊斯兰世界所特有的政教合一的君主专制政体。

伊斯兰教被认为是城市的宗教，它产生的文明必然是城市的文明。伊斯兰教认为城市生活是穆斯林的基本需要，只有在城市的环境中，穆斯林的宗教活动才能正常开展，宗教义务才能正常履行。因此，伊斯兰教决定了其城市的起源、发展、空间形态和管理。

7—11 世纪是阿拉伯地区城市的形成期，其城市大体可以分为三种类型：第一类是在阿拉伯半岛和被征服地区原有城市的基础上加以扩建的城市，如麦加、耶路撒冷、大马士革、亚历山大、突尼斯、科尔多瓦等。第二类是在阿拉伯帝国扩张过程中由军营发展起来的城市，如巴士拉、库法、开罗等。第三类是阿拉伯人在和平时期兴建的城市，如罗斯图姆王朝的首都提阿雷特，阿拔斯王朝的首都巴格达，伊德里斯王朝的新都非斯城，阿拔斯王朝的新都萨马拉等。

清真寺和巴扎（市场）是阿拉伯地区城市最具特色的两大要素。清真寺不仅是举行宗教仪式的地方，也是重要的交流场所和司法中心。清真寺一般位于城市或社区中心，巴扎和其他公共建筑环绕清真寺布局，通往清真寺的主要街道是城市的主要道路。在首都，清真寺和宫殿通常连为一体，布局于城市中心，象征着阿拉伯帝国政治和宗教的统一。由于伊斯兰教鼓励商业贸易，因此每个城市都有巴扎，没有巴扎的固定居民点不能被视为城市。在巴扎内，每种商品和手工业作坊都有自己的固定区域，越洁净的行业离清真寺越近。

根据不同种族和宗教划分为不同的社区也是阿拉伯帝国城市的一个鲜明特征。在阿拉伯帝国的扩张过程中，军队是按照部落和宗派编制的。建立军事城市或占领其他地区的城市后，也以军事建制为基础分区居住。犹太人和基督徒等非穆斯林在城市中也分区居住，在自己的社区内保持着各自的宗教和文化传统。每个社区有自己的清真寺或教堂、

① 徐家玲，毛欣欣．《市政官法》对君士坦丁堡的城市管理理念［J］．经济社会史评论，2018（4）．

巴扎和公共浴池等公共设施，社区之间通过建筑、围墙和其他障碍物进行分隔。这种按宗教、种族、部族分区居住的制度导致市民忠于社区，但对城市整体的认同感不足，因此难以出现类似于西欧中世纪后期那样的城市自治。

城市是阿拉伯帝国的宗教、政治、经济和文化中心，对维护帝国统治至关重要。阿拉伯帝国建立了一套主要由省督、法官、社区谢赫和行会谢赫等共同组成的城市行政管理体系。阿拉伯帝国划分为库法、希贾兹、杰齐拉、埃及、非洲等五大邦，每邦由哈里发任命总督。邦下设省，省督为一省的军政长官，一般由总督推荐。省督负责指挥军队、维持城市治安和征税。法院是城市的最高行政管理机构，法官由总督任命。法官既负责审判，也负责城市的民政和公共事务，他的办公地点一般位于城市中心的清真寺。谢赫是穆斯林对宗教学者或社团领袖的尊称，在法官之下为社区谢赫和行会谢赫。社区谢赫是社区行政长官，由社区居民选举、城市法官任命，负责所在社区的税收、民政，维护社会秩序。行会谢赫即行会会长，由行会成员选举、城市法官任命，负责行会的商品生产、商品交易、征收赋税和维护交易秩序。阿拉伯帝国的行会是官方派出机构，与中国同时期的行会类似，但与西欧10世纪以后的行会存在显著差异。因此，阿拉伯帝国的城市没有形成独立的工商业者阶层，也就不具备城市自治的前提条件。①

本章小结

1. 隋代恢复了中央集权的政治制度，在地方上实行州县二级制（后改为郡县二级制），唐代初期亦采用“州（府）-县”二级制。但到唐代中后期，由于“道”的发展和藩镇割据，地方体制又朝着“道（藩镇）-州（府）-县”三级演进。

2. 隋代和唐代中前期经济和社会得到快速发展，国家和社会关系发生显著变化。这一时期城市蓬勃发展，城市的经济、文化、教育和宗教职能更加突出。“市”发生了巨大的变化，开始与“坊”分离而与“场”结合，夜市、早市、草市、庙市广泛兴起。市令负责市场管理，行会开始出现并参与到市场和商业管理中。里坊制受到冲击并逐渐瓦解，街巷制开始形成。

3. 唐代长安城形成了比较完善的管理体系，城市建设和管理成就显著。京兆府统领京畿地区的行政管理，万年县和长安县分治长安东西两部分。都城治安由禁军左右金吾卫和左右监门卫、门下省城门郎、中央监察机构左右巡使和地方行政机构分别负责。市场由太府寺下设都市署、常平署和平准署负责。城市建设由将作监、都水监和工部下设的虞部承担。

4. 与隋唐城市发展并行的是西欧、拜占庭和阿拉伯地区城市的兴衰。西欧城市处于衰退期，城市自治制度被封建采邑制所取代，基督教会在城市管理中发挥着重要作用。拜占庭帝国初期延续了罗马帝国时期的城市管理制度，但在7世纪后随着军事分封制度的推行，城市管理的军事化特征越来越突出。阿拉伯地区的城市发展和城市管理深受伊

① 车效梅．中东中世纪城市的产生发展与嬗变［M］．北京：中国社会科学出版社，2004.

斯兰教的影响，清真寺、巴扎、分区而治是阿拉伯帝国城市的显著特点。阿拉伯帝国建立了一套自上而下的行政管理体系，法院是城市行政管理的主要机构。

关键术语

三省六部　藩镇割据　唐律　均田制　租庸调制　两税法　行会　会社　里坊　四民分业　市场　庙市　草市　宫市　镇　坊郭户　乡村户　基督教会　拜占庭

复习思考题

1. 唐代国家与社会关系发生了哪些变化？这些变化对城市管理产生了什么影响？
2. 分析唐代里坊制度演变的原因和过程。
3. 唐代的“市”有哪些显著的变化？
4. 唐代市令如何管理市场？
5. 观看《长安十二时辰》，梳理并归纳其中涉及的城市管理制度。
6. 与隋唐同时期的西欧、拜占庭和阿拉伯地区的城市发展和城市管理各有哪些主要特点？

第5章

宋代的城市管理

宋代曾被认为是一个“积贫积弱”的朝代，但随着一系列考古发掘的证实，越来越多的学者认为宋代是经济、文化、科技高度发达的时期。宋代是我国城市发展的一个高峰期，城市管理出现了许多新的特点。

重点问题

- 宋代的国家管理
- 城乡分离和城乡分治
- 宋代城市的经济管理
- 宋代城市的社会管理
- 北宋开封的城市管理
- 同时期的西欧城市管理

5.1 宋代的国家管理

唐灭亡以后，中原地区相继经历了后梁、后唐、后晋、后汉和后周五个朝代。北宋建立后，新的统治集团首先考虑的是如何避免政局动荡，确保权力稳固。在总结唐末五代教训的基础上，赵匡胤以防弊之政作立国之法，确立了重文轻武、守内虚外、强干弱枝的基本国策，重整了中央和地方机构，奠定了两宋国运的基本走向。宋太宗在即位大赦诏书中进一步将防弊之政确立为宋代之法，“先皇帝创业垂二十年，事为之防，曲为之制，纪律已定，物有其常，谨当遵承，不敢逾越”（《续资治通鉴长编》卷十七）。防弊之政带来的积贫积弱问题又使政治改革成为北宋官僚集团的共同主张，先后推行了庆历新政和王安石变法。因此，防弊之政和政治改革是宋代国家政治的两个中心议题，对宋代中央机构和地方行政产生了直接的影响。①

5.1.1 中央机构

防弊之政的第一原则是收权，即把地方权力收归中央，以强化中央集权；第二原则是分权，即分散各级机构的权力，使其相互制约。

在中央层面，宋初继承了唐代的三省六部，但实际掌权的是政事堂、枢密院和三司。政事堂是全国最高行政机构，枢密院是全国军事中枢，三司即户部司、盐铁司和度支司，是全国财政中枢。政事堂、枢密院和三司直接对皇帝负责，形成行政、军政和财政三权分立和集权于君主的格局。宋代还设置了御史台和翰林学士院，直接隶属于皇帝，前者是国家监察机构，后者是皇帝的秘书机构。三省六部的实权被瓜分，很多机构处于闲置状态。

除了以上机构外，宋代还设立了以九寺六监为主体的专业管理机构。九寺为：职掌礼仪事务的太常寺，职掌皇族事务的宗正寺，职掌祭享筵宴的光禄寺，职掌军械的卫尉寺，职掌畜牧的太仆寺，职掌刑法的大理寺，职掌礼宾宗教的鸿胪寺，职掌农事的司农寺，职掌全国送京财赋收支事务的太府寺。六监是：职掌教育的国子监，职掌百工制作的少府监，职掌营造的将作监，职掌兵器制作的军器监，职掌水利的都水监，职掌天文祥异、钟鼓漏刻、写造历书的司天监。司天监于宋初设置，在元丰改制后被并入秘书省的太史局。

分权导致权力机构存在重叠冗繁、职事分离、相互牵制等种种弊端。元丰改制以省费去冗为目的，保留政事堂与枢密院分掌政军大政，罢设三司，将财政权收回户部。恢复隋唐时期确立的三省六部和诸寺监的实际职掌，一定程度上改变了宋初之弊。南宋进一步推行以省费为主的中央行政机构改革，缩减了一批行政机构，但不久一些机构又相继复置。

5.1.2 地方行政

宋代地方行政机构分路、州（府、军、监）、县三级（见图5-1）。宋代最盛时曾有26个路、4个京府、30个普通府、254个州、63个监和1 234个县。各级地方官由中央选派，多以文臣出任，且任期普遍较短，以防止地方专权。真正做到了收县之权归于州，收州之权归于路，收路之权归中央，最后集政权、财权和军权于皇帝一身，实现强干弱枝的目的。

宋代在路一级的地方机构中不设最高长官，而由帅司、漕司、宪司和仓司四司分掌，将行政、司法和财赋等分开，互不统属，直接对中央负责。帅司，也称安抚司，掌一路兵民之事，包括听狱讼、颁禁令、定赏罚、稽钱谷等。漕司，也称转运司，掌一路财赋，在保证州县所用的基础上，将所收财赋运往开封或指定地点。宪司，也称提刑司，掌一

① 张帆．中国古代简史［M］．北京：北京大学出版社，2001.

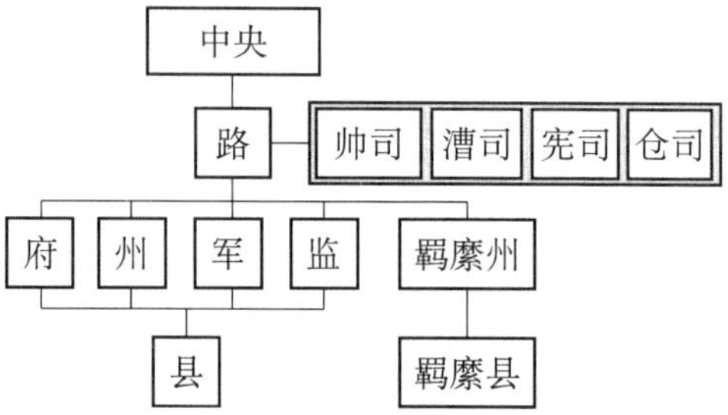

图 5-1　宋代的地方行政体系示意图

路刑狱之事，如审问囚徒、详覆案牍等，同时负有举刺官吏的责任。仓司，也称提举常平司，掌一路常平、义仓、免役、市易、坊场、河渡、水利之法及灾歉之年赈济之事。各司辖区并不一致，即使辖区一致，治所也通常不在一地。除四司之外，宋代还根据各路地理位置和物产情况设立一些临时机构，“提举茶盐司，掌摘山煮海之利，以佐国用。……都大提举茶马司，掌榷茶之利，以佐邦用。……提举坑冶司，掌收山泽之所产及铸泉货，以给邦国之用。……提举市舶司，掌蕃货海舶征榷贸易之事，以来远人，通远物”（《宋史·职官志》）。

州是宋代地方机构中的二级组织。知州掌理一州政事，统管属县，通判佐知州处理州政。团练使、防御使掌管本州军务，州内诸曹是掌理州政的具体业务机构。军、监与州同级，但监的地位略低于府和州。军设于军事要地，监设于重要矿产地。府又分京府与普通府两种，开封府和临安府先后为京府，机构设置与其他诸府不同。宋代还延续了唐代的做法，在少数民族地区设置羁縻州，因俗而治。

县是隶属于州的基层地方机构。一县之内，知县掌民政，主簿掌财务，县尉掌治安。县之下，原实行乡里制。王安石变法后，在县下推行保甲法，形成了都保、大保和保三级保甲组织。① 在保甲组织制度下，“使之相保相爱，以察奸慝。故有所行，诸自外来者，同保互告，使各相知；行止不明者，听送所属。保内盗贼，画时集捕，知而不纠，又论如律”（《宋史·兵志》）。

5.1.3　知识与政治的关系

隋唐时期，受佛道之学的影响，儒学发展缓慢。北宋立国后，儒家学者开始努力复兴儒学，到南宋达到了一个新的高峰。以程颐和朱熹为代表的理学家以儒家思想为主体，结合董仲舒的阴阳五行、佛教的欲望观和道家的思辨精神，将忠君观念提升为人生第一原则，将三纲五常作为万古长存的天理，对此后中国思想和文化产生了深远影响。我国传统思想开始从以“道”为中心转变为以“理”为中心，即“道的理化”。②

在宋代，知识和政治的关系有所脱节，这表现在以下三个方面：首先是宋代的知行

---

① 万昌华，赵兴彬．秦汉以来基层行政研究［M］．济南：齐鲁书社，2008.

② 陈赟．道的理化与知行之辨：中国哲学从先秦到宋明的演变［J］．华东师范大学学报（哲学社会科学版），2002（4）．

观强调知先行后。宋代理学家总结了《大学》中格物、致知、诚意、正心、修身、齐家、治国、平天下和《中庸》中博学之、审问之、慎思之、明辨之、笃行之各词出现的先后顺序，认为“知常在先”“以知为本”“能知必能行，不知不能行”。[①] 知先行后必然导致重知轻行，清谈之风再次盛行，以至于清代思想家顾炎武认为：“刘、石乱华，本于清谈之流祸，人人知之，孰知今日之清谈，有甚于前代者。……不习六艺之文，不考百王之典，不综当代之务，举夫子论学论政之大端一切不问，而曰‘一贯’，曰‘无言’。以‘明心见性’之空言，代修己治人之实学。”（《日知录·夫子之言性与天道》）他痛斥的“今日之清谈”，即是自宋开始的重知轻行趋向。虽然朱熹也意识到行的重要性，提出了“行重知轻”和“力行为重”的思想，但宋代总体崇尚清谈，轻视功利，在行的方面缺乏建树。其次是北宋一度出现了知识中心和政治中心分离的现象。北宋政治中心是东京开封，那里聚集着一批当权的士大夫，他们以皇帝为中心，体现的是“政统”。而在西京洛阳聚集了以司马光、富弼、文彦博、吕公著等为代表的一批非常有影响力但暂时没有权力的思想家。他们以道德伦理为标榜、以思想与学术为纽带，表达着当时思想、知识与信仰世界的另一种声音，代表的是“道统”，拥有相当多的支持者。这意味着道统与政统的空间分离，这在中国古代是很少见的现象。[②] 最后是从时间上来看，防弊之政和政治改革在先，儒学复兴在后，因此宋代理学的兴盛并未对宋代国家政治产生显著影响。

道教对于宋代政治也产生了显著的影响。北宋初期黄老思想再度活跃，对社会稳定和经济复苏起到了积极作用。北宋的太宗、真宗、徽宗和南宋理宗都是历史上有名的崇道皇帝，他们期望将老子的自然无为思想用于治国理政上。宋徽宗是历史上第二位注释过《道德经》的皇帝，立志要发挥黄老千载不传之秘来治理国家，认为应该不立新法、不废旧法，走完全自然的道路。[③] 两宋道教也明确提出了以“敬神与德治”为要义的君王政治伦理思想，并以宗教特有的方式服务于两宋政治体系。但到北宋后期和南宋，宠任道教和神仙方术也为国家政治带来诸多不利影响。

5.2　宋代的城市发展

宋代是中国传统社会城市发展的鼎盛时期，城市数量多、规模大，商业和手工业繁荣，社会生活丰富，文化和教育兴盛。在北宋和南宋大多数时期，全国城市人口占总人口的比重超过20%，远高于明清时期。[④]

---

① 方克立．中国哲学史上的知行观［M］．北京：人民出版社，1982.

② 葛兆光．中国思想史．2版［M］．上海：复旦大学出版社，2013.

③ 史冰川．道教“无为”管理思想的运用：以宋元时期为例［J］．四川大学学报（哲学社会科学版），2009（3）．

④ 赵冈．中国城市发展史论集［M］．北京：新星出版社，2006.

5.2.1 北宋都城开封

开封在战国时是魏国的都城，工商业比较繁荣。隋代开凿大运河后，开封成为北方漕运的枢纽，成为工商业和水陆交通的中心，到唐代已经是仅次于长安、洛阳的北方第三大城市。五代时期，开封是后梁、后晋、后汉、后周四朝都城。它们均以唐代宣武军节度使治所作为宫城，以唐汴州城作为里城。到后周时期，开封旧城的规模和结构已经不能满足经济和人口增长的需要，为此后周世宗于显德二年（955 年）和显德三年（956 年）两次下诏扩建开封。诏书颁布之后，开封在旧城之外加筑罗城，城市规模扩大了 4 倍，形成宫城、里城和外城三重格局。同时疏浚运河，拓宽了城市道路，进一步强化了开封的交通枢纽地位。与之前其他朝代都城营建不同的是，开封改建是为了适应城市经济和社会发展的需要，而不是满足统治阶层的需要。

延伸阅读

周世宗关于扩建开封的两次诏书

显德二年四月诏："惟王建国，实曰京师。度地居民，固有前则。东京华夷辐辏，水陆会通，时向隆平，日增繁盛。而都城因旧，制度未恢，诸卫军营，或多窄狭，百司公署，无处兴修。加以坊市之中，邸店有限，工商外至，络绎无穷，僦赁之资，增添不定。贫乏之户，供办实多，而又屋宇交连，街衢湫隘。入夏有暑湿之苦，冬居常多烟火之忧。将便公私，须广都邑。宜令所司于京城四面，别筑罗城，先立表识，候将来冬末春初农务闲时，即量差近甸人夫，渐次修筑。春作才动，便令放散，或土动未毕，即次年修筑。……即任百姓营造。"（《五代会要》卷二十六）

显德三年六月诏："辇毂之下，谓之浩穰，万国骏奔，四方繁会，此地比为藩翰。近建京都，人物喧阗，闾巷隘狭。雨雪则有泥泞之患，风旱则有火烛之忧。每遇炎热相蒸，易生疾沴。近者开广都邑，展引街坊，虽然暂劳，终获大利。朕自淮上，回及京师，周览康衢，更思通济，千门万户……其三十步已下至二十五步者，各与三步，其次有差。"（《五代会要》卷二十六）

北宋立国时，国防中心已由西北转向东北，经济中心由关中转向东南，因此需要在东部地区建都。开封周围运河密布，有交通之便。北宋的江山承于后周，开封为前朝故都，经后周世宗改建后，城池宫阙完备，经济和文化繁荣，在人们心目中具有崇高的地位。因此，宋太祖以开封为都。但是，开封地处中原，不利于都城防御，"燕蓟以南，平壤千里，无名山大川之阻，蕃汉共之"（《续资治通鉴长编》卷三十）。北宋多次修筑和加固外城，并屯重兵于开封及附近地区，形成"守内虚外"的军事格局。

北宋开封商业繁荣，经营时间和空间上的限制均被废除。在经营时间上，宋太祖即位第六年（965 年）即"诏开封府，令京城夜市至三鼓已来，不得禁止"。因此开封"夜市直至三更尽，才五更又复开张。如要闹去处，通晓不绝。……冬月虽大风雪阴雨，亦有夜市"（《东京梦华录》）。在经营空间上，宋仁宗以后，商人只要纳税便可在城中选择地点开设店铺。因此交通便利和人流集中地常常商铺云集。例如开封界身巷，原是相国寺的一部分，至宋徽宗时已成“南通一巷，谓之界身，并是金银彩帛交易之所，屋宇雄壮，门面广阔，望之森然，每一交易，动即千万，骇人闻见”（《东京梦华录》）。相国寺也从佛寺演变成商品汇聚的大市场，每月定期开放8次。寺内大批房屋辟作营业性质的邸店，供各地来京商人居住和堆放货物。

5.2.2 南宋都城临安

南宋建立后，经过多次辗转迁移，于1138年定都杭州，改名为临安。杭州自秦代设县治以来经济就比较繁荣，隋代大运河修通后商业更加发达，城市规模也进一步扩大。到唐开元年间已有居民8.6万户，40万～50万人。北宋时期，杭州是全国最重要的对外贸易港口之一，人口数量进一步增加，成为江南人口最多的州，经济文化非常繁盛。

南宋在原有的吴越子城基础上修筑宫城。随后于绍兴二十八年（1158年）增筑内城及东南部的外城，并增辟道路、增设街市。受地形条件、历史基础、时局混乱等因素影响，临安城市形制与我国传统都城存在较大差别：城市总体呈现出南北长、东西窄的不规则宽带形，状若腰鼓，俗称“腰鼓城”。城内只建有宫城和大城，而无皇城和内城。宫城并不位于城市中心，而是偏于城市南端，其外形也不规整。

临安是南宋的政治、经济、文化中心。北方的官僚、地主逃亡于此，因此城市人口增加很快，“杭州人烟稠密，城内外不下数十万户，百十万口”，“细民所食，每日城内外不下一二千余石”（《梦粱录》）。《乾道临安志》记载，当时共有261 600多户，总人口约130万。由于临安城中许多居民是从开封迁来的，城市生活和街道面貌也与开封相似，勾栏瓦舍遍布临安城内外。杭州西湖经唐代白居易、吴越钱氏和北宋苏轼的疏浚，景色十分秀美。优美的自然风景、丰富的人文景观和繁荣富裕的生活，使得临安有“天上天堂，地下苏杭”的美誉。

5.2.3 其他城市

除都城外，宋代地方城市也得到了较快的发展。五代十国时期，南方基本没有大的战祸，城市持续发展。北方城市受战乱影响较大，城市发展“南升北降”态势显著。同时因北方丝绸之路衰落，东南沿海地区成为中国对外交流的门户，长江下游和东南沿海地区的城市发展较快。元丰年间，10万户（约50万人）以上的城市有40多个，宋徽宗崇宁年间上升到50多个，而唐代只有10多个。泉州发展尤其迅速，其外贸地位超过广州，大批外国人在泉州定居，形成蕃坊。

宋代工商业市镇蓬勃兴起。与北魏和隋唐时期的军镇不同，宋代的镇以经济职能为主，设置镇主要是为了税收，“民聚不成县而有税课者，则为镇，或以官监之”（《事物纪原》卷七）。镇一般都设有“场务”负责收取商税。这些镇大多设于交通要道、水陆码头、沿海口岸和大城市周围，如东京开封府曾有31镇，西京河南府曾有22镇，北京大名府曾有20镇。一些镇由于经济繁荣，其实际规模和影响已经超过县，出现“县不如镇”的现象，典型的如苏州乌镇、秀州青龙镇、密州板桥镇等。这一时期也出现了一些以手工业著称的名镇，如以生产瓷器闻名的江西景德镇、以盛产优质纸著称的福建麻沙镇等。宋代南北各地的农村中，出现了比唐代更多的草市和墟市。官府在这些草市中收取商税，草市规模扩大后，也可以升格为镇乃至县。

在一些经济繁荣和规模较大的城市，城墙作为城乡分隔界限的作用逐步弱化。但城墙仍是城市的重要标志，“州郡不可无城壁，如人家不可无墙垣，人身不可无衣服”（《勉斋先生黄文肃公文集》）。坊从原先封闭的居民区转变为开放的基层行政单元，坊门从控制进出的建筑转变为城市居民“识道里，视观瞻”的标志物。与此相对应，城市街道从唐代以交通功能为主向市民生活空间转变。但宋代仍有一些学者非常怀念唐代的里坊制度，如朱熹曾这样称赞唐代的里坊：“官街皆用墙，居民在墙内，民出入处皆有坊门，坊中甚窄。……本朝宫殿街巷，京城制度，皆仍五代，因陋就简，所以不佳。”（《朱子语类·杂类》）

5.3 宋代的城乡分离与城乡分治

5.3.1 城乡分离

随着城市化的加快和城市规模的扩大，城市的经济和文化功能进一步强化，宋代城市和乡村开始分离。不论是在国家法令还是文学作品中，城市与乡村都是两个不同的概念。

在经济方面，城市不仅是消费中心，也开始成为手工业生产中心。宋代官营和私营手工业发达，以瓷器、纺织、造纸和造船为代表的手工业在城市中进一步聚集和发展。中央有少府、将作和军器三监，在京城和一些大城市中设有多个场院、作院和作坊，一些州县也有相应的设置。城市中私营手工业规模和分工程度也远超前代，产品种类、产量和质量都得到了显著提升。最具代表性的是纺织业，它与农业逐步分离，其主体不再是男耕女织的小农，而是城市中的机户，如四川梓州就有机户数千户。城市工商业的繁荣也促进了乡村经济结构的调整，农业商品化经营规模进一步扩大，出现了大量专门种植经济作物的茶户、漆户、桑户、药户和蚕户。城乡经济分工也促进了城乡经济的合作，“货殖百物产于山泽田野，售之于城郭……城郭、乡村之民交相生养，城郭财有余则百货有所售，乡村力有余则百货无所乏……流通财货，以售百物，以养乡村”（《续资治通鉴长编》卷三百九十四）。

在文化方面，宋代形成了清雅的士文化和世俗的市井文化两种相互影响的城市文化，两者与乡土文化形成鲜明对比。宋代一方面延续并强化了唐代以来士大夫向城市聚集的趋势，“士大夫发迹垄亩，贵为公卿，谓父祖旧庐为不可居，而更新其宅者多矣。复以医药弗便，饮膳难得，自村疃而迁于邑，自邑而迁于郡者亦多矣”（《容斋续笔》卷十六），士大夫文化从魏晋南北朝时期以乡村为中心转变为以城市为中心。另一方面，随着城市人口的增加和工商业的繁荣，文学艺术更加关注市民生活，市井文化达到了一个新的高度。① 隋唐以前，音乐、歌舞、百戏等都是在重大节日由官方或寺庙举办。到宋代，城内有许多勾栏和瓦舍，说诨话、学像生、学乡谈、叫果子、唱要令等百戏杂陈，盛况空前。② 与乡村相比，城市文化明显占据主导地位。③ 乡村常常被冠以乡愚、乡气等字眼，在城市勾栏瓦舍的杂艺演出中，常常出现以嘲弄乡人为主题的节目。城市文化成为重要的风向标，深刻地影响着乡村文化的发展。④

5.3.2 城乡分治

城乡分离导致城乡分治，宋代城市在地域划分、户籍、赋役、治安等方面都已经与乡村存在显著差别。

在地域划分方面，宋代城市中普遍具有厢一级行政建制。厢制源于唐末藩镇兵制，五代时期转变为城市治安和社会管理机构，“左右厢起于唐，本用李靖兵法，诸军各分左右厢统之。……朱梁以方镇建国，遂以镇兵之制用之京师。京师兵有四厢，而诸军两厢，其厢使各掌城郭烟火之事，而军旅渐有厢军之名”（《玉海·兵制》）。在《宋会要辑稿》中，与厢相关的内容记录在“兵”类中，也说明厢是一种军事组织。入宋以后，厢逐步转变为城市的一级行政区，不仅京城设有多个厢，州府城市也普遍设有厢。厢级官府称厢公事所，设有厢典、书手、所由、街子、行官各数人，负责辖区内的治安、民事和公共服务。厢之下为坊，坊正职掌与乡村里正相同，“诸乡置里正［主］赋役；州县郭内旧置坊正，主科税”（《宋会要辑稿·职官》）。

在户籍方面，宋代沿用并进一步推广了源于唐代的坊郭户和乡村户的户籍分类。坊郭户不仅包括京城和州县城郭的居民，也包括镇的居民，以“州坊郭”“县坊郭”“镇坊郭”进行区分。⑤ 官府根据财产多寡对坊郭户和乡村户分别定等列籍，坊郭户以是否有房产分为主户与客户两类，主户以房屋、课税和工商业资本的数量分为十等。⑥ 宋徽宗时期，由于坊郭户贫富差距加大，又因为“于十等内，据紧慢每等各分正、次二等”（《宋会要辑稿·食货》），所以总共分为二十等。而乡村户根据有无土地等分为主户和客户，主户又根据财产多少分为五等。

在户籍分类的基础上，对坊郭户和乡村户的赋役采取不同的方式：（1）税收类型不同。城市以房税和土地税为主，而乡村以耕地之税为主。宋代岁赋有五种类型：“宋制岁赋，其类有五：曰公田之赋，凡田之在官，赋民耕而收其租者是也。曰民田之赋，百姓各得专之者是也。曰城郭之赋，宅税、地税之类是也。曰丁口之赋，百姓岁输身丁钱米是也。曰杂变之赋，牛革、蚕盐之类，随其所出，变而输之是也。”（《宋史·食货志》）

---

① 田耕宇．从唐代长安坊市与北宋汴京街市看商业经济对俗文学的影响［J］．西南民族大学学报（人文社会科学版），2004（10）．

② 张启龙，徐哲．两宋都城转型探析：基于汴梁和临安“流动性”的考察［J］．宁夏社会科学，2014（6）．

③ 许哲娜．“围城”的困惑：试论唐宋以降的城乡差别观念［J］．史林，2010（4）．

④ 包伟民．两宋“城市文化”新论［J］．文史哲，2012（5）．

⑤ 王云海，张德宗．宋代坊郭户等的划分［J］．史学月刊，1985（6）．

⑥ 王威海．中国户籍制：历史与政治的分析［M］．上海：上海文化出版社，2006.

前两者是针对乡村户的税赋，而城郭之赋是专门针对坊郭户的。① （2）税赋征收方式不同。唐代实行两税法后“凡百役之费，一钱敛之”，即统一以货币形式进行征收。但在唐代后期开始规定“如坊郭户配见钱须多，乡村户配见钱须少”（《唐会要·尚书省诸司中》），即坊郭户以货币为主，而乡村户以实物为主，宋代继续沿用这一做法。（3）徭役不同。王安石变法之前，坊郭户不承担差役，而有科配的负担，“乡村以人丁出力，城郭以等第出财，谓之差科”（《续资治通鉴长编》卷三百八十八）。坊郭户和乡村户免役钱的标准不同。如两浙地区的规定是“许两浙坊郭户家产不及二百千，乡村户不及五十千，毋输役钱”（《宋史·食货志》）。②

宋代城乡社会治安管理也分属不同机构。北宋初年复置县尉，将治安管理权交还于县。县尉是负责城区捕贼和维持治安的官员，弓手是县尉统领的专业武装力量，居民按户等服此差役。乡村治安由诸路提点刑狱司下设的巡检负责，“并诸县尉惟主捕县城及草市内贼盗，乡村地分并责巡检管勾”（《续资治通鉴长编·神宗》）。③ 直至南宋后期，巡检仍是“止在城外巡警乡村盗窃，及承受追会事件而已”（《宋会要辑稿·方域》）。

宋代的城乡分治存在明显的重城轻乡的现象，城市在资源分配中相对于乡村具有明显的优势。最为典型的是社会救济，城市仓储种类多且储量大，乡村仓储种类少且储量小。居养、药局、助葬、教育等济贫机构和公共服务机构都依托城市设置，城市级别越高，社会保障和公共服务越完善。④ “守令之赈城市，遗乡村”《钦定康济录·前代救援之典》），官府的惠民政策往往“多止及于城郭，而不及乡县，甚为未均”（《救荒活民书》），“城市之中，饥户稍有赈济，以为观美，而不知穷乡僻野之间，横于道路、填于坑谷者，不知其几”（《荒政考》）。

5.4 城市经济管理

5.4.1 经济管理方式的变化

随着城市从封闭的里坊向开放的街巷转变，宋代城市的市场从受限于坊市制发展为遍布整个城市，官府对经济的管理方式从通过市令直接管理向官府与行会协同管理转变。

在关于宋代的文献中，“市令”的出现频率很低，取而代之的是不同类别和不同行政级别的“监税务官”。⑤ 宋代商税分过税与住税两种，过税由设于交通要道的税务向行商征取，住税则由商贾向交易地的商税征收机构交纳。“凡商贾之赋，小贾即门征之，大贾则输于务”（《宋史·职官志》），“务”指各地的商税征收机构。元丰改制后，这些税收机

---

① 包伟民．宋代城市税制再议［J］．文史哲，2011（3）．

② 谷更有．唐宋时期从“村坊制”到“城乡交相生养”［J］．思想战线，2004（6）．

③ 赵璐璐．从《捕亡令》看唐宋治安管理方式的转变［J］．史学月刊，2014（3）．

④ 张文．中国宋代乡村社会保障模式的三层结构［J］．学术月刊，2012（4）．

⑤ 吴晓亮．唐宋国家市场管理模式变化研究：以唐代“市”和宋代“税务”为对象的历史考察［J］．中国经济史研究，2007（4）．

构大都归属于太府寺，包括征收京城商税的商税务，掌京城舟船木筏之征的汴河上下锁和蔡河上下锁，掌提点贸易货物的都提举市易司，掌官屋邸店的店宅务，掌受纳出卖石炭的石炭场等，一些城市还有酒务、榷盐务、榷茶务、市舶务等。①

在官府与市场的关系上，唐代之前，官府除垄断经营主要商品（如盐、铁、酒、茶）外，一般不再直接兴办产业。唐代明文规定贵族官吏不得经营客舍和邸店，如唐玄宗时期“禁九品已下清资官置客舍邸店车坊”（《旧唐书·玄宗本纪》），唐德宗时期“禁百官置邸贩鬻”（《新唐书·德宗本纪》），“诏王公卿士不得与民争利，诸节度观察使于扬州置回易邸，并罢之”（《旧唐书·德宗本纪》）。但到北宋，官府一方面逐步放开垄断性经营的领域，另一方面广泛兴办商业和服务业以谋取利益。各地官府积极兴办酒店、邸店、旅店、药店、柴场、米场等，南宋临安还设有四司六局②从事宴会和礼仪等一条龙服务。③

宫廷日用品采购方式也从宫市向科配转变。宋初沿用唐代宫市制度，开宝七年（974年），开封发生了因宫市勒索和官员诬告导致的罢市，“廛市之间，到（列）肆昼闭”（《宋会要辑稿·食货》）。鉴于此，宋代设立杂买务（杂买场），以科配制取代宫市制。科配包括科买和科卖两方面，即官府所需之物向行会采购，官府处理的物品又通过行会转卖，由此使得行会成为宋代城市经济管理中的重要主体。

5.4.2　行会

行会出现于唐代而盛行于宋代，随着工商业的蓬勃发展和分工的深化，宋代行会的类型和数量都大大增加，南宋临安有 440 行。行的组织形式也更加成熟，其性质从官设组织向自治团体转变，在城市经济管理中发挥了较为重要的作用。

宋代的行会组织多称“行”，也有称为“团”或“作”的。“团”主要指规模较大、从事商品批发集散的行业组织，“作”主要指手工业行业组织。行的建立与官府科配和差役有着重要的关系，所谓“市肆谓之行者，因官府科索而得此名，不以其物大小，但合充用者，皆置为行”（《都城纪胜·诸行》），“市肆谓之团行者，盖因官府回买而立此名。不以物之大小，皆置为团行。虽医卜、工役亦有差使，则与当行同也”（《梦粱录·团行》）。因此，协助官府进行科配、纠差、配卖和维持经营秩序是行会的重要职能④，这与西欧中世纪行会产生的原因存在显著差异。

在行会内部，各行都有特定的服饰装束，有些行会有自己的特定用语，交易时使用不同的钱陌，一些行业有自己的地分（经营的地域范围）。行头负责制定行规、批发商品、确定价格、防止垄断和恶性竞争、充当牙人和担保人。行头和行会成员之间因财产

---

① 吴晓亮．唐宋国家市场管理模式变化研究：以唐代“市”和宋代“税务”为对象的历史考察［J］．中国经济史研究，2007（4）．

② 四司指帐设司、厨司、茶酒司、台盘司，六局指果子局、蜜煎局、菜蔬局、油烛局、香药局、排办局。

③ 宁欣．转型期的唐宋都城：城市经济社会空间之拓展［J］．学术月刊，2006（5）．

④ 王日根．从“行”到商会：宋以后商人社会管理中的官民互动［J］．厦门大学学报（哲学社会科学版），2005（2）．

悬殊而常常出现上等行户支配和剥削中下等行户的现象，这和同时期西欧行会的平等原则存在显著差异。

5.4.3 牙人

“牙人”是介于买方和卖方之间，为双方提供信息、促成交易并收取佣金的中介。西汉时期称为驵侩，唐代开始叫作牙人。“牙”字是唐代对“互”字的一种通俗写法，“今人谓驵侩者为牙郎，本谓之互郎，谓主互市事也。唐人书互作牙，互与牙字相似。因讹而为牙耳”（《南村辍耕录·牙郎》）。牙人在唐代商品交易中开始发挥重要作用，并引起了官府的重视，安禄山和史思明都曾经做过牙人。

宋代随着商业和对外贸易更加繁荣，牙人的规模进一步扩大，分工更加细化，地位也更加显要。王安石变法设置市易务，把牙人纳入官府管理，这使得牙人性质发生改变，成为一种半官方的职业，承担协助官府监督商人、维持市场交易秩序、收取税收等职能。宋代还将一部分牙人直接纳入官府，使之成为“官牙”。如熙宁五年（1072年）诏曰：“欲在京置市易务，监官二员，提举官一员，勾当公事官一员……许召在京诸行铺户牙人充本务行人、牙人，内行人令供通己所有或借它人产业金银充抵当，五人以上为一保。遇有客人物货出卖不行愿卖入官者，许至务中投卖，勾行牙人与客人平其价。”（《宋会要辑稿·食货》）南宋绍兴六年（1136年），“太府寺置牙人四名，收买和剂局药材”（《宋会要辑稿·食货》），官牙在各地的市易务、茶场、榷场直接代表官府参与市场管理。①

为规范对牙人的管理，宋代规定了牙人任职资格，对符合条件的牙人发放写有姓名、籍贯、行业种类的身牌作为执照，牙人必须佩带身牌才能行事。有些交易活动，尤其契约交易和赊卖交易，必须有牙人参与，以便担保和监督买卖双方履行合同。如果牙人违规参与交易，会受到严厉的处罚。因牙人队伍的壮大，出现了牙行这一行会组织。

5.4.4 楼店务

人口规模的扩张、城市经济和社会文化的空前繁荣导致京城土地昂贵，一房难求，“重城之中，双阙之下，尺地寸土，与金同价，其来旧矣……非勋戚世家，居无隙地”（《全宋文·李氏园亭记》）。城市房地产业空前发展，成为一个新的增长点，各级官府、官宦权贵、商人、平民百姓甚至寺院道观都积极投资。

隋唐之前，国家对城市房地租税的征收主要集中在市场之内，将其列为市肆之税，由市令征收。五代沿袭了唐代庄宅使管理不动产的做法，并将其扩展到地方城市。宋初置楼店务，“又为店宅务，后行之诸郡，务久废，所收省地钱，以户曹掌之”（《咸淳毗陵志》）。开封楼店务以文官、武官和宦官三人担任监官，“以京朝官、三班、内侍三人为监官，领修造指挥五百人”（《宋会要辑稿·食货》）。北宋前期，地方州县楼店务由地方自

---

① 孙军燕．评述历代牙行法律制度［D］．上海：复旦大学，2011.

主管理，经营收入归各级地方官府所有。王安石变法后，中央通过转运司收夺地方财权，将各地房租地税全部纳入中央财政。元丰改制后，在户部左曹设立房地科，“掌诸州楼店务房廊课利”（《宋史·职官志》）。

楼店务所经营的房产包括官房、邸店、城市空地等，其除了继承前代官府所有的房产，还通过在城市空地上新建房舍、收购市场上的房屋、收回官方赐宅和无主房屋、罚没违法建筑等方式增加房产。经营方式以出租房屋收取租金为主，在国家财政吃紧的时候也会出售部分房产。鉴于唐代征收间架税的教训，宋代官府对房租价格总体持控制态度，每逢祥庆、灾异、寒暑、外敌入侵等特殊时期，官府常常减免一定天数的房租。① 对于新租房屋的租客，免除前5日的租金：“每人户赁屋，免五日，为修移之限，以第六日起掠。”（《宋会要辑稿·食货》）

房地产业涉及利益较大，容易滋生腐败，宋代建立了一系列规章制度来规范楼店务的管理。宋哲宗时，“诏应监官典押公文人员作匠之类，若在京应管辖两务去处人吏，并不得承赁官宅舍屋地段，违者各杖一百，以上亲戚许除赁住外，亦不得转赁，违者杖八十”（《续资治通鉴长编》卷五百十一），即与楼店务业务相关的官吏不得租赁其所管理的房产，这些官员的亲戚租房也受到限制。除租赁自家房屋外，不得转赁做二房东，否则会受到杖责。为激励楼店务官吏尽心工作，收取更多的课利，官府以所收课利钱的数量作为奖惩官吏的依据。

延伸阅读

宋代房地产交易中的“先问亲邻”制度

房地产交易中的“先问亲邻”制度起源于何时尚不明确，在唐代中期已经是一些地方的习惯做法，五代时期写入法典。到宋代，“先问亲邻”是房地产交易中的一项基本制度，并随着时代的发展而不断完善。《宋刑统》规定：“应典卖、倚当物业，先问房亲，房亲不要，次问四邻，四邻不要，他人并得交易。房亲着价不尽，亦任就得价高处交易。如业主、牙人等欺罔邻亲，契帖内虚抬价钱，及邻亲妄有遮吝者，并据所欺钱数，与情状轻重，酌量科断。”宋太宗雍熙三年（986年）二月诏：“据全业所至之邻皆须一一遍问，候四邻不要，方得与外人交易。”四邻之间也有先后顺序，开宝二年（969年）规定：“其邻以东南为上，西北次之。上邻不买，递问次邻。四邻俱不售，乃外召钱主。或一邻至著两家已上，东西二邻则以南为上，南、北二邻则以东为上。”“绍圣元年，臣僚言：‘元祐敕，典卖田宅，遍问四邻，乃于贫而急售者有害。乞用熙宁、元丰法，不问邻以便之。应问邻者，止问本宗有服亲，及墓田相去百户内与所断田宅接者。’”也就是说，典卖田地、住宅以问亲属为主，其四邻如与业主无亲属关系，则不需要问。只有基地距所卖田百步之内，或本宗有服亲属（如与业主是亲兄弟），才问邻以确定优先顺序。明清时期，“先问亲邻”再次转变为民间习惯。

资料来源：柴荣．中国古代先问亲邻制度考析［J］．法学研究，2007（4）．

---

① 孙永丽．宋代楼店务管理与经营研究［D］．昆明：云南大学，2017．

5.5 城市社会管理

宋代经济与社会变革使城市社会管理出现了一些新特点和新现象，本节重点介绍宋代城市的社会救助体系、教育与文化管理和社会力量的参与三个方面的内容。

5.5.1 社会救助体系

唐代之前，城市政治职能突出而经济职能较弱，国家限制人口流动，因此城市流动人口较少，社会救济的需求不大。宋代随着城市商业职能增强，流动人口增加，“古者乡田同井，人皆安土重迁。流之远方，无所资给，徒隶困辱，以至终身。近世之民，轻去乡土，转徙四方，固不为患，而居作一年，即听附籍”（《宋史·刑法志》）。城市中贫民和盲流规模也相应扩大，官府为此建立了一套“生有所育、老有所养、病有所医、死有所葬”的社会救助体系。

在生有所育方面，北宋仁宗时期就有地方官员提出要效仿汉代颁布胎养令，请求“令下户有怀妊不能自存也，愿赐之粟”（《皇朝编年备要·仁宗皇帝》）。南宋绍兴八年（1138 年），宋高宗正式下诏在全国推行“胎养助产令”：“禁贫民不举子，其不能育者给钱养之。”（《宋史·高宗本纪》）具体办法是“诏州县乡村五等坊郭七等以下贫乏之家，生男女而不能养赡者，每人支免役宽剩钱四千”（《建炎以来系年要录》）。为方便并确保各州县官府推行此政策，绍兴十五年（1145 年）下诏改支钱四千为给仓米一斛。乾道五年（1169 年），宋孝宗又下诏：“应福建路有贫乏之家生子者，许经所属具陈，委自长官验实，每生一子，给常平米一石、钱一贯，助其养育。余路州军依此施行。”（《宋会要辑稿·食货》）一些州县还设置了举子仓，以国家常平仓、官田收入以及富人的捐赠为来源，为胎养助产提供稳定的资金支持。①

宋代还创办了专门的幼儿救助机构。北宋时期，福田院、居养院、广惠仓等机构承担救助幼儿的职责。南宋形成专门的儿童收养机构，有“慈幼局”“慈幼庄”“婴儿局”等不同称呼。如“淳祐七年十二月，有旨令临安府置慈幼局……而凡存养之具，纤悉毕备。其有民间愿抱养为子女者，官月给钱米，至三岁住支，所全活不可胜数”（《武林坊巷志·黄册库桥》）。淳祐九年（1249 年），“诏给官田五百亩，命临安府创慈幼局，收养道路遗弃初生婴儿”（《宋史·理宗本纪》）。宝祐四年（1256 年），又命“天下诸州建慈幼局”，向其他州府推广慈幼局。宋代一些书中也有相关记载，如《梦粱录》中有：“局侧有局名慈幼，官给钱典雇乳妇，养在局中，如陋巷贫穷之家，或男女幼而失母，或无力抚养，抛弃于街坊，官收归局养之，月给钱米绢布，使其饱暖，养育成人，听其自便生理，官无所拘。”《马可·波罗游记》中也有：“其国诸州……记录各儿出生时之十二生肖以及日曜，旋在数处命人乳哺之。如有富人无子者，请求国王赐给孤儿，其

① 郭文佳．宋代幼儿生养与救助述论［J］．烟台大学学报（哲学社会科学版），2003（3）．

数惟意所欲。迨诸儿长大成人，国王为之婚配。赐资俾其存活，由是每年所养男女有二万人。”

居养院是收容鳏寡孤独者的福利机构，与之相似的机构还有福田院、养济院、实济院等。北宋哲宗元符元年（1098年）颁行“居养法”：“鳏寡孤独贫乏不得自存者，知州、通判、县令、佐验实，官为居养之；疾病者仍给医药。监司所至检察阅视，应居养者，以户绝屋居，无户绝以官屋居之；及以户绝财产给其费，不限月分，依乞丐法给米豆，阙若不足者以常平息钱充。已居养而能自存者罢。”（《续资治通鉴长编》卷五百三）南宋继承了这一制度，要求每个府州至少设置一个居养院。居养院的支出主要通过户绝财产来提供，不足时以常平米的利息给予补充。[①]

安济坊是专门收养患病穷人的救济机构。元祐五年（1090年），苏轼在杭州控制流行病时建安乐坊，由僧人负责管理。宋徽宗崇宁二年（1103年），官府接管安乐坊并更名为安济坊，朝廷诏令，凡是达到千户以上的城镇，都要设立安济坊。生病而无依靠的人，都可以到安济坊治病，“置安济坊养民之贫病者，仍令诸郡县并置”（《宋史·徽宗本纪》）。安济坊会根据病情类型和程度，对病人进行分类治疗，并为病人提供汤药和伙食。[②] 官府还为安济坊制定了考核评比制度，“医者人给手历，以书所治痊失，岁终考其数为殿最”（《宋史·食货志》）。安济坊经营所需财物由常平仓提供。

安老坊是养老福利机构，专门收养年老且无家可归的人，类似的还有安怀坊或安济院等。老年人的救助标准相对较高，高龄老者还可获得格外优待。大观二年（1108年），知荆南府席震等人言：“枝江县居养人咸通一百一岁，已下县依条就赐绢米酒讫。契勘居养人年八十已上，依条许支新色白米及柴钱；九十以上每日更增给酱菜钱二十文，夏月支布衣，冬月衲衣絮被。况如咸通年逾百岁，若只循前项八、九十之例，窃虑未称朝廷惠民之政。欲将居养人咸通每日添给肉食钱，并见增给酱菜，通为钱三十文省。冬月给绵绢衣被，夏单绢衫裤装着。仍乞诸路有百岁以上之人，亦依此施行。”（《宋会要辑稿·食货》）

漏泽园是官府设立的公共墓地，用于安葬无主尸骨及家贫无葬地者。佛教盛行火葬，而儒家传统思想尊崇土葬。宋太祖建隆三年（962年）下诏禁止火葬，“王者设棺椁之品，建封树之制，所以厚人伦而一风化也。近代以来，率多火葬，其愆典礼，自今宜禁之”（《续资治通鉴长编》卷三）。但城市中许多贫苦百姓无地以葬，为此宋真宗天禧年间特下敕书，“于京畿近郊佛寺买地，以瘗死之无主者。瘗尸，一棺给钱六百，幼者半之”（《宋史·食货志》）。宋仁宗嘉祐七年（1062年）又诏开封府于城市四郊买地，“给钱瘗民之不能葬者”（《宋史·仁宗本纪》）。京师外的少数地方官也仿此而行，由官府出钱买公共墓地以葬贫民。到宋徽宗时期，朝廷将这种由官府买地、组织僧人具体承办、以户绝财产为经费来源收葬无主骸骨的办法在全国推广。

朝廷高度重视社会救助体系，认为“鳏寡孤独者有院以居养，疾病者有坊以安济，死者有园以葬，王道之本也”（《宋大诏令集》卷一百八十六），并将其作为考核州县官员

---

① 李瑾明．宋代社会救济制度的运作和国家权力：以居养院制的变迁为中心［J］．中国史研究，2005（3）．

② 洪迈．夷坚志［M］．北京：中华书局，1981．

政绩的重要内容。因此宋代社会救助制度的发展远超唐代，很多做法也被后代所继承。但这也导致一些地方奉行太过，甚至出现给居养之人雇请女使的现象。[①] 陆游曾对此批评道："已而，置居养院、安济坊、漏泽园，所费尤大。朝廷课以为殿最，往往竭州郡之力，仅能枝梧。谚曰：'不养健儿，却养乞儿。不管活人，只管死尸。'盖军粮乏、民力穷，皆不问，若安济等有不及，则被罪也。"(《老学庵笔记》)

5.5.2 教育与文化管理

重文轻武的基本国策使宋代文人士大夫的地位空前提升，城市的教育和文化功能更加突出。中央官学包括国子学、太学和各类专科学校，国子学（或称国子监）大多数时期并无教学之实，只是中央的教育管理机构。太学是全国最高学府，北宋太学的规模达至最盛，每年有学生 3 800 人。太学以外又置四门学、武学、律学、算学、医学等专科学校，形成一套比较完整的官学体系，为朝廷培养了大批官员和学者。

宋代立国之初，对地方官学不够重视。在经历庆历兴学、熙宁兴学和崇宁兴学三次官学运动后，州县官学体系逐步完备。一些居住在乡村的富户为了使子弟得到更好的教育而迁居城市，如奉化李雄飞之父，"隆于教子，其徙城中，便二子之从师也"《全宋文·李雄飞墓志铭》，还有鲍璇"爱二子之敏，入城就师友"(《全宋文·鲍明叔墓志铭》)。地方官学最初由州县行政长官直接负责，到南宋转变为由专人主持学政。地方官学的经费主要出自学田收入，北宋的学田大多来自籍没之田、绝户之田以及官田。南宋学田来源更加多元化，包括官赐、官买、官民合买、民买、民捐之田等。

书院的产生和发展是宋代教育制度的一个重大变革。"书院"一词始于唐代，但作为一种教育和学术制度始于北宋。北宋初期地方官学的松弛和科举制度的完善为书院的发展提供了机遇，南宋理学的兴盛进一步促进了书院的蓬勃发展。与地方官学一样，书院的主要资金来源是学田收入，地方官府为了对书院施加影响通常会给予资助，书院也经常向朝廷奏请赐田、赐书及赐额。书院主持人称山长，主持教务，取舍诸生，一般由地方名流和知名学者担任。书院在教育目的上主张学为圣人，在教学原则和方法上主张开放自由。书院不单纯以科举考试为目标，更注重学生的精神世界，弘扬理学教育和倡导经世致用的思想。[②] 元代以后，书院被官学化。天启年间宦官魏忠贤矫旨拆毁天下书院，导致曾盛极一时的书院制度遭到严重破坏。

随着雕版印刷术的普及，印刷品开始作为一种新的商品出现，新闻出版也被纳入官府的管理。宋代新闻出版分为官方和民间两个系统，国子监承担官方书籍的出版任务，进奏院负责官方朝报的刊发和投递，"总天下之邮递，隶门下后省，凡朝廷政事施设、号令、赏罚、书诏、章表、辞见、朝谢、差除、注拟等，合播告四方，令通知者，皆有令格条目，见合报事件誊报"(《宋会要辑稿·职官》)。民间新闻出版的主体是书坊，其出版物的印刷和销售必须经官方机构审核，"凡书坊雕印时文，必须经监学官看详"(《宋会

---

① 石璠．宋代养老机构的救济标准及其实施［J］．老龄科学研究，2016（11）．

② 贝广勇．宋代书院管理制度研究［D］．济南：山东大学，2008．

要辑稿·选举》)。严禁民间私印有关天文、占卜、谶纬、方术、教法、官方钦定的经史和法律类书籍以及涉及国家机密的印刷品："凡议时政得失、边事军机文字，不得写录传布……内国史、实录仍不得传写；即其他书籍，欲雕印者，选官详定，有益于学者方许镂版，候印讫，送秘书省，如详定不当，取勘施行；诸戏亵之文，不得雕印，违者杖一百。委州县监司、国子监觉见察。"(《宋会要辑稿·刑法》)①

5.5.3　社会力量的参与

唐宋之交的国家和社会关系变化导致宋代城市中各种社会组织广泛兴起，成为协助官府提供公共服务和管理的重要力量，其中在社会管理领域中最重要的是佛教组织和民间会社。

在宋代，对社会救助贡献较大的有佛教组织。宋初对宗教进行清理整顿，佛教和道教主动调整与统治阶级的关系，强化其对官府的依附性。朝廷也意识到它们在维护政治统治和社会秩序中的积极作用，鼓励佛教和道教的发展，大力恢复和发展寺院和道观。到天禧五年（1021年），全国有僧尼、道士、女冠40万余人，其中东京就有僧尼22 941人，道士和女冠959人基于慈悲、布施、福田等佛教思想，佛教徒具有主动和持续地行善和从事社会救助的内在热情和动力。宋代朝廷也鼓励佛教寺庙为弱势群体提供社会救助，并制定了制度化的激励措施，根据寺庙救济人数赐以度牒、紫衣牒、祠部牒等②，如"其有陨于戈甲、毙于道路者，则给度牒瘗埋之"，"安济坊亦募僧主之，三年医愈千人，赐紫衣、祠部牒各一道"(《宋史·食货志》)。

除了救灾和治病外，佛教还广泛参与到修桥补路、掘井引水、植树造林、建亭台楼阁等活动中。桥梁营缮在中国古代是官府事务，是为政者的重要职责，所谓"以时修桥梁"，也是地方官员"为政一时，造福一方"的具体体现。而对佛教而言，修桥则是实现"自渡亦济他"和达到"彼岸"的途径，因此在宋代有许多僧侣修桥的记载。③ 桥梁等公共设施的维护和居养院等机构的运营普遍采用"守以僧，给以田"的模式，即由地方官员和民众集资或赠送田产给佛寺僧侣，由他们来保障公共设施和公益设施的正常运行。宋代以后，由于宗族组织制度不断完善，承担了包括互助和慈善在内的众多社会功能，佛寺的这一功能相对弱化。④

一些富有的士大夫、工商业者、城居的地主以及由他们形成的各种会社也是公共事业的重要推动者。"社"原本指祭祀土地神的场所和祭礼，"会"的本意可能是聚集禾谷的意思，引申为聚合和会合之意，"会社"即为集会、结社之意。早期的会社主要基于地缘关系，通常与基层社会组织相对应。隋唐时期开始逐渐兴起宗教、商业、文学等会社，其中影响较大的是诗社和文会，是文人互勉共进的集会。进入宋代，市民的结会和结社

① 胡兴东．宋代出版书籍交易和法律管制［N］．人民法院报，2015-06-26.

② 梁霞．论唐宋佛教慈善医疗救助机构的发展及其特征［J］．青海民族大学学报（社会科学版），2020（1）.

③ 葛莹．唐宋桥梁管理制度研究［D］．长沙：湖南师范大学，2018.

④ 张雪松．中国古代慈善公益事业与佛教制度文化：以宋代寺院传承的制度化保障与优势为例［J］．佛学研究，2017（1）.

更加普遍。会社打破了地域界限，各种基于政治、军事、经济、文化、宗教、兴趣的会社广泛出现，遍布城市各个社会阶层和社会生活的各个领域，上至皇帝、大臣，下至商贩、乞丐，都不同程度地参与了各种会社。这些会社具有社会交往、文化娱乐、经济互助、武装保护等有利于社会稳定和发展的积极功能。① 因此，会社也是官府进行社会管理时可以依托的力量，对城市基层社会治理具有重要影响。

5.6 北宋都城的管理

5.6.1 机构设置

开封府是北宋都城管理的主要机构。开封府尹（后改称开封牧）多由亲王担任，不常置。府尹是开封府的实际负责人，“掌尹正畿甸之事，以教法导民而劝课之。中都之狱讼皆受而听焉，小事则专决，大事则禀奏，若承旨已断者，刑部、御史台无辄纠察。屏除寇盗，有奸伏则戒所隶官捕治。凡户口、赋役、道释之占京邑者，颁其禁令，会其帐籍。大礼，桥道顿递则为之使，仗内奉引则差官摄牧。……令佐、训练、征榷、监临、巡警之官，知府事者率统隶焉”（《宋史·职官志》）。由于开封地位显要，开封府尹在朝廷排位仅次于宰臣、枢密使、三司使。在选用开封府尹时特别慎重，要求较高，“而开封典治京邑，惟忠信谅直、有辞学政事之能者，宜在此选”（《宋大诏令集·政事》）。范仲淹、蔡襄、包拯、欧阳修都曾任开封府尹。

宋代州府设有通判，与知州或知府相互牵制，而开封府大多数时候不设此职，以强化府尹的权力。推官、判官负责刑狱和税赋等事务。司录参军统领衙门庶务，“折户婚之讼，而通书六曹之案牒”（《宋史·职官志》），六曹即功曹、仓曹、户曹、兵曹、法曹、士曹，各设参军一人，分曹治事。其中功、仓、兵、士四曹只在开封府设置，其余府州只有户、法二曹。开封府官吏总人数为 600～700 人。②

北宋时，开封府下辖 17 县，其中开封和祥符两县为赤县，其余为畿县。赤县和畿县地位高于其他县，许多新政策先在这里试点，然后推广至其他州县，正所谓“王畿之内，风化之本，四方是则”（《西溪文集》）。两县管辖范围分别为：在新城内，以御街为中心，东属开封县，西属祥符县。新城以外，城南和城东属开封县，城西和城北属祥符县。但因厢的权力不断扩大，开封新城以内为各厢管辖，也就是由开封府直接管理，两赤县只负责新城外的管理。到宋真宗以后，新城外诸厢都收归开封府直管，开封和祥符实际只分管两县的乡村地区。

北宋初期在开封内城设有八厢，大中祥符元年（1008 年），又将厢制推行于城外郊区，于新城外设八厢。天禧四年（1020 年），又在城内置两厢，将城南和城北两厢分别分出左右厢。天禧五年（1021 年）于城外新置一厢。宋初以军队作为城市管理的主要力

① 史江．宋代会社研究［D］．成都：四川大学，2002.
② 周宝珠．宋代东京研究［M］．郑州：河南大学出版社，1992.

量，马军都指挥使司主管旧城巡检事务，步军都指挥使司主管新城巡检事务，其下各厢设厢巡检，厢巡检下设若干军巡铺，形成严密的治安管理体系。后来逐步重用文臣主管厢务，天禧四年（1020年），改由推判官分掌左右军厢。每厢又有一系列官职分管相关事务：厢巡检主管灭火和治安，所由掌房契、税契等票据及过往客商的关防事宜，厢典负责法条援引和解释之事，街子负责维护街道秩序和丈量地界，行官管理行铺，书手处理一些杂务，“每五百户以上置所由四人，街子三人，行官四人，厢典一名；五百户以下置所由三人，街子二人，行官四人，厢典一名”（《宋会要辑稿·兵》）。熙宁三年（1070年），设立勾当左右厢公事所，其地位相当于县，诸厢事务正式纳入城厢行政系统管辖，《事物纪原·都厢》对此有所记载：“国初以来，以四厢都指挥使巡辖提举京城里诸巡警，时谓之厢主。凡烟火盗贼，即部所辖以赴之。诸公事，自笞以下，皆得区分。神宗熙宁中，置勾当左右厢公事所，以文臣一员主之，自斗讼、贼盗杖六十而下皆决之。以分天府之剧也。民间谓之‘都厢’。”

5.6.2 消防管理

北宋东京人口稠密，屋宇相连，火灾频发，因此消防管理体系比较完善。首先制定了严格的防火制度，对易发火灾的场所有非常严格的防火规章，如“诸库藏及仓内皆不得然火，违者徒一年。……诸见火起，应告不告，应救不救，减失火罪二等”（《宋刑统·失火》），“令皇城司及在京……如致延燔，所犯人洎官吏悉坐斩刑，番休者减一等”（《宋会要辑稿·职官》）。如因祭奠等需要大量火烛，必须事先向厢使申请备案，否则会遭受处罚。其次是以治安管理队伍为依托，成立了多支消防队伍，包括马步军、殿前三衙、开封府各领军等。其中最重要的是军厢所属的军巡铺屋，它们的职责之一就是防火救火，并且配备了大量专业救火工具，“又于高处砖砌望火楼，楼上有人卓望，下有官屋数间，屯驻军兵百余人，及有救火家事，谓如大小桶、洒子、麻搭、斧锯、梯子、火叉、大索、铁猫儿之类。每遇有遗火去处，则有马军奔报军厢主。马步军、殿前三衙、开封府，各领军级扑灭，不劳百姓”（《东京梦华录·防火》）。至南宋，临安开始设置专业消防队，时称潜火军兵，建制单位称“隅”或“火隅”。

早期为了防止趁火打劫，救火只靠官府和军队，由都巡检统一指挥，不许百姓插手。但这常常错失了最佳的救火时机，使小火蔓延成大灾。为此，大中祥符二年（1009年）下诏，令先到达火灾现场的队伍行使指挥权：“在京人户遗火，须候都巡检到，方始救泼，致枉烧屋。先令开封府，今后如有遗火，仰探火军人走报巡检，画时赴救。都巡检未到，即本厢巡检先救。如去巡检地分遥远，左右军巡使或本地分厢界巡检、员僚、指挥使先到，即指挥兵士、水行人等，与本主同共救泼。不得枉拆远火屋舍，仍钤辖不得接便偷盗财物。如有违犯，其军巡使、厢虞候、员僚、指挥使并勘罪以闻。其本犯人即送军头司引见。访闻近日须候都巡到，方始下手，宜令检会分明，榜示举行，违者计遗火人户，侧近公私人等陈告，当行重断。”（《宋会要辑稿·兵》）为进一步发挥社会力量的作用，天圣九年（1031年）再次下诏，“京城救火，若巡检军校未至前，听集邻众赴救。

因缘为盗者，奏裁，当行极断。帝闻都辇闾巷有延燔者，火始起，虽邻伍不敢救，第俟巡警者至，以故焚燔滋多，因有是命”（《宋会要辑稿·刑法》）。

东京还为救火而制定了一些特殊政策。如东京街道狭窄，车辆众多，平时军民路遇官员、小官路遇大官，需行避路让道之礼，“自今文武群臣，内庭出入，道路相逢，据品秩回避侧立，一依仪制，命妇车担与文武官相遇，亦须回避”（《宋会要辑稿·仪制》）。因救火则不必遵循此规定，“诸应避路者，遇有急切事（谓救火之类，不容久待者），许横绝驰过”（《庆元条法事类·失火》）。①

5.6.3 市政管理

东京城内河道纵横，除了自然河流外，还开挖大小沟渠250余条，每年二月要对这些沟渠进行疏浚。但当时有一些权贵占用沟渠建设亭台楼榭，导致沟渠受堵，暴雨来临时水道不通，易引发洪灾。为此，皇帝多次下诏拆除侵占沟渠的违章建筑，如宋仁宗于天圣元年（1023年）下令：“……分诣八厢治水口。凡权豪邸第覆压占庇，填阏不通，开封府察举之”（《续资治通鉴长编》卷一百一），“中官势族筑园榭，侵惠民河，以故河塞不通，适京师大水，拯乃悉毁去。或持地券自言有伪增步数者，皆审验劾奏之（《宋史·包拯传》）。”

开封常住人口逾百万，导致城市道路十分拥挤，“甲第星罗，比屋鳞次，坊无广巷，市不通骑”（《汴京遗迹志·皇畿赋》）。宋仁宗嘉祐三年（1058年），在都水监下设置街道司，由500人左右的兵士组成，负责街道维修、洒水、绿化以及防止侵街等工作，“街道司，掌辖治道路人兵”（《宋史·职官志》）。为保持道路卫生，宋代承袭前代法律规定，禁止向街道扔垃圾，“其有穿穴垣墙以出秽污之物于街巷，杖六十。直出水者无罪。主司不禁与同罪”（《宋刑统·杂律》）。由于东京人口众多、用地紧张，官员和市民临街盖房时常常侵占街道，使道路更加狭窄。为了防止侵街，街道司在沿街立有“表木”作标识，规定“诸侵巷街阡陌者，杖七十”（《宋刑统·杂律》）。大中祥符五年（1012年），皇帝还专门诏令“开封府毁撤京城民舍之侵街者”（《续资治通鉴长编》卷七十九）。

为维护生态平衡，宋太祖即位之初下达《禁采捕诏》，规定每年二月，一切捕鸟兽鱼虫的工具皆不得携出城外，不得伤害兽胎鸟卵，不得采捕虫鱼，弹射飞鸟，“王者稽古临民，顺时布政，属阳春在候，品汇咸亨。鸟兽虫鱼，俾各安于物性，置罘罗网，宜不出于国门，庶无胎卵之伤，用助阴阳之气。其禁民无得采捕虫鱼，弹射飞鸟，仍永为定式，每岁有司具申明之”。宋太宗于太平兴国三年（978年），下达《二月至九月禁捕猎诏》，重申了前诏，规定“禁民二月至九月无得捕猎，及敕竿挟弹，探巢摘卵”，并要求“州县吏严饬里胥伺察擒捕，重置其罪。仍令州县于要害处粉壁揭诏书示之”。这项禁令在东京得到了严格执行，南宋高宗回忆说：“比得太宗皇帝尹京日，禁断春夏捕雏卵等榜文，训敕丁宁，唯恐不至，仰见深仁厚泽及于昆虫。”（《宋会要辑稿·刑法》）

① 邱云飞，孙良玉．宋代的城市消防制度［J］．湖南工程学院学报（社会科学版），2005（3）．

5.7　同时期欧洲的城市复兴和城市自治

从10世纪前后开始，西欧城市进入复苏期，12—13世纪达到了一个高峰期。新的城市广泛兴起，老城市也重新焕发了经济活力，地主和精英阶层重新回到城市。13世纪初，佛罗伦萨有5万居民，米兰有9万居民。在14世纪黑死病爆发之前，欧洲城市人口数量达到欧洲总人数的10%～15%，在意大利北部、西班牙、尼德兰南部甚至达到30%～40%。城市的复兴孕育了新的经济关系和社会力量，导致西欧封建社会走向衰落，为欧洲近代文明奠定了基础，也决定了此后西方与东方文明的不同发展方向。①

关于西欧中世纪城市复兴的原因，各派学者众说纷纭。"罗马起源论"认为，中世纪西欧的城市就是罗马帝国城市的延续；"长途贸易论"认为，长途贸易是决定中世纪西欧城市衰落和复兴的关键因素；"手工业起源论"认为，11世纪以后手工业规模扩大与分工细化是城市产生的主要动因；"马尔克公社说"认为，中世纪德国城市是从日耳曼人的马尔克公社发展而来的；"封建领地说"认为，中世纪西欧城市大多是从封建领地里产生的；"堡垒说"认为，法国、德国、英国等的城市源自9—10世纪防止维京人侵扰而修建的堡垒；"生产不足论"认为，农业生产力低下是西欧工商业发展和城市兴起的主要原因。②

综合而言，西欧中世纪城市复兴与以下两个背景因素紧密相关：(1) 农业和手工业生产力提高。从10世纪中叶起，西欧主要国家开启了大垦殖运动，耕地面积大量增加，耕作制度和工具也出现了较大的变革。农业生产水平的提高既为手工业发展提供了更多的原材料，也为手工业者提供了必需的剩余粮食。手工业规模快速扩大，分工也更加细化。农业和手工业的发展必然会促进商品交换，十字军东征打通了长途贸易的通道，因此商业迅速发展起来。(2) 权力分散并相互制约。10世纪以后，西欧形成封建君主、封建领主和教会贵族三大势力集团。三者既相互利用，又彼此独立。正是在这种权力分散并相互制约的多元政治格局中，新生的力量才有可能成长和壮大。而与之同时期的阿拉伯帝国、拜占庭帝国和中国，新生力量难以冲破中央集权和君主专制的阻碍。

手工业者是这一时期西欧的新生阶层。随着农业和手工业生产力的提高，越来越多的农奴转变为专职手工业者。他们聚集到有利于商品交易的城市、城堡、修道院或交通要道。流入地的封建领主或教会贵族为了获得更多的经济收入和扩大自己的实力，对这些手工业者的到来通常持欢迎态度，为他们提供各种优惠和保护政策。如1168年圣托美尔城规定：农奴入城后，原领主不得追捕。这使得更多的手工业者流入城市，成为城市中的一个新兴阶层。

城市自治是西欧城市兴起的重要标志。由于不堪新领主和教会的剥削，手工业者组成行会，与封建领主和教会贵族进行谈判或武装抗争。在行会承诺纳税和履行应尽的义

---

① 诺尔曼·庞兹. 中世纪城市 [M]. 北京：商务印书馆，2015.

② 刘景华. 西欧中世纪城市新论 [M]. 长沙：湖南人民出版社，2000.

务后，封建领主和教会贵族给行会颁发特许状，承认城市自治。意大利北部的城市率先战胜封建领主实现自治，热那亚于958年获得城市特许状。此后，佛罗伦萨、威尼斯、比萨等城市相继实现自治。在1042—1216年，英国封建主大约颁发了330份城市特许状。① 在一些君主权力较大的国家，国王也乐意支持城市自治，以换取城市对王权的效忠。如法国国王腓力二世给许多城市颁发了特许状，免除他们向原有领主承担的义务，让他们直接隶属于国王。英国国王亨利三世给克劳彻斯特城颁发特许状，并规定“农奴在城市住一年零一天便成为自由人”。② 特许状在城市中作为一个新生事物，出现在不友好甚至充满敌意的世界时，具有非常重要的意义。特许状会定期更新，其内容随着政治和经济形势变化而进行修订。但随着城市自治的成熟，特许状逐渐退出了历史舞台。

取得自治权后，城市陆续制定了城市法，规定了城市的基本制度和市民的基本权利、市政机构和市议会的组织原则与职责、行会组织的章程、财产权和土地权等，并成立了城市法庭，城市管理朝着制度化和规范化的方向发展。行会是市政管理的主体，市政机构和市议会的组成人员大多是城市各个行会的首领。他们根据城市管理的需要设立相应的部门，并面向社会招聘官吏，威尼斯人在当时是最受欢迎的城市管理人才。随着城市管理能力的加强，一些城市努力扩大自身的管辖范围。如皮斯托亚在1100年前后将管辖区扩展到邻近乡村，佛罗伦萨市政府在1093年开始向其腹地征税。

教会具有与自治城市并行的一套管理体系，与城市政府保持着良好的合作关系。教会不仅继续统治着市民的精神世界，同时也为城市提供了一些公共服务。这一时期城市政府还没有建立针对穷人和病人的社会救助体系，这些事情主要还是由教会来承担。教堂是城市最重要的建筑，可以吸引广大教徒前来朝拜。这是促进城市工商业发展的一个重要动力，因此行会和城市政府积极投资修建教堂。随着城市工商业的发展，教会也从过去强调禁欲和苦修逐步转向对财富的追求。宗教节日成了热闹的集会，教堂逐渐成了城市公共生活的中心。

中世纪城市的兴起还促进了大学的诞生。中世纪前半期，西欧的教育被教会垄断，主要培养宗教僧职人员。城市兴起以后，工商业和城市管理需要能读会写和具有专业知识的人才。于是，博洛尼亚大学、巴黎大学、牛津大学和剑桥大学等陆续诞生。城市自治和行会制度也为大学提供了制度原型，当时的大学被认为是由学生和教师组成的自治团体，教师由行会和市政当局共同聘任。③ 大学根据城市经济社会发展的需要开设相关课程，培养各方面的人才，促进了城市文化和教育水平的提升。④

本章小结

1. 防弊之政和政治改革是宋代国家政治的两大中心议题，对宋代中央机构和地方行政产生了重要影响，也决定了宋代国运的基本走向。宋代重知轻行、知行分离，儒学达

① 冯正好．中世纪英国城市法初探［J］．人民论坛（中旬刊），2015（14）．

② 诺尔曼·庞兹．中世纪城市［M］．北京：商务印书馆，2015．

③ 大学的英文单词university来源于拉丁文universitas，该词具有“行会”“联合”“总和”等意思。

④ 贺国庆．欧洲中世纪大学［M］．北京：人民教育出版社，2009．

到了一个新的高峰，但未对宋代政治产生显著影响，对城市发展和管理的影响也不够明显。

2. 宋代是中国传统社会城市发展的鼎盛时期，城市数量多、规模大，商业和手工业繁荣，社会生活丰富，文化和教育兴盛，工商业市镇也广泛兴起。城市与乡村在经济和文化上开始分离，进而出现城乡分治。城市中普遍建立起厢一级的行政建制，在户籍上进一步划分了城郭户，在赋役和治安管理等方面也与乡村采取不同的方式。

3. 由于唐宋之交的社会经济变革，宋代城市管理也有很多新的特点。在城市经济管理方面，官府对市场的管理从通过市令直接管理向通过行会间接管理进行转变，牙人在市场交易中发挥重要作用。随着城市人口的增加和住房的紧缺，宋代城市还产生了楼店务这一房地产经营管理机构。在城市社会管理方面，宋代城市中建立了一套“生有所育、老有所养、病有所医、死有所葬”的社会救助体系，书院也广泛兴起并蓬勃发展，佛教寺庙和民间会社广泛参与到城市公共服务中。在都城管理方面，东京开封的城市管理组织更加成熟，消防和市政管理更加完善，还出现了街道司这一新型街道管理机构。

4. 在10世纪以后，欧洲的城市开始复兴，一大批新兴的自治城市开始出现，大学也开始在城市中诞生。手工业者是这一时期的新生阶层，也是推进城市自治的主导力量。行会是城市管理的主体，教会也为城市提供了一些公共服务。

关键术语

防弊之政　城乡分离　城乡分治　路　厢　邸店　商税务　书院　宋代行会　牙人　楼店务　居养院　慈幼局　安济坊　漏泽园　会社　街道司　西欧行会　特许状　大学

复习思考题

1. 分析宋代城市发生了哪些重要变化。
2. 宋代的城乡分治主要体现在哪些方面？它和中国近现代的城乡分治有何异同？
3. 宋代城市如何管理商业？与同时期西欧的城市有何差异？
4. 宋代房地产交易中为什么要“先问亲邻”？该制度有何意义？
5. 宋代城市社会管理有哪些重要特点？宗教是如何参与到城市社会管理的？
6. 宋代的书院和西方的大学有何区别？
7. 根据电视剧《清平乐》和《梦华录》，梳理和归纳其中展现的开封的城市管理制度。

第6章

辽金元时期的城市管理

中唐以后，以中原为核心的唐朝步入分裂状态，北方草原地区的民族开始兴盛。契丹族、女真族和蒙古人通过军事力量快速征服汉地后，都采取因俗而治、多制并举的方式，使本民族文明、中原文明以及其他民族文明交融共存。① 辽金元时期的国家管理、城市发展和城市管理兼具本民族文明和中原文明的特点，是中国的一段特殊历史时期，对后世产生了一定的影响。

重点问题

- 辽金元时期的国家管理
- 辽金元时期的城市发展
- 辽金元时期的城市管理机构
- 辽金元时期的都城管理

6.1 辽金元时期的国家管理

6.1.1 辽代的国家管理

辽是由契丹族建立的政权。契丹族最初以游牧为生，后逐步演变为半游牧半农耕的民族。辽立国之初，尚处在从原始社会末期向阶级社会过渡的阶段，社会经济发展水平远落后于同时期的中原地区。在控制北方汉地后，辽在其统治区域内形成两大文明类型：一是以契丹人为主体，以“畜牧畋渔以食，皮毛以衣，转徙随时，车马为家”（《辽史·营卫志》）为特征的草原文明。二是以汉人和渤海人为主体，以“其人耕稼以食，桑麻以

① 姚大力. 读史的智慧［M］. 上海：复旦大学出版社，2010.

衣，宫室以居，城郭以治”（《辽史·营卫志》）为特征的农耕文明。契丹人采取“因俗而治”的统治方式，建立了一套“以国制治契丹，以汉制待汉人”（《辽史·百官志》）的国家管理体系，其主要特点如下：

1. 在中央设置北南两套管理机构

契丹崇拜太阳，以东为尊，故御帐朝东，中央机构分列南北。北面中央机构设在御帐之北，主要管理契丹和其他游牧部族事务，“北面治宫帐、部族、属国之政”（《辽史·百官志》），是辽代的最高权力机关，由契丹贵族担任要职。《辽史·百官志》将北面中央机构与中原政权的三省六部进行了类比：“凡辽朝官，北枢密视兵部、南枢密视吏部，北、南二王视户部，夷离毕视刑部，宣徽视工部，敌烈麻都视礼部，北、南府宰相总之。惕隐治宗族，林牙修文告，于越坐而论议以象公师。”在这套机构中，也有北南之分，如北南枢密院、北南大王院和北南宰相府，以适应北方各民族特点和平衡各部族势力。南面中央机构负责管理汉人和渤海人事务，“南面治汉人州县、租赋、军马之事”（《辽史·百官志》）。南面中央机构是依照唐制并参照宋制而逐步设立的，包括三省、六部、寺、监等机构。这些机构大多有名无权，作用有限，但可以安排大批求仕的汉人进入其中，达到以汉治汉和消除民族矛盾的目的。

2. “因俗而治”的地方管理机构

辽代根据“因俗而治”的原则设立了不同类型的地方管理机构，主要有承袭唐制的地方行政机构、具有契丹特色的投下军州和帐三种类型。

承袭唐制的地方行政机构包括京（道）、府（州、军、城）和县三级，这套行政体系由南面中央机构负责。在鼎盛时期，辽“总京五，府六，州、军、城百五十有六，县二百有九”（《辽史·地理志》）。五京即上京、中京、东京、西京和南京，以五京为中心分全国为五道。道下为府、州、军、城四种类型：五京所在地设府，即上京临潢府、中京大定府、东京辽阳府、西京大同府和南京析津府。州与府同级，也是道下的一级地方机构，有节度使州、观察使州、刺史州、防御使州和边防州。[①] 县隶属于州，是地方机构中最低一级的行政单位。除了州县外，还有军、城和堡之设，“不能州者谓之军，不能县者谓之城，不能城者谓之堡”（《辽史·百官志》）。

投下军州是辽太祖采纳韩延徽“乃请树城郭，分市里，以居汉人之降者。又为定配偶，教垦艺，以生养之”（《辽史·韩延徽传》）的建议，将战争和兼并过程中掠来的俘虏和降民集中在一起而建立的私城。投下军州集中于上京、中京和东京，总数有50多个。通常用所俘汉人的原籍命名，如以卫州民为主所建立的投下军州就称为卫州。投下军州也分为州、军、县、城、堡等不同类型，诸王、公主和国舅可设立州城，其余则为军、县、城和堡。在这些投下军州中，投下户与领主之间有严格的人身隶属关系。投下户不是国家的编户齐民，而是领主的私奴和部曲。除非叛逆或绝嗣，领主身份可由子孙世袭。一些政治、经济和军事影响较大的投下军州，由中央安排节度使和刺史，但“刺史以下

① 李晓杰．体国经野：历代行政区划［M］．长春：长春出版社，2008.

皆以本主部曲充焉”（《辽史·地理志》）。

契丹族本以游牧为生，各部落以帐为家。立国以后，为了便于对契丹贵族的管理，设立了以帐为名的特殊管理机构，包括御帐、宗室族帐、遥辇、渤海、奚等部帐。御帐类似于皇宫，是为皇帝服务的机构，主要负责皇帝日常生活和安全。宗室是辽代政权的主导力量，宗室族帐则是皇族的族帐，其下按契丹族旧俗设有大内惕隐司、大横帐常衮司、族帐常衮司、四帐都详稳司、皇太子惕稳司、王子院、驸马都尉府、舍利司等机构。遥辇、渤海、奚是被契丹征服的北方民族，为优待这些民族的贵族，特设遥辇九帐大常衮司、渤海帐司、奚王府等机构，允许其有一定的自治权力，使之与契丹族同心协力，维护国家稳定。

3. 四时捺钵之制

捺钵是辽代皇帝行帐所在地，“辽国尽有大漠，浸包长城之境，因宜为治。秋冬违寒，春夏避暑，随水草就畋渔，岁以为常。四时各有行在之所，谓之‘捺钵’”（《辽史·营卫志》）。辽代皇帝始终保持着契丹族的传统，居处无常，四时转徙，进行“春水”“夏凉”“秋山”“坐冬”的活动，主要为春捕鹅、捕鱼，夏放鹰，秋射鹿，冬猎虎。虽皆有大致固定的区域，但没有固定的行宫建筑。皇帝以御帐为居处，国家的各项军政要务都是在捺钵中处理，大部分贵族和高级官员皆随从皇帝而行。每年冬夏捺钵还要举行北、南臣僚会议，商讨国家大政，决定重要人事任命。春捺钵和秋捺钵时北面中央机构的全体官员随行，南面中央机构只有部分官员随行，其他官员返回中京居守。因此，辽代五京严格说来都不是正式首都，真正的首都是流动的捺钵，五京与捺钵是相互独立又相辅相成的两个体系。

在宗教文化方面，辽人信仰萨满教和佛教，同时也尊崇儒学。契丹的民族信仰有木叶山崇拜、天地崇拜与拜日神、拜山神等。契丹族在木叶山兴建契丹祖庙以祭拜始祖，后发展成辽代皇室的柴册仪。辽代佛教主要继承盛唐佛教，在唐武宗发动灭佛运动时，大量僧侣与佛教典籍流向河北地区。辽代皇帝又大多尊崇佛教，因而佛教大盛。道教和伊斯兰教也传入辽国，契丹族对其持包容态度，使这些宗教在辽继续传播，对契丹人的国家治理也产生了一定影响。但辽代占主导地位的依然是儒学，在辽立国之始，耶律阿保机就极力提倡儒学。到辽中后期，儒学成为治国理政的指导思想和主要准则。

6.1.2 金代的国家管理

金是由女真族建立的政权。辽代后期，女真族摆脱辽的统治，并于 1125 年和 1127 年先后灭辽和北宋。金从建立到灭亡的近 120 年里，一直处在征战不休的环境中，统治集团内部的派系斗争也持续不断，由此导致国家管理机构和制度变化较大，缺乏系统性、延续性和稳定性。

金代政权建立初期，完颜阿骨打确立了勃极烈制度。勃极烈在女真语中是“治理众人”的意思，它以女真部落联盟的议事会为基础，以合议制形式决定国家大政方针。金灭辽及北宋以后，形成了三种不同类型的统治机构：一是“一切依本朝旧制”的以女真族为主体的勃极烈集团，它是国家政权的核心。二是承袭辽南北面官制度而设的行政机构，主要管理原辽境内的契丹、奚、汉等民族。三是根据以汉治汉的思路而拥立的两个傀儡政权，它们依旧沿用北宋的行政管理制度。金熙宗即位后，实行天眷新制，废除勃极烈制度和两个傀儡政权，改行辽宋的汉官制度。虽然国家中央机构设置趋于完善，但没有建立起与这套官僚体系相对应的选官用官制度。而且由于时局动荡，许多重要机构的人事任免变化太大或太快，导致国家中央机构的运行并不稳定。

在地方行政制度上，金代在其发祥地仍采取部族制度。在其所占据的辽宋地区，则继承辽宋制度，设路、府（州）、县三级地方机构，“袭辽制，建五京，置十四总管府，是为十九路。其间散府九，节镇三十六，防御郡二十二，刺史郡七十三，军十有六，县六百三十二”（《金史·地理志》）。金初基本承袭了辽的五京，但后来随着版图扩大，五京变为六京，名称也有所变化。京与路同级，设留守司主管京路政务，按察司主管司法监察，兵马都总管府主管军事。一般路只设都总管府，主管一路军政。路的治所称府，府设府尹、同知、少尹等官。州分节镇州、防御州、刺史州，分别设有节度使、防御史和刺史为长官，总领一州军政。县一级设令、丞、主簿、尉等。镇、城、堡、塞，各设知镇、知城、知堡、知塞。同时还保留了一些具有民族特色的地方组织，如与州、县并立的有猛安、谋克，是由女真部落的军事组织演变而成的地方行政机构。猛安相当于州，谋克相当于县。

金代与辽代相似，既遵奉萨满教、佛教和道教，也尊崇儒学。由于女真人原本从事粗放的农耕，与汉族生产方式相近，因此更易受汉文化的影响。进入中原后，女真人多习汉语、穿汉服并效仿汉族生活，自称“中国”。他们也常依据《春秋》来阐释中国观念：“诸侯用夷礼则夷之，进于中国则中国之。”金代大多数皇帝倡导儒学，金熙宗时开始尊孔，在上京立孔庙，亲自去拜祭，又封孔子的后裔为衍圣公。到金世宗和金章宗之世，“儒风丕变，庠序日盛。士繇科第位至宰相者接踵”（《金史·文艺传》）。金世宗还规定，女真贵族如不能读女真字经书，不准充任猛安、谋克的职位。金章宗诏令 35 岁以下的女真亲军熟读《孝经》和《论语》。因此，儒家思想是金代尤其是其中后期治国理政的主要依据和准则。

6.1.3　元代的国家管理

元是由蒙古人建立的政权。元代结束了中唐以后藩镇割据和辽、宋、金、西夏等民族政权长期并立的分裂局面，建立了我国历史上第一个由少数民族主导的统一的多民族国家，促进了各族人民之间的经济文化交流。

在大蒙古国时期，大汗是国家最高首领，由蒙古部落贵族的议事会忽里勒台推举产生。铁木真称汗建国后，建立了具有蒙古特色的国家管理制度，其中枢机构由四个系统组成：管理政务的札鲁忽赤、管理军事的怯薛、管理大汗宫帐事务的斡耳朵和管理汗国文书的必阇赤。在称汗建国的过程中，成吉思汗还建立了融军事组织和生产组织为一体的千户制，将全部蒙古百姓划分为 95 个千户，其下设若干个百户、十户，分别授予开国功臣和贵戚，进行世袭统治。为了保证这些机构的运转，成吉思汗将“凡断了的事，写在青册上，已后不许诸人更改”（《元秘史略》），作为具有法律意义的札撒。其后每代大汗即位或处理重大问题，都必须依例诵读《大札撒》条文。这条祖制一直决定着元代国家管理制度和大政方针，也常常成为北方诸王牵制汉地皇帝的重要依据。

忽必烈建立元代后，“以国朝之成法，援唐宋之故典，参辽金之遗制，设官分职，立政安民，成一王法”（《郝文忠公文集·立政议》），形成新的国家管理机构。他在中央废除忽里勒台，确立了以中书省和六部为核心的行政中枢机构。中书省负责全国行政事务。枢密院职掌军事，御史台职掌监察。六部为中书省下属机构，各部的组织和职能与前代基本相同，也设有各种府、院、监、寺等中央机构。

元代没有实行完全的中央集权，而是继承了蒙古的断事官制度，实行一定的地方分权。忽必烈在地方推行行中书省（简称行省）制度，除大都周围的“腹里”和吐蕃等少数民族地区直接隶属于中书省外，还设立行省。行省的职掌范围很广，“凡钱粮、兵甲、屯种、漕运、军国重事，无不领之”（《元史·百官志》），因此行省成为地方权力中枢。各行省设置丞相、平章政事、左右丞相以及参知政事、郎中、员外郎等职位。丞相和平章政事大多由蒙古贵族担任，权力极大。除中央任命的官吏外，其他官吏由行省任命。在行省之下设路、府（州）、县（见图 6-1）。路隶属于省，内设有总管府。路领府（州），府（州）领县。在少数民族和边疆地区，还根据各族特点设置宣抚使司、宣慰使司、安抚使司、招讨使司等，这些机构统属于中央的宣政院。元代各级地方官府均设有达鲁花赤一职，他们是最高长官，掌握地方行政和军事实权，只能由蒙古人或色目人担任。

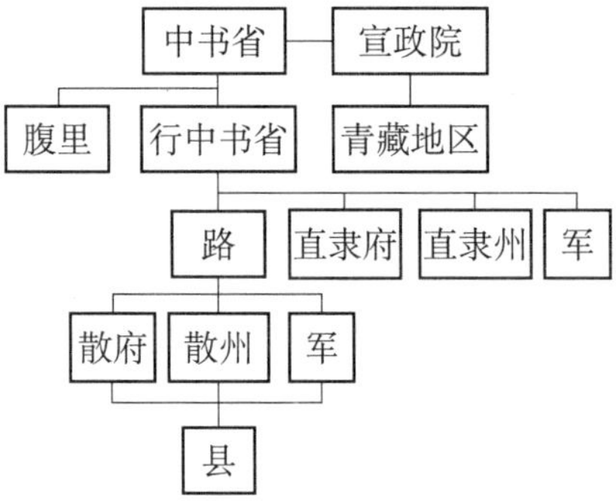

图 6-1 元代的行政区划体系示意图

忽必烈时期确立的国家政治制度是在蒙古制度的基础上援引汉制而形成的，具有“汉表蒙里”的特点，这与清代“满表汉里”截然相反。虽然元代的国号和年号都出自汉制，官制表面上也是汉制，但政治和文化的核心还是蒙古制度。大多数皇帝都不会使用汉文，国家大政方针的决策权由讲蒙古语的怯薛集团掌握。① 中书省形式上和唐宋的宰相机构相似，但没有决策权，实际上只是一个执行机构。② 元代也没有朝会制度，只有时间和场合都不固定、由上奏人员与陪奏怯薛参加的“御前奏闻”制度。汉人皇帝高度

---

① 李治安．元史十八讲［M］．北京：中华书局，2014．
② 屈文军．元史研究：方法与专题［M］．北京：中国社会科学出版社，2017．

重视的郊祀，蒙古皇帝并不在意。在地方，元代采取“各从本俗”的策略，针对不同的民族和地域采取不同的统治方式。连其赋税制度也是南北异制，“大抵江淮之北，赋役求诸户口，其田则取诸土田”（《全元文·危素》）。

元代还有独特的两都巡幸制度。在确立两都制度之后，忽必烈便率百官岁时巡幸上都和大都，从此形成定制：每年春季天气稍暖之时，皇帝率众从大都出发，赴上都避暑；到秋季天气转凉时，再南居大都过冬，岁岁如此，所以被称为岁时巡幸。由于皇帝两都巡幸，朝廷官员就有扈从和留守之分。中书省、枢密院、御史台的主要官员一直在皇帝身旁，皇帝赴上都时他们必须扈从北上，留守大都的中书省官员一般都是平章政事及几名右丞、左丞、参知政事。

元代对宗教更加包容，萨满教、佛教、道教、伊斯兰教、基督教等各种宗教蓬勃发展，其中对元代政治影响最大的是藏传佛教。忽必烈登基前，受戒于吐蕃高僧八思巴，登基后即尊八思巴为国师。此后，元朝的皇帝都以喇嘛为帝师，僧人因此享有各种政治和经济特权。但藏传佛教的影响范围主要为蒙古上层贵族，对汉人影响不大。受藏传佛教、蒙古文化和西域文化的影响，儒学在中原地区暂时失去“天下一统”的地位。由于入仕的汉人和南人在国家政治生活中影响不大，许多读书人放弃了入仕之途，转而进入文学、戏曲、书画、医学、科技等领域，当时涌现了一批文学家、戏曲家和科学技术人才。

6.2　辽金元时期的城市发展

6.2.1　辽代的城市

契丹族原是逐水草而居的游牧民族，住在毡帐里，“辽之先世，未有城郭、沟池、宫室之固，毡车为营，硬寨为宫”（《辽史·百官志》）。唐代曾在幽州地区设置了一些城镇安置归附的契丹人，这为契丹早期的城市建设提供了制度原型。

契丹历史上的第一座城市是耶律阿保机的叔父述澜所筑的越王城，“太祖仲父述澜，以遥辇氏于越之官，占居潢河沃壤，始置城邑，为树艺、桑麻、组织之教，有辽王业之隆，其亦肇迹于此乎”（《辽史·仪卫志》）。《辽史·地理志》对此有明确的记载：“越王城。太祖伯父于越王述鲁西伐党项、吐浑，俘其民放牧于此，因建城。在州东南二十里。户一千。”902年，耶律阿保机“以兵四十万伐河东代北……获生口九万五千”（《辽史·太祖上》），为了安置这些被掠来的汉人，耶律阿保机也学习他的叔父，建立了自己的私城龙化州，此城成为他的根据地和契丹人早期的政治中心。随着疆域的扩大和国家的建立，耶律阿保机委派韩延徽“教契丹建牙开府，筑城郭，立市里，以处汉人”（《资治通鉴·后梁纪》），即仿照唐代的州县，在草原地区广筑城郭，安置被掠来的或因躲避中原兵乱而来的汉人，上京临潢府（位于今内蒙古巴林左旗）即建于这一时期。

上京为辽代五京之首，始建于918年，是辽早期的政治、经济和文化中心，“上京，太祖创业之地。负山抱海，天险足以为固。地沃宜耕植，水草便畜牧”（《辽史·地理志》）。上京主要由康默记、贾去疑、韩延徽等人规划与督建，他们将中原地区的制度与契丹习俗相结合，将上京分为皇城和汉城两大部分，总体呈“日”字型布局。北部是大内和皇城，为契丹族居住的区域。大内即宫城，皇城主要包括官衙、寺院、官办手工业作坊和仓库。正对宫城南门的正南街为皇城的中轴线，将皇城分为东西二区，东设临潢县，西设长泰县。汉城位于皇城之南，是汉、渤海、回鹘等族的居住区域，街头筑有用于监视的看楼，城内的建筑多为矮小的土屋和毡顶房。南城居民主要从事冶铁、纺织、制瓷等手工业，城内还设有市场，商业比较发达。

辽中京大定府（位于今内蒙古宁城县）是在辽代鼎盛时期所建立的一座京城，也是契丹民族在草原上建立的第二座京城。中京道原为奚人的世居之地，早期的奚族也是以游牧为生的民族，“风俗并于突厥，每随逐水草，以畜牧为业，迁徙无常。居有毡帐，兼用车为营”（《旧唐书·北狄传》）。中京大定府是利用澶渊之盟后北宋每年所纳岁币，征集燕云地区迁来的汉族工匠修建的，“择良工于燕、蓟……宫掖、楼阁、府库、市肆、廊庑，拟神都之制”（《辽史·地理志》）。辽标榜要承袭唐制，因此中京仿照唐代洛阳而建，也由外城、内城和皇城三部分组成，规模异常宏大。①

但上京和中京与中原王朝的都城还是有很大区别。两京总体上只是名义上的京城，皇帝只在会见北宋或外国使节时才会前往。京城虽有相当规模的宫殿，但皇帝并不住在宫内，而是住在御帐中。两京虽然主要由汉人营建，但都具有显著的契丹特色：一是两座城市都有大量的毡帐。契丹人认为天是万物的主宰，世界上的一切事物都是上天赐予的，毡帐就是对天空形状的模仿。二是两座城市都有具有契丹特色的东向建筑，这与契丹族“东向拜日”的民族习俗有直接关系。

上京道和中京道还新建了许多其他城市，用以安置来自中原和渤海的移民。契丹人信奉萨满教，盛行祖先崇拜和自然崇拜，他们认为祖先生活的地方以及陵墓所在地都是神圣的。他们将汉人和渤海人安置在这些地方，笃信祖先和自然之神能使农牧业丰收和异族人臣服，护佑契丹长治久安。这些原本从事农业的移民围绕城市开垦农田，使得长城以北原本以草原为主的自然景观转变为城郭相望、农牧结合的景观。这些新建的城市很多平面布局呈“日”字或横“日”字形，其北南或东西两城与契丹族“以国制治契丹，以汉制待汉人”的国策相吻合。契丹腹地还有一类特殊的城市，即为守卫皇陵而建的奉陵邑，分别为祖州（位于今内蒙古巴林左旗）、怀州（位于今内蒙古巴林右旗）、庆州（位于今内蒙古巴林右旗）、显州（位于今辽宁北镇市）和乾州（位于今辽宁北镇市）。凡遇征战、皇帝即位、立后等国家大事，皇帝都要率领群臣到奉陵邑告祖庙、祭祖陵。奉陵人不住城中，而住城外。

其余三京是在原有城市的基础上改建而成。东京辽阳府城（位于今辽宁辽阳）是在辽阳故城的基础上修建的，城内居民多为渤海人和汉人。南京析津府城（位于今北京）是在唐代幽州城的基础上改建而成，城市格局仍保持唐代幽州城的坊里旧制，居民生活和风俗习惯都没有明显的变化。西京大同府城（位于今山西大同）是在北魏平城和唐代大同军城的原址上复建而成，主要是为了强化对西夏的防御和进攻。东京道的城市既有新建的，又有渤海和高丽旧城。而南京道和西京道的城市，主要是原有的城市，新建的

① 李锡厚．辽中期以后的捺钵及其与斡鲁朵、中京的关系［J］．中国国家博物馆馆刊，1991（15/16）．

很少。到辽圣宗时期（983—1031 年），辽代疆域内的城市体系基本建立。

6.2.2　金代的城市

金代初期仿照辽代设有五个京城，但其性质与辽有较大差异。契丹族原本为游牧民族，五京与契丹捺钵制度相配合。而女真族原本为半渔猎半农耕民族，在征服辽和北宋后迅速向农业社会和中央集权制度转变。农业社会以定居为基础，而中央集权要求所有的权力机构尽可能集中于一处，因此金中都的地位迅速强化而其他都城的地位显著削弱，失去了辽五京的功能和意义。

上京会宁府（位于今黑龙江哈尔滨阿城区）是金代早期的政治、军事、经济和文化中心，历经金太祖、太宗、熙宗、海陵王四代皇帝。金太祖阿骨打称帝时，只设毡帐，“国初无城郭，星散而居，呼曰‘皇帝寨’、‘国相寨’、‘太子庄’，后升‘皇帝寨’曰会宁府，建为上京”（《大金国志·燕京制度》）。金太祖后期开始仿照中原建设宫城，但形制简单，“有国之初，都上京，府曰会宁，地名金源。其城邑、宫室类中原之州县廨宇，制度极草创。居民往来或车马杂遝，皆自前朝门为出入之路，略无禁犯。每春正击土牛，父老士庶无长无幼，皆观看于殿之侧。主之出朝也，威仪礼貌止肖乎守令，民有讼未决者，多栏（拦）驾以诉之，其野如此”（《大金国志·金虏图经》）。金熙宗时期开始有上京之称，并仿照北宋开封进行了一次大规模的扩建，“昔者金人草居野处，往来无常，……今也城郭宫室、政教号令，一切不异于中国”（《宋史·陈亮传》）。会宁府是在女真腹地兴起的第一座都城，与中原地区交往较为频繁，“自金人兴兵后，虽渐染华风，然其国中之俗如故。已而往来中国，汴、洛之士，多至其都，四时节序，皆与中国侔矣”（《建炎以来系年要录》）。海陵王迁都燕京后，毁宫殿庙宇，削上京之号。1173 年，金世宗复建会宁府并恢复其上京称号，作为金代的陪都。

海陵王弑金熙宗即位，担心上京的宗室和贵族威胁他的政权，同时也考虑到上京僻处一隅，不利于统治全国，而燕京四通八达、物产丰富，因此于 1151 年下诏迁都燕京，令张浩等参照北宋开封营建新都。新都在辽南京城的基础上往东、西、南三个方向扩展，于 1153 年始告完成。同年海陵王正式迁都，改燕京为中都，府名为大兴。又将原居上京的宗室和猛安、谋克迁至中都，以便控制。中都规模宏大，“其宫阙壮丽，延亘阡陌，上切霄汉，虽秦阿房、汉建章不过如是”（《海陵集》）。中都人口众多，有百万左右。1215 年蒙古人攻占金中都后，又将其改名为燕京。

延伸阅读

北宋开封对金中都规划建设的影响

金虽然在军事方面蔑视宋，但对宋的经济和文化却是赞赏有加。金占领开封后，大肆掠夺财物和典籍，将它们转运到燕京：“金人之入汴也，时宋承平日久，典章礼乐粲然备具。金人既悉收其图籍，载其车辂、法物、仪仗而北。”（《金史·礼志》）在营建中都时，完颜亮要求皇宫依照开封皇宫的模样设计：“亮欲都燕，遣画工写京师宫室制度，至于阔狭修短，曲尽其数，授之左相张浩辈按图以修之。城之四围九里有三十步，自天津桥之北曰宣阳门（如京师朱雀门）。”（《大金国志·金虏图经》）为了达到形似和神似，甚至从开封皇宫拆掉了一批雕刻精美的门窗，千里迢迢运往中都：“汴梁宋时宫殿，凡楼观、栋宇、窗户，往往题‘燕用’二字，意必当时人匠姓名耳。及金海陵修燕都，择汴宫窗户刻镂工巧以往。”（《癸辛杂识·燕用》）宋孝宗乾道六年（1170年），南宋楼钥出使金中都，看到皇宫中的器物和装饰具有颇多汴京元素，“主座并茶床皆七宝为之，卓帏以珍珠结网，或云皆本朝故物……榻后照屏画龙如本朝”（《楼钥集》）。不仅金中都极力模仿开封，此后的元大都和明清北京城中也有诸多汴京元素。

资料来源：程民生．汴京元素对古代北京的影响［J］．史学集刊，2015（1）．

南京开封府原是北宋都城，金占领后改称汴京。金代初期汴京受战争损毁严重，在北宋灭亡后十余年仍是“京师旧城外，不复有屋。自保康门外，西至太学，道无数家。太学止廊庑败屋，中存敦化堂。堂榜犹在，兵卒杂处其上，而牧彘于堂下。……今明池断栋颓壁，望之萧然”（《西征道里记》）。1153年，海陵王改汴京为南京，置南京路，辖开封府、归德府和河南府三府。1158年，海陵王诏令重建南京宫室，修整城垣，宫殿的规制与装饰宏大壮丽。但宫城以外依然十分破败，楼钥在1169年所见到的汴京是“城楼雄伟，楼橹壕堑壮且整……城外人物极稀疏……城里亦凋残”（《宋代日记丛编·北行日录》）。1170年，范成大至汴京，所见也是如此，“旧京自城破后，疮痍不复。炀王亮徙居燕山，始以为南都，独崇饰宫阙，比旧加壮丽。民间荒残自若，新城内，大抵皆墟，至有犁为田处。旧城（里城）内粗有市肆，皆苟活而已”（《揽辔录》）。[①] 1161年，海陵王南下侵宋，一度以汴京为统治中心。1214年，为避蒙古军，金宣宗完颜珣将首都由中都迁至南京。随着宫室、百官与富户迁入，南京人口剧增。约1233年，金代灭亡前，南京被蒙古军队占领。

金灭辽后，原辽上京道的许多城市被废弃。中京道的城市虽然被部分保留，但其重要性已远远不能与辽代相提并论。金代初期的战争还导致许多汉地城市遭受严重的破坏，如金占领洛阳曾放火焚烧洛阳城。在金代中后期，社会相对安宁，黄河流域的经济逐步恢复，城市也有不同程度的恢复和发展。金代达到5万户以上的府州有58个，其中达到10万户以上的府州有14个。镇也得到恢复和发展，据《金史·地理志》统计，金代共有大小县城340多个、镇513个，主要分布在今山东、河北、河南、山西等地，并且涌现了一批商贾云集的重镇，密州板桥镇（位于今青岛胶州）就是典型。在金南部与宋相交地区，虽然史书记载的城市人口不多，但由于南来北往的商人汇聚，因此城市经济和文化也比较繁荣。如《中州集·淮安行》中对淮安的描述：“迄今井邑犹荒凉，居民生资惟榷场。马军步军自来往，南客北客相经商。迩来户口虽增出，主户中间十无一。里闾风俗乐过从，学得南人煮茶吃。”

6.2.3 元代的城市

成吉思汗时期，蒙古没有固定的都城，只有大汗的斡耳朵（宫帐）。和林（位于今蒙

① 范成大．揽辔录［M］．北京：商务印书馆，1936．

古国中部）是蒙古建立的第一个都城，在蒙古族崛起之前，匈奴、回鹘和突厥都曾在这里建立过自己的堡垒或城市。成吉思汗时期，和林是蒙古克烈部的统治中心所在地。征服克烈部后，成吉思汗将其军事和政治中心向和林转移。1236 年，第二任大汗窝阔台下令将和林扩建为蒙古帝国的都城。全城南北约四里，东西约二里。大汗所居的万安宫在其西南隅，有宫墙环绕，形制仿照中原宫阙制度。① 城内有两个居民区，一个是回回区，内有市场，另一个是汉人区，其居民基本都是工匠。窝阔台、贵由、蒙哥均以和林为都，他们大力建设水利设施，积极发展农业和工商业，使和林成为蒙古帝国早期政治、经济、文化和宗教中心。

元上都（位于今内蒙古锡林郭勒盟正蓝旗）是忽必烈营建的一个都城。1251 年蒙哥登大汗位后，命令忽必烈总领漠南汉地军政，将其藩府南移至上都附近。1256 年，忽必烈命刘秉忠在此兴筑新城，名为开平府。1263 年，升开平府为上都，以取代和林。上都兼具蒙古和汉地双重文化元素，仍然沿用了和林的一些旧例：其一，设置失剌斡耳朵。“失剌”在蒙古语中是黄色的意思，原为窝阔台在和林所建造的永不拆除的大汗帐殿，忽必烈在上都建失剌斡耳朵，作为皇帝举办朝会的场所，可容纳数千人。其二，沿袭蒙古草原贵族的射猎习惯，在宫城北部设有豹房鹿苑等。其三，在上都举行蒙古式的祭天和祭祖。祭天仍然采用洒马奶子酒的蒙古习俗，祭祖是依草原传统行烧饭礼。与此同时，上都也兴建孔庙、佛寺、道观、城隍庙等建筑。

元大都（位于今北京）是忽必烈营建的另一个都城。大都在突厥语中被称为“汗八里”，“八里”是“城”的意思，“汗八里”就是“大汗之城”。1260 年忽必烈登基之初以上都为都城，由于上都位置偏北，不利于控制中原，因此，忽必烈于 1264 年下诏改燕京为中都，将其作为陪都。燕京原为金中都，被蒙古军队攻陷破坏后被冷落了将近半个世纪。1267 年，忽必烈决定迁都中都，任命刘秉忠营建新都。1272 年，忽必烈将中都改名为大都，将上都作为陪都。至 1285 年，大都重要建筑陆续竣工，忽必烈发布了令旧城居民迁入新都的诏书，“诏旧城居民之迁京城者，以赀高及居职者为先，仍定制以地八亩为一分；其或地过八亩及力不能作室者，皆不得冒据，听民作室”（《元史·世祖本纪》）。

与忽必烈时期建立的国家制度相一致，元大都也体现了“汉表蒙里”的特征：一是受蒙古人尊西卑东的方位观念的影响，大都皇城中为皇族服务的寺庙在宫城以西，官署在宫城以东。② 二是虽然大都宫殿都是汉式的，也依照汉制坐落于都城南北中轴线上；但宫殿内设有皇帝和皇后并坐的御榻，这是来自蒙古草原上的习俗。三是大都虽然仿照中原王朝的祖宗祭祀制度设立太庙，但主持祭祀的通常是喇嘛，祭祀所用的供品为野猪、鹿、天鹅等，和汉式太庙祭祀制度迥异。

元代还在上都和大都之间建设了多座城镇，包括供工匠集中居住的官营作坊城镇、由帝室斡耳朵经营的城镇、皇帝直属的军事基地以及军队的屯营等。他们大力建设水陆交通和驿传体系，形成了集政治、军事、文化、经济、交通运输等功能于一体的首都圈。

---

① 李治安．元史十八讲［M］．北京：中华书局，2014.

② 诸葛净．辽金元时期北京城市研究［M］．南京：东南大学出版社，2016.

蒙古各个皇室贵族也以此为样板，在领地内新建夏都和冬都，在其间建设城镇，形成一些小型的都市圈。

元灭金后，北方草原地区基本上都被分封给了蒙古大贵族，他们将辽代以后形成的农业地区重新改为牧场，城市数量因此进一步减少。直到清末大量汉人出关，草原地区才逐渐有了城市设置。① 中原和西南汉地的城市被蒙古军队占领后遭受重创，蒙古人通常会拆毁城墙。从成吉思汗到忽必烈时期，蒙古统治者还试图把华北地区变成一个庞大的牧场，北方城市因而进一步衰落。但元代建立后，采取了一系列措施来发展农业、手工业、交通运输和对外贸易，城市开始复兴。南方城市由于遭受战乱较少，受到的破坏较小，因此城市整体发展水平远超北方。

延伸阅读

元代对待城墙态度的阶段性变化

蒙古人凭借骑兵横扫天下，城墙不利于骑兵进攻，曾让蒙古人吃尽苦头。因此元代对城墙的态度与其他朝代有所不同，总体持厌恶态度。但在元代不同时期，蒙古人对城墙的态度也有较大的差异，大体可以分为三个阶段：第一阶段是统一全国之前，由于军事防御的需要，元曾对边境和军事要地一些重要城市的城墙进行了修筑，主要集中在江淮一带和与宋长期争夺的四川和甘肃一带。第二阶段是南宋灭亡直至元后期，先是在与南宋交战的过程中拆除了南方很多城市的城墙；元代统治稳定后，对城墙采取任其毁坏的策略。《马可·波罗游记》中对此记载："你应知道，在所有契丹省、蛮子省和其他所有大汗领地内，有很多不可信赖、不忠实的人，一有可能他们就犯上作乱。因此很有必要在城多民众的各省驻扎军队，戍兵屯驻在距城四五英里的地方。这些城市不许建制城门和城墙，这样军队就可以不受阻挡地随意进入城市。大汗命令这些戍军每两年一换防，指挥军队的将领也是如此。通过这种控制，臣民保持平静，不能有任何变故。"第三阶段是元末，为了抵抗农民起义军的进攻，各地重新开始筑城。特别是元顺帝至正十二年（1352 年）夏四月"诏天下完城郭，筑隄防"之后，全国各地开始了大规模的城墙修筑。

资料来源：成一农．元代地方城市城墙修筑的历史地理研究［J］．都市文化研究，2008（第五辑）．

6.3 辽金元时期的城市管理机构②

辽金元时期，城市管理机构有北方首都的警巡院、府州城市的录事司和司候司等，辽金元时期的城乡分治开始出现并不断完善。

① 王淑兰．历史地理视角下的辽代城市研究［D］．沈阳：东北师范大学，2011.

② 韩光辉．宋辽金元建制城市研究［M］．北京：北京大学出版社，2011.

6.3.1 警巡院

警巡院这一机构可追溯到唐末长安设置的军巡院，被五代继承发展后又被辽所承袭。契丹首先在东京设置了军巡院，后来将其改称警巡院并先后在其他四京设置。设置警巡院的最初目的是维护城市治安，后来逐步增加了户口和赋役管理职能。警巡院统领各京城中的坊，由此形成“警巡院-坊”都城行政管理体系。警巡院设有警巡使和警巡副使，警巡使较一般县令品秩略高。1044年，因“先是契丹人犯法，例须汉人禁勘，受枉者多”(《辽史·耶律重元传》)，为了贯彻“以国制治契丹，以汉制待汉人”的原则，在五京新置契丹警巡院。

金代沿袭辽代，也在五京设有警巡院。中都警巡院的规模最大，其地位也最高。1171年，中都警巡院分为左、右警巡院，各设警巡使1人与副使1人、判官2人、司吏18人，其中3人为女真司吏。警巡使为正六品，较之大兴、宛平县令（从六品）略高，其职责为“掌平理狱讼、警察所部，总判院事”（《金史·百官志》)。副使“掌警巡之事”，判官“掌检稽失，签判院事”。司吏则为验实户口所置，且“视其户口与课之多寡，增减之”(《金史·选举志》)。中都左、右警巡院隶属于大兴府，统领中都62坊。警巡院与诸京县和赤县是相互独立的行政实体，不相统属，“警巡院-坊”这一都城行政管理体系进一步成熟。

蒙古灭金后，由于城市遭受严重破坏，警巡院被取消。西京大同府、北京大定府、南京析津府警巡院改为录事司，东京辽阳府警巡院并入辽阳县。忽必烈即位后，恢复了左、右警巡院，明确了警巡院“领民事及供需”（《元史·百官志》）的职能。1275年，增置大都警巡院，其职责为领京师坊事，由此大都新旧二城共有三个警巡院。1287年，三个警巡院合并为左、右二院，职责仍为“分领坊市民事”。1305年，再新置大都南警巡院，“以治都城之南”。1310年，又“增大都警巡院二，分治四隅”。至此，大都新旧二城已置有五个警巡院，均隶属于大都路都总管府，统领大都50坊和原金中都的62坊。除大都外，上都也设置了一个警巡院。

大都左、右警巡院各设达鲁花赤1人，警巡使1人，副使、判官、典史均3人，司吏25人。大都南警巡院设达鲁花赤1人，警巡使1人，副使、判官、典史均2人，司吏20人。上都警巡院设达鲁花赤1人，警巡使1人，副使、判官均2人，司吏8人。大都与上都诸警巡院的品秩均为正六品，与各附郭之赤县（大兴、宛平、开平）同秩。元末为加强对大都的管理，升左、右两警巡使为正五品。

6.3.2 录事司和司候司

金代除五京设置警巡院外，在诸府和节镇城市普遍设置了录事司，在防刺州城市设立了司候司，专门管理城市民事及行政事务。诸府和节镇录事司置“录事一员，正八品。判官一员，正九品。掌同警巡使。司吏，户万以上设六人，以下为率减之。凡府镇二千户以上则依此置，以下则止设录事一员，不及百户者并省”(《金史·百官志》)。诸防刺州司候司置“司候一员，正九品。司判一员，从九品。司吏、公使七人。然亦验户口置”（《金史·百官志》）。录事司和司候司与警巡院职掌相似，都是负责城市范围内的民政，但所属城市类型和官员品秩不同。

金代灭亡后，因城市损毁、人口减少和州县合并，设有司候司和录事司的城市大量减少，城市管理事务并入附郭县，“诸路州府，若自古名郡，户数繁庶，且当冲要者，不须改并。其户不满千者，可并则并之。各投下者，并入所隶州城。其散府州郡户少者，不须更设录事司及司候司。附郭县止令州府官兼领”（《元史·世祖本纪》）。

元代建立后，又重新按城市类型和规模恢复了录事司。元代录事司“秩正八品。凡路府所治，置一司，以掌城中户民之事。中统二年，诏验民户，定为员数。二千户以上，设录事、司候、判官各一员；二千户以下，省判官不置。至元二十年，置达鲁花赤一员，省司候，以判官兼捕盗之事，典史一员。若城市民少，则不置司，归之倚郭县。在两京，则为警巡院。独杭州置四司，后省为左、右两司”（《元史·上百官志》）。据统计，元代先后建置录事司的城市达 127 个，元代不再设司候司，初期在录事司下设司候一职，1283 年以后不再设司候。

录事司于元末明初纷纷被撤销，城市重新恢复到唐代以前由附郭县管理的状态。以绍兴府为例，宋代“分府城里为五厢，仍领坊”，到元代“改厢为隅……府城四隅，不隶于县，别置录事司掌之”，而明代“罢录事司，以四隅还县。而隅、都之名不易”（万历《绍兴府志·疆域志》）。《永乐大典方志辑佚·吴兴续志》也比较详细地记载了湖州地区的这一变化过程，“在城置录事司。至正十六年，高邮张士诚窃据改吴兴郡，仅得德清、武康、乌程、归安四县之地，罢录事司，以西南厢隶乌程，东北厢隶归安。至正十七年，归于元，仍复湖州路总管府，而录事司不复再设。丙午年，守将以城归附。皇朝改为湖州府。……洪武二年，复以长兴为县，城内仍以乌程、归安二县分领之”，乌程县“城中西南八界，元隶录事司，今隶县，因附见于乡都之首。……又以在城东北隅分置九界，隶录事司。张氏据城，废录事司，九界仍隶本县。皇朝因之”。

6.4 辽金元时期的都城管理

辽金元时期大多数城市位于汉地，主要采取因俗而治的方式，汉地城市的管理依然沿用唐宋之制。首都是辽金元各代最大的城市，也是北方民族和汉地文明交汇之地，因此本节重点介绍这三代主要都城的城市管理。

6.4.1 辽代南京的城市管理

辽代的城市管理机构主要承袭唐代及五代之制。在五京各设宰相府，作为中央权力机构的代表。道一级的主要机构有留守司、都总管府、警巡院、处置司等，其中留守司统领本路军政，都总管府负责军事，警巡院负责地方治安和民政，处置司负责司法监察。同时根据五京各自的特点，按照“官生于职，职沿于事，而名加之”的原则分设其他相应机构，“辽有五京。上京为皇都，凡朝官、京官皆有之；余四京随宜设官，为制不一。大抵西京多边防官，南京、中京多财赋官”（《辽史·百官志》）。

南京为五京之一，南京留守司负责管理南京道的军务与民政，南京虞候司负责皇帝巡幸南京期间的巡逻和警卫，南京宣徽院负责皇帝在南京时的御前侍从。留守是南京道的最高行政长官，由析津府尹兼任。南京城内由警巡院管理治安和民政，下设26坊。每个坊周围筑有墙，坊门昼开夜闭。城外由析津县和宛平县分治，两县均设县令、县丞、县尉与主簿。

辽代南京经济繁荣，南京留守司之下设有南京三司负责南京道的财政、赋税、度支盐铁等事务。另外由于南京盛产板栗，因此特设栗园司管理板栗的生产、销售。南京的市场也非常繁荣，“城北有市，陆海百货，聚于其中；僧居佛寺，冠于北方。锦绣组绮，精绝天下。膏腴蔬蓏、果实、稻粱之类，靡不毕出，而桑、柘、麻、麦、羊、豕、雉、兔，不问可知”（《契丹国志·州县载记》）。市场中心设有管理市场的“看楼”，负责税收、评估市价、调解矛盾、维持市场秩序。各行业有行会和行头，行头通常由大商人担任，负责本行事务。辽代还有“行宫市场巡检使”制度，皇帝百官巡幸某地时，可随时开设临时市场，以开展商业贸易。

辽中后期，南京居民、驻军和僧尼大约有10万人。为加强社会管理，辽圣宗时期曾下令“禁所在官吏军民不得无故聚众私语及冒禁夜行，违者坐之”，“禁举人匿名飞书，谤讪朝廷”（《辽史·圣宗本纪》）。但为方便百姓申冤，辽代在南京设有钟院，后改为登闻鼓院，有冤可“听诣御史台陈诉，委官覆问”（《辽史·刑法志》）。特别值得一提的是，辽代有元宵“放偷”的习俗。该习俗源自鲜卑族，在辽代成为法定国俗，但规定了偷窃数额的上限，“正月十三日，放国人做贼三日，如盗及十贯以上，依法行遣”（《契丹国志·岁时杂记》）。

辽代的教育依托各级官府设立，包括京学、府学、州学和县学四个层次。南京是辽代的主要文化中心，科举取士大多在南京进行。辽南京的京学也称南京太学，由南京留守司管理，设有博士、助教各一名，负责管理学务、教授知识和训导品行等。南京文武教育并兴，人才辈出，“人多兹艺，秀者学读书，次则习骑射”（《契丹国志·州县载记》）。为防范契丹的知识传入北宋境内，辽代对书籍的管理比较严格，禁止民间私自刊印文字，而且严控书籍出口，“契丹书禁甚严，传入中国者法皆死”（《梦溪笔谈·艺文》）。

6.4.2 金代中都的城市管理

金代虽然也和辽代一样为五京之制，但皇宫和中央官府均设于中都，因此中都是名副其实的首都，是当时中国北方的政治、经济、文化中心。

1. 中都的行政管理体系

金代中都路下辖1府（大兴府）、13州，共有49个县。所辖13州又分为“节镇”和“刺郡”两种：处于中都路对外交通要道的平州（今河北卢龙县）、雄州（今河北雄县）、保州（今河北保定）是三个节镇，主管官员为节度使，职责是“掌镇抚诸军防刺，总判本镇兵马之事，兼本州管内观察使事”（《金史·百官志》），即管理本州军事并兼管民政。其他十州为“刺郡”，主管官员为刺史，是负责本州民政、财政等事务的文职官。13 州之下的 49 县均设县令，管理各县的民政、财政、司法等事务。

大兴府为中都京畿的地方官府，直属于尚书省。大兴府的主要职官设置为：(1) 大兴府府尹，“掌宣风导俗、肃清所部，总判府事。兼领本路兵马都总管府事”（《金史·百官志》），即引导民风和进行教化，管理地方治安和民政，兼管本路都总管府的地方武装。府尹的秩级为正三品，相当于中央各部尚书的秩级。(2) 同知，协助府尹处理本府政务。(3) 少尹，协助府尹及同知处理府务。(4) 府判，“掌谘议参佐、纠正非违、纪纲众务，分判吏、礼、工案事”（《金史·百官志》），即对府尹起“谘议”及“辅佐”作用，分管本府的政纪、人事、教育、礼祭、兴建工程等事务。(5) 推官，“分判户、刑案事，内户推掌通检推排簿籍”（《金史·百官志》），分管本府的财政、税收、司法行政等事务。(6) 知事，“掌付事勾稽省署文牍、总录诸案之事”（《金史·百官志》），为大兴府秘书之职。大兴府内主管行政事务的班子被称为都孔目官，分女真和汉人两司，每司各一人，“职同知事，掌监印、监受案牍”（《金史·百官志》）。其下分为“六案”，即吏、户、礼、兵、刑、工，每案之下分设司吏若干人，“六案司吏七十五人，内女直十五人，汉人六十人。司吏分掌六案，各置孔目官一员，掌呈覆纠正本案文书”（《金史·百官志》）。

中都警巡院是中都城内的民政管理机构，下辖 62 坊。宛平和大兴两县各设县令一员，秩级为从六品，其职责为“掌养百姓、按察所部、宣导风化、劝课农桑、平理狱讼、捕除盗贼、禁止游惰，兼管常平仓及通检推排簿籍，总判县事”（《金史·百官志》）。各设县丞一员，辅佐县令处理县务。各设主簿一员，协助县令、县丞处理县务。各设县尉四员，“专巡捕盗贼”（《金史·百官志》）。各设司吏（吏员）十人，并且“内一名取识女直、汉字者充”（《金史·百官志》）。县以下在乡村地区设乡里，“京府州县郭下则置坊正，村社则随户众寡为乡置里正，以按比户口，催督赋役，劝课农桑。村社三百户以上则设主首四人，二百户以上三人，五十户以上二人，以下一人，以佐里正禁察非违。置壮丁，以佐主首巡警盗贼”（《金史·食货志》）。

2. 中都的经济管理

金定都中都后，中都作为国家经济中心的地位进一步强化。为有效管理京畿地区的经济事务，金代在中都设立直隶于尚书省的中都都转运司，“掌税赋钱谷、仓库出纳、权衡度量之制”（《金史·百官志》），即管理中都的财政、税收等。其主官为：(1) 都转运使，秩级为正三品，相当于尚书省各部尚书和大兴府尹的秩级。(2) 同知，与都转运使共同负责中都地区的经济管理事务。(3) 都转运副使，协助都转运使和同知处理本司工作。在三主官之下，分设五个案，即五个业务部门，其主理官分别为：(1) 都勾判官，掌“纪纲众务、分判勾案”（《金史·百官志》），即主管都转运司的行政事务。(2) 户籍判官，“专管拘收征刬等事”（《金史·百官志》），即按户征收赋税。(3) 支度判官，“掌勾判、分判支度案事”（《金史·百官志》），即管理都转运司及所属各单位的财政收支。(4) 盐铁判官，职责是管理盐、铁生产和经营。(5) 都孔目官，职责是“勾稽文牍”

(《金史·百官志》)，即承担都转运司的文书、秘书及有关的行政工作。

中都都转运司还设有多个附属机构：(1) 都商税务司。管理商税，“掌从实办课以佐国用”(《金史·百官志》)。(2) 广备库。管理中都的油漆和漂染事务：“掌匹帛颜色、油漆诸物出纳之事。”(《金史·百官志》) (3) 永丰库。管理买卖金银珠玉的事务：“掌泉货金银珠玉出纳之事。”(《金史·百官志》) 永丰库下设镀铁院，“管勾生熟铁钉线”(《金史·百官志》)，即管理黑白铁及其生产。(4) 店宅务。中都房屋管理机构，分左右两厢，负责官房维修与收取租税：“掌官房地基、征收官钱、检料修造摧毁房舍。”(《金史·百官志》) (5) 左右厢别贮院。负责保管没收和退赔的财物：“掌拘收退朴等物及出给之事。”(《金史·百官志》) (6) 买物司。为收购官府所用物品的机构。(7) 各官仓。负责“掌仓廪畜积、受纳租税、支给禄廪之事”(《金史·百官志》)。此外还有草场、京西规运柴炭场、宝坻盐使司等机构。

金代将以盐为代表的10种高利润货物列为“榷货”，实行官府专卖，由商人购买官方印造的钞引，凭钞引提货，以官定价格在市场上卖出。户部在中都设立榷货务，“掌发卖给随路香茶盐钞引”(《金史·百官志》)。酒税也是金代财政收入的重要来源，中都皇室、贵族、文武百官和商人众多，酒的需求量非常大。因此户部在中都专设曲使司，负责监管酒的制造、销售和税收：“掌监知人户酝造曲蘖，办课以佐国用。余酒使监酝办课同此。”(《金史·百官志》) 为减少民间高利贷并增加官府财政收入，户部还在中都等地设置了官办的典当行，名为流泉务，“大定十三年，上谓宰臣曰：‘闻民间质典，利息重者至五七分，或以利为本，小民苦之。若官为设库务，十中取一为息，以助官吏廪给之费，似可便民。卿等其议以闻。’有司奏于中都、南京、东平、真定等处并置质典库，以流泉为名，各设使、副一员”(《金史·百官志》)。中都市场繁荣，行业众多。尚书省户部在中都设有市令司，“掌平物价，察度量权衡之违式、百货之估直”(《金史·百官志》)。设令一员，正八品，金廷南迁以后由左、右警巡使兼任。另设丞一员，正九品。

3. 中都人口与社会管理

坊是中都户籍和赋役管理的基本单位，每三年验实户口一次。除了普通的编户齐民外，金中都还有三种特殊的人户：(1) 猛安谋克户。在占领中原后，女真贵族在汉地设置猛安谋克。聚集在京畿地区的猛安谋克如汉地州县一样建官置吏，“猛安，从四品，掌修理军务、训练武艺、劝课农桑，余同防御。诸谋克，从五品，掌抚辑军户、训练武艺。惟不管常平仓，余同县令”(《金史·百官志》)。(2) 宗室将军户。宗室将军户属于女真贵族，不编入猛安谋克，而领属于大宗正府和在都宗室将军司。其下划分为若干族，由族长负责户籍管理。(3) 宫监户与官户。宫监户与官户是为王室服务的奴婢，“凡没入官良人，隶宫籍监为监户，没入官奴婢，隶太府监为官户”(《金史·食货志》)，宫籍监和太府监负责宫监户和官户的户籍管理。到金代中后期，各种类型人户逐渐趋于统一。

掌管中都社会治安的机构较多，主要包括：(1) 武卫军都指挥使司。该司属于兵部，长官为都指挥使，秩从三品，其职责是“掌防卫都城、警捕盗贼”(《金史·百官志》)。(2) 大兴府节镇兵马司。该司长官为都指挥使，正五品，负责“巡捕盗贼，提控禁夜，纠察诸博徒、屠宰牛马”(《金史·百官志》)。(3) 都巡检使司。金代在通州设有中都东北都巡检使司，在良乡设有中都西南都巡检使司，分设巡检使一员，正七品，分别负责相应区域的治安。巡检使只承担搜捕之责，无审判之权。(4) 警巡院。负责中都城内各坊的治安。中都路按察司是中都路和大兴府地区的司法与监察机关，“掌镇抚人民、讥察边防军旅、审录重刑事”(《金史·百官志》)，即监管军民、办理重案。设按察使一员，秩正三品，“掌审察刑狱、照刷案牍、纠察滥官汙吏豪猾之人、私盐酒曲并应禁之事，兼劝农桑，与副使、签事更出巡案”(《金史·百官志》)。

作为金代的政治文化中心，中都设有各级学校以培养人才及传播文化。国子监是管理学校的中央机构，主官称为祭酒，秩正四品，与各部侍郎相同。副主官为司业，秩正五品。祭酒、司业负责监督和管理全国的各级学校，主持教学工作。在中都，直属于国子监的学校有国子学、太学、女真国子学、女真太学等。其中，国子学不仅从事教学，还承担着典籍的整理、校勘及编写工作，实际上是一个文化管理机构。大兴府府学为金中都的地方学校，还设有女真府学。中都的各种学校开设的课程一般为经、史，也有诗、赋，经、史均采自汉学典籍。

在社会保障方面，金代的中都和其他一些城市出现了官方设置的“医院”，设“医正一人，医工八人”(《金史·百官志》)。设有惠民司，“掌修合发卖汤药”(《金史·百官志》)。金代在各京府州县设普济院，“每岁十月至明年四月设粥，以食贫民”(《金史·章宗本纪》)。大兴府还设有暖汤院，“日给米五石，以赡贫者”(《金史·章宗本纪》)。金章宗时期，每逢皇帝生日会给老弱病残和贫民发钱。中都的款项由宫籍监支付，其标准远高于其他州县，“天寿节设施老疾贫民钱数，在都七百贯（宫籍监给），诸京二十五贯（此以下并系省钱给），诸府二十贯文，诸节镇一十五贯文，诸防刺州军一十贯文，诸外县五贯文”(《金史·百官志》)。对孤老幼疾，“各月给米二斗、钱五百文，春秋衣绢各一匹（五岁以下三分给二），身死者给钱一贯埋殡”(《金史·百官志》)。金代在中都城和通州等地建有多处常平仓，制定了严格的管理制度，并敕“常平仓丰籴俭粜，有司奉行勤惰褒罚之制，其遍谕诸路，其奉行灭裂者，提刑司纠察以闻”(《金史·食货志》)，即设立奖勤罚懒制度以保证常平仓丰籴俭粜。

4. 城市建设与市政管理

金中都城市建设主要由中央官府负责。皇宫的建设由内府修内司承担，修内司“使，从五品。副使，从六品。掌宫中营造事。（兵匠一千六十五人，兵夫二千人，仍命少府监长官提控。）直长二员，正八品。部役官四员，正八品。掌监督工役。受给官二员，正八品，掌支纳诸物”(《金史·百官志》)。日常维护由宫苑司承担，宫苑司“令，从六品。丞，从七品。掌宫庭修饬洒扫、启闭门户、铺设毡席之事”(《金史·百官志》)。

工部下设都城所负责中都城内宫城之外的营建和绿化工作，都城所“提举，从六品。同提举，从七品。掌修完庙社及城隍门钥、百司公廨、系官舍屋并栽植树木工役等事。左右厢官各二员，正八品，掌监督工役。受给官二员，正八品，掌支纳诸物及埏埴等事”(《金史·百官志》)。工部还下设覆实司，“管勾一员，从七品。隶户、工部，掌覆实营造材物、工匠价直等事”(《金史·百官志》)，即负责材料供应、工程造价与审核等。都水监是中央“掌川泽、津梁、舟楫、河渠之事”的机构，在金中都设有街道司，设管勾，正九品，“掌洒扫街道，修治沟渠”(《金史·百官志》)。大兴府设府判负责吏、礼、工案事。

6.4.3　元代大都的城市管理

1. 大都的行政管理体系

元大都的行政管理体系包括中央和地方两个层次。中央机构是大都留守司，于 1282 年设置，代表中央管理大都主要事务，“掌守卫宫阙都城，调度本路供亿诸务，兼理营缮内府诸邸、都宫原庙、尚方车服、殿庑供帐、内苑花木，及行幸汤沐宴游之所，门禁关钥启闭之事”（《元史·百官志》）。留守司设留守五员，品秩为正二品，还有同知、副留守、判官、经历、都事、管勾、照磨等若干名。下设修内司、祗应司、器物局、大都城门尉、犀象牙局、大都四窑场、凡山采木提举司、上都采山提领所、凡山宛平等处管夫匠所、器备库、甸皮局、上林署、养种园、花园、苜蓿园、仪鸾局、木场、收支库、诸色库、广谊司等诸多机构。

大都路都总管府是大都最高一级地方行政机构，于 1284 年设置，秩正三品，管辖大都路一府十一州，有达鲁花赤、都总管、副达鲁花赤、同知、治中、判官、推官等官吏。在大都路都总管府所有官吏中，只有达鲁花赤与都总管、推官专管本路政事，其余官员皆分任有关供需事务，故大都路都总管府又称供需府。下设有大都路兵马都指挥使司、司狱司、左右警巡院、大都警巡院、大都路提举学校所。

大兴和宛平两县为附郭县，以丽正门为界，其西部区域归宛平县管辖，其东部区域归大兴县管辖。大兴县和宛平县均秩正六品，设达鲁花赤、尹、丞、主簿、尉、典史、司吏等。两县所辖大都城郊的基层居民组织有乡、都及村社等，乡设里正，都置主首，负责催征钱粮和管理民政事务。

2. 大都的经济管理

元代重视发展手工业和商业，大都是全国的手工业和商业中心。中央承担了大都主要的经济管理职能，地方官府配合中央承担部分工作。由于手工业和商业规模庞大，因此经济管理工作分工更细，户部和工部通过设置各种提举司来承担相应的管理工作。

元灭金后将各地的工匠掳掠到大都，灭宋后又从江南强征 40 多万户工匠集中到大都。这些工匠大部分归宫廷和军队管理，被统一编为匠户，“国家初定中夏，制作有程，乃鸠天下之工，聚之京师，分类置局，以考其程度而给之食，复其户，使得以专于其艺”（《经世大典辑校·诸匠》）。工部是主要的手工业管理机构，下设多个部门，其中与大都手工业紧密相关的有：（1）诸色人匠总管府，秩正三品，掌管百工技艺。其下又根据行业设立具体的机构，如管理“董绘画佛像及土木刻削之工”的梵像提举司，掌“出蜡铸造之工”的出蜡局提举司，掌“铸泻之工”的铸泻等铜局，掌“镂铁之工”的镔铁局，掌“琢磨之工”的玛瑙玉局，掌“攻石之工”的石局，掌“攻木之工”的木局等。（2）诸司局人匠总管府，秩正三品，统领两都金银器盒及符牌等事务，后专掌毡毯等事务，下设五局，其中大都毡局管理人匠 125 户，大都染局管理人匠 6 003 户。（3）大都人匠总管府，秩从三品。下设绣局，掌管绣造诸王百官缎匹；设纹锦总院，掌管织造诸王百官缎匹；设涿州罗局，掌管织造纱罗缎匹；设尚方库，掌管出纳丝金颜料。

大都的商业非常繁荣，《大都赋》中以“华区锦市，聚四海之珍异……天生地产，鬼宝神爱，人造物化，山奇海怪，不求而自至，不集而自萃”来描绘大都的商业繁盛之景，《析津志》中也记载了大都有米市、面市、菜市、果市、铁器市、穷汉市等30多个专业市场。户部下设的大都宣课提举司是管理大都市场和税务的专设机构，设提举二人，秩从五品。酒醋也是元代国家税收的重要来源，大都又是最重要的消费中心，因此户部下设大都酒课提举司来掌管酒醋榷酤之事，设提举一人，秩从五品。由于元大都城市人口规模巨大，大量粮食需要从南方调入，户部为此设置京畿都漕运使司，负责漕运和粮食的调运与仓储工作，设运使二人，秩正三品。其下设有新运粮提举司、京师二十二仓、通惠河运粮千户所等机构。

元代建立了比较完善的会计、审计和监察制度，并形成了系统保障工商业发展的法律规章，如为避免牙人图谋私利和暗箱操作，1273年中书省规定，“今后凡买卖人口、头匹、房屋一切物货，须要牙保人等，与卖主、买主明白书写籍贯、住坐去处，仍召知识卖主人或正牙保人等保管，画完押字，许令成交，然后赴务投税”（《通制条格·关市》）。为防止官吏强买强卖，1282年忽必烈下诏：“和雇和买并依市价。不以是何户计，照依行例应当，官司随即支价，毋得逗遛刁蹬。”（《通制条格·关市》）为防止官吏以借为名侵吞民财，1295年刑部令，“在任官吏，除亲戚故旧之家外，今后凡取借部下诸人钱债，合行明立保见、出息文约”（《元典章·私债》），后进一步规定，“郡县在任官员，不得于富民借贷钱物……违者，肃政廉访司体察究治”（《通制条格·杂令》）。

3. 大都人口与社会管理

元代建立之前，蒙古户籍分类非常复杂，类型众多。元代建立后开始统一户籍，将军户和匠户之外的各类户籍统一进行编户齐民，“除军户、人匠各另攒造，其余站户、医卜、打捕鹰房、种田、金银、铁冶、乐人等一切诸色户计，与民户一体推定鼠尾”（《通制条格·赋役》）。按照居民财产多寡，分上、中、下三等户，每等再分为三级，如上上、上中、上下三等，称为三等九甲，登记在鼠尾文簿中，作为征收赋税和差役的依据。全国兵户和站户户籍由兵部统一管理，“凡城池废置之故，山川险易之图，兵站屯田之籍，远方归化之人，官私刍牧之地……悉以任之”（《元史·百官志》）。大都的匠户户籍管理由工部随路诸色民匠都总管府下设的大都诸色人匠提举司管理，“秩从五品。掌大都诸色匠户理断昏田词讼等事”（《元史·百官志》）。大都城中普通民户由警巡院管理，城外农户由两个附郭县管理。

元代初期大量迁入各类人口以实京师，城市人口快速增加。到1281年，大都人户达到21.95万户，总人口近百万。此后，朝廷开始控制大都人口规模，移入居民大幅减少。同时开始有计划地外迁人口，迁出者以军人及其眷属为主，在元成宗和元武宗时期前后迁出军民共计约1.5万人。元代严格控制人口流动，“诸关厢店户，居停客旅，非所知识，必问其所奉官府文引，但有可疑者，不得容止，违者罪之”，“诸经商，及因事出外，必从有司会问邻保，出给文引，违者究治”（《元史·刑法志》）。对于大都流民，“官给路粮，遣其还乡”（《元史·顺帝本纪》）。

职掌大都治安的衙门较多，主要有枢密院、大都留守司、大都路都总管府等。枢密院统领军队，有“宫禁宿卫”之责。大都留守司也有“守卫宫阙都城”之责，下设大都城门尉专掌门禁启闭管钥。大都有11座城门，每门设尉2人，副尉1人，后来皇帝的侍卫亲军也参与大都城门启闭管钥之事。大都路都总管府是负责大都社会治安的主要的衙署，下设大都路兵马都指挥使司、警巡院和关厢巡检司承担具体的治安管理任务。大都路兵马都指挥使司，“秩正四品。掌京城盗贼奸伪鞫捕之事”（《元史·百官志》），置南北二司，统领承担具体巡逻任务的弓手。在大都南城、北城各设若干弓手居住的处所，其中“南城三十二处，弓手一千四百名；北城一十七处，弓手七百九十五名”（《元史·兵志》）。大都东关厢、西北关厢、南关厢都设巡检司负责城门外的治安，“秩从九品。巡检三员，司吏一人。掌巡捕盗贼奸宄之事”（《元史·百官志》）。

大都城中的治安管理比一般城市要求更高，一般城市“禁汉人、南人、高丽人，不得执持军器，凡有马者拘入官”（《元史·顺帝本纪》）。但在大都，“诸都城小民，造弹弓及执者，杖七十七，没其家财之半，在外郡县不在禁限”（《元史·刑法志》）。为了避免衙门以权谋私、为害民众，元代“申严大都总管府、兵马司、左右巡院敛民之禁”（《元史·世祖本纪》）。大都实行夜禁制度，“其夜禁之法，一更三点，钟声绝，禁人行；五更三点，钟声动，听人行。有公事急速及丧病产育之类，则不在此限。违者笞二十七下，有官者笞七下，准赎元宝钞一贯”（《元史·兵志》）。

元代在大都积极创设学校、教化百姓、培养人才，设有国子学、蒙古国子学、回回国子学、大都路学以及医学、阴阳学等学校。国子学隶属于国子监，有博士二人，教授儒家经典。国子生选自七品以上朝官子孙，三品以上官员可举荐优秀学子作为陪读生。蒙古国子学隶属于蒙古国子监，有博士二人，教习蒙古文字，“于随朝蒙古、汉人百官及怯薛歹官员，选子弟俊秀者入学，然未有员数。以《通鉴节要》用蒙古语言译写教之，俟生员习学成效，出题试问，观其所对精通者，量授官职”（《元史·选举志》）。回回国子学是教习亦思替非文字（波斯文）的学校，生员来自公卿大夫子弟与凡民之子。国子学、蒙古国子学和回回国子学均由官府提供膳食和书籍。大都路学，亦称大都路提举学校所，有提举一人，教授二人，生员百余人，由京畿漕运司和大都路都总管府负责供给所需。医学是培养医药人才的专门学校，是太医院的下属机构。京师医学也叫广惠司，生员来自医户子弟或其他有意愿从医者，严禁未学医而行医。阴阳学是培养天文历算人才的专门学校，各路皆有设置，统于太史院和司天监。《元史·刑法志》中还专有《学规》篇，反映元代对学校教育的重视和管理的系统规范。

在社会保障方面，元代规定“孤老幼疾贫穷不能自存者，仰本路官司验实，官为养济而不收养或不如法者，委监察纠察”（《通制条格·赋役》）。元世祖忽必烈即位之初便置燕京惠民局，其余诸路亦相继设立。“大都惠民局，秩从五品。掌收官钱，经营出息，市药修剂，以惠贫民。”（《元史·百官志》）大都设立京师医药院，后改为广惠司，“秩正三品。掌修制御用回回药物及和剂，以疗诸宿卫士及在京孤寒者”（《元史·百官志》）。自1301年起，为避免官府所拨的赈粜粮被豪强嗜利之徒侵占而不能真正周济贫民，大都创行了红贴粮制度，即“令有司籍两京贫乏户口之数，置半印号簿文贴，各书其姓名口数，逐月对贴以给。大口三斗，小口半之。其价视赈粜之直，三分常减其一，与赈粜并行”(《元史・食货志》)①。

4. 大都的城市建设与市政管理

大都城市规模较金中都更大，但城市建设和市政管理的机构与金中都相似，并没有太大的变化。

负责大都城市建设的机构有：(1) 工部的提举都城所，“秩从五品。……掌修缮都城内外仓库等事”(《元史・百官志》)。(2) 大都留守司修内司，“秩从五品。领十四局人匠四百五十户，掌修建宫殿及大都造作等事。……至元中，增工匠，计一千二百七十有二户”(《元史・百官志》)，其下设有大木局、小木局、泥厦局、车局、妆钉局、铜局、绳局等机构。(3) 大都留守司祗应司，“秩从五品。掌内府诸王邸第异巧工作，修禳应办寺观营缮，领工匠七百户。……国初，建两京殿宇，始置司以备工役”(《元史・百官志》)，其下设有油漆局、裱褙局、烧红局、销金局、画局等机构。(4) 大都留守司器物局，“秩从五品。掌内府宫殿、京城门户、寺观公廨营缮，及御用各位下鞍辔、忽哥轿子、帐房车辆、金宝器物，凡精巧之艺，杂作匠户，无不隶焉”(《元史・百官志》)，其下设有铁局、网局、采石局等机构。(5) 大都四窑场，“秩从六品。……领匠夫三百余户，营造素白琉璃砖瓦，隶少府监”(《元史・百官志》)，其下设有南窑场、西窑场、琉璃局等机构。

与大都市政管理相关的机构有：(1) 大都河道提举司。都水监是负责全国河道维修与日常管理的机构，下设大都河道提举司负责大都的河道管理事务。置提举一员，秩从五品。由于对流入大内河水的水质要求较高，因此禁止在金水河洗涤、弃土和驱牲口饮水，“金水入大内，敢有浴者，浣衣者，弃土石瓴甋其中，驱马牛往饮者，皆执而笞之”(《全元文・都水监事记》)。(2) 大都陆运提举司。秩从五品，掌两都陆运粮斛之事，设海王庄、七里庄、魏家庄、腊八庄四所。(3) 新运粮提举司。为京畿都漕运使司下属机构，秩正五品，管理站车 250 辆。最初隶属于兵部，坝河开通后主要配合粮食运输，因此转入户部。(4) 通政院。是管理全国邮驿的机构，设大都、上都二院。大都院置使四员，从二品，负责大都至各地的邮驿事务。(5) 内宰司柴炭局。元大都煤的使用量较金中都有了显著增加，为保证宫廷内府能源供给，特置柴炭局，并由专人采薪烧炭，供内府使用。

本章小结

1. 辽金元三代都采取因俗而治和多制并举的方式，国家管理各有特色。辽代在中央设置了北南两套管理机构，在地方既有承袭唐制的行政机构，也有契丹特色的投下军州和帐，还有独具特色的四时捺钵之制。金代在天眷新制之后，建立了以辽的南北面官制为基础的中央机构，在地方也采取辽宋之制。元代的国家管理以蒙古制度为核心，引入了一些汉制，具有“汉表蒙里”的特点。元代创立了行省制度，开了中国省一级政区的先河。

2. 辽代实行五京之制，但五京只是名义上的首都，真正的首都是流动的捺钵。金代

① 高文德．中国少数民族史大辞典［M］．长春：吉林教育出版社，1995.

初期仿照辽代设有五京，但在完颜亮之后，金中都地位迅速强化而其他都城地位显著削弱。元代实行两都巡幸制度，大都和上都是最重要的两个城市。

3. 辽金元时期也设置了城市管理机构，在首都是警巡院，在府州城市是录事司和司候司。但进入明代后，这些机构均被撤销。

4. 南京是辽代最大的都城，由南京留守司管理军务和民政，由警巡院管理城内治安和民政，下设26坊。金中都由大兴府管理，由警巡院负责城内治安和民政，下设62坊。元大都由大都留守司和大都路都总管府管理，城内设有多个警巡院。从辽代到元代，随着都城地位越来越重要，城市规模也越来越大，城市经济和社会管理更加完善。

关键术语

投下军州　族帐　奉陵邑　捺钵　勃极烈　猛安谋克　行中书省　两都巡幸　留守司　辽五京　金五京　金中都　和林　元上都　元大都　诸色户计　警巡院　录事司　司候司

复习思考题

1. 与魏晋南北朝时期相比，辽金元时期的国家管理有何特点？
2. 与中原地区相比，辽金元时期城市发展各有什么特色？
3. 分析辽金元时期都城的发展与城市管理制度的演变。
4. 简述辽金元时期城市管理机构的演变。
5. 辽金元三代对中国后世的城市发展和城市管理产生了哪些影响？

第7章

明清时期的城市管理

明清时期是中国传统社会的末期，中国城市经过长期的发展演变，到清代已形成了一个较为完整的体系，奠定了中国进入近代的基本格局，城市管理也随着国家管理和城市的演进而出现新的变化。

重点问题

- 明清时期的国家管理
- 明清时期的城市发展
- 明清时期城市经济和社会管理
- 明清北京的城市管理
- 19世纪英国的城市管理变革

7.1　明清时期的国家管理

7.1.1　明代的国家管理

明代建立之初，国家机构承袭元代旧制。由中书省统领六部负责行政，御史台掌监察，大都督府掌军事，地方最高行政机构为行中书省。国家统治稳定后，为强化君主专制和中央集权，统治者进行了一系列国家机构改革，形成了以内阁辅政、六部执掌行政、五军都督府掌军事、都察院与六科掌监察的中央机构。受金元两代君主专制和家产制国家的影响，朱元璋要求臣子对皇帝绝对效忠，唐宋时期“君使臣以礼，臣事君以忠”（《论语·八佾》）的君臣关系不复存在。明代家天下色彩十分浓厚，再次出现分封宗藩的做法。

明代中央机构最大的变化是废除丞相，设立内阁和通政使司。洪武十三年（1380年），朱元璋以谋反之罪诛杀胡惟庸，宣布废除中书省和丞相，并将不得设立丞相作为祖制规定下来，“以后子孙做皇帝时，并不许立丞相。臣下敢有奏请设立者，文武群臣即时劾奏，将犯人凌迟，全家处死”（《皇明祖训》）。为强化君主专制，明代在中央成立内阁和通政使司。内阁是皇帝的秘书和辅政机构，完全奉君主旨意行事。通政使司是皇帝的“喉舌之司”，通政使掌“受内外章疏敷奏封驳之事。凡四方陈情建言，申诉冤滞，或告不法等事”（《明史·职官志》），确保全国各地重要信息直达御前，皇帝批示的谕旨也经通政使司抄送给有关衙门和官员。

在监察体制方面，明代将御史台更名为都察院。废除中书省后，皇帝直接统领六部，六部职能与前代基本相同，但在国家管理体系中的地位上升。为加强对六部的监察，明代在都察院设立吏、户、礼、兵、刑、工六科，每科对应一部，履行监察之责。为强化对地方的监察，都察院设十三道监察御史，分别对应于十三个承宣布政使司（简称布政使司）。六科给事中和监察御史虽然品秩不高，但权力较大、升迁较快，在国家政治生活中具有重要地位。

在军事上，明代初期的大都督府被拆分为前、后、中、左、右五个都督府，由它们分掌天下军籍，统领都指挥使司及其下属卫所。五军都督府与兵部相互牵制，兵部有出兵之令而无统兵之权，五军都督府有统兵之权而无出兵之令。五军都督府的官员只有经皇帝任命为总兵才能统兵作战，战事结束后立即解除兵权，确保皇帝对军队的绝对控制。

明初禁止宦官干预政事，但朱棣以后又开始倚重宦官，在宫廷内部建立了十二监、四司、八局，总称二十四衙门。各衙门设提督太监、掌印太监等统辖，形成庞大的势力集团。明代还设立了厂卫特务机构作为皇帝的耳目和爪牙，东厂、西厂的头目多由二十四衙门中的司礼监委派太监担任，锦衣卫的指挥使由皇帝亲信担任，厂卫体系因此也成为明代强化君主专制的重要标志。

明代地方机构也在元代行省制度的基础上进行了调整。针对元代行中书省职权太大而不利于中央集权的现象，明代将各地行中书省改为布政使司。布政使的职责是执行皇帝旨意，向地方发布政令，主管一省民政和财政。虽然仍是一省最高行政长官，但布政使的职权远不如元代行中书省的主官。在省一级还设立了提刑按察使司和都指挥使司，分别执掌刑狱与军事。布政使司、提刑按察使司、都指挥使司三司地位平等、互不统属，都直接受中央指挥。但三司互相掣肘导致行政效率低下，为此中央又设立巡抚一职。巡抚协调三司、监察官吏、安抚百姓，经常被委派去督理税粮、总理河道、抚恤流民、整饬边防等。在东南沿海抗倭期间，又加派兵部尚书以都察院御史身份总督数省。巡抚和总督都是京官，只是临时派遣到地方，以进一步强化中央对地方的控制。

省以下大多为府、县二级，个别地方在省下设府、州、县三级（见图7-1）。州有直隶州和属州两种。直隶州直属省管辖，其地位略低于府而高于县，其下也可辖少量县。属州隶属于府，其地位相当于县，但个别属州也领有县。在民族聚居地则根据各民族特点设置了军政合一的边疆管理机构以及土司或都司等机构。据《明史·地理志》记载，明代有府140，州193，县1 138。为进一步规范和强化各级地方官府的管理和逐级监督，明初制定了府州县条例，并颁示天下。还颁布了县官《到任须知》三十一条，要求县官到任后尽快掌握所辖县域的历史、地理、版籍、田粮、刑狱、司法、财赋等事务。

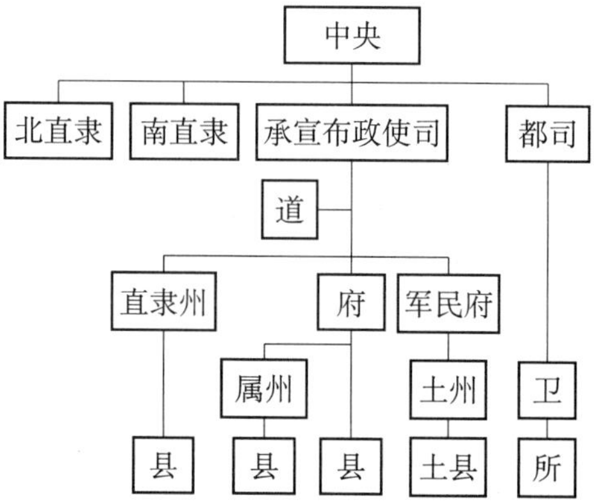

图 7-1 明代的行政区划体系示意图

明代国家对基层社会和人民的人身控制进一步强化。明代户籍继承了元朝的“诸色户计”，将全国人口按照职业分为民户、军户、匠户等户籍。各色户籍世袭职业，不容更改。县以下推行里甲制，每 110 户为一里，推丁粮多者 10 户为里长，余百户为 10 甲，每甲又以一户任甲首。里长和甲首皆轮流担任，负责管理里甲人户，统计丁产变化，督促生产，调解纠纷。里甲之内，百姓必须了解彼此情况，即“农业者不出一里之间，朝出暮入，作息之道互知焉”（《大诰续编·互知丁业》）。任何人离乡百里，都必须持“路引”。州县关津要害之处设巡检司，稽查往来行人，核验路引，严治“旷夫”（无业游民）。但在推行“一条鞭法”后，里甲制逐渐瓦解，保甲制开始兴起。保甲的主要任务是维持地方治安，与赋役无关，划分方式比里甲更为灵活。在以严刑峻法控制社会的同时，明代也采取了一些辅弼刑治的教化措施。基层普遍设立申明亭和旌善亭，若里甲百姓犯有过失，即书写于申明亭上以示惩戒；若有善人善事，则书写于旌善亭上以示表彰。每里推选一名德高望重之人负责书写善恶，向里民宣讲法律和圣谕，使民知法畏法，恪守本分。朱元璋还下令仿古制举行乡饮酒礼，每季一次，以行教化。

明代早期的几位皇帝重视程朱理学，早在开国伊始，就有刘基、宋濂等理学家与朱元璋论道经邦。永乐年间，解缙以程朱理学为标准纂修《永乐大典》，程朱理学也因而取得了独尊的地位。明代中期，王守仁“心学”崛起并广泛传播，程朱理学逐渐退居次要地位。明末由于社会动荡，学者们开始反思和批判理学，实学兴起。随着理学地位的确立和君主专制的强化，宗教作为统治工具的作用显著下降。道教和佛教走向衰落且被儒化，出现三教合流的趋势。但与官方宗教衰落的情况相反，民间宗教却蓬勃发展并兴起了秘密会社，因此朝廷严格控制民间宗教。明朝后期，西方传教士来到中国，带来一些西洋奇器和书籍。澳门是这一时期西学东传的一个主要通道，但由于传入的西方知识数量少、影响力小，对中国思想文化影响不大，因此统治阶级仍然延续着传统的宇宙观和天下观。

7.1.2 清代的国家管理

清代建立初期，议政王大臣会议是最高的权力机构。它是由宗王、八旗、贝勒等上层贵族共同处理国政的制度，又称“国议”。康熙即位后为强化皇权而逐步削弱其地位，并在康熙十六年（1677年）另设南书房，将其发展为完全听命于皇帝的秘书机构，随时承旨出诏行令。雍正七年（1729年）设立军机处，到乾隆时期，该机构成为直接对皇帝负责的核心权力机构，议政王大臣会议的地位进一步被削弱直至撤销。清代军机处、奏折制和秘密立储等制度进一步强化了皇帝权力，中国古代君主专制制度至“康乾盛世”达到巅峰。

在入关之前，满人已经开始借鉴明代的政治制度设立了六部，各部尚书均由满人担任。1644年进入北京后，“令在京内阁、六部、都察院等衙门官员，俱以原官同满官一体办事”（《清世祖实录》），即关内外两套机构合并办公，各部尚书和侍郎满汉各一人。为了确保满族贵族的统治地位，清代特设“官缺”制度。所有官职分为满官缺、蒙古官缺、汉军官缺、汉官缺四种，不同官缺只能由相应类型的人出任或补授。国家要害部门或重要职位多为满官缺，而非要害部门和地位低的官职才以汉官缺为主，由此形成以满族为首、满汉联合的官僚体系。

清代的地方行政机构经过顺治和康熙时期的多次调整，最后基本上形成了省、府（州）、县三级（见图7－2）。省是地方最高一级行政机构，是在明代的基础上略加调整后形成的。总督和巡抚在明代为临时派遣，到清代时成为常设官职，代表皇帝行使地方军政大权，并建立了完备的机构。总督一般管辖两个以上省份的军事，巡抚只管辖一省的民政，两者都直接对皇帝负责。各省督抚之下设布政使和按察使，废除了明代的都指挥使。省以下在汉地实行府（州）县制（见图7－3），在蒙古族地区实行盟旗制，在东北地区和实行将军辖区制，在青藏地区实行办事大臣辖区制，在西南地区最初实行土司制，改土归流后实行州县制。

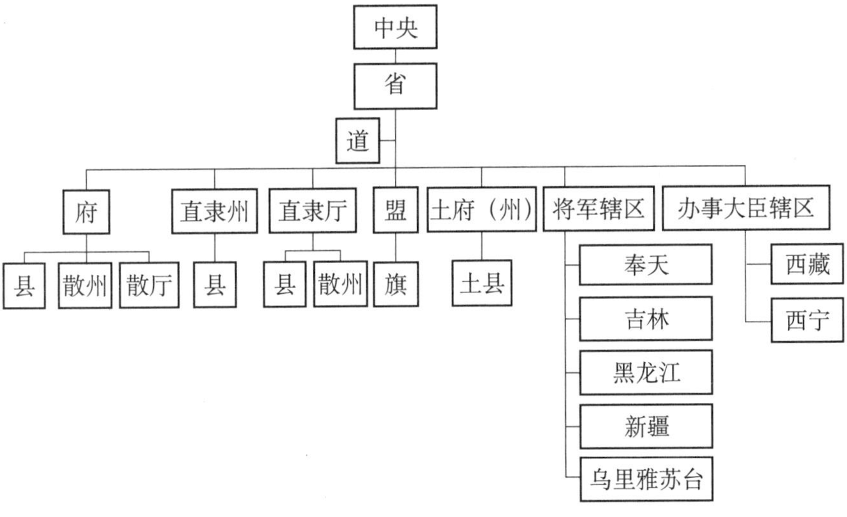

图7－2　清代的行政区划体系示意图

清初承袭明代的赋役、户籍和基层社会管理制度，里甲和保甲并存，里甲负责管理户籍、征收赋役，保甲负责维持治安。顺治时期取消了匠籍制度，康熙时期宣布“滋生人丁永不加赋”，雍正时期推行“摊丁入亩”。赋役制度的变化导致里甲制失去了存在的

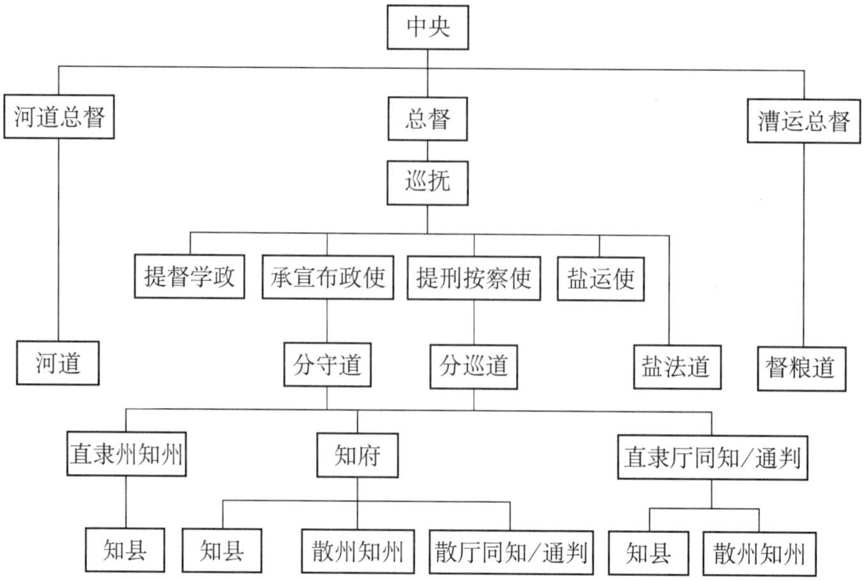

图 7-3　清代汉地各级地方机构及其主官关系示意图

资料来源：瞿同祖．清代地方政府．北京：新星出版社，2022.

意义，逐步与保甲合并。保甲制也进一步完善，按十进制设立牌、甲、保三级，分别以牌头、甲头、保长为首。除维持治安外，保甲也兼管一些社会事务。

八旗制度是清代一项极具特色并贯穿始终的制度。八旗制度最初源于女真人的狩猎组织，是女真人的社会和军事组织形式。八旗最初为黄、白、红、蓝、镶黄、镶白、镶红、镶蓝满八旗，后又建立了蒙古八旗和汉军八旗。旗人战时皆兵，平时为民。各旗分别设立都统三名，满洲都统、汉军都统、蒙古都统各一名。清入关后，为加强军事防御，分别令八旗兵在京师与各地驻防。到 18 世纪中叶，八旗营区系统地分布于全国的军事要地，实行永久性驻扎。

清代对汉文化的接受程度高于辽金元三代，虽然清王室仍在一定程度上保留了本族文化，但其总体上表现为“满表儒里”。定都北京后，清代统治者按照明太祖的六谕颁布《钦定六谕卧碑文》，对民众尤其是读书人的行为作出了具体的规定。① 康熙时期大力推行汉文化，儒家经典是满族人的必修课。到乾隆中期，满人几乎全部以汉语为母语，官方文件中的满文逐步为汉文所取代。鉴于明代后期理学流于空谈心性，清代初期的学者更强调经世致用。但清代也曾大兴文字狱，以防止和镇压知识分子的反抗，表现出文化专制主义的特点。

清代对书院采取了先抑后扬的政策。清代前期对书院自由讲学的传统和方式采取了抑制的政策。但雍正时期把书院作为一种文治的措施，在加强控制和监督的前提下鼓励建立书院。雍正十一年（1733 年）颁布上谕，在全国各省建立书院，“各省书院之设，辅学校所不及，初于省会设之。世祖颁给帑金，风励天下。厥后府、州、县次第建立，

① 《钦定六谕卧碑文》的具体内容是：“孝顺父母，恭敬长上，和睦乡里，教训子孙，各安生理，毋作非为。”

延聘经明行修之士为之长，秀异多出其中。高宗明诏奖劝，比于古者侯国之学。儒学浸衰，教官不举其职，所赖以造士者，独在书院。其裨益育才，非浅鲜也”（《清史稿·选举志》）。雍正十一年，由总督李卫奉诏而建的保定的莲池书院，是清代直隶的最高学府，深受清廷重视。

清代社会存在着多种宗法性的传统宗教，如佛教、道教、伊斯兰教、萨满教、基督教、天主教和民间宗教。宗法性传统宗教的祭祀活动更趋完备，成为维护国家统治、稳定社会秩序和维系家族体系的精神力量。佛、道二教走向衰弱，统治者对其采取利用为主、限制为辅的政策，但藏传佛教备受尊崇。伊斯兰教深受孔孟儒家思想的影响而趋向儒化，大力宣传伊斯兰教和儒学道本同源。基督教在清代初期继续传播，但在康乾时期因礼仪之争和危害统治而屡次被禁，耶稣会中国传教会在乾隆年间被迫宣告解散。直到鸦片战争后，天主教才取得合法传教地位。女真人原本所信奉的萨满教处于停滞不前的状态。民间宗教异常活跃，元代形成的白莲教发展到清代已经形成了很多支派，信徒和秘密会社众多。清代统治者视其为“左道惑众”，三令五申严加取缔，但民间宗教却屡禁不止。民间会社甚至组织了数次规模巨大、影响深远的反清武装起义。

7.2 明清时期的城市发展

在元末明初政权更迭的过程中，城市受到严重破坏。华北和江淮一带尤其严重，曾经繁华的扬州城内一度只剩下 18 户人家。明初稳定政局后，采取了一系列积极的措施，农业、工商业和城市得到了较快的恢复和发展。

明初定都南京。南京在元代称集庆，朱元璋攻占集庆后，曾一度改名应天。洪武元年（1368 年），又改应天为南京，洪武十一年（1378 年）正式称之为京师。明初南京只有 27 000 多户，约 10 万人。加上驻军和流动人口，总数约 30 万人。洪武十三年（1380 年），朱元璋下令“起取苏、浙等处上户四万五千余家，填实京师。壮丁发各监局充匠，余为编户，置都城之内外，爰有坊厢”（《天下郡国利病书》）。到洪武三十年（1397 年），南京城有 95 000 多户，人口约 60 万。虽定都南京，朱元璋一直心怀迁都西安之意。但由于太子朱标早逝，朱元璋再无心思来考虑此事，他在祀灶神文中表达了万般无奈的心情：“朕经营天下数十年，事事按古有绪。维宫城前昂后洼，形势不称。本欲迁都，今朕年老，精力已倦，又天下新定，不欲劳民。且兴废有数，只得听天。”

元大都经元末战火后人口锐减，洪武元年改大都为北平，降为府级城市。大将徐达将北城墙南移五里，并将元代大内宫殿拆毁。洪武三年（1370 年），朱元璋封朱棣为燕王，洪武十三年（1380 年），朱棣赴封地，镇守北平。永乐元年（1403 年），朱棣遵太祖高皇帝中都之制，改北平为北京，大规模迁移人口充实北京，“令选浙江、江西、湖广、福建、四川、广东、广西、陕西、河南及直隶苏、松、常、镇、扬州、淮安、庐州、太平、宁国、安庆、徽州等府无田粮并有田粮不及五石，殷实大户，充北京富户，附顺天府籍，优免差役五年”（《大明会典·户部》），后又“徙山西太原、平阳、泽、潞、辽、沁、汾民一万户实北京”（《明太宗实录》），还调集数十万工匠进京营建新都，从而使北京人口规模大增。永乐十八年（1420年），北京城主要宫殿基本营建完毕，朱棣改北京为京师，次年正式迁都。其后几代皇帝陆续对北京进行了改扩建，使北京成为我国古代都城的杰出代表。

明初为防御蒙古残余势力南侵，在长城内外派驻重兵，修建了许多卫所，并以此为基础进行大规模的军屯。迁都北京后，朝廷先后设立了辽东、蓟镇、宣府、大同、山西、延绥、宁夏、固原、甘肃等9镇（时称“九边”），镇下设卫。有些镇规模较大，如宣府镇有军户23万，同时又兼藩王驻地，因此经济繁荣。明代在其他战略要地也建立了不少卫所，其中一些卫所逐渐发展成规模较大的城市，如沈阳卫、广宁卫、山海卫、天津卫、威海卫等。

1616年，努尔哈赤在赫图阿拉城正式称汗，并将其改名为兴京。1621年，努尔哈赤迁都于沈阳，称其为盛京。顺治元年（1644年），顺治帝将首都从盛京迁到北京。明清之际的战事再次对汉地一些城市造成巨大破坏，康雍乾三朝采取了一系列措施恢复和发展经济。清代随着摊丁入亩的实施，人口迅速增加。1741年全国人口达到1.4亿，1762年超过2亿，1790年突破3亿。鸦片战争爆发时，全国人口已达到4.1亿。人口的增加和工商业的繁荣推动清代中期以后城市进一步发展，城市数量和规模达到农业时代的顶峰。

清代城市发展基本沿袭了明代的趋势，但有三个特色：一是沿海地区的城市发展受到抑制。清代初期为切断沿海居民与台湾反对势力的联系，颁布迁海令，强迫沿海居民内迁，毁坏城郭、焚烧庐舍，使“滨海数千里，无复人烟”（《闽海纪要》）。清代还实行“闭关自守”政策，对外贸易只留下广州一个口岸，宋明时期繁荣的泉州、福州、宁波等港口城市暂时失去了往日的盛景。二是八旗军队驻扎地形成自成一体的满城。为了保障八旗军队不受汉人同化，根据满汉分治的原则，清代在八旗军队驻防地筑城，禁止汉人居住。城内设有官署、教场、营房等军政设施，还有保障旗人日常生活的公共设施、寺庙等建筑。满城在管理上自成一体，由所在城市的将军统辖，总督和巡抚无权过问。三是随着清代城市人口规模的扩大，城市经济繁荣，工商业在城市发展中的重要性进一步上升，甚至成为决定一些城市兴衰的主要因素。一些城市突破了城墙的范围，在城外主要城门附近形成了以经济职能为核心、空间布局不规则的关厢地区。

明清时期提倡筑城，州县官员的职责之一就是负责修筑和维护城池。由于火炮被广泛用于战争，明代曾兴起大规模兴筑砖城的高潮，各中小城市普遍改建或加固城墙。①清中前期也是广泛修缮城墙的时期，从官府到民间社会都非常重视城墙建设。地方公事莫大于城垣，皇帝多次下诏要求各地官员修葺城墙。清代还明确规定：“直省城垣所在，修理之事责之督抚州县官吏，倾圮者有罚，修葺者有奖。”（民国《续修陕西通志稿·城池》）民间也将城墙的兴废视为城市兴衰的重要标志，积极捐钱出力修建城墙。

官署等礼制建筑也是明清时期城市建设的重点。基于“民非政不治，政非官不举，官非署不立”（嘉靖《邓州志》）的认识，明清两代十分重视官署建设，形成制度化和标准化的建设体系。清代官署建设沿用明代制度，“凡直省大小衙门皆遵定式建造，金元以

① 鲁西奇，马剑．城墙内的城市?：中国古代治所城市形态的再认识［J］．中国社会经济史研究，2009（2）．

前，远而莫稽，故明正统间颁公署定式于天下，文武上下皆有成规。国家因明之旧……雍正八九两年，饬令各府州县动帑兴修，不劳民力”（雍正《山东通志·公署》）。清代中前期，全国绝大多数城市中的衙门等官方建筑都得到了重修，城市的城墙与官署等建筑一起，成为国家政权的重要表征，“古今建邦设邑，皆必壮其声与势，而后规模立焉。盖达天下之气也以声，而聚天下之形也以势。其所为得声与执者，千秋上下，又莫不以营建成之。大哉营建，信有关于政治也”，“振民之力而使兴也，动民之情而使和也，呼民之性而使觉也。仰之使知所载也，望之使知所归也”（康熙《永州府志·艺文志》）。

明清盛行城隍崇拜，目的是借鬼神喻世事，以整顿吏治、反腐戒贪、弘扬正义、净化社会风气。明代将城隍神崇拜发展到了一个新的高度，朱元璋曾说：“朕立城隍神，使人知畏，人有所畏，则不敢妄为。”（《典故纪闻》卷三）因此，明初大封天下城隍神爵位：“我朝洪武元年，诏封天下城隍神，在应天府者以帝，在开封、临濠、太平府、和、滁二州者以王，在凡府州县者以公以侯以伯。……新官赴任，必先谒神与誓，期在阴阳表里，以安下民。”（《水东日记·城隍神》）清代对于城隍神的祭典也基本承袭明制，“凡一府一邑，俱有山川社稷坛、文武城隍庙以及乡贤名宦诸祠，此皆列于祀典，官民之所宜春秋祭祀者”（《履园丛话·笑柄》）。

明清时期城市商业继续发展。明代开始弱化对盐、铁、茶等商品的直接控制，而将专卖权转让给特许商人，官府坐收引钱和税钱。清代进一步缩小了官营手工业的范围和规模，促进了商业经济的发展，进入了工商业发展的又一个高峰。一些城市出现规模较大的手工业作坊，大量使用雇佣劳动力，出现了资本主义萌芽。在此背景下，明清地方城市得到了较快的发展，大中城市增多，城市规模普遍超过其他历史时期。市镇也快速恢复且有了更大的发展，开始从乡村中分离出来，成为一种独立的城市类型。正德《姑苏志》中已有“郊外民居所聚谓之村，商贾所集谓之镇”的区分，同治《苏州府志》中也有这样的记载：“江南烟户业田多，而聚居城郭者什之四五，聚居市镇者什之三四，散处乡村者什之一二。”一些市镇逐渐发展为专业性工商业城市，如以棉织业为特色的松江朱泾镇以及以丝织业为特色的苏州盛泽镇和湖州南浔镇。到清代前期，广东佛山镇、江西景德镇、湖北汉口镇、河南朱仙镇合称“天下四大镇”，已经成为综合性工商业城市。①

朝廷将国家行政体系向这些市镇延伸，主要采取三种方式：（1）派驻机构或官员。常见的派驻机构是巡检司，明清的巡检司为县级官府的派出机构，如乾隆二十七年（1762年）向周庄镇派驻巡检司。常见的派驻官员是县丞或主簿，如四川蓬溪县的蓬莱镇，“离城一百三十余里，烟户鳞集，多系外省客寓”（《宫中档乾隆朝奏折》），乾隆年间县丞移驻该镇。对特别重要的市镇则派驻更高级别的官员进行管理，如江西饶州府浮梁县景德镇瓷业兴盛，地位非常重要，于是派驻知府的副职同知进行管理。（2）设置新的县治。如苏州、松江、常州地区新兴市镇众多，赋重事繁，因此清初“升州增县，以分其任”。如雍正二年（1724年）析太仓州地分置了镇洋县，分长洲县地置元和县，析吴江县置震泽县，分常熟县地设昭文县，割昆山县地置新阳县，析嘉定县地设宝山县。（3）将县治迁至繁

① 韩大成．明代城市研究：修订本［M］．北京：中华书局，2009．

荣的新兴市镇。如清初苏州府吴江县盛泽镇是经济繁荣、人口众多的大镇，乾隆五年（1740 年）吴江县官府移驻于此。通过以上三种方式，国家牢牢控制新兴市镇。①

明清时期对城乡地域的划分更加明确，不仅有明确的城-镇-村的划分，也有城-郊-乡的区分，“城中曰坊，近城曰厢，乡都曰里”（《明实录·明太祖实录》）。在思想观念上，城市的繁荣奢华和各种城市问题的出现导致人们对城市产生一种矛盾心态，顾炎武在《日知录》中所言极具代表性：“人聚于乡而治，聚于城而乱。聚于乡则土地辟，田野治，欲民之‘无恒心’，不可得也。聚于城则徭役繁，狱讼多，欲民之‘有恒心’，不可得也。”因此他向往“道路罕行，市朝生草”的古代社会，并指出“欲清辇毂之道，在使民各聚于其乡始”。②

7.3 明清时期的城市管理

7.3.1 城市经济管理

明清市场管理更加完善，交易进一步规范。明代各个城市的市场管理由市司负责，京城的市司归兵马指挥司管理，其余府州市司由各城兵马司兼任：“命在京兵马指挥司并管市司，每三日一次校勘街市斛斗、秤尺，稽考牙僧姓名，时其物价”（《明史·职官志》），“在外，府州各城兵马，一体兼理市司”（《明会要·食货志》）。具体负责巡视市场的称“集头”“老人”“集头老人”，嘉靖《威县志》载：“集头老人，在城集额设一名，专以管理市政，同度量衡。”工商业店铺开业前，必须向官府申请，并签署书面保状，保证遵守官府的政策法令。如果店铺违背保证，官府可以随时依法进行惩处。为统一度量衡，朱元璋曾下令铸造标准的铁斛斗升，商铺所用斛斗秤尺必须与官府保持一致，由官府审验并打上烙印方可使用，对违法作弊者予以严惩。市场物价由市司会同行会评估，如果发现贵贱不平、把持行市和强买强卖等情况，会严厉制裁当事人。明代开始在《大明律·户律》中专设《市廛》篇，增加了与市场交易相关的法律条款。如对于以次充好者，《大明律·户律》规定：“凡造器用之物，不牢固、真实，及绢布之属纰薄、短狭而卖者，各笞五十，其物入官。”清代关于市场管理的方式和法规与明代大体相同，“市廛之事，唐律在杂律中，明分出名篇而增改焉，国朝亦仍其名。贸易之地曰市，市之邸舍曰廛，皆言牙侩所犯也”（《大清律辑注·户律》）。

明代中后期工匠应役当差制度逐渐放松，行会在工商业管理中的功能增加，地位提升。各个行会普遍形成以行业习惯和地方习惯为基础、经过集体议定并报官府批准的行规，一般包括行会组织规则和市场交易规则两方面的内容。商品经济发展也导致流寓客地的商人不断增加，城市中本地商人和外地商人的矛盾日益加剧，因此明代开始形成会馆这一新型商业组织。早期的会馆主要设于北京，以乡谊为基础，为来京赶考人士提供

---

① 邓亦兵．清代前期的市镇［J］．中国社会经济史研究，1997（3）．

② 罗晓翔．乡土情结与都市依恋：论晚明以降的中国城乡观［J］．江海学刊，2020（4）．

居处和为在京的同乡提供聚会的场所，“以敦亲睦之谊，以叙桑梓之乐，虽异地宛若同乡”（《浮山会馆金妆神像碑记》）。明代中期以后，会馆性质从单纯的同乡组织向工商业组织发展。清代会馆进一步繁荣，规模较大的城市普遍设有多个会馆。这些会馆都具有浓厚的工商业特征，主要功能是联乡谊、聚乡人、厝死者，一般都设有神殿、厅舍、戏台等，通常都有明确的会馆章程。

明清以官府指定的官牙作为商业交易的中介。官牙广泛出现在各级城市中，各市舶司中设有专司对外贸易的官牙，在一些新兴市镇中也设有官牙管理市场和征收商税。如在福安县，“旧设巡栏，今设官牙，以平贸易”（万历《福安县志》）。为防止他们把持行市，明代正式将牙行规范列入全国性的法典，规定牙人必须得到官府的许可才能营业：“凡城市、乡村诸色牙行及船埠头，并选有抵业人户充应，官给印信、文簿，附写客商船户住贯、姓名、路引字号、物货数目，每月赴官查照，私充者杖六十。”（《大明律·户律》）牙行必须按月向官府禀报经营状况，缴纳牙税，不得与商人勾结扰乱物价：“贩鬻之徒通同牙行共为奸计，卖物以贱为贵，买物以贵为贱者，杖八十。”（《大明律·户律》）清代进一步健全牙行制度，既充分发挥其在市场交易中的作用，又立法遏制其弊端，《大清会典》规定：“凡城厢、衢市、山场、镇集，舟车所辏，货财所聚，择民之良者，授之帖，以为牙侩。使辨物平价，以通贸易，而税其帖，曰牙税。质库商行操奇赢以逐利者，有行铺税。”

明初采取的是城乡一体的徭役制度，城市居民承担的徭役与乡村居民无明显差别，都包括里甲正役和杂泛差役两大项。但这种制度并不适合职业结构复杂且具有较强流动性的城市，因此出现了“买办”这一专门针对城市工商业者的徭役形式。工商业者以徭役的形式，为朝廷和各级官府买办所需物品，提供所需劳务，主要有两种类型：一种是“铺户买办”，又称“铺户之役”，其佥役对象是被通称为“铺户”或“行户”的坐贾，即定居城市的工商业者。另一种是“召商买办”，又称“铺商之役”，其对象既有坐贾又有行商，派役方法是根据资产状况点佥，主要在北京为宫廷供应商品和为北方边镇筹措粮草。

明代前中期只在少数城市征收房屋税，如北京的房号税、南京的房钞和杭州的间架税。北京房号税的征收范围为五城兵马司所辖地方，包括城内及近城关厢地区，通州、张家湾等地也曾征收过。征收标准大致是每间房每月收银四分，每年例免三个月，如遇较大灾害或重大庆典另有减免，皇亲贵戚和高官等还有优免的特权。南京房钞的征收对象是官府分配的房屋，带有房租性质。杭州间架税的征课范围仅限于仁和和钱塘两个附郭县，属于田赋的一个特殊类别。明代后期，一些城市对承担夜巡、防火、缉盗等职能的火甲之役进行改革，由实役制改为按间架征税，形成了以银代役性质的房屋税。明朝末年，因财政入不敷出，朝廷试图在全国普遍开征房号税，但绝大多数地方并未实际征收。入清以后，房屋税仍存续了一段时间，到康熙中后期才陆续被免除。

7.3.2 城市社会管理

辽金元时期，一些重要的地方城市普遍设置了录事司或司候司等城市管理机构。明代取消了这些机构，两京之外的重要城市均由一个或两个附郭县管理。到清代，规模较大的地方城市大多参照北京的五城之制，分东西南北中五城、东西南北四城或东西南北四厢（也叫关），它们是承担城市社会管理的主体。城市街坊会社也大量出现，主要由士绅等社会精英来组织，不但为本区做醮消灾，而且负责社会秩序与环境卫生，承担大量城市管理职能。

随着城市规模扩大，人口增多，明清时期城市治安和防火工作进一步加强。《大清律》规定："凡失火烧自己房屋者，笞四十。延烧官民房屋者，笞五十。因而致伤人命者，杖一百，罪坐。失火之人若延烧宗庙及宫阙者，绞。"各城根据居民多少和城市面积大小设有若干铺，每铺设铺头、火夫数人，统之以总甲，每日由总甲和火夫轮流巡街和巡夜。铺中备有锣、鼓、梆、铃、灯笼、火把和武器，人执一器，人支一更。一旦发现火情，一铺鸣锣击鼓，众铺一齐响应，一起灭火和营救。如发现盗贼，则齐心协力进行捕捉。

随着城市手工业的发展，外来务工人员在一些城市大量聚集，成为明清时期城市社会管理遇到的新问题。苏州就是其典型，清代苏州有大量对棉布进行整理加工的作坊，时称踹坊。踹坊的业主是包头，踹坊中的外来工匠称为踹匠，苏州城中有数万踹匠。为了对这些"孑身赤汉，一无携带"的踹匠进行有效管理，苏州府创立了坊甲制。康熙五十九年（1720 年）颁布的《长吴二县踹匠条约碑》对此有所记载："谨遵前府宪遗意，开列数条，悉陈稽查之法。身等同为包头，约有三百余户，或有两作，或有三坊，不能分身稽察。每作用管账一人，专责稽查，名曰坊长。凡有踹匠投坊佣趁，必须坊长认识来历，方许容留。然坊长之责，必自包头，即将包头立于居民之外，每十二家编为一甲，每月轮值甲长，每岁周而复始，各给簿，开明某月甲长某人，查填踹匠姓名。仍于众包头中，择一老诚练达者，举充坊总，颁给团牌，管押各甲。踹匠五人连环互保，取结册报。一人犯事，四人同罪。日则做工，夜则关闭在坊。如有拐布盗逃、赌博行奸斗殴、聚众插盟、停工科敛、闲闯花鼓、纠众不法者，坊长报明包头，令同甲长，填簿交坊总，申明拿究。如有徇隐发觉，互结保人，本坊坊长，一体同罪。薄列管收，除在四柱开填，每月朔日，甲长汇交坊总稽查，循环倒换。倘甲内擅留匪类，坊总协同甲长，立刻驱逐。仍将窝顿之坊长，按以窝盗之例，通同徇庇，一体治罪。"由此可以看出，清代苏州的坊甲组织已经相当严密。从乾隆五十八年（1793 年）开始，苏州官府沿用踹坊成例，在纸坊实行了坊甲制度。①

社仓和义仓在明代已经开始普及，但当时未有明确区分，"在城居者，或设仓于祠堂以赒宗族，或设仓于近境以济邻人；在乡居者，或各堡创设之，或一都合力为之"（《内省斋文集》卷十八）。清代对社仓和义仓作出了区分，康熙十八年（1679 年），"题准地方官劝谕官绅士民捐输米谷，乡村立社仓，市镇立义仓，照例议叙……由省会至州郡俱建常平仓，乡村则设社仓，市镇则设立义仓"（《清朝通志·食货略》）。清代鼓励义仓建设，"平粜之法，所以酌盈剂虚，使谷价常得其平，故岁丰增价而粜以便民，是为常平仓法。其可与常平相辅而行者，则莫如义仓、社仓……凡直省常平仓皆州县官司之，社仓、

---

① 洪成和．清朝前中期苏州地区踹匠的存在形态［J］．中国社会历史评论，2008（1）．

义仓建自商民，官为经理”（《清朝通志·食货略》），并制定了关于社仓和义仓经营管理的法律。①

朱元璋即位不久就宣布“鳏寡孤独废疾不能自养者，官为存恤”（《明太祖实录》），并于洪武五年（1372年）“诏天下郡县立孤老院，凡民之孤独、残疾不能自生者，许入院，官为赡养……寻又改孤老院为养济院”（《大学衍义补》），进一步将养济院推广到州县一级。养济院的收养事宜由县令全权负责，各地养济院基本上只收本地鳏寡孤独废疾之人。明代中后期开始，城市的公共设施和公共服务逐渐由国家向地方转移。在地方的社会救济中，社会力量开始发挥越来越大的作用。一些士绅、商人自愿捐钱捐物，救助灾民，地方官员也经常劝令甚至强迫富户出借或出粜富余米粮。

清代城市中出现了大量善会和善堂。善会是以推行善举为目的的会社，善会机构所在地以及具体实施善举的场所是善堂。善堂类型和形式多样，如有收容孤老贫病者的安济堂，有收容流浪者的栖流所，有收养婴儿的育婴堂、保婴堂、恤孤局，有救济贞女节妇的恤嫠会、清节堂，有管束不肖子弟的洗心局、归善局、迁善局等，有教育子弟的义塾，有综合性实施救济的芹香堂、同仁堂、博济堂等。苏州当时有数十个善堂，“吾苏全盛时，城内外善堂可缕指数者，不下数十。生有养，死有葬，老者、废疾者、孤寡者、婴者，部分类叙，日饩月给，旁建惜字、义塾、放生之属，靡弗周也”（同治《苏州府志)》。汉口镇有自新堂、培德堂、安善堂、敦实堂、补济堂、公善堂、普济堂等十多个善堂，景德镇还专门设有为陶瓷业手工工匠提供服务的广济堂。这些善堂大都制定了比较规范的章程，主要内容包括经费的来源和使用、管理人员的组成和职责、对收养人员的要求和戒规等。

在清代，城市建设也是城市公益与慈善事业的一部分。清代之前，京师之外的城市建设主要由地方官府负责。只有当工程规模较大时，才由工部统筹。斯波义信对宁波的研究表明，17世纪以前，宁波市政设施的维护都是由官员负责。但到明末，城内公共事业的责任转由士绅和富商承担。到清代，越来越多的地方城市建设开始由地方官员出面号召士绅或富商捐资建设，或直接由民间组织来修建。如在汉口，徽州公所拓宽、修直并重新铺设了经过新安书院建筑群前面的一条义路，使这条街道改造后适用于货物运输。1800年前后，徽州公所购买并拆除了一座邻近的建筑，以打通街巷。

乡绅和宗族是明清时代城市社会管理的新力量。乡绅为居乡的有功名仕宦之人，是明清时期主要通过科举和学校制度造就的一个社会特权阶层，大致可以分为两类：一是正式的官僚，包括退休的和通过捐纳获得虚职的；二是有“功名”而尚未获取官员身份的“准官僚”，包括已中举而未仕的举人、国子监的监生以及地方府、州、县学的生员（秀才）。他们不仅拥有特殊的政治、经济地位，还具有“士”的身份，因此在民间享有很大的权威，是“一邑之望”和“四民之首”。许多城市公益事业，包括公共工程建设、慈善活动、灾荒赈济、地方志修纂，乃至社会治安的维持、民间纠纷的调解、神祇祭祀的举行，都是在乡绅的主持或积极参与下完成的。明清的宗族是具有一定自治色彩的血缘社会组织，一般包含祠堂、族长、族谱、族规、族田等要素。宗族在一定程度上起到

---

① 王卫平，黄鸿山．清代江南地区的乡村社会救济：以市镇为中心的考察［J］．中国农史，2003（4）．

了社会基层管理组织的作用，与保甲互为经纬。乡绅和宗族也相辅相成，一些乡绅同时也是宗族首领。他们在社会管理方面的很多意图，也需要通过宗族推行。①

7.4 明清时期北京的城市管理

7.4.1 明清时期北京的行政管理机构

1. 明代北京的主要管理机构

宋元时期首都的管理机构基本上都统属于京府，如北宋开封、祥符二县和左、右军巡使都隶属于开封府，元代大兴、宛平二县和警巡院、兵马都指挥使司都隶属于大都路都总管府。明代北京城市行政管理机构呈现出多元交叉的特征，多个城市管理机构相互独立且直隶于中央。万历年间，大学士朱赓曾指出："古之立法者，未尝不于委任之中而寓检制之术。其不可相为通者，峻其防而毋令少假；其可相为通者，互为之制而务使其相成。"（《朱文懿公奏疏》）多元交叉、相互牵制的机构设置正是朝廷贯彻"于委任之中而寓检制之术"的统治策略的结果。这种制度虽然会降低城市管理的效率，但可确保皇帝对北京的绝对控制。② 明代北京的主要行政管理机构有：

（1）顺天府和两京县。明初建都南京，降元大都为北平。明成祖夺取皇位后，升北平为北京，改北平府为顺天府，其长官称府尹，"掌京府之政令。宣化和人，劝农问俗，均贡赋，节征徭，谨祭祀，阅实户口，纠治豪强，隐恤穷困，疏理狱讼，务知百姓之疾苦"（《明史・职官志》）。明代顺天府的地位如"周之内史，汉之三辅"，府尹位高权重，因此"不轻畀之，择贤以付"（《天府广记》）。顺天府下领5州22县，其中大兴县和宛平县是京县，分辖北京城区及近郊。两县大体上以南北中轴线为界，以西属宛平，以东归大兴。两京县"职掌如外县"，在法律规定上和其他县没有什么差别。知县掌一县之政，负责征派赋役、编造黄册、养老、祀神、贡士、读法、表善良、恤穷乏、稽保甲、严缉捕、听狱讼等事务，县丞和主簿则分掌粮马与巡捕之事。明代前期，两京县在城市管理方面还能发挥一定作用。但随着五城兵马司的设立，两京县的城市管理职能大幅度弱化，只负责近郊乡村地区以及城中赈济饥民之事，"城内总小甲悉属五兵马司，近城地方三四十里犹籍隶厂卫，县官曾不得一轻拘摄"（《宛署杂记》）。

（2）五城兵马司。明初撤销了元大都警巡院，迁都北京后依照南京的做法将北京城按方位划分为东、西、南、北、中五城。五城各置兵马指挥司，"各指挥一人，正六品，副指挥四人，正七品，吏目一人"（《明史・职官志》）。如遇紧急状况，则临时增加指挥员数。五城兵马司下设弓兵，每司定额为80名，均从其他州县佥解，由兵部职方司分拨应役，一年更替。五城兵马司统管各城社会治安、市场秩序和户口核验，"指挥巡捕盗贼，疏理街道沟渠及囚犯、火禁之事。凡京城内外各画境而分领之。境内有游民、奸民

---

① 张帆．中国古代简史［M］．北京：北京大学出版社，2007.

② 高寿仙．明代北京社会经济史研究［M］．北京：人民出版社，2015.

则逮治。若车驾亲郊，则率夫里供事”（《明史·职官志》），“命在京兵马指挥司并管市司，每三日一次校勘街市斛斗、秤尺，稽考牙僧姓名，时其物价”（《明史·职官志》），“凡地方军匠人等旧例令各家俱于门前置粉壁一面，开写本家籍贯人口，身役营生，并写不敢窝藏逃军、逃匠、囚徒、盗贼等项，以凭挨究”（《大明会典》）。五城兵马司各自独立，均为中央直属机构，与顺天府之间没有隶属关系。其指挥官由兵部委派，吏目则由吏部委派。隆庆以后，指挥官也被要求科举出身，由文官担任。五城兵马司与两京县的职能存在重叠和冲突之处，人们常将兵马指挥官而不是京县知县视为亲民之官，“京师者万国之堂奥也，而亲民者独兵马指挥耳”（《天府广记》）。

（3）五城巡视御史。明代初期建立了委派御史出巡地方的制度，以加强皇帝对地方官府的监督和控制。正统之前，皇帝只派御史巡视直隶，未专设巡视京城的御史。正统十三年（1448年）始设五城巡视御史，“令五城巡视御史，凡事有奸弊，听其依法受理送问”（《大明会典》）。五城巡视御史最初没有公署，“巡视所至，遇有喧闹，当时遣断，或暂借各卫所公署发落”（《天府广记》）。到景泰年间，因京城内外多盗，曾命监察御史10人督捕。平息盗患后，留下5人建立了巡视五城御史公署，又称巡城察院。五城巡视御史最初每三个月一换，到崇祯时期改为一年一换。五城巡视御史虽由都察院负责派遣，但并不受都察院管辖，而是直接对皇帝负责。五城巡视御史的职权相当广泛，在京城发生的一切违法乱纪行为，五城巡视御史都有权过问，对五城兵马司的官员也有监督之权。

（4）锦衣卫。锦衣卫在京城管理中的主要职责是维护治安，《大明会典》中对此有所记载：“凡缉捕京城内外盗贼，本卫指挥一员，奉敕专管，领属官五员、旗校一百名”，“凡缉访京城内外奸究，本卫掌印官，奉敕专管，领属官二员、旗校八十名，其东厂内臣奉敕缉访，别领官校，俱本卫差拨”，“凡五城兵马司地方，每季委千户一员、百户十员、旗校二百五十名分管，城外地方，千户五员、百户十员、旗校二百五十名分巡，各缉捕盗贼”，“凡京城内外喇唬凶徒，每季委千户一员，百户一员、旗校五十名缉捕。”锦衣卫与五城兵马司原本是监督和被监督的关系，但由于锦衣卫位高权重，往往把监督权转化为领导权。万历年间，巡视南城御史黄钟上奏，“锦衣卫与兵马司各有巡缉之责，原非以兵马司隶之锦衣卫，而使为千百户、为旗校者，皆得以奔走而奴隶之也。乞亟赐禁革，俾各循职守，毋得相侵，以滋扰害”（《明神宗实录》），但这一建议未被皇帝采纳。除此之外，锦衣卫与北京城市管理相关的职能还有两项：一是监督城门税收，“凡京城各门课钞，每季委百户九员监收”（《大明会典》）。二是监管城市街道和沟渠，“凡京城内外修理街道、疏通沟渠，本卫指挥一员奉旨专管，领属官二员、旗校五十名”（《大明会典》），锦衣卫专设街道房以掌理其事。

（5）巡捕营。北京城设有五城兵马司，但每个兵马司的弓兵定额只有80名，人手明显不够，“一城之大仅设五司，官僚十数员，兵卒百十辈，而京城内外不下百十万人家，力有所不周，势有所不及”（《大学衍义补》）。为此，明代前期除了添派锦衣卫旗校参与巡察和缉捕外，还经常抽调营兵协助维护治安。弘治末年，形成了固定的巡捕统领机构，称为巡捕营，“设捕营参将把总等官，专捕盗贼，所捕之贼，连真赃申解巡视京师科道审问，转送刑部”（《天府广记》）。此后巡捕营不断扩充，总兵力达万人以上，成为维护北京治安的主要力量。巡捕营与五城兵马司职能虽有交叉，但无统属关系，巡捕营军官由兵部委派。万历十三年（1585 年）对巡捕营与五城兵马司的职责进行了划分，“凡京城内外，遇有盗贼窃发，自卯至申，责成兵马司，属巡城御史参究。自酉至寅，责成巡捕营，属巡视科道参究。贼情重大，仍要协力捕剿，毋以昼夜推诿”（《大明会典·兵部》）。但到万历四十五年（1617 年），卢沟桥发生劫鞘之事，因此议准：“右哨食粮尖哨二百名，分为二班，每班一百名，分为五队，每队二十名，自芦沟桥起至广宁门止，画定信地，常川驻防，勿以昼夜为限。”（《明神宗实录》）

明代初期北平实行里甲制，城内设坊，城外为关。坊和关是与里同级的基层组织，其下为甲。城内共有 33 坊，其中 20 坊归大兴所辖，13 坊归宛平所辖。城外有 10 关，大兴和宛平各辖 5 个。坊有坊长，关有厢长，坊和关都设有老人之职。坊长和厢长的主要职责是催征钱粮、勾摄公事、攒造黄册，老人则负责教化。永乐迁都以后，外地人口大量移入京师，但这些人都保持着“寄居”和“流寓”的身份，无法纳入京城的里甲组织，坊和关作为官府基层组织的功能弱化。划分五城后，虽然五城兵马司仍以坊为治理单元，但并不存在坊一级的组织，而以治安巡逻为目的设立的铺则成为具有实质意义的基层组织。

铺是巡铺或警铺的简称，始建于宣德元年（1426 年），最初目的是组织居民治安巡逻、防盗防火和相互监督，“每五十家置巡更铺一，遇夜以十人守之，有盗贼及违夜禁者，皆听捕以闻”（《明宣宗实录》）。凡置有房屋的居民，都编入“排甲”或“牌甲”，轮流坐铺巡警，在铺当役者分为总甲、小甲、火夫等。他们虽然属于宛平和大兴两京县编民，但在铺当役期间“向属兵马，不受县官约束”（《宛署杂记》）。随着坊的职能弱化，铺取代坊成为北京的基层社会组织。北京居民进行房屋交易时，契据中都要写明房屋所在的坊、牌、铺以及总甲姓名。北城和中城是坊和关下直接为铺，而东、西、南三城则是坊和关下为牌，牌下为铺。由于北京“市廛之民，五方杂处，来去无常，版籍莫考”（康熙《大兴县志》），铺的数量时常变化。据嘉靖年间的《京师五城坊巷胡同集》，当时五城合计共有 720 铺，其中内城和外城所属 36 坊共有 670 铺，关厢地带共有 50 铺。明代后期，受辽东战事影响，北京开始建立保甲组织，但其没有真正发挥作用。

2. 清代北京的主要管理机构

清代沿袭明制，以顺天府掌京畿地方之事。府尹为正三品，比一般的府（从四品）高，地位相当于各省巡抚，可直接向皇帝奏事。顺天府辖 24 个州县，府尹直辖大兴和宛平二京县。其余州县划分为东、南、西、北四个路厅，由顺天府尹会同直隶总督共同管理。

清代满汉分城居住，因此北京内外两城管理体制不同。内城“分列八旗，拱卫皇居”，每旗之下置参领若干，每参领之下又分置若干佐领。八旗户口每三年编审一次，因其一向“深严邃密”，不“轻以示人”，故具体人数未知。清代北京外城相当于明代的南城，也分为东南西北中五城，“正阳门街居中则为中城，街东则为南城、东城，街西则为北城、西城”（《日下旧闻考·城市》），即南城和北城与其他三城是并列的，并非一个在南、一个在北。

内城由步军统领管理。步军统领的全称是“提督九门步军巡捕五营统领”，通常被称为九门提督，是清代皇室禁军的统领。步军统领“威权甚重，多以王公勋臣兼领其事”（《听雨丛谈》），被视为“古之执金吾”。其职掌较广，包括编查保甲、社会治安、防火救火、缉捕断狱、城门守卫等，“统领掌九门管钥，统帅八旗步军五营将弁，以周卫徼循，肃靖京邑。总兵佐之。郎中各官掌勾检簿书，平决诤讼。司务掌典守档册，计会俸饷。翼尉各官掌分辖步军，守卫循警。城门领掌司门禁，稽查出入。巡捕营各官掌分汛防守，巡逻纠察，以执御非违。信炮总管掌有警奉金牌声众”（《清史稿·职官志》）。步军统领品秩初为正二品，嘉庆年间升为从一品。

外城由五城兵马司和五城御史负责管理。五城兵马司主要负责社会治安、平治道路和防火救火，“兵马司指挥，正六品。副指挥，正七品。吏目，未入流。自正指挥以下俱汉员。五城各一人，掌巡缉盗贼，平治道路，稽检囚徒，火禁区为十坊领之”（《清史稿·职官志》）。都察院设五城察院，其长官为五城御史，分别巡视各城兵马司，“巡视五城御史，满、汉各一人，科道中简用，一年更替。掌绥靖地方，厘剔奸弊”（《清史稿·职官志》）。五城察院兼有地方官府的行政和司法职能，其实质为北京外城的城市管理机构。五城之下有坊，每城领两坊，共十坊，坊下设铺。宛平和大兴两附郭县和明代一样，只负责城外乡村地区的行政管理，“京师虽设顺天府大兴、宛平二县，而地方分属五城”（《宸垣识略》）。

清代北京的军事防守，分为内城和外城、京郊两大部分。内城由八旗步军负责，外城、京郊则由巡捕五营负责，皆统于步军统领。外城最初只设有南北二营，后增设中营，乾隆四十六年（1781年）按京城南、北、左、右分设四营，并因圆明园为驻跸之处而将其定为中营，列巡捕营之首。中营设副将一人，其他四营各设参将一人，五营兵额总数为一万名。八旗步军和巡捕五营都按汛界驻守和巡防，每汛内设有一定数量的栅栏和堆拨房，并备有防火用的激筒，兼有治安、防盗、防火等多项职能。

7.4.2　明清时期北京的经济管理

明初户部下设四个清吏司，后来增至十三个，分管各省赋税、百官俸禄、卫所俸禄、边镇粮饷、各仓场盐课和钞关等事。洪武二十三年（1390年）初置户部北平部，二十九年（1396年）改名北平清吏司，永乐元年（1403年）改为北京清吏司，永乐十八年（1420年）定都北京，次年取消北京清吏司，北京的各项赋税和财政事务由十三清吏司带管，如浙江司带管在京七卫和神机营，江西司带管在京五卫，湖广司带管国子监等中央机构和在京六卫，福建司带管顺天府和在京多个卫营等。清初户部沿明十三司之制，各司分掌该省钱粮收支，同时也大多兼管不属本省之事。北京的赋税和财政事务分由福建、山东、陕西等司带管。

除户部各司外，永乐初年顺天府也设立了都税司和宣课司等税务机构。都税司掌境内税务工作，宣课司掌商业税和财产税的征课。设有正阳门外、正阳门、张家湾、卢沟桥四处。凡是交通要道、重要关卡、内外各城门之要津，均设置了税务机关。清代在北京隶属于朝廷的税收机构有崇文门税务衙门、工部税关和左右翼税务衙门。崇文门税务衙门位于崇文门外，是当时北京的税收总机关，主要征收运入北京货物的落地税和从价税。工部税关设于右安门，下设十二个分局，主要征收竹木税。左右翼税务衙门负责征收牲畜税和契税，左翼税务衙门设在东四牌楼，右翼税务衙门设在西四牌楼，各设有分局。左翼税务衙门征收城东各门的牲畜税和内城东部旗人契税，右翼税务衙门征收城西各门的牲畜税和内城西部旗人的契税。永定门及城外的牲畜税，由两翼分别征收。

明代迁都北京后，为鼓励工商业发展，仿照明初朱元璋在南京的做法，在正阳门外设市场，修建“廊房”作为商业铺房，招商开市。到嘉靖时期，这一地区已逐渐发展成有名的繁华闹市。清代规定内城不准开办会馆、戏院和商业店铺，城内的商店转向前门一带，很快就形成了清代北京的前门商业中心区。清乾隆年间，因于街道两端入口处安置铁制栅栏，故有大栅栏之称。《大清会典事例》中有前门街区因占道经营而影响交通，官府不得不加以整顿的记载：“京师首善之区，商贾云集，正阳门大街两旁，向有负贩人等列市贸易，势难查禁。但毋许侵占轨辙，以便车马往来。著步军统领及督理街道衙门，随时稽察，如沿街铺户及市侩等，搭棚露积，致碍官街者，即押令移徙，以利经涂。”

粮食管理是北京经济管理的重要内容。明清北京的粮食主要依赖东南漕米，“军国之需，尽仰给于东南”（《松窗梦语·漕运纪》）。为了储存漕粮，明代沿袭元代做法，在京城和通州设置了许多粮仓，统称京通二仓，“凡京仓五十有六，通仓十有六”（《明史·食货志》）。京通二仓的最高管理机构为总督仓场，下设京通坐粮厅，在京者称京粮厅，在通州者称通粮厅，分别由户部任命郎中或员外郎一员负责二仓的管理工作。户部还委派各仓监督主事，专管收放粮斛，禁革奸弊。除此之外，朝廷还派宦官监管仓场事务。为了保证仓粮质量，朝廷制定了“样米”制度，“各处起运京仓，大小米麦，先封干圆洁净样米，送（户）部转发各仓收，候运粮至日，比对相同，方许收纳”（《大明会典·漕运》）。为了保障京师粮食的供应和平抑粮价，清代还规定“京师米粮，无论官民铺户，一概不准出城粜卖”（《清仁宗实录》），并且不准囤积粮食。

木柴与煤炭是北京的主要能源，明清两代都对其高度重视。明代前期，朝廷为保护“风水”，严格限制在西山开挖煤窑，《大明会典·户律》规定：“西山一带密迩京师地方，内外官豪势要之家私自开窑卖煤、凿山卖石、立厂烧灰者，问罪，枷号一个月，发边卫充军。干碍内外官员，参奏提问。”北京所用燃料以柴薪为主，林木砍伐与木柴交易都要征税。明代中叶以后，北京周边的森林资源已经难以满足北京的柴薪之用，西山一带的采煤业再度兴盛。煤逐渐成为北京的主要燃料，“柴草行”和“烧煤行”都是明代北京铺行中的重要行业。但明清宫中一直使用柴炭，由内务府负责供给。清代西山煤业对北京更加重要，为了保障北京煤炭的供给，官府鼓励商人勘察新矿，对煤炭厂不仅设有专人管理，还遣官加以监督。

明清时期，官府向房屋所有者签发房地产凭证，以证明财产的合法性，凡典卖田宅不纳税者要受到处罚。明代编制的地籍称“鱼鳞图册”，图册上除了有土地所有者的姓名，还有土地边界形状、四至及尺寸。房屋与宅基地另有房契，其上除房屋所有者姓名外，还有院落形状与房屋分布图，房屋、院落均标明尺寸。清代初期北京内城八旗官兵的房屋由朝廷按官职大小分配，外城房屋绝大部分为居民自建，朝廷也在外城建有一部分官房租给现任官员。进行房地产交易时需要签订契约，买卖双方各执其一。契约上有双方姓名，立约原因，房地产价格，房地产位置、数量与四至，还有立约中保人姓名，以及当事人的画押。收税之后契约上加盖官印。凡官民建房，都必须向官府申报，官产转为私产也发有执照。

7.4.3 明清时期北京的社会管理

经过元明之际的战乱和灾荒，明初北平城仅有10万余人。永乐年间迁都北京后，北京人口数量迅速增加，到洪熙元年（1425年）超过80万。朝廷开始采取措施控制北京城市人口，自永乐十九年（1421年）至宣德二年（1427年），“遣回庶官四千三百十九人居乡”（《今言》），还大量外迁卫所军人和遣返流民。此后北京城市人口基本上保持在100万左右。

由于人口众多、五方杂处、建筑密度高，明代北京城市管理的核心是治安和防火，主要由五城巡视御史、五城兵马司和锦衣卫共同管理。京城每家每户都要设置水缸和水桶，更铺之内置办麻搭、钩索、水桶等消防器具。一旦有火灾发生，需迅速向该城兵马司报告。如果火势较大，则由各城兵马司督领弓兵和火甲人等一同救火，不许推托坐视，违者一体治罪。清代九门提督、五城兵马司和两京县是负责北京治安及防火的主要机构，在京师全面推行保甲制。清代北京的防火机构比明代更加完善，顺治初年，专设八旗火班，以司防火事务。明清时期也沿袭前代律法，对北京治安和防火制定了相应的规定。

清代因满汉分治，北京内城和外城的社会管理要求也有明显区别。内城社会管理的对象是八旗子弟，由步军统领衙门负责。朝廷曾多次规定内城禁止开设戏院，但一直处于禁而不止的状态。朝廷不断重申“无论内城、外城戏园，概不许旗人潜往游戏”（《大清会典事例·兵部》），谕令步军统领衙门巡缉访查。如有旗人擅入戏园，一经拿获，除将本人照律惩治外，还要将管束不严的都统交部议处。为了防火和减少噪声，禁止在内城燃放烟花爆竹，但过年时除外。除此之外，内城还禁赌博、禁吸水烟、禁瞽词俗剧、禁远程酬神和联群结会等事。

外城社会管理的对象是汉人官员、士大夫、工商业者和外来人员，由五城御史和五城兵马司负责，主要任务包括：（1）督促外地来京参加谒选的官员和离任回籍的京官按期离京，严禁无业游民以及“演弄拳棒，遍游街市”的人在外城停留。（2）管理流动人口。外城所有旅店每天要逐一记载住店旅客的基本情况，每月一本交送兵马司审验。（3）每遇乡试和会试之年，要严肃科场纪律，杜绝作弊行为，对于违犯者，即行严拿。（4）维护与外城居民日常生活紧密相关行业的经营秩序，避免把持行市、哄抬价格。（5）负责宣条教、敦风化。每月朔望，五城御史和司坊官要督率乡老、耆老，齐集公所，宣讲《圣谕十六条》和《圣谕广训》等。①

在社会救济方面，京城通常要较其他城市更为周全。明代北京城的常设赈恤机构有养济院、饭堂和粥厂。明中期大兴县和宛平县分别在靖恭坊和阜财坊各设了一个养济院，“京城贫穷无依之人，行乞于市，诚可悯恤。其令顺天府于大兴、宛平二县各设养济院一所收之。即今暂于顺便寺观内京仓支米煮饭，日给二餐。器皿柴薪蔬菜之属，从府县设

---

① 吴建雍．清代北京外城管理制度［J］．城市史研究，2002（1）．

法措办。有病者拨医调治，病故者给以棺木，务使鳏寡孤独得沾实惠”（《典故纪闻》）。与其他地方的养济院不同，“京县官例不得擅收孤老”（《宛署杂记》），因而两京县养济院的收养“无常期，亦无常数，惟上所命”（《宛署杂记》）。养济院虽有一些房产，但孤老们并不居住于院中，而只是在院注籍，养济院每月给注籍孤老太仓米三斗、甲字库布一匹。官府从在籍孤老中选立数名担任会头，每会领管百余人。会头按规定时间每月一次率所领孤老到院集合，听候县丞查点。①

除养济院外，明代北京还设有饭堂。因设于寺庙内，故俗称舍饭寺。饭堂除施舍粥饭外，也提供一些医疗和丧葬方面的救济。北京养济院和饭堂容纳能力有限，每逢周边地区发生灾荒，受灾百姓往往扶老携幼到京城乞食。嘉靖年间开始设置粥厂这一应急性的机构，粥厂设置地点和用粮数额均由皇帝临时确定，由大兴县和宛平县官员负责承办。朝廷对京师流民予以救助的同时，也要求他们尽快返回原籍接受赈济。此外，朝廷还经常根据实际情况采取一些救济灾荒和安恤饥民的措施，如发放钱米、救助医药、平抑粮价、免收房钱等。

清代除继续沿用明代的救济方式外，还在外城设五城米局负责京师平粜。雍正四年（1726 年）每城设米厂一所，雍正八年（1730 年）各城再增一所，形成五城十厂之制，“五城各酌拨官房二所，以为米厂”（《钦定大清会典则例》卷一百四十九），分别由兵马司指挥和副指挥负责日常管理和平粜仓米。外城各城负责赈恤流民和孤寡，顺治九年（1652 年）规定：“五城煮粥振贫，每年自十一月起，至次年三月中止。每城日发米二石，柴薪银一两。”（《钦定大清会典则例》卷一百四十九）外城还设有栖流所，专门用于收留无依流民。

清代北京的学校大体可分三类。第一类是国家的太学，即国子监。入监学生有各省荐举的“贡生”、输银捐纳的“监生”以及不经考选的“荫生”（勋臣子弟），共计 300 名。第二类是各种官学。八旗分别在本旗内设官学一所，由国子监管理。雍正年间设左、右翼宗学和专教觉罗子弟的“觉罗学”，由宗人府管理。景山官学和咸安宫官学，都由内务府管理。景山官学挑选内务府三旗生员 360 名，学习满汉经典，咸安宫官学为教育景山官学中的优秀者而开设，生员 90 名。第三类是地方学校。内城府学胡同设有顺天府学一所，外城慈源寺东设有金台书院，在广渠门内有义学一所，均收普通居民子弟。为保持满族风俗，北京官学十分重视教习满书和骑射。清代北京还另设供外国学生学习的官学，如会同馆俄罗斯学、琉球官学、缅子官学等。

明代后期到清代，中国许多城市出现了一些近代化趋势，在一些工商业主导的城市里甚至出现了朦胧的市民意识和城市心态。② 但北京不同，一方面处在皇权的强力控制之下，国家力量直接控制着城市的方方面面；另一方面寄生性人口占比较大，多数生活在北京的人都保持着客寓身份。③ 这些来自四方的客民，即使长期居住在北京也没有“北京人”的意识。而且为了躲避徭役，他们还尽力避免成为“北京人”。因此北京的社会救济和赈恤一直以朝廷为主导，民间力量参与较少。没有出现善堂和义仓之类的民间

① 高寿仙．明代北京社会经济史研究［M］．北京：人民出版社，2015．

② 罗威廉．汉口：一个中国城市的冲突和社区［M］．北京：中国人民大学出版社，2008．

③ 韩大成．明代北京经济述略［J］．北京社会科学，1991（4）．

组织，也缺乏能够在各种公共事务中发挥作用的士绅。①

7.4.4　明清时期北京的市政管理

明清时期，涉及北京市政建设和管理的机构主要有工部、兵部、内务府、五城兵马司、顺天府等。

明代工部下设营缮清吏司、虞衡清吏司、都水清吏司和屯田清吏司。营缮清吏司主掌“兴作之事”（《明史·职官志》），凡京师坛庙、宫殿、衙署、城垣、仓库、营房等工程的估修、核销均由其负责。其下设有五大厂：神木厂和大木厂蓄积材木，黑窑厂和琉璃厂烧制陶瓦器，台基厂贮存薪苇。虞衡清吏司掌“山泽采捕、陶冶之事”（《明史·职官志》），负责北京周围的大环境治理。金元时期的都水监等机构被并入工部形成都水清吏司，主掌“川泽、陂池、桥道、舟车、织造、券契、量衡之事”（《明史·职官志》）。屯田清吏司主掌“屯种、抽分、薪炭、夫役、坟茔之事”（《明史·职官志》）。清代的工部职掌大体沿袭明制，变化不大。营缮清吏司主要负责京师城垣、衙署、营房等营修工程，虞衡清吏司主要负责窑冶、山泽采捕等事务，都水清吏司主要负责河道、沟渠、水利、桥梁、道路等工程的兴建与修葺，屯田清吏司除掌管陵寝修缮等事务外，还负责西山煤炭的开采、皇室和官署所用薪炭的供应、西山官窑的管理等。

明代兵部之下设武选、职方、车驾和武库四清吏司。其中车驾清吏司掌驿传和厩牧之事，下设会同馆专门负责北京的邮驿事务，具有招待外来使臣等职能。每十里设一急递铺，每铺有铺兵五十，日夜轮值，驿书随到随传。清代兵部车驾清吏司职掌与明代相同，仍设会同馆负责北京的驿传事务，以京师皇华驿为中心向全国辐射。朝廷对邮驿传递的管理相当严格，对会同馆和各驿站都有严格的规章制度。清乾隆年间还出现了经办民间信件的民信局，由私人出资雇人传递邮件。

皇城与宫城有专门机构负责市政。明代主要是宦官机构十二监中的内官监，“掌木、石、瓦、土、塔材、东行、西行、油漆、婚礼、火药十作，及米盐库、营造库、皇坛库，凡国家营造宫室、陵墓，并铜锡妆奁、器用暨冰窨诸事”（《明史·职官志》）。另有神宫监主要负责太庙等地的卫生洒扫与香灯等事，上林苑监主要负责“苑囿、园池、牧畜、树种”之事，惜薪司负责宫廷所用薪炭之事。明代宦官广泛参与都城营建，而且其管理权往往超过外廷官员。清代宫城与皇城内的市政管理主要由内务府负责，其下设的营造司负责宫城的修缮工程、沟渠淘浚、制造储存修缮材物、储存发放薪炭等事务。奉宸苑负责景山、三海、钓鱼台等处园囿河道及天坛斋宫、玉泉山稻田厂、南苑等地的管理事务。

顺天府和大兴、宛平两京县配合工部、兵部和内务府，承办市政建设和管理的一些具体工作。顺天府的通判分理马政、薪炭、河渠、堤涂等事，宛平和大兴两县下设工房，配合工部承担相关工作。② 两县还设有庆丰闸、广源闸等闸官管理水利设施。

---

① 李洵．公元十六七世纪的北京城市结构［J］．社会科学战线，1988（4）．

② 高寿仙．明代北京社会经济史研究［M］．北京：人民出版社，2015．

街道、沟渠和河流是明清时期北京市政管理的重点。明代街道兴建与维修由工部营缮清吏司负责，而日常对街道的巡视及交通秩序的维护则由五城兵马司负责。《大清会典事例》记载，清代康熙十四年（1675 年）规定："内城街道交步军统领，外城交街道厅分理。"《历代职官表》也有相关记录，每年由御史一人、工部司员一人、步军统领衙门司员一人，共同管理街道厅，掌管京城的道路沟渠。街道厅也负责居民修建房屋查勘给照和查核官沟掏挖等事。所有街道都不允许随意侵占，占路建房和挖掘路面等行为都要受到法律的制裁，《大明律·工律》和《大清律·工律》中都有对"侵占街道"的具体惩罚措施。

明代北京城沟渠疏通主要由工部都水清吏司负责，日常巡视由五城兵马司负责，并按坊派专人巡视。清代京城内外沟渠由街道厅管理，也委派司坊官负责日常巡视。乾隆时期，北京还成立了值年河道沟渠处，由工部、奉宸苑、颐和园与步军统领衙门各委派堂官一人充任管理大臣，负责北京大小沟渠河道的查勘、岁修、零修费用估核。从明代开始，北京就形成了二月疏浚河漕沟渠的习惯，这种习惯一直延续到清代。

北京的洪水主要来自永定河，筑堤防洪是明清永定河治理的主要措施，为此建立了完善的堤防管理机构。清代创设永定河道台衙门专门负责永定河的治理，衙署位于固安县城。分南岸分司与北岸分司两个机构，各分汛段管理堤岸工程。雍正时期进一步分设南岸厅、北岸厅、石景山厅、三角淀厅四个分厅，分汛段各自管理，另置河兵负责河防。乾隆时期制定了永定河管理章程，明确了人员责任和责任地段，使管理趋于规范化。同时，还大力提倡在永定河堤上种植柳树，用以巩固堤防。

明清时期对北京市政建设的管理更加规范，已经开始实行标准化管理。营建项目首先要设计并估算经费物料，"凡宫殿、门舍、墙垣，如奉旨成造及修理者，必先委官督匠，度量材料，然后兴工"（《大明会典·工部》）。项目开工后，委派文武大臣和太监对工程进度进行监理。《钦定大清会典》要求凡在京兴工各衙门均要上报工部，凡预算超过一千两白银的工程，都要由大臣负责监督。各工程用工费均要有详细的预算，完工期限都要有明确规定。如要增加预算也必须预先上报工部批准，经批准后方可执行。在京工程凡经费在一千两白银以内者，备料二十日，工作四十日；二千两白银以内者，备料三十日，工作五十日；五千两白银以内者，备料四十日，工作六十日。

关于城市市政建设方面的法律，除了《大清律》中的有关规定外，还有《钦定工部则例》《钦定工部续增则例》《工程做法则例》等。在《钦定工部则例·城垣》中，记载了关于城垣、护城河修建与维护的详细规定。城垣有所损坏，即随时修理，并对修理的主管部门和程序以及处罚措施作了规定。对城市中出现占街盖房，掘土建屋，乃至占用规划道路用地以事农桑的现象，明清多次颁布法律予以禁止。

7.5 同时期西方的城市管理体制

14 世纪中后期席卷整个欧洲的"黑死病"使欧洲人口减少了 1/3。城市受到的影响更大，11—14 世纪欧洲城市的蓬勃发展被中断。到 15 世纪初，大多数意大利城市的人口数量都不及“黑死病”之前的一半。“黑死病”之后，欧洲城市进入缓慢的恢复期。15—19世纪是西方从传统走向现代的转型期，这一时期先后经历了文艺复兴、发现新大陆、宗教改革、资产阶级革命、工业革命和民族国家兴起等一系列影响人类社会发展的重大事件。其中对城市发展影响最大的是资产阶级革命和工业革命，它们导致城市发生了质的变化。

英国是最早的资本主义国家之一，也是第一个经历工业化和城市化的国家。1688年，英国资产阶级和新贵族发动了光荣革命，建立了君主立宪的国家政体，为发展资本主义和殖民扩张铺平了道路。到18世纪中期，英国已经成为世界上最大的资本主义殖民国家。不断扩大的国内外市场迫切要求扩大工业生产能力，英国开启了以纺织工业为起点、以瓦特改良蒸汽机为标志、以机器大工厂全面替代手工工场为核心的工业革命。到19世纪40年代，英国工业革命基本完成，英国成为世界上最先进的工业大国，称霸世界半个多世纪。

英国也是最早经历城市化的国家。在工业革命之前，随着农业生产水平的提高、新航路的开辟和资本主义制度的确立，英国城市在“黑死病”之后开始逐步恢复和发展。工业革命使英国的经济和社会发生巨变，城市开始以前所未有的速度发展。1751年，英国城市人口占全国总人口的比重为22%，全国只有伦敦和爱丁堡两座城市的居民超过5万人。1801年，城市人口占全国总人口的比重达到32%，1851年达到51%。而同时期法国城市人口占总人口的比重为25%，美国为13%。伦敦1700年的人口为30万，1801年达到112万，1851年达到269万。曼彻斯特1750年人口不足2万，1801年达到10万，1841年达到31万。利物浦也从1750年的2万人发展到1841年的近30万人。

工业的高速发展和城市规模的快速扩张使得英国遭遇了人类历史上前所未有的城市问题，主要表现在：（1）城市污染严重，公共卫生问题突出。煤炭的大量使用和化学工业的聚集导致城市上空各类尘雾弥漫，工业废水和生活废水的随意排放导致水体环境严重恶化，给城市居民的身心健康带来严重危害。城市居民的平均寿命显著下降，工业城市人口的平均寿命只有30多岁，而同时期英国农村人口平均寿命在50岁左右。（2）住房紧张，贫民窟涌现。由于大量的农村人口在较短时间内迁入城市，城市住房严重短缺，房租价格高涨。工人所居住的房屋不仅面积狭小，而且采光、通风和卫生条件都极为恶劣，工人聚居地逐渐形成贫民窟。在19世纪初，贫民窟还是一个鲜见的词语。但到19世纪末，贫民窟已经成为英国城市面临的共性问题，仅在伦敦，聚居万人以上的贫民窟就有20多个。①（3）城市社会秩序混乱，犯罪率高。涌入工业城市的农民在短期内对于新的工作和生活都难以适应，来自不同地域的农民仍在较长时间内保留着自己原有的宗教、工作和生活习俗，因此城市社会秩序非常混乱。生活贫困和贫富两极分化又必然催生各类犯罪，导致城市犯罪高发。②（4）阶级矛盾非常尖锐。城市中形成了资产阶级和无产阶级两个根本对立的阶级，恩格斯的《英国工人阶级状况》利用社会调查的大量事实，详尽地记述了英国无产阶级的悲惨生活，对资本主义和资产阶级进行了控诉和批判。

① 恩格斯．英国工人阶级状况［M］．北京：人民出版社，1956．
② 张璞．工业革命时期英国社会犯罪研究［D］．昆明：云南大学，2015．

面对这些严峻的城市问题，英国不断地探索和调整城市管理的制度和法律，这一过程以 1835 年为界分为两个阶段：

（1）1835 年之前是地方主导和分散治理阶段。英国常被视为现代自由主义思想和实践的起源地，从亚当·斯密时代起就奉行自由放任政策，反对国家干预社会事务。直到 19 世纪初期，英国的城市管理还遵循中世纪以来的地方自治传统，中央政府很少干预城市事务，城市问题依赖地方解决。通常都是针对城市面临的问题制定地方法案，然后依据法案设立独立的委员会，以开征新的税种为经济基础并以市场化的方式来解决这些城市问题。这一时期的法案多以“改善法案”为名，主要内容集中在城市街道建设、清扫、照明、供水排水、社会治安等方面。如 1765 年，曼彻斯特制定了《曼彻斯特改善法》，根据该法案建立了曼彻斯特治安委员会，这是英国第一个以城市改善为目的的委员会。很多城市都设立了多个委员会，如利兹的改善委员会、供水委员会、济贫院委员会和铺路委员会承担对应的城市管理工作。由于这些委员会各自为政且以盈利为目的，难以统筹解决城市问题；同时由于很多城市问题难以在一个城市内部解决，需要设立跨区域的管理机构，采取统一的措施，因此，这一时期英国城市问题的治理成效并不显著。随着工业化和城市化的加速推进，城市问题更加严峻。

（2）1835 年以后是地方集中治理和中央干预阶段。1835 年，英国中央政府通过了《城市自治机关法》，这部法律改变了英国城市管理的主体和运作模式。该法规定：在自治城市中，市议会负责决策，市长负责执行，参事会负责监督，市议会有权设立服务于公共或特殊目的的委员会。市政机构改革后，市议会成为唯一的法定政府，之前设立的各种委员会的权力都依法移交给市议会，这使得市议会统筹解决各类城市问题成为可能。与此同时，该法开启了中央政府介入城市事务的大门，韦伯夫妇将这次改革视作“通往中央集权的里程碑”①。此后英国中央政府开始加强对城市问题的干预，出台了一系列的公共法案，自上而下地设立了相应的管理机构，为全国城市问题的治理提供了统一的法律依据和组织保证。1844 年颁布的《大都市建筑法》、1847 年的《都市改善法》、1848 年和 1875 年的《公共卫生法》、1855 年的《公害消除法》、1856 年的《郡和自治市警察法》、1868 年和 1875 年的《工人住宅法》等都是其典型代表。早期的法案对地方政府的约束性较弱，但越到后期，强制性要求越来越多，中央政府的干预越来越强。

通过中央立法干预和地方的集中治理，英国解决城市问题在 19 世纪后半期取得了显著的成效。城市公共卫生和环境质量明显改善，住房短缺得到缓解，城市居民平均寿命显著增加，社会矛盾和阶级矛盾有所缓和，为此后其他工业化国家治理城市问题提供了重要参考和借鉴。②

本章小结

1. 明清时期，中央集权和君主专制继续强化，“省-府（州）-县”的地方行政体系基

① 梁远．近代英国城市规划［M］．南京：江苏人民出版社，2016.

② 李明超．工业化时期英国的城市社会问题及初步治理［J］．管理学刊，2011（6）．

本定型。西方近代思想和文化开始传入中国，但西方对中国总体影响并不明显，儒家思想依然是治国理政和城市管理的主导思想。

2. 随着人口的增加和经济的发展，明清城市数量和城市规模都显著增加，产生了更多的工商业市镇。明清均提倡筑城，重视官署等建筑的修缮，盛行城隍神崇拜。明清两代城市发展也各有特色：明代为防范外敌，修建了许多卫所城市；清代实行满汉分治，在一些重要城市和战略要地兴建供八旗军队驻扎的满城。

3. 在城市经济管理方面，明清市场管理更加完善，交易进一步规范。行会在城市工商业管理中的地位有所提升，但与同时期西方城市的行会存在质的差别。在社会管理方面，普遍建立了保甲制，苏州等一些城市还针对外来务工人员建立了坊甲制。城市社会保障更加全面，会馆、乡绅和宗族等社会力量广泛参与到城市社会管理和公共服务提供中。

4. 明代和清代大多数时期以北京为都，均建立了多元交叉、互相牵制的城市管理机构。明代北京的地方管理机构是顺天府和两京县，中央机构主要有五城兵马司、五城巡视御史、锦衣卫和巡捕营等。清代的地方管理机构依然是顺天府和两京县，但内城由步军统领管理，外城由五城兵马司和五城御史管理。中央机构是北京城市建设和管理的主体，顺天府和两京县只做一些配合工作。明清时期北京的经济、社会和市政管理更加成熟，该时期中国传统城市的管理达到顶峰。

5. 资产阶级革命和工业革命使英国城市发生巨变，也导致英国遭遇了前所未有的城市问题，包括卫生问题、住房问题、犯罪问题和阶级矛盾问题等。在1835年前，英国主要靠地方政府和市场手段对这些城市问题进行分散治理，但成效不够明显。1835年，英国颁布了《城市自治机关法》，城市问题由市议会统筹治理，同时也开启了中央政府介入城市治理的大门。英国的城市治理在19世纪后半期取得了显著的成效，为其他工业化国家提供了重要参考和借鉴。

关键术语

卫所　满汉分治　满城　会馆　坊甲制　社仓　义仓　善会　善堂　士绅　宗族　五城兵马司　五城巡视御史　锦衣卫　巡捕营　步军统领　九门提督　鱼鳞图册　粥厂　饭堂　工业革命　市议会

复习思考题

1. 明清时期城市的发展有哪些重要特点?
2. 中国传统城市为什么特别重视城墙和官衙等建筑的修建?
3. 比较清代满汉分治和西周国野分治的异同点。
4. 明清时期行会和牙人如何参与城市的经济管理?
5. 明清时期乡绅和宗族如何参与城市的社会管理?
6. 分析中国明清时期与同时期西方城市管理的主要差异。

第8章

晚清城市管理变革

1840年后，随着一系列不平等条约的签订，中国被迫从封闭转向开放。国内危机也进一步凸显，引发了太平天国运动、捻军起义和义和团运动。国外思想文化和知识开始对中国产生显著影响，西方的城市管理制度也被引入中国。在内忧外患的双重冲击下，晚清政府①进行了一系列改革，虽未能挽救清朝皇权统治，但在一定程度上推进了中国社会的近代化和城市管理的变革。

重点问题

- 晚清国家与社会关系的变化
- 晚清的城市转型
- 太平天国在城市管理方面的教训
- 租界和被列强强占的城市的管理
- 晚清的城市自治

8.1 晚清的变革

晚清中国变革的动力来源于两方面：一是外部因素，即西方列强的入侵和一系列不平等条约的签订；二是内部因素，即晚清中国内部矛盾积累导致的农民革命和政治变革。这两方面的力量相互作用，使中国经济与社会产生了巨变，也推动了城市发展和城市管理的转型。

① 在20世纪之前，中文中的“政府”通常指内阁、军机处以及总理衙门等中央机构。预备立宪时期，“政府”开始成为国家机关的代称，也有了“中央政府”与“地方政府”的区分。

8.1.1 国外的冲击

19世纪30—40年代，英国、法国、美国等国家工业产量急剧上升。为了扩大商品市场，争夺原料产地，欧美列强加快了殖民扩张的步伐。1840年6月至1842年8月，英国对中国发动了第一次鸦片战争，战争以中国失败告终。1842年8月，清政府与英国在南京下关江面的英国军舰上签订了《南京条约》。1843年，清政府又与英国签订了《虎门条约》。通过这两个条约，英国打开了中国的门户，获得了赔款、割地、五口通商、关税协定、领事裁判权、片面最惠国待遇等特权。美国和法国也效仿英国，胁迫中国签订不平等条约。1844年7月，清政府与美国在澳门望厦村签订了《望厦条约》（又称《中美五口通商章程》），美国获得英国在中国的一切特权。1844年10月，清政府与法国在广州黄埔的法国战舰上签订了《黄埔条约》，法国享有英国、美国在中国的一切特权。

为了进一步打开中国市场和扩大在华利益，英国和法国在美国与俄国的支持下，于1856年10月至1860年10月联合发动了第二次鸦片战争。在战争的第一个阶段，清政府与俄国签订了《瑷珲条约》，中国将外兴安岭以南、黑龙江以北的大片领土割让给俄国；随后又与俄国、英国、法国、美国签订了《天津条约》。在战争的第二个阶段，清政府又与英国和法国在北京签订了《北京条约》，作为《天津条约》的补充。此后，清政府与俄国签订《北京条约》，作为《瑷珲条约》的补充。这些不平等条约的签订进一步加深了中国被殖民化的程度。1861年，清政府设立总理各国事务衙门，简称总理衙门，标志着中国的对外关系从传统的朝贡体系转向近代的条约体系。

英国和法国在打开中国沿海及长江门户后，计划继续打开中国内陆边境门户。1876年9月，英国借着在云南发生的“马嘉理事件”，在烟台与清政府签订了《烟台条约》。1885年中法战争结束后，清政府与法国在天津签订了《中法新约》。这两个不平等条约使云南和广西也增设了通商口岸，中国内陆边境也被迫开放。

1895年4月，清政府与日本签订了《马关条约》，不仅向日本割让大片土地和提供巨额赔款，还允许日本在通商口岸投资办厂。条约签订后，其他西方列强也纷纷援引片面最惠国待遇的条款，获得了《马关条约》中除割地赔款以外给予日本的所有特权，纷纷在中国开设工厂，西方列强对中国的经济侵略由商品输出转向资本输出。《马关条约》之后，俄国趁火打劫，与清政府签订了《御敌互相援助条约》《旅大租地条约》《旅大租地续约》，攫取了中东、南满铁路的主权和旅顺、大连及其附近水域的租借权。德国也寻找借口签订了《胶澳租借条约》，强租胶州湾并获得在山东修铁路和投资的特权。这些条约加速了清政府灭亡的进程，也进一步激发了中国人民的民族危机意识，导致义和团运动的爆发。

义和团运动失败后，清政府与英国、美国、俄国、法国、德国、意大利、日本、奥匈帝国、比利时、西班牙、荷兰等11国于1901年9月在北京签订了《辛丑条约》。条约内容包括巨额赔款、在北京设立使馆区、允许各国驻兵北京到山海关铁路沿线、惩办支持义和团的“首祸诸臣”、改总理各国事务衙门为外务部且位列六部之首等。《辛丑条约》标志着中国已完全沦为半殖民地，此后西方列强加快对中国的经济掠夺和控制的步伐。

除继续在中国投资建厂外，还进一步攫取筑路和开矿的权利，控制中国铁路与矿山。

外来的冲击为晚清中国带来了深刻的影响：在政治上，这些丧权辱国的不平等条约使中国沦为半殖民地国家，但也刺激了中华民族的觉醒；在经济上，各国对中国进行经济掠夺的同时也带来了先进生产力，中国的工业化开始起步；在思想文化上，西方的宗教、观念和制度纷纷进入中国，使中国传统思想文化和知识体系受到冲击，但也使中国在认识西方的同时开始更准确地认识自己。

8.1.2 国内的变革

从顺治到乾隆年间，清朝统治阶级励精图治，经济持续发展，社会相对稳定，造就了“康乾盛世”。但进入19世纪后，中国的发展开始进入衰退阶段。由于人地矛盾日益突出，农民生活更加艰难。而朝廷吏治腐败，贪污成风，财政支绌，八旗军队的战斗力严重衰退。白莲教和天理教起义后，清代国势衰退，史称“嘉道中衰”。在西方列强的冲击下，国内危机进一步显现，爆发了太平天国运动和捻军起义。

太平天国运动是1851年从广西发起的反清和反帝农民革命运动，起义初期太平军一路北上，连战连捷。1853年，太平天国定都天京（今南京），颁布《天朝田亩制度》，提出“有田同耕，有饭同食，有衣同穿，有钱同使，无处不均匀，无人不饱暖”的理想目标。1859年，洪仁玕提出《资政新篇》，这是中国近代历史上第一个具有资本主义性质的施政纲领。太平天国提出的这些纲领和理想虽然没有实现，但对中国社会产生了前所未有的冲击，沉重地打击了清政府的统治。由于农民阶级的局限、军事战略的失误、外交经验的缺乏和领导集团的内讧，太平天国运动最终于1864年遭到镇压。在太平天国运动时期，华北地区也爆发了大规模的捻军起义，进一步动摇了清政府的统治基础。

面对内忧外患，清政府积极开展洋务运动和推行新政，试图挽救危局。1861年以后，曾国藩、李鸿章、张之洞、左宗棠等官员大力推行洋务运动，主要内容包括：(1) 以“自强”为旗号，引进西方先进技术，创办了安庆内军械所、江南机器制造总局、金陵机器制造局、福州船政局、天津机器制造局等军事工业。(2) 以“求富”为旗号，兴办轮船、铁路、电报、邮政、采矿、纺织等各种新式民用工业，1872年在上海创办的轮船招商局是其中规模最大的民用企业。(3) 创办新式学校。1862年设立京师同文馆，随后创办了以天津北洋水师学堂和江南陆师学堂为代表的一批军事学校，培养翻译、军事和科技人才。(4) 选送留学生出国深造。从1872年到1875年，每年官方派遣30名学童赴美留学，同时也向欧洲各国派遣留学生。洋务运动是中国近代化的开端，取得了一系列重要成果。其中北洋海军是最具标志性的成果，其实力曾一度位居亚洲第一。但是，由于洋务运动是在维护清朝统治的前提下推行的，没有进行工业发展和军队建设所需的政治改革，因此注定不可能取得成功。1894年，北洋海军在中日甲午战争中全军覆没，标志着历时30多年的洋务运动以失败告终。

中日甲午战争的失败激发了民族的觉醒，新兴的民族资产阶级迫切要求摆脱外国资本主义和国内腐朽势力的压迫，为中国的资本主义发展开辟道路。1898年，以康有为和梁启超为代表的维新派发起了变法运动。但维新变法损害了以慈禧太后为首的守旧派的利益，遭到了强烈的抵制与反对，历时103天的戊戌变法以失败告终。随后的义和团运动、八国联军入侵和《辛丑条约》的签订使统治阶级意识到，必须通过改革实现自救。慈禧太后在逃往西安途中宣布实行“新政”，开始推行以废科举和行新学制为标志的教育改革，以裁减绿营和编练新军为主要内容的军事改革，以废除酷刑和修改《大清律例》为标志的法律改革，以整顿吏治和调整中央机构为主要内容的政治改革。1904—1905年的日俄战争的结局被认为是立宪政体战胜了专制政体，国内关于立宪的呼声越来越高。1906年，清政府颁布了《宣誓预备立宪谕》，但同时又以民智未开作为拖延立宪的借口。1908年8月，又颁布了《钦定宪法大纲》，宣布预备立宪期为9年。宣统皇帝即位后，于1909年3月下诏重申预备立宪，命各省当年内成立谘议局，作为各省的审议机构。清末新政和预备立宪是统治集团在强大的内外压力之下被迫作出的让步，是在不改变其根本利益的前提下在传统体制框架内进行的有限改变。在1909年以后，因内部人事变动，清王朝放慢了改革的步伐，最终导致辛亥革命的爆发。

这一系列的运动和变革使得晚清中央和地方关系以及国家与社会关系发生了巨大变化。在镇压太平天国运动的过程中，地方督抚逐渐取得了独立的军事权和财政权，各自练兵、各自筹饷，饷不一律、兵不相统。湘系、淮系、北洋系地方势力相继崛起，在洋务运动中进一步扩张，“天下之事无大小皆决于上”的中央集权制度受到严重冲击。清政府宣布预备立宪并把地方自治列为重要内容，意图既能利用政府与士绅的共同力量加强对民众的控制，又能利用士绅的力量牵制和分散督抚的实权，进而强化中央的权力。同时，面对极度空虚的国库，清政府也希望通过地方自治达到“以地方之财办地方之事”的目的。因此清政府在预备立宪的过程中宣称“庶政公诸舆论”，肯定集会和结社的合法性。各种社会组织纷纷涌现，在地方精英的领导下，这些组织积极参与工商业、教育和社会的改良，扩大其影响并提升其社会声望，为城市自治的推行奠定了良好的基础。1900年前后的成都就是一个典型，虽然成都由成都县和华阳县共同管理，但县衙的管理重点在乡村。在城墙内，善堂、同乡会、商帮、土地会、哥老会等各种社会组织在城市管理中扮演着极其重要的角色，茶馆则是成都城内最重要的公共空间。①

8.2 晚清的城市转型

晚清全国共有24个省区、185个府、45个直隶厅、72个直隶州、75个普通厅、145个普通州、1 303个县。② 城市人口由1843年的2 070万增至1893年的2 350万，占总人口的比重从5.1%上升至6.6%，城市数量以及城市化率并未发生显著变化。③ 但在内外因素的共同作用下，晚清一些城市出现了一系列质的变化，主要体现在城市性质、城市规模、城市空间和时间、城市生活、思想文化和知识体系等方面，部分城市开始从传统向近代转型。

---

① 王笛．茶馆：成都的公共生活和微观世界，1900—1950［M］．北京：社会科学文献出版社，2010.

② 瞿同祖．清代地方政府［M］．北京：新星出版社，2022。直隶厅相当于府一级，普通州、普通厅相当于县一级。

③ 皮明庥．洋务运动与中国城市化、城市近代化［J］．文史哲，1992（5）.

8.2.1 一些城市的性质和规模发生改变

一系列不平等条约的签订使得中国出现了一批受西方列强控制的城市，城市性质发生变化。这主要包括两种类型：（1）租界。租界是在约开商埠城市划定的供外国人经商和居住的区域，外国人拥有独立的司法权和行政权，按照其国家当时流行的方式进行建设和管理。晚清共有 9 个国家在中国设立了近 30 个租界，涉及十多个城市。（2）被西方列强控制的城市。这包括三种类型：一是割让地，如香港岛、澳门、九龙等；二是租借地，如青岛、威海和旅大地区等；三是中东铁路和南满铁路沿线城市，如哈尔滨、满洲里、奉天、长春等。这些城市不仅由外国人完全掌握当地的立法、行政和司法等权力，还允许外国军队驻扎。

晚清还产生了一批开埠城市，包括约开商埠和自开商埠两类。西方列强通过不平等条约开放商埠 70 多处，这些商埠主要位于沿海、沿江和沿边地区的中心城市，成为资本主义国家的商品销售市场和原材料基地。在这些城市通常会形成新兴的商业街区和近代市政设施，与原有的旧城区具有截然不同的风格和面貌。清政府也于 1898 年发布上谕宣布“广开商埠”，1903 年再次重申这一政策，先后主动开放了上海吴淞、岳州、秦皇岛、南宁等多处商埠。这些商埠由地方政府主导，同时也发动士绅的力量，共同进行建设和管理。①

一些受西方列强控制或受近代工业影响显著的城市快速发展，城市规模迅速扩大。其中上海最具有代表性，1840 年上海县总人口约为 50 万，其中县城及近郊人口约 20 万，1843 年成为通商口岸并设立租界后，上海很快取代广州成为中国最重要的外贸口岸。洋务运动时期，洋务派在上海建立了江南机器制造总局、轮船招商局、上海机器织布局等大型工厂，民族资本家也在上海大量投资建厂。1910 年上海市区人口约 130 万，成为中国乃至东亚人口数量最多的城市。天津也是一个具有代表性的城市，1840 年天津人口不及 20 万，1860 年被辟为通商口岸并设立租界。天津是李鸿章推进洋务运动和袁世凯发展北洋势力的主要基地，先后创建了机器制造局、大沽船坞、直隶工艺总局、劝业铁工厂等新式工厂，吸引了一批民族资本家在此创办企业。到 1910 年，天津人口达到 60 万，开始取代北京成为中国北方的经济中心。

但晚清的城市并非同步发展，一些城市不仅没有发展，反而受到破坏或走向衰落，这主要有三种类型：（1）战争中受到破坏的城市。太平天国运动历时 14 年，占领的城市达 600 多座。残酷的战争导致江南地区的城市受到严重破坏。很多曾经繁荣的城市都成为战场，南京、苏州、杭州等城市“巨宫广厦延烧略尽，兵燹之后，户口陵替，疮痍满目”。这种局面很长时间都没有改观，直到 19 世纪末，南京依然“元气至今未复，民生

---

① 高幸，李百浩．商埠、马路、公园：以晚清《申报》为中心实证中国近代城市规划知识的成形路径［C］//第 8 届城市规划历史与理论高级学术研讨会暨中国城市规划学会城市规划历史与理论学术委员会 2016 年年会论文集．南京：东南大学出版社，2016.

萧索，城市空旷，毫无振兴之机”[①]。孙中山的《建国方略》中记载了当时安庆的情况："安庆者，安徽之省城。自从经太平天国战争破坏之后，昔日之盛，不可复观矣。现在人口仅有四万。”捻军起义使北方一些城市受到严重的创伤，阻碍和延缓了北方城市的发展。（2）受西方商品冲击的传统手工业城市。随着通商口岸的开辟，各种西方工业品进入中国。在苏伊士运河通航后，欧美商品运抵中国的运费大幅度下降，各种洋货尤其是洋纱和洋布在通商口岸大量倾销，一些传统手工业发达的城市受到巨大冲击。如松江、太仓、苏州一带，传统手工纺织业一度非常兴盛，但上海开埠后大量价廉质优的洋布和洋纱进入，传统经济体系开始解体，极大地削弱了这些城市在太平天国运动后的重建能力。（3）因交通和贸易路线改变而衰落的城市。随着汽轮和铁路等交通方式的引入，以及全国商业空间格局的变化，一些原本位于重要贸易通道的城市失去了发展的动力，由盛转衰。大运河曾经是连接中国南北的大动脉，沿岸有许多商业繁荣的城市。但随着廉价的海运和津浦铁路的开通，大运河沿岸的淮阴、临清、扬州等城市日渐衰落。鸦片战争之前，广州是中国唯一的通商口岸，全国的外贸商品都必须经由广州进出。连接长江水系和珠江水系的湘桂走廊、湘粤走廊、赣粤走廊是非常重要的商业通道，也有一批商业重镇。五口通商后，上海取代广州，长江成为黄金水道。通往广州的商路日渐萧条，原有的商业重镇也很快衰落。

8.2.2 时间、空间和社会生活的转型

时间和空间既是权力的象征，也是社会生活秩序的基础。中国有一套传统的纪年、纪时和休假制度，也有一套独特的城市空间体系。进入晚清，受一系列内外因素的影响，中国传统的时间制度和空间体系开始转型，城市生活也因此产生显著变化。

时间制度的变化主要有：（1）纪年方式从帝王年号纪年法转变为公元纪年法。帝王年号纪年是中国传统的纪年方式，也是定正统和强化皇权的一种手段。进入晚清，中西不同的纪年方式给学术研究和社会生活带来诸多不便，一些士大夫开始采用中西合历的方式，公元纪年法得到推广。在辛亥革命后，公元纪年法正式替代了帝王年号纪年法。[②]（2）纪时方式从时辰制转向钟点制。在一日之内，中国传统采用的是十二时辰制。鸦片战争以后，在租界、西方列强控制的城市和一些开埠城市采用的是西方的钟点制，中国的新式学堂、商业机构、工厂和一些政府部门也逐步采用钟点制。到清末新政时期，钟点制被官方正式采纳，以法规的形式在各个领域推行。[③]（3）休假制度从休沐制转向星期放假制。中国传统的官方休假制度来自汉唐的休沐制，汉代规定官吏五日一休沐，唐代百官每十日一休沐。信仰基督教的西方人将星期日休息这一休假制度带到中国，逐步替代了中国传统的休沐制度。1902年8月，清政府颁布的《钦定学堂章程》中明确规定中学和高等学堂采用星期放假制，越来越多的官署衙门也开始实行这一制度，甚至将其

① 侯风云．战争对近代城市发展的破坏性影响：以太平天国战争对南京的影响为例［J］．中国国家博物馆馆刊，2011（10）．

② 朱文哲．清末民初的纪年变革与历史时间的重构［J］．史学理论研究，2016（4）．

③ 封磊．晚清都市钟点时间的社会化及其现代性［J］．科学·经济·社会，2019（1）．

作为推行新政的一个标志。① （4）开启了时间的标准化进程。中国古代没有全国性的标准时间，各地以地方时组织生产和生活。1883 年，法国传教士将东经 120°区时作为上海的地方时。同年，清政府海关税务司赫德将上海地方时作为中国沿海地区统一使用的标准时间，1902 年上海地方时进一步扩展至所有的通商口岸并被内地一些铁路沿线的城市所采用，当时统称为“海岸时”或“海关时”。② 以上这些时间制度的变化主要集中在城市，而广大乡村继续沿用传统的纪时方式和作息制度。

晚清城市空间的变化主要表现在：（1）空间的权力化让位于空间的资本化。“筑城以卫君，造廓以守民”是中国传统城市空间形成的一个基本逻辑，城墙和衙署则是最具标志性的空间要素。③ 但在外国租界、商埠以及一些传统城市的改造中，商业取代政治成为城市空间的主导要素，由城墙包围、以官署和礼制建筑为中心的传统城市格局开始解体。城墙成为城市发展的制约因素，一些城市开始拆除城墙修建马路或拓展商业空间。1906 年，《申报》刊登了《上海拆城议征文》，广泛征集有关拆城利弊、拆城方案及土地利用的建议。（2）西式城市公共空间广泛出现。公园、教堂、商场等西式城市公共空间开始进入中国城市，其中公园最具代表性。广州十三行在 19 世纪 50 年代建成了英国花园和美国花园，上海租界在 1868 年建成外滩公园。到 19 世纪末，国人已经认识到城市公园在休闲游憩、大众娱乐、社会教化、避难疏散与公众集会中的积极作用，大力倡导公园建设，公园由此成为中国城市近代化的一个重要标志。（3）西方古典城市规划范式的引入。在租界，各市政机构普遍进行了以路网为主体的城市规划，西方各国当时盛行的古典规划范式被植入中国。在西方列强控制的城市，这些西方古典规划范式从城市局部拓展至整体，如哈尔滨、大连、青岛等城市分别将当时俄国和德国盛行的古典城市规划范式引入，这也影响了中国 20 世纪初自开商埠的规划，如 1903 年的天津河北新区和 1904 年的济南开埠区均采取了西方的范式，打破了中国传统城市规划的思想和观念，开启了中国城市规划的近代转型。（4）“市”和“区”开始出现在城市行政区域中。在中文中，“城”侧重于政治统治和军事意涵，而“市”更强调商业贸易。《城镇乡地方自治章程》仍然沿用中国传统“城”的概念，这引起资政院议员邵羲和梁启超等人的反对，他们主张用“市”而不用“城”。在他们的推动下，1911 年江苏临时省议会颁行《江苏暂行市乡制》，规定“凡县治城厢地方为市，其余市镇、村庄、屯、集等各地方，人口满五万以上者为市，不满五万者为乡”，“市”开始成为中国正式的行政区域。中国传统的行政区划中也没有“区”，最早使用“区”的是上海公共租界巡捕房设立的东西南北四个警区。西方侵略者占据旅顺、大连、青岛和哈尔滨后，普遍在市政府之下设置区级管理机构。1900 年八国联军在天津建立临时政府，将其管辖范围划分为城厢区、塘沽区、军粮城区、城北区和城南区五个区，之后袁世凯继续沿袭这样的行政区划。20 世纪初期，一些城市在推行地方自治时开始采用“区”。1909 年公布的《城镇乡地方自治章程》中规定，城镇区域面积较大的，且人口满 10 万以上者，可在内部划分若干区进行管理。从

---

① 李长莉．清末民初城市的“公共休闲”与“公共时间”[J]．史学月刊，2007（11）．

② 封磊．从海关时到北京时：近代中国的“时区政治”及其嬗替 [J]．史林，2020（4）．

③ 刘雅媛．近代城市空间改造的时空进程 [J]．云南大学学报（社会科学版），2017（1）．

此，较大的城市在市级机构下设立区成为普遍的做法。[①]

延伸阅读

资政院议员邵羲提议修改《城镇乡地方自治章程》

……城镇乡，城之一字最不合用，在昔以城为防御盗贼，以固境域之要具。当时军备未精，警察未设，固不能不仰城池以为险要之具。自兵燹而后，有厅州县治而无城者甚多，即西北各省及东三省新设县治无城者居多，庚子之役，天津府城拆去永不再筑列入约章，则城之一字无论有无，事实上均不相符。况世界交通日益发达，欧美各国之京都及通商大埠，率多无城，亦有拆去以便建筑道路利交通之发达，间有一二存者，因其建筑工程完备，属于古物保存观念，留备后世参观兴起美术之意，非视为防守要具。今日军政与警务一切行政日益精密，固无取乎城，有之反足以阻害交通，若欲改正道路，讲求卫生蠲除污秽，就吾国情形论，人口蕃生，非扩张城内之区域，拆卸城垣使人民散居，化乡落为都市，则行政不能改良也。

资料来源：资政院议员邵羲提议修改城镇乡地方自治章程法案［N］. 申报，1911-01-01.

中国传统城市社会生活的基底是乡土性的，城乡之间没有本质的差异。鸦片战争后，在租界和一些通商口岸城市，新兴民族资产阶级和以"职员"[②] 为主体的市民开始形成，到20纪初他们已经具有相对独立的地位和较强的影响力。[③] 城市时间和空间制度的转型、洋货和西方城市生活方式的传入，导致一些城市居民的社会生活发生了显著变化。以逛公园、看报纸、观电影为代表的休闲方式开始替代以逛庙会、看戏曲、坐茶馆为代表的传统休闲方式[④]，男女平等和自由恋爱开始对男尊女卑和"父母之命，媒妁之言"的传统形成挑战。[⑤] 晚清城市生活方式的变化导致中国城乡社会生活开始分裂，重商思想、平等观念、权利意识和国民意识在城市中孕育和发展，成为推动中国城市改良和转型的内在动力。[⑥]

8.2.3 思想文化和知识体系的转型

中国传统思想文化的根基是天圆地方、阴阳变化、中心四方等对于天文和地理的认识，价值标准是伦理和道德原则，对应的知识体系是以儒家经典为核心的"修身、齐家、治国"之道，并认为"道之大原出于天，天不变，道亦不变"（《汉书·董仲舒传》），中

---

① 赵斐．近代以来"都市"和"城市"话语地位的变迁［J］．云南师范大学学报（哲学社会科学版），2018（2）．

② "职员"通常是指服务于经济、文化、政治机构的人员，包括坐办公室的文员、各类白领以及店员等，他们是近代城市市民的重要组成部分。

③ 徐赣丽．建构城市生活方式：上海近代文明化及其动因［J］．民俗研究，2020（5）．

④ 李长莉．中国近代城市生活史研究热点与缺陷［J］．武汉大学学报（人文科学版），2017（1）．

⑤ 郑军．西风东渐与晚清城市社会生活方式的西俗化：以近代中国人的衣食住行变化为个案研究［J］．北方论丛，2003（5）．

⑥ 李长莉．民众生活蕴藏中国近代社会转型内潜力［J］．人民论坛，2020（23）．

国传统的城市管理思想与制度也以此为基础并服从这些基本原则。① 而西方近代思想文化是以理性为中心，以富强和民主为价值标准，对应的是以牛顿经典力学和达尔文生物进化论为代表的科学知识，以民主平等为核心的社会知识。

知识的变化是思想文化变化的先兆，当西方的天文和地理知识传入中国后，中国思想文化的根基开始动摇。鸦片战争后，西方传教士再度进入中国传教，并通过各种方式传播西方知识：一是在中国大量翻译和出版西学书籍。1843 年，英国传教士在上海创建墨海书馆，开始采用西式汉文铅印活字印刷术翻译出版中文书籍。1860 年，美国传教士在上海创办了美华书馆，采用电镀制模法和元宝式排字架，大大提高了印刷效率和印刷质量。1887 年，传教士、外交人员和商人在上海成立了广学会，翻译出版了大量西方书籍，对维新派知识分子产生了重要影响。二是创办报刊。1833 年，德国传教士在广州创办了中国境内第一份近代中文报刊《东西洋考每月统记传》，其后各国传教士陆续在主要通商口岸创办中文报刊。其中，1868 年由美国传教士创办的《中国教会新报》（1874 年改名为《万国公报》）最具影响力。1876 年，由英国传教士在上海创办的《格致汇编》是第一份中文科学期刊，对传播西方科学技术知识具有重要意义。一些外国商人也开始创办以盈利为目的的中文报纸，其中持续时间最长、影响力最大的是 1872 年开始发行的《申报》。三是创办教会学校。《南京条约》签约后，教会学校开始在各个通商口岸设立，《天津条约》签约之后进一步发展至内地，成为西方知识在中国民间传播的重要渠道。

晚清政府也积极传播西方知识，在推进洋务运动的过程中设立了一批翻译出版机构，如 1862 年开办的京师同文馆，1868 年成立的江南机器制造总局翻译馆。同时创办了新式学校，最早的是京师同文馆和上海的广方言馆。1905 年废除科举制后，清政府正式采用西方学制，教育不再以伦理道德和儒家经典为中心。公共图书馆也在维新运动时期开始推广，维新派在全国各地成立学会并向公众开放藏书。1902 年，清政府规定各大学堂要设立图书馆。1904 年，第一座大型公共图书馆——湖南图书馆成立，其后各省也渐次设立公共图书馆。中国知识分子和民族资产阶级也参与到知识的传播中来，王韬于 1874 年在香港创办的《循环日报》是第一个由中国人创办的中文日报。1897 年成立的商务印书馆是中国近代首家民营出版社，其分支机构及销售网点遍布全国。

在西学东渐的过程中，中国知识分子在了解西学的同时也开始重新认识中学。鸦片战争后，林则徐和魏源开始关注西方知识，提出“师夷长技以制夷”，将西方知识视为“夷学”。洋务运动期间，中国知识分子提出了“中学为体，西学为用”的思想。此后，追求富强的价值观念和追求实用的工具理性取代了传统的价值观念和道德理性，民族主义、现代国家、进化论、天赋人权、民权主义等西方思想和富强、竞争、民主、自治和法制等各种现代社会观念被越来越多的中国知识分子所接受，改变了中国社会精英的思维方式、价值观念和行为模式，形成推动中国城市由传统向现代转型的强大动力，为晚清新政和辛亥革命提供了知识和思想基础。但这种变化主要局限在通商口岸城市，内陆城市和广大农村仍在现代化的门槛外徘徊。

① 葛兆光．中国思想史．2 版．[M]．上海：复旦大学出版社，2013.

8.3 太平天国的教训

1851年，洪秀全在广西金田起义。在太平天国运动的前三年，太平军的主导方针是“直前冲击，循江而东，略城堡、舍要害，专意金陵，据为根本”，因此打一路失一路，得一城又弃一城。每攻占一城，在补充战争物资和新兵后即撤离该城，没有进行相应的行政建制和城市管理工作。

定都天京后，太平天国颁布了《天朝田亩制度》，创设了新的国家管理体系。东王府为中央政府，设六部，每部尚书12人，分掌国务。地方设省、郡、县三级，在郡、县两级分别设立主官总制和监军（也被称为“守土官”），管理地方事务。[①] 在县以下设乡官，城乡基层每25家组成一“两”，由“两司马”负责民事。从基层到中央建立各级圣库，每家除留够口粮和基本生活用品外，剩余农副产品和金银财富都归圣库，遇有婚丧嫁娶和生育等事按照规定到圣库领取。此后，太平天国每占领一城即出榜安民，委任守土官负责管理。守土官在经济上推行圣库制度，在文化上宣扬拜上帝教，同时大力整治城市社会秩序，严禁吸食鸦片、饮酒、赌博、狎妓和妇女缠足等行为。

天京的城市管理由东王府指定王侯负责，如负责城防和治安的为翼王石达开和北王韦昌辉，负责行政和户口的是佐天侯陈承瑢，负责司法审判的是卫国侯黄玉昆，没有统一的城市管理机构。他们还将征战过程中建立的军事管理制度推广到天京的城市管理中，主要包括：(1) 废除家庭制度，建立男女分馆制度。天京城内除诸王以外，男女设馆分居，每馆大约25人，即使夫妻也不准同宿。(2) 取消私营手工业，将工匠编入原本设立于军队的“诸匠营”与“百工衙”，其产品直接分配给军民。(3) 废除私营商业，开设由政府直接经营的天朝商店。这些制度违背了城市的基本特性和社会经济发展的客观要求，因此出现了各种社会矛盾和问题。

这些问题在“安庆易制”后有所改观。安庆是天京的重要屏障，在太平天国的政治、经济和军事上有着极为重要的地位。从1854年秋至1856年天京事变前，石达开在安庆进行了一系列重大改革，主要内容包括：在政治上推行乡官制，完善基层政权，任用当地的乡耆、富室、保甲里正等为“两司马”，依靠他们打击地主和反对势力，以巩固当地政权。在经济上要求照旧制交粮纳税，由此既保证了太平天国的粮税收入，又避免了衙吏对农民的层层剥削，降低了农民的负担。同时取消对私营工商业的禁令，促进商品经济的发展和商品流通。在文化教育上推行乡试，开科取士，为太平天国选拔了一大批有用之才。此外，石达开“缉盗贼，严军旅”，以诚意收揽民心，因此获得当地百姓的热烈拥护，使安庆成为太平天国的重要粮仓、兵源库和人才库。“安庆易制”也得到了洪秀全的肯定，迅速在江西、湖北、江苏等地推广。[②] 天京也重新恢复家庭生活和私营工商业，城市逐渐恢复到正常状态。但是，随后发生的天京事变导致太平天国由盛转衰。在洪仁

---

① 在1856年之前，太平天国并没有设立省级行政单位，只是有“省”这个名目而已。

② 计裕人．石达开“安庆易制”再论[J]．安庆师范大学学报（社会科学版），2019 (1)．

玕总理朝政后，提出了一个改革内政和建设国家的新方案，但未能付诸实施，也未能挽救处于危亡中的太平天国运动。

太平天国领导人既缺少城市管理的理论准备，也没有实践经验，更没有认识到城市在国家管理体系中的重要地位。在太平天国的理想蓝图中没有城市，也没有手工业和商业。同时受制于战争环境，太平天国把城市视作军事要塞，重军事而轻民事，几乎完全根据军事需要管理城市，违背了城市发展的客观规律和时代需求。①

8.4 租界和被列强强占的城市的管理

8.4.1 租界的管理

20 世纪之前，能够走出国门考察和学习国外城市管理的人非常有限，对西方城市的认识也不够全面和深入。外国列强在中国建立的租界将西方当时盛行的市政建设、社会生活和管理制度引入中国，与中国传统城市形成鲜明对比，也为国人提供了一个近距离了解西方城市管理的渠道。由于政治体制和文化传统的差异，各国在中国租界中施行的城市管理也不尽相同，但都具有不同程度的自治、法治和权力制衡思想。上海租界设立最早、面积最大、历时最长，发展成就也最为显著，因此以下重点介绍上海租界的管理体制。

1. 上海租界的发展历程

1843 年 11 月，英国首任驻上海领事到达上海，上海正式开埠。1845 年 11 月，上海道台②与英国领事共同公布《上海土地章程》（第一次《土地章程》），正式设立上海英租界。章程大致划定了租界范围③，对地契、道路、租金、土地使用、治安管理等作出了规定，确定了不得转租、华洋分居、自治管理等基本原则。1848 年，英租界面积扩大到 2 820 亩。同年，美国驻上海领事与上海道台商定把虹口一带作为美国人的居留地，法国驻上海领事与上海道台商议设立了法租界，最初面积为 986 亩，至此，上海美、法租界初步设立。

1853 年，上海爆发小刀会起义，大量居民为躲避战乱而涌入租界。租界中的外国商人趁机搭建简易房，高价出租给华人，打破了华洋分居的规定。1854 年，英、法、美三国将上海的租界合并为联合租界，颁布了经三国公使拟定的《上海英法美租界租地章程》（第二次《土地章程》）。章程将租地权由英国一国领事扩展至在上海的各国领事，默认了华人在租界中租地建房的权利，也开始允许土地转租。

1862 年，法租界从联合租界中独立出来。1863 年，美租界和英租界正式合并为公共租界。1869 年英法租界再次修改《土地章程》，推出《上海洋泾浜北首租界章程》（第三

---

① 沈嘉荣．论太平天国城市管理政策［J］．学术月刊，1987（7）．

② 上海道的正式名称是“分巡苏松太常等地兵备道”，是高于上海县和松江府、低于江苏省的行政机构。

③ 将洋泾浜（今延安东路）以北，李家庄（今北京东路）以南之地租给英国人使用。

次《土地章程》)。主要修改内容包括确立领事团对工部局的监督权、扩展工部局制定规章制度的权力、赋予工部局征税权和设立会审公廨的权力。1893 年和 1899 年，公共租界通过越界筑路的方式实现了两次扩张，面积增至 33 503 亩。1899 年，公共租界再次修订《土地章程》，将扩张的范围通过章程予以确认，同时将英美公共租界改称“上海国际公共租界”。法租界也通过越界筑路的方式多次扩张，面积达到 15 150 亩。上海租界总面积由此扩大到 48 653 亩，成为中国最大的租界。

上海租界起初人口非常少，1850 年前不足千人。小刀会起义期间，大量华人进入租界。1855 年，公共租界进行了第一次户口调查，当年租界人口达到 20 243 人。1859—1862 年，受太平天国运动的影响，租界人口猛增至 50 万。太平天国运动结束后，来自江浙的难民又大量返回。1865 年，公共租界进行了第二次户口调查，此后每 5 年一次。当年公共租界有外国人 2 297 人、中国居民 90 587 人，法租界有外侨 460 人、中国居民 55 465 人，上海租界总人口近 15 万。此后人口缓慢增长，1895 年总人口达到 30 万。1895 年后，随着大量工厂的设立，上海租界人口开始快速增加，分别在 1902 年、1922 年与 1932 年突破 50 万、100 万与 150 万。① 1942 年，公共租界内居民总人数达到 158.57 万，法租界总人数达到 85.44 万。②

2. 公共租界的市政机构

《土地章程》是外国侨民在上海租界进行租地以及对租界进行管理的法律依据，被视为租界的基本法。在《土地章程》的基础上，上海公共租界建立了决策、行政与司法三权分立的自治机构。

(1) 决策机构：租地人会议与纳税人大会。第一次《土地章程》规定，租界的英国商人是租界管理的主体，英国领事只负责监督、召集、审核和备案等事宜，租界建设所需经费由英国商人自筹，议事方式为集体商议。1846 年 12 月，上海英租界召开了第一次租地人会议，明确规定租界公共资金按租地数额分摊。1854 年第二次《土地章程》将租地人会议制度写入章程，确立其租界建设和管理的决策权，各项决定由英、法、美三国领事会签后生效。1869 年，第三次《土地章程》将决策权从租地人扩大到每年向工部局交纳捐税达到一定数额的纳税人，纳税人大会取代租地人会议成为上海公共租界的决策机构。

纳税人大会行使公共租界的决策权和立法权，具有选举工部局董事会及批准工部局制定的规章的权力，公共租界内一切重大问题都必须经其讨论决定。纳税人大会定期召开年度会议，也可以因特别原因召开临时会议。会议内容主要是听取工部局年度工作报告，对工部局每年的预算和决算进行审查和批准，对开征新的捐税和发行市政债券进行讨论和批准，讨论重大公共设施项目的建设，必要时对《土地章程》进行修订。纳税人大会在租界早期建设和发展过程中起着主导作用，但后来随着工部局权力的扩大，纳税人大会的决策和监督作用日益减弱。

---

① 张景岳. 上海租界的人口与经济变迁 [J]. 社会科学，2001 (6).

② 史梅定. 上海租界志 [M]. 上海：上海社会科学院出版社，2001.

纳税人大会将租界内的华人排除在外，完全剥夺他们参政议政的权利。直到 1920 年公共租界才成立了华人纳税人会议，为中国居民争取利益。但由于华人纳税人会议缺乏相应的法律依据，再加上当时外国列强的强势地位，因此其作出的有关租界的决议并不能发挥实际作用。

（2）行政机构：道路码头委员会与工部局。1846 年 12 月，英租界根据第一次《土地章程》的规定，成立了道路码头委员会，从租地侨民中选出三人担任委员，负责筹集资金和进行道路码头的建设。租界每年年初召开租地人会议，听取道路码头委员会过去一年的建设报告，讨论租界建设和管理的重大问题。第二次《土地章程》颁布后，联合租界成立工部局取代道路码头委员会。工部局的英文名为“The Municipal Council”，即市政委员会。因其最初主要承担道路和市政工程建设，与中国传统的工部职能类似，被翻译为工部局。工部局的职能由决策、咨询和执行三部分组成。

董事会承担着工部局的决策职能。1854 年 7 月，租地人会议选举产生了 7 名董事组成工部局董事会，作为工部局决策机构，对租界内市政建设、经费使用、公共卫生、治安消防等重大事项具有决定权。董事会成员由租界内符合一定条件的租地人和纳税人选举产生，当选者多为洋行大班、地产商人、工厂主、律师和传教士等，英国侨民占有绝对的优势。租界内人口数量及纳税总额最多的华人直到 1928 年才在董事会中拥有自己的代表。

工部局设立各种委员会，为董事会决策提供咨询。在 1854 年 7 月工部局董事会第一次会议上，成立道路码头、警备、税务财务三个委员会。随着租界事务增加，工部局设立的委员会也逐渐增多。一些委员会与执行机构相对应，如财政、警务、工务等委员会。一些委员会专为处理某些特定事务临时设立，工部局只派出 1～2 名代表，其他成员为社会各界人士。各项决策由相关委员会研究讨论并作出决议，送董事会批准后交由各个处执行。①

工部局下设的处为具体执行部门。设立时间较早且比较重要的执行部门是巡捕房、总办处、工务处、火政处、卫生处等。巡捕房于 1854 年设立，是租界的警察机关，后隶属工部局警务处。总办处成立于 1860 年，代表董事会主持工部局行政事务，同时也是工部局各委员会的秘书处。工务处设立于 1863 年，负责租界内市政建设。火政处设立于 1866 年，负责租界的消防事务。卫生处设立于 1898 年，负责各项公共卫生工作。工部局还有“万国商团”这一武装机构，其前身是 1853 年因应对太平天国军队而成立的“上海本埠义勇队”，因其成员为各国侨民，因此又称为“万国商团”。1870 年，万国商团由工部局接管，成为其常设机构。随着公共租界规模的扩大和人口的增加，下设的处也越来越多（见图 8－1）。

工部局积极采用西方先进的市政技术，租界的面貌焕然一新。如在租界道路铺筑时，两旁的人行道、植树、消防设施等同步推进，还率先建成煤气路灯、电灯、柏油路、有轨电车等市政设施。卫生处按照西方公共卫生理念，在中国率先普及接种牛痘预防天花、进行性病和传染病防治、建设医学化验室和隔离医院，并制定了《公共卫生细则》。警务

① 1869 年工部局董事增至 9 人，定期选举，并使其选举制度化。

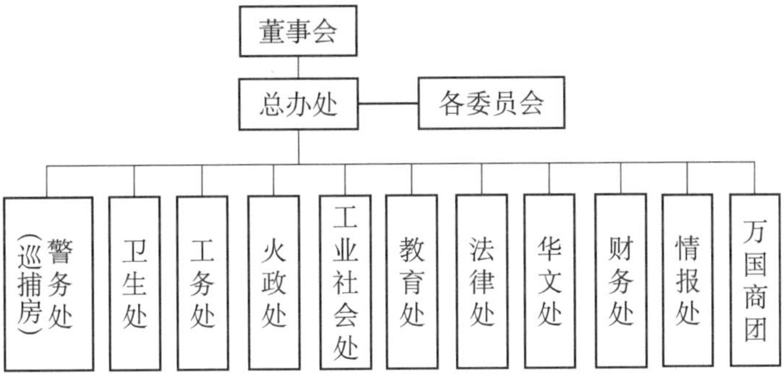

图 8-1　上海公共租界工部局组织结构示意图

处采用西方的刑事侦察技术，1909 年建立了统一的罪犯指纹登记制度，火政处配备了当时比较先进的消防车和其他消防设备。

（3）司法机构：租界的司法机构有领事法庭、领事公堂和会审公廨三种，分别行使对外国侨民、工部局和华人的司法权。

各国领事馆内设领事法庭，领事或副领事担任法官，按照本国法律对本国侨民行使司法管辖权。凡发生在本国侨民之间的案件，以及发生在本国侨民与华人之间但本国侨民为被告的案件，均由领事法庭处理。各国对领事法庭的权限有比较严格的限定，通常只能审判民事案件和情节较轻的刑事案件，重大的刑事案件必须移送到本国在其他地方设立的法院接受审判。如英国重罪犯被移送到香港刑司衙门，法国重罪犯被移送到位于越南西贡或河内的上诉法院。1865 年，英国在公共租界内设立英国高等法院，审判中国和日本境内所有以英国侨民为被告的案件。同时设立英国上诉法院，受理各种上诉案件。美国于 1906 年在公共租界内设立在华法院，审判中国各地的美国领事法庭无权审判的一切案件，并作为这些法庭的上诉法院，其机构设置与美国地方法院相同。

为监督和限制工部局的行政权，公共租界引入西方的行政诉讼制度，于 1871 年设立领事公堂。第三次《土地章程》规定："凡控告公局及其经理人等者，即在西国领事公堂投呈控告。系于西历每年年首，有约各国领事会同公议……审此等控案。"1882 年《上海领事公堂诉讼条例》颁布，领事公堂正式开始行使其职能。领事团每年推选领事 3 人，充当该公堂法官，后又增加当年的领袖领事为法官。领事公堂不使用任何国家的法律，只沿用《土地章程》及附则的规定，历年审理的案件并不多。如 1882 年 4 月，公共租界纳税人应工部局请求召集特别会议，讨论租界人力车执照问题，会议决定将车照拍卖给 1 人经营。车主闻讯向领事公堂控诉，领事公堂最后判定工部局不应有拍卖车照之举。

租界开辟之初，租界内华人主要受中国司法机构管辖。华人违法案件通常由领事法庭预审，轻者给予拘役、做苦工等处罚，犯罪程度较重的移送上海道台审理。1864 年 5 月，上海道台与英国领事组成洋泾浜北首理事衙门，审理公共租界内发生的以华人为被告的案件。后根据《洋泾浜设官会审章程》，会审公廨取代洋泾浜北首理事衙门，由上海道台选派同知一员担任会审官，雇用通事、翻译、书差等人员。诉讼管辖范围是租界内以华人和无领事管辖的外国人为被告的案件，刑事案件仅限于判处枷杖以下的案件。凡涉及外国人的案件须由所在国领事或领事派人参加会审，纯粹华人案件外国领事不得干涉。但后来外国领事逐渐扩大了他们在会审公廨的权力，对纯粹华人案件也强加干涉，1905年的“黎黄氏案”就是典型例子。辛亥革命后，原本属于中国政府的会审公廨被外国列强操纵，上海地方政府在租界内的司法主权完全丧失，直到1927年才被正式收回，会审公廨改为上海公共租界临时法院。

公共租界的治理结构体现了英国和美国的城市自治，是当时自治程度很高的市政管理模式。他们将城市自治权视为天赋人权的一部分，认为国家权力是由人权派生出来的。法租界遵循大陆国家的传统，认为城市自治权是国家和法律赋予的，信奉国家至上的观念，因此上海法租界的治理模式与公共租界具有显著差异。法租界从联合租界独立后成立了公董局作为行政管理机构，1866年法国外交部批准了《上海法租界公董局组织章程》。章程确立了法租界的组织架构，并对租界内的规划、建设和管理等重要事项作出了明确的规定，因此被视为法租界的基本法。这个章程也确立了法国驻沪总领事对法租界的立法、行政、司法权，以及对公董局的领导权，公董局董事会是对驻沪总领事负责的执行机构，自治性相对较弱。

3. 租界管理的法制化

租界引入欧美的近代法制，推行租界管理的法制化。工部局根据租界管理的需要，参照和吸收西方国家的城市管理法规，制定对应的规章，经租地人会议和公使团审核后作为《土地章程》的附律。这些附律详细规定了公共设施、捐税、交通、卫生和治安管理的具体细则，以实现有法可依。

公共租界的法规大多参照当时英国的相关法规。例如英国颁布的交通法规中规定车辆必须靠左行驶。1872年，工部局的交通告示也规定“凡行走于租界道路的马车、轿子、小车等交通工具，一律左去右来”。英国国会于19世纪30—50年代颁布或修订了一系列有关卫生类公害的法规，公害（nuisance）一词在《工部局董事会会议录》中反复出现，1869年《土地章程》的附律中与妨害相关的条文很多就是参照英国1855年的《公害消除法案》。

在依法行政的基础上，工部局还充分保证侨民对租界建设的知情权和参与权。例如第一次《土地章程》明确规定新路的开辟必须要“会同妥议”。1899年新增的《土地章程》附律规定：“公局为建筑新路（此义包括任何一路之延长）起见。凡征得之地皮，于公共利益方面着想，认为照章必须建筑新路于其上者，当进行工作之前，必于上海所发行之英文日报中至少刊登一天。公布此意，并致同样之布告于地皮当街或毗连或接近之西国租主（若有则办）且绘制该项新路之平面图剖面图，连同铲平铺置安设材料。开设沟道及完成该新路所需一切费用之详细预算表，备存于公局测量员之办公室内，待公众查阅。于通告后三个月期内，该项地皮当街或毗连或接近新路之任何西国租主（若有）有权向公局用书面或亲到或委托代表到局抗议，并提出证据，证明该新路不应建筑之理由。公局当听其陈述予以裁定。”①

法租界从公共租界独立后，上海形成了华界、公共租界和法租界“一市三治”的格

① 练育强．从城市规划法看上海租界土地章程［J］．华东师范大学学报（哲学社会科学版），2010（1）．

局。三个区域各自为政，采取不同的法律体系和管理规章。有时也相互协作、互相借鉴。公共租界和法租界为华界的城市管理提供了模板，1895 年上海县衙成立南市马路工程局，负责清丈浦滩、开筑马路、开发土地和建设电灯房等市政设施，还学习租界设立了巡捕房。南市马路工程局借鉴租界的做法进行城市改造，于 1898 年颁布的《沪南新筑马路善后章程》中的许多条款就是参照公共租界和法租界的相关规章，包括车辆捐照、行车点灯、禁止驰骤、定时倒垃圾、不许随地大小便、不准堆物碍路等。①

8.4.2 被列强强占的城市的管理

在俄国、日本和德国强占的旅大和青岛等地，列强对整个城市以及周边区域具有统治权，推行的是军事殖民统治。② 军事长官是最高统治者，他们根据其军事和经济需要进行管理。

1. 旅顺和大连的城市管理

旅大地区在甲午战争后被日军占领近一年，曾短暂地建立了统治机构。日军颁布了《金州城行政规划》，作为城市管理的基本法规。设立了金州行政厅，由知事统领司法、行政、监察等各种事务，另有 1 200 名日军负责金州的守备和治安。日军也在旅顺设置行政署，颁布了《旅顺口行政署行政管理规则》，由日军宪兵管理各种事务。中日《辽南条约》签订后，旅大地区重归清政府管辖。

1897 年，俄国军队占领辽东半岛，设立了军政合一的军政部对这一地区进行殖民统治，由俄国太平洋舰队司令任部长。1898 年中俄签订《旅大租地条约》后，俄国政府颁布《暂行关东州统治规则》，将关东州厅设在旅顺，最高长官由俄国海军中将担任。③ 关东州厅内设军事和民政两大体系，陆军部和海军部负责军事事务，民政部、财务部、外务部、邮政电信部、建筑道路部、矿山部等负责民政事务。关东州厅将其管辖地划分为旅顺、大连、金州、貔子窝 4 个市和旅顺、大连湾及岛屿、金州、郭家岭（位于今亮甲店东部）、貔子窝 5 个行政区。此时城市管理机构尚不完备，旅顺市仅有警察署和民团，警察负责行政管理，民团负责处理俄国与中国居民之间的事务。大连只有一个警察署，由警察署负责地方行政。

1899 年 8 月，俄国沙皇宣布大连港为自由港，计划兴建大连市。俄国工程师萨哈洛夫为大连制定了第一版城市规划，目标是将大连建设成为具有欧洲文化特色和建筑风貌的海滨城市。他将全市划分为行政区、欧罗巴区和中国人区三个部分：行政区是行政办公中心，面积约 0.44 平方公里；欧罗巴区是商业、金融、交通和文化区，面积约 4.14 平方公里，采用了当时欧洲盛行的圆形广场加放射大道的布局形态；中国人区是为中国

---

① 王立民．本土性与世界性之间：近代国人如何看上海租界法制［J］．探索与争鸣，2020（8）．

② 在英国强行租借的威海卫，统治当局建有较为完备的行政管理机构，但并没有将威海卫建成城市的意图，缺少城市管理的方式和内容。

③ 州在俄国边疆地区为省级行政建制，其意图是宣布辽东半岛为其新的边疆领土，也暗藏将领土扩展到东三省的野心。

人居住划出的大致区域，面积约 1 平方公里。

1901 年 9 月，关东州厅颁布《旅顺市暂时管理规则》，决定设立市参议会和市政府。市参议会是议事机关，由关东州厅各部门官员和俄国居民代表构成，市政府是执行机关。1902 年 5 月，旅顺和大连被列为特别市。① 大连也设立了市参议会和市政厅，参议会议员从本市拥有一定财产的居民中选举产生，首任市长为萨哈洛夫。旅顺和大连市下设各区的区长经民政部推荐，由俄国军队的军官担任。区以下设立乡、会、村等基层组织，经区长推荐乡长、乡约，由民政部部长任命。旅顺和大连设立地方法院、调解法院和中国人法院，分别负责不同类型和层次的案件。

1904 年日俄战争中，日军占领了旅大地区。占领初期，日军为了解决后勤补给和统治居民，在各地建立了军政署，负责为日军供应战争物资和维持治安。1906 年 7 月，日本政府公布了《关东都督府官制》，由关东都督统率军事和民政。都督由陆军大将或中将担任，都督府设在旅顺，内设长官官房（即内务部）、军政部和民政部，还有法院和监狱等。在旅顺和大连设立民政署，署长由关东都督府民政部的事务官担任，掌管辖区各项行政事务。1915 年 9 月，关东都督府制定《大连及旅顺市规则》，分别在大连民政署和旅顺民政署下设立大连市和旅顺市。市会是决议机关，市政府是执行机构，参事会负责议决由市会委托的事项并审查市会提出的议案。在市以下划分若干区，区长经市民选举后由市长任命。1919 年，日本废除关东都督府官制，实施关东厅官制，即把军政合一改为军政分治，但驻扎在这里的关东军以及宪兵队对城市管理依然有指挥和监督的权力。

2. 青岛的城市管理

1891 年，清政府决定在胶州湾驻兵设防，设立总兵衙门并修筑炮台，当地商铺和人口日益增多。1897 年 11 月，德国占领青岛。1898 年 3 月，《胶澳租借条约》将胶澳地区租借给德国。德国随即建立了殖民统治性质的管理体制，计划将青岛打造为德国殖民统治的典范。

胶澳租借地由德国海军署直接管理，最高长官为总督，统领军事和民政，集军事权、立法权和行政权于一身。总督府设有军政、民政两部和港务、海员两局，军政部负责军事和防务。民政部负责民政事务，下设行政、税收、建设、土地、司法、警务等部门，所有公职人员都由海军军官担任。总督府还设立了参事会，以总督为会长，以海军参谋长、各部部长及市民代表为会员。最初市民代表仅从德国人中挑选，1910 年后才由华人会馆选派 4 名总督府信任的华人作为预备会员，帮助总督府处理与中国居民有关的事宜。参事会的工作是编制财政预算，起草各种法令，供总督决策和立法。在胶澳租借地曾有关于市民自治的要求和讨论，希望使参事会转变为一个真正的民主决策机构，但是在德国海军署坚决反对下始终没有实现。

德国将胶澳租借地划分为青岛和李村两个行政区，其下又分为若干小区。德国人计划“将青岛区造成欧洲式市街之中心，李村区造成中华式之村落”。青岛区是城区，区长

① 王珍仁，王劲松．近代旅顺与大连城市发展状况管窥：以清末及俄治时期的城市建设为中心［J］．大连大学学报，2012（2）．

及九个小区区长均由德国军官担任。区长只负责法律诉讼和警察事务，行政管理由专员负责。中国人事务专员负责处理和调解与中国居民有关的事务。李村区是乡村，区长由德国军官担任，行使行政权、司法权和警察权。各小区的区长和村长皆由华人充当，由当地居民自我管理。

德国在青岛区采取的是华洋分居的政策。1898 年，德国人对青岛城市进行了规划，规定滨海一带的青岛区为西人居住之地，严禁华人在此盖屋居住。大包岛区和码头区划为华商住宅和商业区，小岛以及台东和台西两镇为一般华人居住地。辛亥革命后，一些前清贵族来到青岛区购置或租赁房屋，打破了青岛的华洋分居政策。① 在德国人占领胶澳之初，整个租借地人口为 8.3 万。日本人占领前，胶澳租借地总人口达到 20 万。青岛区约 5 万，其中外国人只有 2 411 名，德国人为 1 855 名。因此，德占时期的青岛仍然是一个以中国人为绝对主体的城市。

德国崇尚规则和法律，是近代大陆法系的典型代表。德国统治者在胶澳的法律有中国法律、德国法律以及胶澳总督府颁布的法令三类，分别适用于不同的人群和情形。前两者主要是针对华人社会和非华人社会中的民事而制定的，后者是总督府基于胶澳地区社会经济和文化秩序而制定的，涉及公共管理和社会生活的方方面面。大部分华人案件依照中国法律和惯例，由区公所审理，非华人案件由胶澳皇家法院审理。胶澳皇家法院完全按照德国的司法理念设置，由德国皇帝任命法官，还将陪审制引入青岛。胶澳皇家法院始终坚持司法独立、公正审判，树立了坚拒贿赂、刚正不阿的司法形象。②

第一次世界大战后，日本取代德国统治胶澳地区。日本在青岛实行军事管理，也将胶澳租借地划分为青岛和李村两个管区，每区设军官管理，并声明原德国当局施行的规章制度在不妨碍日本军事事务的前提下继续施行。1917 年 9 月，日本颁布了《日本驻青岛守备军民政部条例》，撤销军政署，成立了民政部。但民政部由守备司令部管理，行政官员多由日军军官充当，在警务上实行警宪合一，依然是军事主导下的城市管理体系。

8.5 晚清的城市自治

中国传统城市中政府的主要功能在于政治统治、征收税赋和维护社会秩序，但是衙署设置简单、分工不够明确。地方官员集行政权和司法权于一身，城市管理因循守旧，缺乏主动精神。城市公共事务在很大程度上依赖行会、会馆、善堂等组织或者官方劝捐。19 世纪 60 年代以后，一些出使欧美的官员和赴欧美游历的知识分子开始注意到国外的城市管理制度，西方各国在中国的租界所取得的显著成效也引起了国内官员和知识分子的关注。在维新变法时期，维新派大力提倡地方自治。在预备立宪过程中，晚清政府将地方自治作为一项核心内容。许多社会精英主张先实行城市范围内的地方自治，认为“今欲求自治，著乎之点，即不可不先从事于市政”，“今用周官之古意，仿诸国之新制，

① 孙立新，王保宁．德国殖民统治下的青岛中国人社会（1897—1914）[J]．山东大学学报（哲学社会科学版），2007（2）．

② 陆静，叶秋华．德国占领青岛时期法制述评 [J]．东岳论丛，2011（11）．

参酌损益，先行之于都市”，“欲造成新国家，必先造成新社会；欲造成新社会，必先造成新都市”。① 中国最早开始尝试自治的城市是长沙、上海、天津和奉天等。

8.5.1 各地的尝试

1897年，黄遵宪②任湖南长宝盐法道兼署按察使，负责湖南刑狱及治安工作。当时湖南黑恶势力猖獗，而保甲局的差役常与黑恶势力同流合污，导致社会秩序混乱。黄遵宪提议仿照日本警视厅设立湖南保卫局，湖南巡抚陈宝箴及当时在湖南的维新人士梁启超、谭嗣同、唐才常等人对此大力支持。1898年，黄遵宪拟定《湖南保卫局章程》，章程第一条即申明保卫局“为官绅商合办之局”。保卫局吸纳绅商捐款，同时也吸纳绅商参与并监督保卫局的工作。湖南保卫局在长沙城中设总局一所，辖城东、城南、城西、城北、城外五个分局，每个分局又辖小分局。从总局到小分局，大部分副职都由绅商充任，绅商均为兼职，不取酬劳。保卫局成立后，按照“去民害、卫民生、检非违、索罪犯”的宗旨开展工作，成效显著。百日维新失败后，湖南新政一律停办，陈宝箴和黄遵宪均被革职，撤销保卫局，职权归属保甲局。湖南保卫局创立了中国最早的近代警察机构，将行政权与议事权初步分离，吸收大量绅商任职议事，鼓励商人参与。虽然只是昙花一现，但在一定程度上起到了开民智、兴民权的作用③，对推动中国现代警察制度的建立也具有重要意义。

延伸阅读

中国现代警察制度的建立

中国古代警政合一，军警不分。进入晚清，上海、汉口、天津等租界的巡警给国人留下了深刻的印象，他们认为租界良好的公共卫生和社会秩序“盖警察之功”。曾出使日本的黄遵宪更是深有感触，他在《与梁任公手札》中说：“警察一局，为万政万事根本。警察者，治民之最有实力者也。”1901年，清末重臣刘坤一和张之洞联名上奏，提出“去差役，建警察”，认为“警察若设，则差役之害可以永远革除。此尤为吏治之根基，除莠安良之长策矣”。1902年2月，武昌府撤销了保甲总局，废除保甲制度，筹建武昌警察总局。1902年5月，直隶总督袁世凯在保定设立警务总局和五个分局。在接管天津时，袁世凯把从保定带来的2 000多名巡警和原天津临时政府委员会留下的1 000多名华捕纳入成立的天津巡警总局。北京最早的警察是八国联军占领期间由安民公所招募的华人巡捕，1902年清廷恢复对北京的统治权后成立了内城工巡局，将除步军统领衙门外的京师治安机构全部并入内城工巡局，1905年又照此设立了外城工巡局。1905年10月8日，慈禧采纳了袁世凯的建议，设立巡警部，标志着中国现代警察制度的正式建立。随着地方自治的推行，警察制度很快被推广到各个城市，全面取代了中国传统的差役制度和保甲制度。

---

① 赵可. 清末城市自治思想及其对近代城市发展的影响 [J]. 史学月刊，2007 (8).

② 黄遵宪曾任清驻日本公使馆参赞，对明治维新后日本社会政治制度和社会管理知之甚详。

③ 蔡开松. 湖南保卫局述论 [J]. 近代史研究，1990 (1).

1900年，为抵御公共租界的扩张，广东商人陈绍昌和浙江商人祝承桂等联合宝山县的绅商，呈准两江总督在闸北自辟商埠，创办了上海第一个民办市政机构——闸北工程总局，自行筹款建造桥梁，兴筑马路。1906年，闸北工程总局因经费不足改为官办上海北市马路工巡总局，不久又改称上海巡警总局，辛亥革命后改为闸北市政厅。

1905年，上海县的绅商鉴于"租界日盛，南市日衰"，向上海道建议"以地方之人，办地方之事"和"自动整顿地方，以立自治基础"。上海道对此大力支持，将原官办的南市马路工程局撤销，把所有马路、电灯以及城厢内外警察事宜交由绅商承办。1905年9月，上海绅商制定了组织章程。同年11月，上海各善堂、书院、警务以及各铺段的所有董事召开选举大会，正式成立上海城厢内外总工程局，负责上海县城治安、建设、税收等市政管理工作。总工程局设有议事会和参事会，议事会行使立法权和决策权，议员由本地绅商选举。参事会是总工程局各项事务的执行机关，由领袖总董、办事总董、各区区长、各科科长组成。在议事会、参事会两大机构下设有户政、警政、工政三科，户政科负责户籍、地产、捐税等民政事务，警政科负责巡警、消防、卫生等工作，工政科负责市政建设。还设有一个裁判所，类似于司法机构，负责审理违警事件及一般诉讼案。① 总工程局接管了原来官办的电灯和自来水厂，拆除城墙修筑了环形大道，新建了学校和医院，开办了巡警学堂，其资金主要来源于捐税和变卖土地。总工程局推行民主决策，议事会允许公众旁听。② 1909年清政府颁布自治章程后，上海城厢内外总工程局改为上海城自治公所。

闸北和上海的城市自治是由地方绅商倡议和主导的，天津的城市自治则是由地方政府操纵进行的。1900年7月，八国联军占领天津，各国军队指挥官组建了天津临时政府委员会，发布了《天津城行政条例》。临时政府委员会具有立法权、行政权和司法权，先后制定了多部法规，涉及交通、卫生、防疫、土地、市税等，以告谕的形式向居民公布，由巡捕监督执行。《辛丑条约》签订后，八国联军要求清政府承认天津临时政府委员会颁布的各项法令并确保继续执行。袁世凯接管天津后，派官吏到日本学习地方自治制度，于1906年创办了天津自治局，为正式开展地方自治做准备。1907年3月，天津自治局起草了《试办天津县地方自治章程》。章程规定议事会和董事会为地方自治机关，议事会为议决机关，议员采用复选方式选举产生。董事会为执行机关，会长由知县兼任，副会长和会员均由议事会举任。1907年8月，经过艰难的初选和复选，天津议事会正式成立，这是中国第一次城市内的民主选举。袁世凯在天津试行的地方自治符合清政府推行地方自治的设想，因而成为各地仿效的模板。

1904年，日俄战争在我国东北爆发。日军在占领区指派官员，私设乡约进行控制。而清政府宣称"中立"，地方衙门形同虚设。为了避免东三省被日本人控制，近代民主革命家张榕联络奉天的团练办理人于1904年8月创设东三省保卫公所，制定了《创立东三省保卫公所章程》。保卫公所效仿西方地方议会，设会议股，由董事及议员组成，为议决机关；董事分正副总董及分局分董，负行政之责。董事及议员由人民选举，各议员负责

---

① 吴桂龙．清末上海地方自治运动述论［J］．近代史研究，1982（3）．

② 练育强．近代上海城市法制现代化研究：以城市规划法为主要视角［J］．社会科学，2010（8）．

讨论内外要事和订立章程。保卫公所广立学校、讲习实业、流通书报、公遣游学，以培养人民自治能力和训练自治人才。东三省保卫公所引起了立宪派的关注，并建议清政府给予支持。清政府也希望利用地方自治重整东北的统治秩序，于 1905 年 7 月正式批准在东北试行地方自治。①但由于主要人员的变动和时局的变化，东北的地方自治并未真正开展。

8.5.2 晚清政府的推行

日俄战争后，立宪之议遍于全国。清政府派载泽、端方等五位大臣出洋考察。1906 年，五大臣先后回国，上书指出立宪有三大利，“一曰皇位永固，二曰外患渐轻，三曰内乱可弭”，建议进行“立宪”。但同时也建议：“今日宣布立宪，不过明示宗旨为立宪预备，至于实行之期，原可宽立年限。”1906 年，清政府颁发了《宣示预备立宪谕》，设立考察政治馆（1907 年改建为宪政编查馆），作为预备立宪的办事机构。

预备立宪包括行政改革、设立议会和实行地方自治三项主要内容。地方自治的核心包括两方面：一是在中央和地方关系上，地方享有自治权，中央只有监督权；二是在政府和社会关系上，公共事务由本地居民自主决定和处理，不受官府干涉。由本地居民选举人员组成自治机关，制定法律法规、议决地方事务和兴办地方公共事业。1907 年，清政府正式谕令民政部拟定地方自治章程，择地依次试办。

1909 年，清政府正式颁布了《城镇乡地方自治章程》，规定各城镇分设议事会和董事会，建立城镇地方自治公所，为议事会办公处所。议事会议长、副议长由议会选举产生。城镇自治事宜包括学务、卫生、工程、农工商务、慈善、公共事务等。随后又颁布了《府厅州县地方自治章程》和《府厅州县议事会议员选举章程》，地方自治制度初步确立。全国各地以城市为主体，纷纷建立地方自治机构。这些机构名称不一，主要有自治局、公议局、议会、自治会、自治研究会等，有的由地方绅商创办，有的由地方官员倡导开办。到 1911 年，各省成立了 1 000 多个城镇议事会和董事会。②

预备立宪只是晚清政府欺骗人民、瓦解革命和拉拢立宪派的一个幌子，并非真正打算分权于民。在推行地方自治的过程中，清政府歪曲地方自治原意，缩小地方议会权限，降低地方议会地位。如负责拟定《城镇乡地方自治章程》的宪政编查馆特地强调，“夫议院乃民权所在，然其所谓民权者，不过言之权而非行之权也”，“自治之事渊源于国权，国权所许，而自治之基乃立。由是而自治规约不得抵悟国家之法律，由是而自治事宜不得抗违官府之监督。故自治者，乃与官治并行不悖之事，绝非离官治而孤行不顾之词”。《城镇乡地方自治章程》第一条强调：“地方自治以专办地方公益事宜，辅佐官治为主。按照定章，由地方公选合格绅民，受地方官监督办理。”这也就决定了清末的城市自治难以顺利推行，也不可能取得成功。但城市自治的尝试使变革的力量和因素不断向城市聚集，加速了中国传统城市管理体制的瓦解，推动了辛亥革命的产生。

---

① 晚清地方自治改革之前的地方自治运动［EB/OL］.（2022-05-20）. https://www.guayunfan.com/baike/171633.html.

② 马小泉. 国家与社会：清末地方自治与宪政改革［M］. 郑州：河南大学出版社，2001.

本章小结

1. 清代后期，中国社会经济矛盾不断加深，导致太平天国运动和捻军起义的爆发。西方列强的入侵进一步导致中国经济和社会发生剧变。面对内忧外患，晚清政府开展洋务运动和推行新政，虽未能挽救清朝的统治，但推动了国家和社会关系的转变。地方督抚逐渐取得了独立的军事权和财政权，中央的权力被显著削弱。地方精英和社会组织的地位进一步提升，在推进地方自治的运动中发挥着关键作用。

2. 受国内和国外的双重影响，晚清城市发生了巨大变化：一些城市的性质发生改变，产生了一批租界、约开商埠、自开商埠和被西方列强控制的城市；一些城市超常规发展，城市规模迅速扩大；城市的时间和空间制度发生显著改变，城市社会生活也开始从传统向现代转型；西方知识在中国广泛传播，城市精英的价值观和知识体系产生变化。但这些影响主要集中在沿海和内地通商口岸城市，对其他城市影响不大。也有一些城市因受战争的影响、西方商品的冲击和贸易格局的转变，走向衰落。

3. 太平天国运动没有认识到城市在国家管理中的重要地位，几乎完全根据军事需要管理城市。在城市中废除家庭制度、推行男女分馆、取消私营手工业、废除商业、建立圣库制度，这些制度违背了城市发展的客观规律和时代要求。虽然在“安庆易制”后有所改观，但随后的天京事变导致城市的发展由盛转衰。

4. 上海建立了公共租界和法租界，租界采用当时英美法国家盛行的市政制度，引入相关法律规章和技术手段，租界建设和管理成效显著，与上海县城形成鲜明对比。公共租界推行的是英美的城市自治制度，建立了以纳税人大会和工部局为核心的管理体制，还建立了领事法庭、领事公堂和会审公廨。法租界遵循大陆国家的传统，由法国驻沪总领事统筹负责管理，自治性较弱。旅顺、大连和青岛是俄国、日本和德国强占的城市，在这些城市中实行军事殖民统治，军事长官是最高统治者，主要按照列强的军事目的和城市管理制度进行管理。

5. 受欧美、日本及其在华租界的影响，清末时期长沙、上海、天津和奉天等城市开始尝试城市自治，取得了一定的成效。1906 年以后，晚清政府开始推行预备立宪，地方自治是其中的重点内容，许多城市建立了议事会和董事会等自治机构。但预备立宪只是晚清政府的一个幌子，这也注定了城市自治是不可能取得成功的。

关键术语

租界　约开商埠　自开商埠　帝王年号纪年　公元纪年　时辰制　钟点制　休沐制　礼拜制　海岸时　公园　市　区　租地人会议　纳税人大会　道路码头委员会　工部局　公董局　巡捕　领事法庭　领事公堂　会审公廨　土地章程　两司马　安庆易制　湖南保卫局　闸北工程总局　上海城厢内外总工程局　东三省保卫公所　预备立宪　地方自治

复习思考题

1. 晚清国家和社会的关系发生了哪些变化?
2. 晚清城市发生了哪些显著的变化?
3. 太平天国运动在城市管理方面有哪些深刻的教训?
4. 上海公共租界的市政管理有哪些主要特点?
5. 在被西方列强强占期间，旅顺、大连和青岛的城市管理有哪些主要特点?
6. 如何评价晚清的城市自治?

第9章
民国时期的城市管理

民国时期，随着资本主义工商业的发展，中国的城市获得良好的发展契机。城市化和现代化水平都有明显的提升，城市管理也从传统向现代转型。但由于受到国内频繁的战争、帝国主义的侵略和动荡的政治局势的影响，城市发展时断时续，城市管理制度也频繁变动。本章将民国时期分为北洋政府时期（1912—1928年）、南京国民政府统治前期（1927—1937年）、全面抗战和解放战争时期（1937—1949年）三个阶段，分别介绍每个阶段的政治与社会经济背景、城市发展、城市管理制度等内容。最后介绍中国共产党在苏区、边区、沦陷区以及解放区的城市工作。

重点问题

- 民国时期的城市发展
- 民国时期西方城市管理知识的传入与影响
- 北洋政府时期的市政改革与城市自治
- 南京国民政府统治前期的城市管理
- 全面抗战和解放战争时期的城市管理
- 中国共产党的城市工作

9.1 北洋政府时期的城市管理

北洋政府是中国历史上第一个以和平的方式完整继承前朝疆域的政权，也是清代灭亡后第一个被国际承认的中国政府。北洋政府时期是中国由传统向近代转变的重要阶段，转型和过渡是这个政府的基本特征。

9.1.1 政治与社会经济背景

1911 年辛亥革命爆发后，资产阶级革命党在南京建立临时政府，各省代表推选孙中山为临时大总统，制定了《中华民国临时约法》。1912 年 2 月，在袁世凯等清朝大臣的劝说下，隆裕太后颁布退位诏书，中华民国正式取代大清帝国。1913 年 10 月，袁世凯在北京当选中华民国大总统，标志着北洋政府正式成立。

北洋政府是一个以军事为支撑的政府，军权支配政权是这一阶段的一个显著特点。由于北洋军事集团内部各种派系和利益集团不断分化、组合和混战，国家政局持续动荡，政权更迭频繁。在北洋政府主政期间，曾颁布五部宪法，多次更换国家元首，内阁总理更迭更加频繁。尤其是在袁世凯之后，中国进入了一个军阀混战和割据的时代，经历了由皖系军阀、直系军阀和奉系军阀主导的三个阶段，给社会经济和城市发展带来许多不利影响。

北洋政府虽有中央政府之名，但无中央政府之实。除各地军阀割据以外，当时中国还存在与北洋政府对峙的南方革命政权。南北两大势力集团在民主与独裁、新旧约法之间存在巨大的分歧。1917 年，孙中山开展护法运动，在广州建立中华民国军政府，标志着南北对峙局面的形成。1925 年 3 月 12 日，孙中山逝世。国民党进行了改组，成立了广州国民政府。1926 年 7 月，广州国民政府开始北伐，北洋军阀节节败退。北洋政府最后一任国家元首张作霖因在撤回东北的途中所乘专列被日本关东军炸毁，伤势过重身亡，张学良继承政权后于 1928 年 12 月 29 日通电全国，宣布东北易帜，服从南京国民政府统治，北洋政府正式宣告灭亡。

清末，中国民族工业已有所发展，资产阶级的政治和经济地位有所提高，实业救国的思想已深入人心。北洋政府推行了一系列有利于资本主义经济的法令和政策，为工商业的发展创造了较好的制度环境，民营工业和华资银行大量兴起。尤其是第一次世界大战及其后的一段时间，民族工商业进入“黄金时代”。但由于政局动荡不安，军事纷争迭起，民族资本主义的发展不够充分，在国民经济中所占比例仍然较小，这就决定了中国资产阶级的软弱性和妥协性。

北洋政府时期也是一个思想文化繁荣的时期。袁世凯曾推行封建复古逆流，颁布“尊孔令”和“祀孔令”，通令全国恢复祀孔典礼，强调“国民教育以孔子之道为修身大本”，要求全国的学校“尊孔读经”，一度将清末兴起的资产阶级文化运动推向低谷。针对这股复古逆流，陈独秀、李大钊、鲁迅、胡适等一批知识分子发起了新文化运动。他们高举民主与科学的旗帜，大力提倡新道德、反对旧道德，提倡新文学、反对文言文。袁世凯下台之后，北洋政府废除了许多限制公民权利的法令。1919 年的五四运动进一步推动了中国思想文化的解放，国外各种思想流派纷纷进入中国。各种学说百花齐放、百家争鸣，极大地促进了国民的思想解放和科学文化事业的进步，涌现了一大批思想、文化和教育领域的大师。

9.1.2 城市发展

辛亥革命对城市破坏较小，与历史上多次改朝换代对城市造成的巨大破坏形成鲜明对比。但辛亥革命对城市中的旧制度、旧势力、旧文化形成了猛烈的冲击，推动了城市工商业的发展和社会的进步。

北洋政府时期虽然政治倒退、战争不断、军阀割据，但由于工商业的发展，一些城市形成了巨大的劳动力需求，对农村剩余人口产生较强的吸引力。而农村经济日益凋敝，迫使大量被剥夺生产资料的人口流向城市。因此，这一时期城市发展整体上呈现出平稳上升态势，大多数城市的人口有不同程度的增长。城市的聚集能力增强，城市功能就会更加完善。但受制于战争、割据和自然灾害等因素的影响，这一时期城市发展不稳定，也不够充分。人口城市化率一直维持在10%～11%，远低于世界平均水平。而且由于工商业的发展主要集中在东部沿海城市和沿江开埠城市，中西部大多数地区受资本主义的影响较弱。许多中西部城市的军阀官僚、富商大贾、豪绅地主纷纷将资产向沿海城市转移，从而使西部城市发展更加困难，区域差异进一步扩大。

相对于城市化水平而言，城市社会结构的变化更为显著。北洋政府时期，随着政治、经济和文化的变革，由传统身份等级决定的城市社会结构逐渐解体，职业取代身份等级成为界定城市居民社会属性的主要标准，在此基础上形成了一些新的社会群体和社会阶层。新式知识分子开始成为城市文化的主导者，新兴资产阶级成为推动城市经济发展的主要力量。产业工人形成一股独立的社会力量，开始影响城市的政治、经济和社会生活，他们以罢工等方式反抗资本家的剥削与压迫，广泛参与到反帝反侵略的运动中。军人集团也是这一时期城市社会的重要组成部分，并在一些城市的建设和管理中起着主导作用。传统士绅和商人阶层发生分化，他们要么适应社会变迁转化为新式知识分子和资产阶级，要么抱残守缺而走向没落。虽然旧结构已经解体，但尚未完全退出历史舞台，城市社会结构表现出新旧杂陈的特点。

城市生活方式也发生了显著的变化。辛亥革命之后，资产阶级掀起一股革故鼎新的风潮，试图通过改变个人生活方式来塑造新的国民性格，改善个人与国家的关系，进而巩固新生政权。他们依靠国家权力，全面废除与封建礼法和等级制相适应的各种生活方式，颁布了一系列涉及城市生活的法令法规。城市中的衣食住行、礼仪举止、婚姻家庭、德行习惯等都烙上了资产阶级的印记，民主、自由、平等、自立、卫生等积极健康的生活观念逐渐被城市居民所接受。但由于社会变革不彻底，传统的生活习惯依然顽固，饮酒狎妓、骄奢淫逸、蓄婢纳妾、迷信扶乩等不良的生活方式在城市生活中仍然很常见，城市生活方式也处于新旧杂陈、中西杂糅的状态。①

北洋政府时期，主导中国城市发展的主要力量为西方势力、中国地方军阀、民族资产阶级以及遗留下来的传统势力。在不同力量的主导下，城市中形成了不同的城区：（1）老城区。这是在清代及其以前形成的城区，大多保留着传统街区的格局和建筑风貌，基础

---

① 黄沛骊．中国城市通史·民国卷［M］．成都：四川大学出版社，2020．

设施不完善，卫生状况较差。但受新的社会经济因素的影响，老城区或多或少也发生了一些变化，出现了一些销售各类洋货的新式商业街区和西式商店，一些城市城墙被拆除以修建马路。在中西部大多数地区，老城区依然是城市的主体。(2) 租界或商埠区。这是在殖民势力和国外资本主导下发展起来的区域，通常位于港口或铁路车站附近。租界和商埠区工商业繁荣，市政设施比较完善，卫生状况较好，建筑风貌具有西方特色，规划和管理自成一体。上海、天津、汉口的租界是典型代表，它们是这些城市的主体区域。(3) 工业居住混合区。这是在外国资本主义的刺激下，由中国民族资本在邻近老城区、租界或商埠区，沿河流或铁路自发扩张形成的区域。区内各种工厂、简易住宅和商店相互混杂，市政设施不完善，卫生状况较差。无锡是当时民族资本较为集中的城市，由于民族工业的发展，无锡沿运河密集地兴建了很多工厂、仓库、码头以及成片的工人住宅区。(4) 新市区。这是在地方军阀主导下开辟的区域，大多采用西方的规划和建设方式，路网设计较为规范，新的行政、商业、住宅和工业区有序布局，如天津的河北新区。在不同城市，由于各种力量强弱不同，各类城区的大小和重要性不同，城市空间结构总体上呈现“多区拼贴”的特征（见图 9-1）。

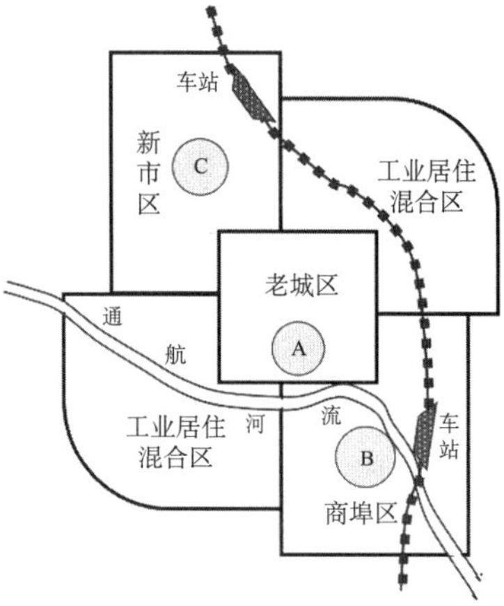

图 9-1　中国近代城市空间结构模式示意图

注：A 为传统商业中心；B 为西式新中心；C 为新市区行政商业中心。

资料来源：胡俊．中国城市：模式与演进［M］．北京：中国建筑工业出版社，1995.

延伸阅读

民国时期的拆城记

中国近代第一个拆除城墙的城市是天津，1900 年八国联军占领天津，成立都统衙门，1901 年都统衙门强令拆除全部城墙，修建环城马路。在汉口，1907 年由张之洞主持拆除城墙，将城基改为主干道路。1912 年初至 1914 年冬，上海拆除全部城墙，在城墙的遗址上修建了中华路和民国路（今中华路和人民路）。一些保守人士认为拆除城墙会破坏传统城市的形制和风水，降低城市的防御能力，极力抵制，上海还一度成立了城垣保存会。在新文化运动的冲击下，破旧立新成为当时中国社会的主流。清末知识分子对“城”的质疑延续至民国，“城”越来越被视为一种落后的事物。[①] 曾留学日本的易家钺在《中国都市问题》一文中指出“城墙是古代的遗物，是野蛮的象征”。“都市”成为民国时期的主流话题，“打倒旧城郭，建设新都市”是当时的主导思想。1921年至1927年，孙科出任广州市市长时拆除了广州城墙。北伐战争中，蒋介石每攻克一城后都希望拆除城墙，以削弱地方军阀势力。1928年5月23日，蒋介石曾下令一个月内拆除临沂和兖州城墙。但由于拆墙工程浩大，许多城墙并未真正拆除。1927年，南京市政府曾提出“以新都建设需费，将标卖南京全城城垣城基”，引发社会各界议论。1928年，蒋介石授意中央陆军军官学校拆除南京太平门至丰润门一段城墙，将所获城砖用于建设军校讲堂。南京拆城墙的提议受到徐悲鸿、孙科等人的极力反对，最终未能实施。除以上城市外，北京、武昌、厦门、成都、奉天等也都先后制订了拆城计划，拆除了部分或全部城墙。

9.1.3　城市管理知识的变化

中国近代城市管理有两次向西方学习的过程：第一次是19世纪末20世纪初，学习对象是外国人在华设置的租界。通过学习，中国一些城市兴起以地方自治和建立警察制度为代表的市政改革。第二次是20世纪20年代，大量留学欧美日的学者回国，他们将各国市政管理的新知识引入国内，掀起了一股新的市政改革浪潮。本节重点介绍美国的市政改革、市政学和田园城市思想对中国的影响。

1. 美国的市政改革

美国建国之初，城市并不重要，因此在美国宪法中城市是没有地位的。依据狄龙规则，美国城市是州的产物，由州立法赋予地方议会相关权力，市长职权较小，这种管理体制被称为弱市长制（见图9-2）。弱市长制与美国建国初期城市规模较小、发展水平较低、城市事务相对简单相适应。但在南北战争之后，美国经济高速增长，工业化和城市化快速推进，城市社会矛盾日益加剧。由于弱市长制的低效与无能，一批被称为“城市老板”（city boss）的政治集团和职业政客把持市政大权，形成寡头政治。他们利用党派势力操纵竞选、营私舞弊，导致城市建设严重失序，城市财政陷入困境。美国的城市管理花钱多，效率低，腐败盛行。

19世纪末20世纪初，为扭转城市政治的黑暗和城市管理的混乱，市政改革运动在美国蓬勃开展，这也是美国进步运动的重要组成部分。1894年，美国46个主要市政改革团体在费城成立了全国性的市政改革组织“美国市政联盟”。1900年，美国市政联盟公布了全国市政改革的纲领性文件《市政大纲》，内容涉及市政体制、公共会计、政府债务、州宪法、城市公司法等。

---

① 赵斐．近代以来“都市”和“城市”话语地位的变迁［J］．云南师范大学学报（哲学社会科学版），2018（2）．

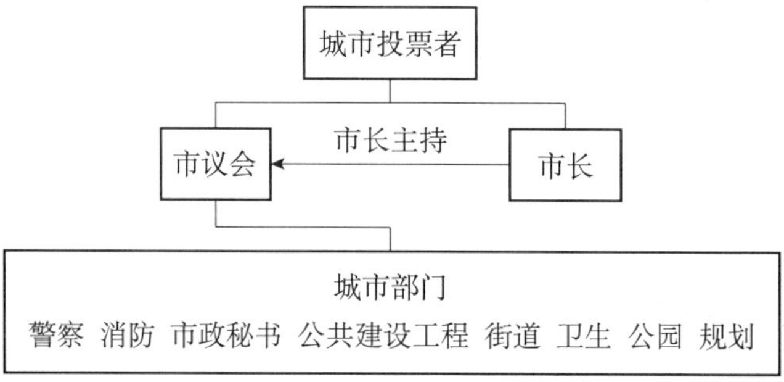

图 9－2 弱市长-议会制市政管理结构示意图

资料来源：摩根，英格兰，佩利塞罗．城市管理学：美国视角：第 6 版［M］．北京：中国人民大学出版社，2016.

在推行市政改革的过程中，美国形成了三种模式：第一种是强市长制。它是在保留传统“议会-市长”分权的前提下，限制市议会对城市行政工作的控制和过度干预，扩大市长的职权，保证各行政部门在市长领导下工作，以此加强城市行政部门的权力和提高城市管理效率（见图 9－3）。第二种是城市经理制。一些市政专家认为市政是管理事务而非政治事务，为提升城市管理效率，应将企业管理的基本原则和方法应用到城市管理中。城市经理制是由市议会聘请一位市政管理专家担任经理，主持市政府行政工作。市议会仍需选举一名市长，作为官方代表行使礼节性的职权（见图 9－4）。第三种是城市委员会制。1900 年，得克萨斯州的加尔维斯顿市遭受飓风和海啸袭击，损失惨重。在改革派的倡议下，州议会任命 5 位当地著名的企业家组成了一个委员会，负责城市重建工作。这种做法取得了很大成功，因此很快被推广。城市委员会制放弃了分权原则，由选举产生的市政机构统一行使立法权和行政权，市民可以通过创制、复决和罢免等手段对城市委员会进行监督和制约。各委员分管城市各项事务，其中一名委员任市长，但在权力上与其他委员平等。① 在同一时期，欧洲各国也先后进行了市政改革。但美国的市政改革成就最为显著，诸多城市问题迎刃而解，在各国市政改革潮流中脱颖而出，为其他国家提供了参考。在大正天皇时期（1912—1926 年），日本仿效美国，在亚洲率先进行市政改革。

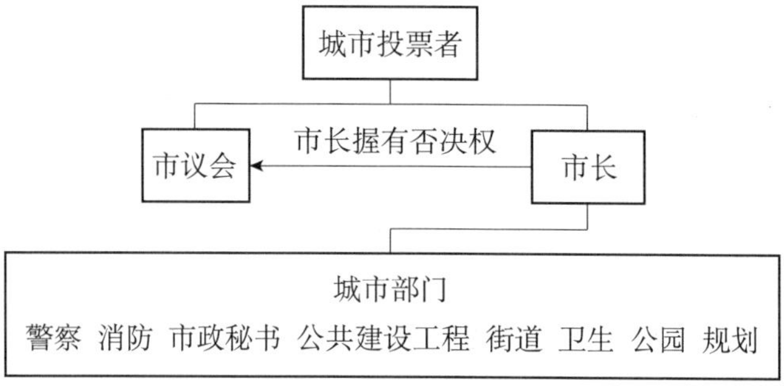

图 9－3 强市长-议会制市政管理结构示意图

资料来源：摩根，英格兰，佩利塞罗．城市管理学：美国视角：第 6 版［M］．北京：中国人民大学出版社，2016.

① 王毓敏．美国城市委员会制及其启示［J］．经济师，2005（3）．

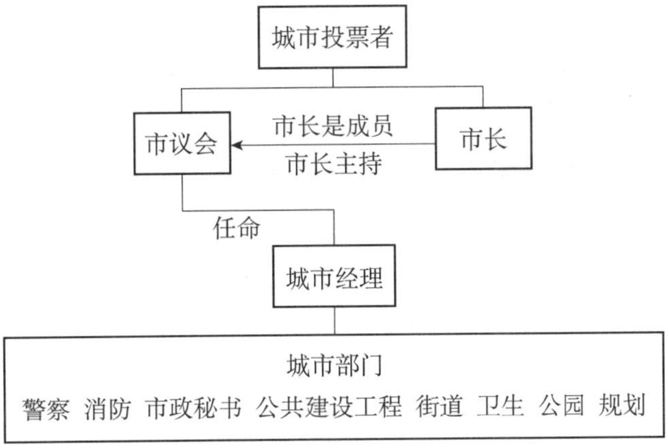

图 9-4　城市经理制市政管理结构示意图

资料来源：摩根，英格兰，佩利塞罗．城市管理学：美国视角：第 6 版［M］. 北京：中国人民大学出版社，2016.

清末民初，租界还是中国城市管理效仿的对象，是直接的知识来源。但第一次世界大战结束后，上海公共租界和法租界的管理水平已经远远落后于美国城市。在留学归国学者的主导下，美国取代在华租界成为中国城市管理新的知识来源。1903 年，梁启超在美国游历时，已经注意到美国正在进行的市政改革。他在《新大陆游记》中指出，美国政治“最腐败者，莫如市政”，同时也提到美国市政“近屡改良”。1916 年夏，流亡日本的孙中山返回国内，在他的演讲中介绍了美国的市政改革运动。从 20 世纪 10 年代后期开始，最早一批赴欧美和日本学习市政或相关学科的学者陆续学成回国。① 到 20 世纪 20 年代末，归国学者已达 50 位左右，其中从美国留学归国的占半数以上。受美国市政改革运动的影响，这批留学归国的学者普遍认为“城市为近世国家成立之基”，坚信只有进行市政改革才能使中国走出困境，提出“建国必先建市，建市必先建制”“市政为 20 世纪各国之急务，尤为我国当前唯一之要图”“打倒旧城郭，建设新都市”等论断，他们的思想和知识很大程度上决定着民国时期中国城市管理的走向。

2. 美国的市政学

美国市政学的兴起是以公共行政学的形成与发展为基础的。从 19 世纪中后期开始，美国各级政府的职能日益复杂，数量也大大增加。面对当时混乱而腐败的政治生活，美国著名政治家威尔逊认为行政是个讲求实务的领域，必须要从那种混乱纷争的政治中脱离出来，因此提出了“政治-行政”二分的观点。在此基础上，韦伯（C. M. Weber）将职业化、专业技能和功绩制等理性标准引入行政管理，以客观化、科学化和理性化的行政管理取代非专业化、人格化和非理性的前官僚制，为公共行政学提供了组织上的理论支撑。泰勒（F. W. Taylor）的科学管理又为公共行政学提供了方法支撑，他认为管理的根本目的是提高劳动生产率，为此应当以科学、理性、专业化、普遍化的管理取代基于

① 张君劢、林云陔、白敦庸、董修甲、臧启芳、张维翰等是这批学者的典型代表。

个人经验和人格化的管理。科学管理很快成为一场波及整个西方企业的运动，也逐渐被运用到市政管理中。

延伸阅读

科学管理能够使市政管理走向阳光灿烂的天地

1911年，泰勒的合作者库克（M. Cooke）把科学管理的原理运用到市政管理工作中。库克受泰勒的委托在费城市政府中担任公共工程局局长，他提出了一些提升管理效率的新方法，进行了多次革新，如申诉处理、财务计划、装备更新、人事选择、存货记录、工程转包、公共关系、作业标准化等，树立了一个良好的市政管理榜样。他按照泰勒的思想建立了一种职能管理组织，雇用了一批专家，解雇了1 000名左右靠关系任职和工作效率低下的职员，设立了退休和福利基金，主张由专业的城市经理来管理城市，由有职有权的个人来代替空谈的委员会。由于他的革新，在4年中，费城在垃圾清扫方面的成本减少了100万美元，公用事业的收费降低了125万美元。库克对这场改革的总结，集中反映在他1918年出版的《我们的城市在觉醒》一书中。他强调，只要实施科学管理，就可以更好地管理市政工作。企业管理中的高效率、低成本，完全可以移植到市政管理中，实现公共服务少收钱、多办事的目标。库克是这样评价这一改革的：科学管理能够使市政管理走出烟雾弥漫的房间，走向阳光灿烂的天地。

在公共行政学发展和市政改革的大背景下，市政问题开始成为公共行政的一个重要研究领域，学者们基于公共行政学的基本思想和理论，比较各种市政模式，并将官僚制和科学管理的基本原理和方法运用于市政改革和市政管理中，市政学也开始在美国形成。1906年，由一些学者和社会改革家组成的纽约市政研究局（New York Bureau of Municipal Research）成立，其目的是“让科学知识而非义愤填膺成为市政改革的动力”。[①] 与市政管理有关的专著陆续出版，其中费尔利（J. A. Fairlie）的《市政管理》（1901年）、古德诺（F. J. Goodnow）与贝茨（F. G. Bates）合著的《市政府》（1909年）、孟洛（W. B. Munro）的《市政府与市行政》（1912年）和《市政原理与方法》（1916年）等著作为市政学的形成和发展奠定了坚实的基础。美国各大学也开始增设市政管理专业或课程，培养市政管理人才。

首批赴欧美和日本学习市政及相关学科的学者回国后，积极宣传国外尤其是美国的市政改革经验，在《东方杂志》和《道路月刊》等刊物上撰文介绍西方国家的市政制度，翻译国外市政著作和最新的研究成果。1922年，留日归来的黄维时编写了《新市政论》并由上海公民书局进行出版，这是我国第一部市政专著。1926年，上海商务印书馆翻译出版了孟洛的《市政原理与方法》。截至1928年7月，国内出版的有关市政管理的著作约80部，涵盖城市政府、城市行政、城市规划、市政工程和城市社会等内容。其中，由中华全国道路建设协会发起、陆丹林主编的《市政全书》是这一阶段市政管理知识之集成。

① 市政研究局于1921年更名为公共行政研究所。

这些归国学者还积极创办市政教育学术团体。1923年，张君劢在上海成立国立自治学院，设立市政本科专业。1924年末，唐山大学增设市政卫生工程科。1929年，复旦大学设立市政系。到1930年，国内有17所大学设有市政学相关课程。1925年，留美学生在纽约成立中华市政协会，1927年在上海将其改组为中华市政学会。学会以“联络市政同志，调查市政状况，研究市政学术，促进市政发展”为宗旨，成为宣传欧美市政知识的重要平台。成立于1921年的中华全国道路建设协会，虽以“专在谋全国道路之早日建设完成”为宗旨，但其实际活动也从“路政”延伸到“市政”，大力宣传市政改革，提供市政咨询，并在其会刊《道路月刊》上发表了大量与市政相关的专业文章。

3. 田园城市思想

西方工业革命和资产阶级革命导致工业化和城市化的快速推进，城市人口和用地规模迅速扩大导致了卫生、污染、安全、住房等城市问题和阶级矛盾在城市集中爆发。在此背景下，西方一些国家发起了公共卫生运动和城市美化运动，现代城市规划由此产生。欧美许多大学均相继设立了城市规划院系，城市规划组织和制度纷纷建立。现代城市规划思想和理论也应运而生，如田园城市、带形城市、工业城市、光辉城市、广亩城市、邻里单位、有机疏散等。其中，田园城市是西方现代城市规划诞生的重要标志，田园城市思想是20世纪最具影响力的城市规划思想，也是中国引入时间最早和对中国城市规划影响最深的外来思想。本书以田园城市思想为例，系统介绍了它进入中国的过程，为认识和理解西方知识对中国的影响提供了一个生动的案例。

1898年，霍华德（E. Howard）出版了《明日：一条通往真正改革的和平道路》，1902年再版时他将书名改为《明日的田园城市》。田园城市的核心思想是城乡一体、土地公有、规模控制、自给自足和社会改革。该思想很快传入欧美各国，开启了其在不同国家的旅程，产生了一批追随者和多个田园城市项目。但在不同国家，由于思想文化和城市发展的实际情况不同，对田园城市思想的理解和接受程度也各不相同。

田园城市思想最初是经日本进入中国的。1907年《东京日日新闻》首次将田园城市思想引入日本，随后日本其他报刊也开始介绍这一思想。中国第一篇有关田园城市的文章是1908年刘石荪在《时报》上发表的《田园都市制度》，根据刘石荪的个人经历①和田园都市这一译名，可以推测该文主要内容参考了日本报刊。他在文中也力图证明田园都市在中国“古已有之”，“殊不知此制度已见于我国上古时代，即中央为公田，八家皆司百亩，同养公田，意义有无相同通，存止相守，出入相司，疾病相救，无不视为同等此制度之起原”，以“西学中源”和“以主待客”的态度对待田园城市思想。此后，不少报刊和著作都翻译了来自日本的田园城市知识。1927年，从日本留学回国的市政专家张维翰翻译了日本弓家七郎所著的《英国田园市》，1930年又翻译出版了日本内务省地方局主编的《田园都市》，对田园城市思想作了较为系统的介绍，成为这一时期关于该思想

---

① 刘石荪，又名刘建封，民初改名刘大同，是清末秀才，也是中国民主革命的先驱，曾跟随孙中山在日本进行革命活动。1908年任奉、吉两省界线勘界委员，1909年任吉林安图县第一任知县。

的重要文献。[①]

美国是田园城市思想进入中国的另一个通道。田园城市思想很快受到美国的欢迎，霍华德于1906年建立了美国田园城市协会，推动了美国郊区住宅区的发展，也推动了美国邻里单位、广亩城市、区域规划等规划思想和理论的发展。这个通道中最先介绍田园城市思想的是《进步》[②] 杂志，该杂志在1912年第1期节译了《英国模范村市之大概》一文，1913年第5期刊登的《改良城市之理想》一文将田园城市作为城市规划的理想模型。1919年，孙科在《建设》杂志上发表了《都市规画论》，对田园城市有所涉及。1923年，在美留学的陈萱在《东方杂志》上发表了《园城刍议》，该文评价了田园城市的优点并为中国建设田园城市提供了一个系统的操作方案。1925年，从美国留学回国的董修甲在《东方杂志》发表了《田园新市与我国市政》一文，后收录于陆丹林编撰的《市政全书》中。

田园城市思想经日本和美国传入中国，中国不可避免地会受到两国对田园城市思想的理解的影响。在日本，田园城市思想刚被引入的时候还处于以农业为主导的时代，日本学者将田园城市与日本当时正在推行的乡村改良相结合，将 Garden City 中的 Garden 翻译成“田园”，强调“乡村”而弱化了城市改革的内容。同时由于日本地震多发，日本人将土地视为唯一可靠的私有财产，因此土地公有在日本未被强调。[③] 在美国，人们对田园城市思想的理解更侧重于花园式的郊区住宅区，因此孙科也将田园城市理解为：“其目的在于大都会之外，建立新式村市……村既建成，望之俨如一大公园，此‘花园都市’名义之所由来也。”

国内学者在介绍田园城市思想时，普遍对其持肯定和赞赏态度，表达了期盼中国推行的愿望。如董修甲在《田园新市与我国市政》一文中指出“田园新市之制度，实亦我国当今之急务”。在这一时期全国主要城市的规划和市政计划中，田园城市思想作为一个重要的规划思想被反复提及。如孙中山在《建国方略》中提出将广州建设成一个拥有美妙公园的花园城市，之后广州市政厅在1923年的“开辟广州观音山公园及住宅区办法”、1927年的“模范住宅计划”和1928年的“广州市施政计划书”中都为此作出了努力。[④] 但是，由于时局的变化，这些规划并未真正实现，田园城市仅仅停留在纸上和规划师的美好愿景中。

9.1.4 城市管理制度变革

民国建立之初，地方行政仍沿用清末之制，实行省、府（州）、县（州、厅）三级体制和名义上的地方自治制度。1913年1月，北洋政府颁布《划一现行各省地方行政官厅

---

① 吕金程．田园城市理论在近代中国的传播及变容研究：文献数据库方法的应用［D］．南京：东南大学，2015.

② 《进步》杂志由中华基督教青年会主办，以“进步思想鼓励国人”为宗旨，以翻译西方尤其是美国报刊文章为主。

③ OSHIMA K T. Denenchōfu：building the garden city in Japan［J］．Journal of the Society of Architectural Historians. 1996，55（2）．

④ 包树芳．近代国人对田园城市的认识［J］．民国档案，2019（3）．

组织令》，改设省、道、县三级，将直隶州厅和普通州厅均改为县，地方官员由中央政府任命。全国共设22个省，5个特别行政区（热河、察哈尔、绥远、川边和京兆地方）以及外蒙古、青海、西藏3个民族地区。1922年，全国共有97个道、1 963个县。

北洋政府时期，市政改革运动与地方自治运动紧密结合。1912年5月，北洋政府通电各省，要求尽快制定省议会及议员选举法，以解决省议会的合法性问题。同年北洋政府颁布了《市乡组织法》，试图推行欧洲式的城市自治。但1914年2月，袁世凯为强化集权统治，以地方自治“良莠不齐，平时把持财政，抵抗税捐，干预词讼，妨碍行政，窗布党徒，暴民专制”为由，下令取消各省的议会和自治机构。袁世凯的集权统治基本稳定后，北洋政府于1914年12月公布了具有浓厚官治色彩的《地方自治试行条例》。1915年4月，又颁布了《地方自治条例施行细则》，把地方自治分为调查、整理、倡导与实行几个阶段，实质上是把地方自治的推行延宕到遥不可及的未来。同时将京兆地方作为自治模范地区，公布了《京兆地方自治章程》，任命专人筹备。但这些自治条例和规章并未真正付诸实施，袁世凯死后成为具文，京兆地方自治也相应中止。① 此后，北洋政府迫于国际舆论与社会的压力，做出一些恢复地方自治的姿态，制定了一些章程和法规。1919年9月，颁布了《县自治法》，提出当务之急在于培养自治人才。

1921年7月，北洋政府颁布了《市自治制》，这是我国第一个由中央政府颁布的关于市建制的正式文件。《市自治制》将市分为两种：一是特别市，地位相当于县，受省长监督，京都则受内务总长监督；二是普通市，行政上隶属于县，受县知事监督。市不但具有行政实体的法律地位，也兼具自治团体的性质。市自治在形式上借鉴欧洲传统的分权市制，自治会为议决机关，自治公所为执行机关，特别市另设参事会作为执行辅助机关。市自治会相当于市议会，由市民选出的会员组成。特别市最多30人，普通市最多20人，设会长一人。市自治公所相当于市政府，设市长一名，作为市的代表，由市自治会从有被选资格的市民中选举产生。市自治公所的职权为：在官署的监督下，在法令范围内办理教育、交通、水利及其他土木工程、劝业及公共营业、卫生救济等自治事务。由于没有涉及警务和税收，市自治公所并不是完整意义的城市自治机构。《市自治制》还明确规定了特别市需要设区，《市自治制施行细则》进一步规定：特别市可下设若干区，每区设董事一人，承市长之命办理区内事务。但《市自治制》并未在全国真正推行，各省在建立市政府时，均没有采用该制。

在《市自治制》颁布的同时，一些省掀起了“联省自治”运动。1919年，梁启超等人提出效仿美国的联邦制，以省为自治单位，由各省省议会制定省宪法，然后各省联合成立一个联省自治政府，这一提议得到了许多省的热烈拥护。湖南在南北战争中饱尝兵祸之苦，最先提出了“湘人治湘”。四川、云南、贵州、广东、广西、江西、浙江和奉天等地方军阀也纷纷响应，制定了本省宪法。市制是这些省宪法中的重要内容，如《湖南省宪法》规定市为自治团体，按人口分为一、二、三等，一等市受省政府监督，二、三等市受县政府监督，地位与乡相同。一、二等市实行分权制，立法机关为市议会，行政机关为市长公署，市议会议员及市长皆由全市公民直接选举产生。市委员会为行政辅助

① 陈明胜．晚清民国时期地方自治的内在困境及其现代启示研究［M］．合肥：合肥工业大学出版社，2018.

机关，市长担任委员长。《浙江省宪法》规定市分为特别市和普通市，两种市均实行自治。商工荟萃之区人口满 15 万以上的为特别市，直接受省监督。特别市议会及其执行机关的组织由全市选民公决，但须经省政府认可。选民对城市的立法，有直接提案权和复议权。县治所在地或商工荟萃之区人口满 1 万以上的为普通市，受县监督，与乡地位相同。其他各省宪法中的市制各有不同，但都明确规定了城市的自治性质及其行政地域、机构设置、职权范围、监督机制等，为城市自治和城市政府提供了法律保障，并且宪法中明确规定城市受省或县政府监督，与中央政府不发生关系。但在当时动荡的背景下，这些省制定的宪法并未实施。1924 年国民革命兴起后，“联省自治”运动落下帷幕。

由于各省各自为政、自行其是，这一时期许多城市依据各自的历史基础、政治与社会特点、经济发展水平，积极引入以美国为主导的西方城市管理知识，采取各具特色的市政改革，其中北京、广州、昆明、成都具有一定的代表性。

1. 北京的市政改革

民国初期，北京没有独立的城市管理机构，各项事务由内务部负责。1913 年朱启钤任内务总长后，提请国务会议设立京都市政公所，并主持起草了《京都市政条例》。1914 年 6 月，京都市政公所成立。市政公所合并了五城察院、河道衙门及街道厅等机构，与京师警察厅一同负责北京的城市管理。市政公所主要负责城市规划和基础设施建设，京师警察厅主要负责维护社会秩序、征收捐税、商业管理、人口调查、消防等。京都市政公所由内务总长兼任督办，朱启钤任首任督办，京师警察厅总监兼任协办。负责日常工作的为坐办。市政公所还设立市政评议会，由督办聘任评议员，评议员负责征集居民意见，并向督办提出建议。

京都市政公所成立后，立即着手改良京都市政。京都市政公所延续清末“市政始于道路”的思路，重点改建正阳门、增辟皇城各门、打通东西长安街、开放新华街及城洞、修筑环城铁路，划定模范区域对旧城区进行整治。同时兴建商业和公共服务设施，建设香厂市场和东安市场，开辟中央公园、城南公园、北海公园、海王村公园以及道旁公园，筹办电灯、自来水和电车等相关事宜，建成了中国第一个博物馆。为了配合城市改造，京都市政公所组织了全市水平测量和沟渠普查，制定了一系列法律法规，保证市政计划的顺利施行和市政公所的正常运转。① 京都市政公所还发布了《市政通告》，对市政公所将要进行的各项建设活动进行公示，向市民宣传普及相关法规政策，同时还翻译了介绍欧美和日本都市规划和市政建设的文章。

《市自治制》颁布后，京都被确立为特别市，北洋政府要求京都于 1922 年 9 月 1 日实行自治。但由于社会动荡，《市自治制》规定的市自治会一直未能组建，因此京都城市管理一直由京都市政公所和京师警察厅执行。1925 年，随着四郊工巡局并入京都市政公所，京都市政公所统辖北京城内外的管理事务。

---

① 王亚男．北洋政府时期北京城市发展与管理体制变革（1912—1928）：京都市政公所的成立与运行［J］．北京规划建设，2008（4）．

2. 广州的市政改革

1918 年，广东军政府在广州成立了市政公所。市政公所主要负责城市基础设施建设，下设总务、工程、经界、登录四科。广州市政公所职能较为单一，组织结构简单。1920 年底，陈炯明担任广东省省长兼粤军总司令，他推举留美归来的孙科主笔起草新的广州市制。孙科制定了《广州市暂行条例》，明确了广州市直接隶属于省政府，开了市脱离于县、市县分立的先河。

《广州市暂行条例》是参照美国的城市委员会制，同时兼顾当时广州的实际情况而制定的。由市长和各局局长组成市行政委员会，委员会集立法权与行政权于一身。市长也是市行政委员会的主席，由省长委任，任期 5 年，统理全市行政事务。市行政委员会下设财政、工务、公安、卫生、公用、教育六局，局长由市长推荐、省长委任，另设秘书处和总务处负责日常工作。市政厅还下设参事会和审计处两个独立的机构，参事会是代表市民辅助市行政的代议机关，审计处负责各项审计事宜。整个机构分工明确，组织严密，体系相对完善（见图 9－5）。1921 年 2 月，由省长任命，市长孙科率各局局长宣告就职，组成了广州市第一届市政府。

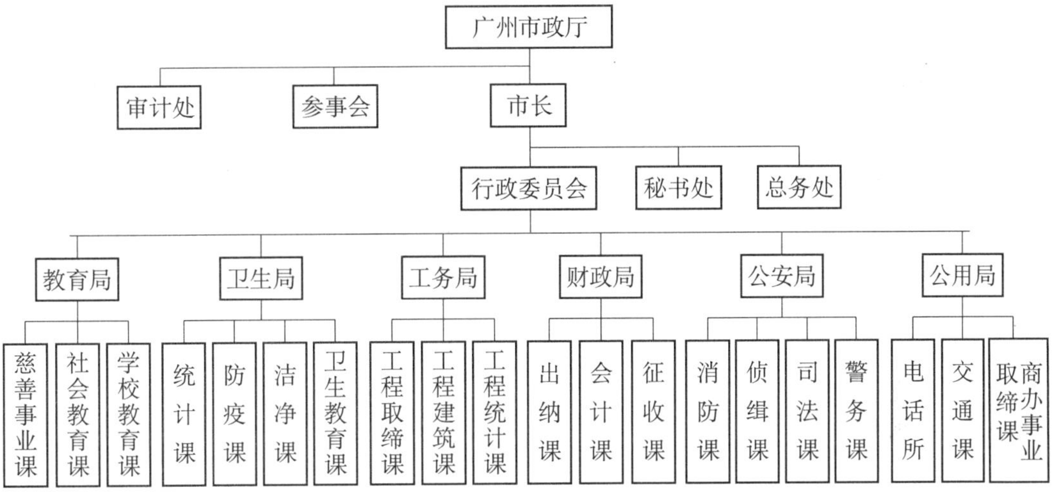

图 9－5　广州市政厅组织结构示意图

资料来源：赵可．市政改革与城市发展［M］．北京：中国大百科全书出版社，2004.

广州市政厅是中国历史上第一个独立的城市政府，是中国市制发展史上的重要里程碑。它明确了城市管理的范畴，涵盖了城市发展的各个领域。广州市政厅成立以后，积极开展筑路修渠、拓宽街道、建设公园等市政建设，着力改善城市社会治安和环境卫生，大力发展教育、公共交通和社会福利，城市面貌发生了巨大变化，取得了令人瞩目的成绩，其他城市纷纷效仿。1921 年 5 月，汕头"仿广州市而略变通之"，成立了汕头市政厅。1924 年，成都也参照广州市政厅和京都市政公所拟定了《成都市市政公所暂行条例》。1925 年 7 月 4 日，广东省政府在此基础上颁布了《市政府组织法》，为此后南京国民政府制定《特别市组织法》和《市组织法》奠定了基础。1926 年，国民革命军北伐，长沙、武昌、南昌、九江、南京、杭州等城市被攻克后，也都仿照《广州市暂行条例》

和《市政府组织法》建立了城市政府。1928 年以后，广州市制成为国民政府推行城市管理的基本模式。

但是，广州市政厅也存在一定的局限性。美国城市委员会制虽将立法权与行政权集中于一个组织，但它重视公民创制权、表决权、罢免权，以防止少数人专制。而广州当局以市民知识水平低下、民主意识淡漠为由，未赋予市民这些权利。因此，广州市制是建立在长官意志上的，缺乏相应的民主制度保障。在孙科离开广州后，各种市政计划被迫中断，造成“人存政兴，人去政息”的局面。

3. 昆明与成都的市政改革

1919 年，云南省省长唐继尧以实行民治为由，将省会警察厅管辖的昆明县划出，成立云南市政公所，但因顾品珍回滇“倒唐”而被裁撤。1922 年，唐继尧返滇重掌云南政权后，恢复云南市政公所，将其更名为昆明市政公所，并制定了《云南昆明市政公所暂行条例》。昆明市政公所参照美国的城市经理人模式，由督办统理市政事务。但督办不由公举，而是由省长委任，市政公所受省政府监督。1922 年 8 月，著名市政专家张维翰担任昆明市政公所首任督办。他致力于将昆明发展成为理想的田园新都市，积极开展城市规划，改造城市街道，完善城市基层组织。1923 年，昆明市政公所将昆明市区划分为六个区，每区设区长 1 名、区副 2 名。又根据区的大小分为若干段，每段设区董 1 名。区董由市民直接选举产生，区长和区副由区董互选产生，经区事务所报请督办委任。在张维翰的主持下，昆明各项事业取得了显著成效。

1921 年，四川省议会宣布四川自治，成立宪政会议筹备处，效仿国内其他城市筹建成都的市政机构。1922 年，正式成立了成都市政公所。除了治安由警察厅负责外，成都的城区事务皆归市政公所管理。1924—1925 年，四川军阀杨森进驻成都，他督理四川军务善后事宜，兼摄民政，集四川军政大权于一身。杨森一向以思想开明自诩，市政是他每到一处必办的事业。在入驻成都后，他提出“建设新四川”的口号，在成都大刀阔斧地推行市政改革，吸引了一批归国留学生及国内的大学毕业生来到成都。① 他们根据广州市制和北洋政府市制，制定了《成都市市政公所暂行条例》，作为成都市政管理的根本法。杨森在成都督促市政公所推行街道建设，重点完成了春熙路改造，还命人在成都街头巷尾张贴提倡移风易俗的“杨森语录”，使成都的风貌得到了较大的改观。

9.2 南京国民政府统治前期的城市管理

1927 年 4 月 18 日，南京国民政府成立，结束了北洋政府的统治和军阀混战的局面，实现了中国大部分地区的统一。全国的行政、军事、司法、外交、财政、教育等趋于统一，市制也实现了统一。这一阶段的国际环境对中国较为有利，因此中国城市经历了一个短暂的繁荣时期，城市现代化有了较大的进步。但受生产力发展水平和帝国主义侵略

---

① 赵可．杨森在成都修马路新论［J］．成都大学学报（社会科学版），2000（1）．

的影响，城市发展的区域差异进一步扩大，沿海地区的一些大城市超常发展，东北地区的城市在日本殖民统治下畸形发展，内地和边疆地区城市发展仍然缓慢，城市管理水平也与之大体相似。

9.2.1　政治与社会经济背景

南京国民政府成立后，在中央设立司法、立法、行政、考试、监察五院。在地方废除了清代设置的道，在省与县两级之间设置行政督察专员公署。

在1924年起草的《建国大纲》中，孙中山把建设时期分为军政、训政、宪政三个阶段。1928年8月，国民党宣告军政结束，训政开始，并制定了《训政纲领》。1931年5月，由蒋介石操纵的国民会议在南京正式召开，会议通过了《中华民国训政时期约法》，规定“训政时期由中国国民党全国代表大会代表国民大会行使中央统治权。中国国民党全国代表大会闭会时，其职权由中国国民党中央执行委员会行使”。①

为了维护和巩固国民党一党专政的独裁统治，南京国民政府实行文化专制，对思想文化进行全面控制，并进一步强化对社会的控制。

针对南京国民政府对文化的统制和对社会的控制，艾思奇、陈伯达、张申府、胡绳等进步知识分子，以“继承五四，超越五四”为号召，于1936年在北京和上海等地发起了新启蒙运动。他们反对旧礼教、复古、武断、盲从、迷信以及一切愚民政策，力求唤起广大人民的抗战和民主意识。他们的号召得到了积极的响应，但“七七事变”打断了该运动的发展进程。

在经济上，南京国民政府大力整顿经济秩序，通过建立统税制度、实行关税自主、改革盐政、整理外债、统一货币、建立国家资本主义体系和扶持民营资本等方式发展资本主义经济。② 南京国民政府还制订和实施了几个经济发展计划，工商业得到了快速发展，十年间工业生产总值年均增长8%左右，1936年工农业生产总值达到了民国的最高水平。交通建设也取得了显著的成效，1928年南京国民政府增设铁道部，由孙科任部长。1931年5月，拟订交通建设五年计划，1932年公布《铁道法》。1928—1937年，铁路里程从12 728公里增至21 036公里，公路里程从不到3万公里增至11万公里，而且成立了三个航空公司，开辟了12条航线，通航里程1.42万公里。

县自治是孙中山地方自治思想的核心，也是训政时期的重要任务。南京国民政府名义上秉承孙中山的政治思想，推行地方自治。1929年3月，国民党第三次全国代表大会通过了《确定地方自治之方略及程序以立政治建设之基础案》，从总体上确定了推行地方自治的方针。1934年2月，南京国民政府颁布了《地方自治原则》，确定县市为地方自治单位。1934年2月，国民党通过了《改进地方自治原则》。1936年5月，《中华民国宪法草案》进一步明确了县和市的自治性质。

与此同时，大力推行保甲制度。强调地方自治必须分阶段推进，要“先谋自卫之完

---

① 林炯如．中华民国政治制度史［M］．上海：华东师范大学出版社，1995.

② 虞宝棠．国民政府与民国经济［M］．上海：华东师范大学出版社，1998.

成，再作自治之推进”。1931年6月，为了配合军事进攻，草拟《保甲法规》，在江西43个县试行。1932年8月，以“严密地方民众组织，彻底清查户口，增进自卫能力”为由，将保甲制度向其他省推广。到1936年，全国有13个省和北平、南京两市先后推行了保甲制度。保甲以户为单位，户设户长；10户为一甲，甲设甲长；10甲为一保，保设保长。保甲长大多由地主豪绅担任，按照“管、教、养、卫”要求清查户口、监视居民言行、组织壮丁队和武装民团等。1936年8月拟订《地方自治法之修正方案》，决定“将保甲编制，并入自治组织，代替原有之间邻，使在自治组织之中，仍保留保甲固有之作用，以资调整”。由此保甲制度重新引入国家权力体系，但其与地方自治思想背道而驰。

9.2.2 城市发展

随着资本主义工商业的发展，中国城市整体发展缓慢。但由于生产力发展不充分和不平衡，这一时期城市化水平依然较低，1936年全国城市化率为11.2%。少数大城市畸形发展，到全面抗战前，全国50万人口以上的城市有10个，其总人口占全国城市人口总数的35.5%。上海全市人口达到348万，占全国城市人口总数的10.8%。但大多数中小城市发展缓慢，城市发展特点依旧是商强工弱。南京、上海、北平、长春在这一阶段发展起伏变化较为显著，以下对这四个城市的发展进行简要介绍。

国民政府定都南京后，南京成为全国政治中心，“树全国政治之宏模，动友邦人士之观听”成为新政权的重要任务。规划建设新首都是南京国民政府训政时期的一项重要工作，“训政肇端，首重建设，矧在首都，四方是则”（《首都计划》）。1928年1月，南京国民政府设立了首都建设委员会。首都建设委员会下设国都设计技术专员办事处，负责制订《首都计划》。1929年12月31日，《首都计划》正式公布，其包括人口预测、功能分区、交通计划、市政工程、城市管理、建筑形式等方面的内容，是我国历史上第一部按照国际标准制订的城市规划。其中“建筑形式之选择”一章明确指出南京的建筑“要以采用中国固有之形式为最宜，而公署及公共建筑物，尤当尽量采用”。按照这个规划，南京进行大规模的首都建设，兴建了中山大道、中正路、雨花路等近百条道路和中央商场、中央大学、中央体育场等著名公共建筑，奠定了南京现代城市发展的良好基础。1932年，上海爆发“一·二八”事变，南京受到了严重威胁。国民政府曾将办公机构迁至西安和洛阳，直到《淞沪停战协定》签订后，才相继迁回。到1937年，南京的城市人口增加到100万以上。1937年12月13日，南京沦陷，侵华日军制造了惨绝人寰的南京大屠杀惨案，城市遭受严重破坏。在此后日伪统治南京的8年里，南京的城市建设基本上处于停滞状态。

上海在这一时期确立了全国金融中心、贸易中心和工业中心的地位。南京国民政府成立后，采取将政治中心与经济中心适当分离的策略，决定把上海发展为全国金融中心。1928年11月，中央银行在上海正式设立。中国银行和交通银行将总行从北平迁至上海，由此带动北方其他银行也将总部南迁上海。到1937年，上海共有54家银行总行、128家分支行，中央银行、中国银行、交通银行、中国农民银行等四家国家银行的总行都在上海。随着银行业中心地位的确立，上海的证券和期货市场也逐步发展，进一步推动了对外贸易和工商业的发展，使上海成为全国的贸易中心和最大的工业基地。上海城市建设也进入了一个新阶段，在外滩和南京路建成了留存至今的一些高层建筑。

为了摆脱租界对上海城市发展的掣肘，上海特别市政府于1929年7月通过了《大上海计划》，决定以江湾为中心建立一个新的上海中心，先后建成了道路系统、市政府大楼、博物馆、图书馆、体育场、市立医院等一批公共建筑，但在1932年"一·二八"事变后工程时断时续，1937年淞沪会战后工程全部停工。

北平在这一时期经历了从国都向故都的转变。南京被确立为新的首都后，北京改名为北平，起初是直属中央政府的特别市，后来因河北省政府迁入降为普通市。首都南迁不仅带走了原有的政治资源，也引发了经济和社会资源的转移，城市人口数量显著下降，城市经济陷入低迷。为重振故都，北平地方政府充分利用北平的文化和教育优势，努力建设文化之城。中原大战爆发后，一批反对蒋介石的势力齐聚北平，北平的政治中心地位有所恢复，但仅半年又重新失去。此后，张学良领导下的东北边防军司令长官公署和东北政务委员会掌控着北平地区的政权、军权与财权。1933年6月，袁良出任北平市长，大力推进综合性的旧都文物整理计划，城市建设和文化建设有所起色，形成了与上海"海派"文化相对应的"京派"文化。在日本入侵中国的背景下，北平被赋予了民族的使命和意义。①

9.2.3 城市管理制度

南京国民政府将良好的市政视作训政、自治和推进三民主义的重要支撑，知识分子将良好的市政作为建国、爱国和进步的重要象征。因此，这一时期的"市政"是"国政"的重要组成部分。但是，这一认识也带来了一些问题，最为典型的是执政者通常认为市政机关必须气派、豪华，如此方能显示政府的体面和革命精神，这导致很多城市大拆大建，而真正关系市民生产和生活的重要问题经常被忽视。一些当政者不懂市政却盲目指挥，引起市政专家和市民的不满。②

截至1928年，全国有20多个城市设置了新型市政机构。鉴于当时设市标准不统一、市政机构设置混乱，南京国民政府于1928年7月以《广州市暂行条例》为基础，制定了《特别市组织法》和《市组织法》，将市分为特别市和普通市两类。特别市必须具备下列条件之一：(1) 中华民国京都；(2) 人口百万以上的都市；(3) 其他有特殊情形的都市。普通市的设市条件只有一个，即人口满20万。特别市直辖于中央政府，不划入省的行政范围。普通市直隶于省政府，不划入县的行政范围。

这两个市组织法颁布后遭到了广泛的批评，人们普遍认为城市的自治地位不明显，与当时推行地方自治的主流趋势相悖。为此，1930年5月20日国民政府又颁布了新的《市组织法》，取代了原来的《特别市组织法》和《市组织法》。新的《市组织法》一共

---

① 王建伟．国都南迁与北平城市发展路径的讨论及其规划（1928—1935）[J]．江苏社会科学，2020（1）．

② 涂文学，高路．民国时期"市政"与"国政"的纠缠[J]．江汉论坛，2013（4）．

15 章 145 条，对设市标准、市区域、市公民、市职务、市财政、市政府、市政会议、市参议会以及市内部基层组织及其运作制度都有详尽的规定，其主要特点如下：(1) 在市的类型上，不再将市分为特别市和普通市，而分为院辖市和省辖市。直隶于行政院的称为院辖市，包括首都以及人口在 100 万以上或在政治经济上有特殊情形的区域。隶属于省政府的称为省辖市，地位相当于县，包括省政府所在地，以及人口在 30 万以上或人口在 20 万以上但其所收营业税、牌照税和土地税每年收入总计占该地总收入 1/2 以上的区域。当时有人认为，设市条件定得过高，导致所设的市数量偏少，不利于市政改革和城市发展，不符合当时世界发展的趋势和时代的需求。(2) 完善了市的基层组织。1928 年颁布的《特别市组织法》和《市组织法》中均没有关于市以下基层组织的内容。1930 年的《市组织法》传承了中国传统的里坊和邻里制度，规定“市划分为区、坊、闾、邻，除有特殊情形者外，邻以五户、闾以五邻、坊以二十闾、区以十坊为限”。对于这一划分方法，当时有人认为划分层次过多，而且每一层次规模太小，必然导致管理效率不高。(3) 市政府职能多样化和统一化。《市组织法》列举了 22 项市职能，涵盖户口调查、社会救助、粮食储备、经济财政、教育文化、公安消防、公共卫生、基础设施建设和公共服务等，以及“上级机关委办事项”和“其他依法令所定由市办理事项”，顺应了当时城市职能多样化和专业化的趋势。该法规定市政府须设社会局、公安局、财政局、工务局（见图 9-6），必要时可增设教育局、卫生局、土地局、公用局、港务局，分别承担以上职能。但首都及省政府所在地的市，均不设公安局，由首都警察厅或省会警察机关承担相关职能。(4) 重视市民的权利。《市组织法》规定，凡中华民国人民，无论男女在市区域内连续居住一年以上，或有住所达两年以上，年满二十岁经宣誓登记后，即为该市之公民，享有公民权利。市民有出席区民大会、坊民大会及行使选举、罢免、创制、复决权的权利。市还设参议会，作为市的民意和代议机构，负责议决市单行规则、预算和决算，整理市政收入及募集公债，经营市公产及公营业，推进市政改革等有关市政的重大事项。这些制度与欧美各国当时的市政制度非常接近，在当时受到社会各界的广泛好评。但是由于市参议会和区民大会的前提是区长民选，而区长民选一直未能实现，因此市参议会以及市民在区民大会中的各项权利仅为具文。(5) 市由中央或省政府管理，区以下为自治组织。《市组织法》规定市依其行政隶属关系，院辖市由行政院监督，省辖市由省政府监督。院辖市市长为简任，省辖市市长为简任或荐任。①市长人选资格无特别要求，任期也没有明文规定。1928 年 9 月，国民政府公布的《县组织法》规定县下各区实行自治。《市组织法》参照《县自治法》，将区及其以下作为自治组织，对区、坊和闾、邻的自治作出了比较详细的规定。同时考虑到在区一级实行自治需要时日，规定在区长民选前，院辖市的区长由内政部委任，省辖市的区长由省政府委任。由于区长民选一直未能实现，因此实际上仅在坊、闾、邻推行自治，而区成了市政

① 民国文官等级根据任用制度的不同，分为特任、简任、荐任、委任四种。在北洋政府时期，特任官由大总统特令任用，国务院总理、各部总长、各省省长等均属于此类。简任官和荐任官的任用，均须报中央政府批准，简任官须由大总统任命。各部次长、司长、各省厅长、高等审判厅厅长等，多由简任官担任。各部秘书、科长，各县知事，高等审判厅的推事、庭长，地方审判厅的厅长、庭长、推事等多系荐任官。荐任以上（包括荐任）均系高等文官。委任官系普通文官，由所属长官委用。南京国民政府时期情形大体如此。

府的派出机构。(6) 以党统政。国民党以法规的形式限制非国民党党员进入市政府，市长和各部门长官均为简任或荐任，而国民党对简任和荐任干部均有“参加‘党国’革命分别十年、七年”的规定，城市行政长官大都由“国民党忠诚党员”充任，国民党因此牢牢控制了市政府。

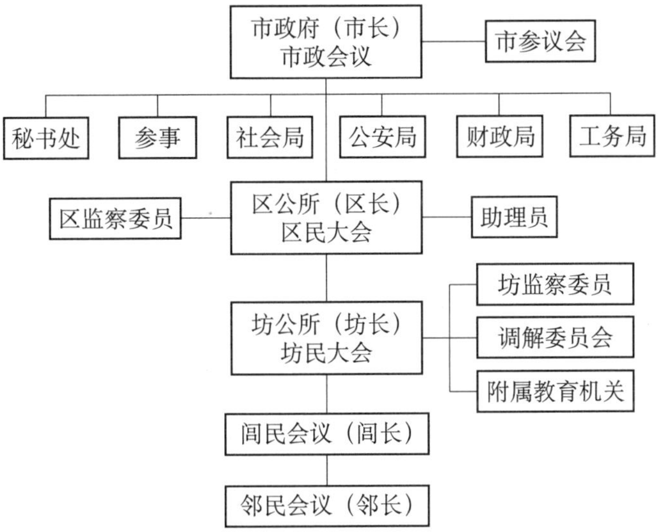

图 9-6　市政组织结构示意图

资料来源：林炯如．中华民国政治制度史［M］．上海：华东师范大学出版社，1995.

虽然《市组织法》存在很多不足和问题，但当时仍被认为“法良意美”，因此被视为南京国民政府时期市政制度的根本法，中国市制进入了一个相对稳定和统一的时期。《市组织法》公布后，原为特别市的南京、上海、天津、青岛、武汉成为直隶于行政院的院辖市，北平、广州和哈尔滨因是省政府所在地而改由省政府管辖。此后院辖市略有变动，北平市 1930 年 11 月因河北省政府迁移天津，改为院辖市；天津市随即改为省辖市，1935 年天津市又恢复为院辖市。1933 年 1 月，西京（即洛阳）院辖市成立，具有建设国民政府陪都之责。在抗战之前，隶属于省的市有汉口、杭州、广州、汕头、济南、开封、兰州、成都、重庆、长沙、贵阳、厦门、昆明、哈尔滨等。这些市由于具有完整的组织体系和较为可靠的财政来源，得以开展规划和建设，取得了一定的成效。一些未达到设市标准的建制市被撤销，将市政府改为市政委员会或市政筹备处，如郑州、南昌、九江、武昌、桂林、包头等。

9.3　全面抗战与解放战争时期的城市管理

日本发动的侵华战争给中国经济和社会发展带来了巨大的破坏，改变了中国城市发展的历史进程。许多城市在战争中受到严重损坏，造成了中国城市化整体的停滞和衰退，只有局部地区城市出现较快的发展。

9.3.1 政治与社会经济背景

在全面抗战时期，国民党进一步加强权力集中和统一。在政治上，以蒋介石为首的国民党对国家政权进行频繁调整。国民党从合议制转向总裁制，国家权力集中于国防最高委员会，蒋介石集党政军大权于一身。在经济上，国民政府采取战时统制政策，通过垄断金融、扩增税收、统购统销、大量借债、积极建设后方工业基地等方式，动员和集中全国有限的财力物力以满足抗战需要。在行政上，为了改变国民政府机构庞大、人浮于事、效能低下的局面，国民党在《抗战建国纲领》中号召“改善各级政治机构，使之简单化合理化，并增高行政效率，以适合战时需要”，大力推行行政三联制和分层负责制。行政三联制是按照行政运行的顺序，把一切工作过程分为计划、执行、考核三个阶段。分层负责制是将各机关人员分成若干层级，明确规定各层级的职责权限，明确各级人员的责任。国防最高委员会成立了中央设计局和党政工作考核委员会，分别负责拟定计划和进行绩效考核。国民党实现国家制度合理化的努力也使“单位”一词被赋予了新的含义，从原本“度量标准”的含义发展为各类行政和经济组织的代名词，并最终成为中国城市的重要组成部分和城市管理的基本单元。①

全面抗战时期，中国共产党停止武力推翻国民党统治的方针，承认国民政府为中央政府，承认蒋介石为全国抗战最高统帅。国民党停止对红军的进攻，承认中国共产党为合法政党，承认陕甘宁地区为特别行政区，改编中国工农红军为国民革命军，允许共产党的报刊和其他进步报刊发行。

抗日战争进入相持阶段后，为了统一抗战精神和限制中国共产党领导的敌后抗日力量的发展，国民党还发起了国民精神总动员运动。

9.3.2 城市发展

全面抗战开始后，东中部地区成为沦陷区，大部分城市处于衰退状态，城市化和现代化进程严重受阻。在战争过程中，上海、南京、长沙等一些城市遭受严重毁损。占领这些城市后，日本军队推行“以华制华”和“以战养战”的政策，以各种方式侵占和垄断经济和产业，导致城市经济发展受到严重破坏。如无锡被占领后，大部分民族工业被日军强占或破坏。出于殖民统治的需要，日本对一些城市制定了规划，但大多没有真正实施。

东北的城市普遍得到了改建或扩建，重工业和军事工业加速发展，呈现出畸形发展的态势。1937 年，东北地区城市化水平为 17.5%，城市人口总数为 648 万，10 万人口以上的城市有 8 个。1941 年，东北地区城市化水平上升到 22.2%，城市人口总数达 957 万，10 万人口以上的城市增加到 15 个。1940 年，长春人口达 54 万，沈阳人口达 113 万，大连人口达 55 万。

---

① 王希．中国和世界历史中的重庆［M］．重庆：重庆大学出版社，2013.

西部地区的城市得到了前所未有的发展。沦陷区的政府机关、学校、工厂和文化机构大量内迁，西部一些城市人口迅速增加。重庆在1937年全市人口为47.39万，到1946年达124.56万。成都在全面抗战前人口不到50万，1945年城市人口达74万。昆明成为国际交通枢纽，也是当时中国一个重要的文化和教育中心。内迁工业主要集中在万县、南充、泸州、宝鸡、兰州、沅陵、芷江、邵阳等城市，这些城市都得到了较大的发展。重庆、成都、桂林、贵阳、西安、长沙、昆明等城市都相继制订了新的都市计划，但受制于当时的环境，真正实施的计划并不多。

抗战结束后，内迁的机关、企业、工厂、学校相继回迁，东部沿海和沿江的城市很快恢复生机。南京城市人口很快就恢复到百万以上，上海人口达到430万。西部城市则因企业、机构、人员的回迁，再度陷入缓慢发展甚至停滞的状态。1948年重庆人口为98万，比1945年减少了26万。北京、重庆、天津、上海等一些城市又重新编制了城市规划，但也基本没有实施。

继之而来的是三年解放战争。除北平、长春、银川、西宁、成都等少数重要城市是通过和平方式解放外，其他城市普遍受到战火的影响，许多城市再次遭受严重的损坏。在解放战争期间，国统区百业凋敝、民不聊生。为了弥补巨大的财政赤字，国民政府除了对人民盘剥搜刮外，还滥发纸币，导致严重的通货膨胀和金融危机，国统区财政几近崩溃。受此影响，民族工商业大量停工、减产和倒闭，城市发展普遍呈现出衰退的状态。1949年，全国城市总人口5 765万，城市化水平为10.6%。此时世界城市化率已达28%左右，中国与世界的差距进一步扩大。

9.3.3　市制的演进

为满足抗战时期集权政治的需要和巩固对大后方的统治，国民政府于1939年推行新县制，继续借地方自治之名行专制统治之实。按照“自上而下，逐级健全，层层衔接，脉络贯通”的要求，国民党进一步加强对地方政治、经济、教育和文化的控制。到1943年底，除了西藏和东北等地外，全国21个省普遍推行新县制。到1944年底，全国80%的县已经实行新县制。在推行新县制的同时，国民政府于1938年颁布了《市临时参议会组织条例》，虽然规定市临时参议会有议决、建议、询问、听取报告等权力，但议员和议长选举都要由国防最高会议决定，而非真正的民选。而且由于战争影响，沦陷区城市的临时参议会皆未成立，仅大后方的部分城市建立了市临时参议会。①

1943年，国民政府颁布了新的《市组织法》，对市制作出了重大修改，将法律条款从145条删减为50条，主要修改内容包括：（1）形式上增加了对市自治的规定。该法第一条规定，市之自治，除本法规定外，准用关于县自治之规定。将城市自治与县自治等同，弱化了城市与乡村的差异。（2）降低了省辖市的设市标准，凡人民聚居地方，具有下列情形之一者，得设市，受省政府之指挥、监督：一是省会；二是人口在20万以上者；三是在政治、经济、文化上地位重要，人口在10万以上者。（3）保甲取代

① 余文倩．国民政府统治后期市制的发展趋势［J］．四川教育学院学报，2008（7）．

坊、闾、邻，“市以下为区，区内之编制为保甲，十户至三十户为甲，十甲至三十甲为保，十保至三十保为区”。时人对此评论道：“至于保甲，本是乡村的玩意，当初办保甲，原以替代警察，现在有警察的地方翻转来办保甲，使现代的组织，退转到封建部落中去。”①

1947年12月，国民政府拟订了《直辖市自治通则》和《市自治通则》两个草案，明确将市分为直辖市、省辖市和县辖市三种。直辖市的设置标准是：人口在50万以上者；在军事、政治、经济、文化、历史上有特殊情形者。直辖市的置废以及区域变更由中央政府核准，内政部指挥。省辖市的设置标准是：人口在10万以上者；在军事、政治、经济、文化、历史上地位重要者。省辖市的置废以及区域变更由中央、省政府核准，省政府指挥。县辖市的设置标准是：人口在1万以上者；在军事上、经济上有重点作用者。县辖市的置废以及区域变更由省政府核准，内政部备案，县政府具体指挥实施。到1948年，全国共设有南京、上海、北平、青岛、天津、重庆、大连、哈尔滨、汉口、广州、西安和沈阳等12个直辖市，徐州等57个省辖市和众多的县辖市。

9.3.4 陪都重庆的城市管理

1937年12月，国民政府行政机关迁至重庆。1939年5月，重庆成为院辖市，1940年正式将其定为陪都。重庆接纳和安置了100多个中央党政机关、学校和文艺机构，大量工厂、“四行二局”② 总部、各国驻华使馆也纷纷随迁重庆，使重庆从一个地方城市一跃成为战时中国的政治、经济、文化、军事中心和国际性城市。由于人口急剧增长，重庆产生了社会秩序混乱、交通拥堵、卫生环境恶劣、住房稀缺和公共设施落后等严峻问题。

国民政府直接主导了重庆的城市管理工作。重庆市政府的重要官员由国民政府任命，重要法令法规由行政院批准后公布施行。在经济管理方面，国民政府推进重庆从平时经济向战时经济转变，中央政府直接对重庆经济进行统制和集中管理，这在抗战初期取得了良好的效果。但从1943年开始，因外援几乎断绝、物资匮乏，再加上官僚资本的垄断和投机倒把等因素的影响，重庆的经济异常艰难，物价飞涨、工业萧条、失业增多。在社会管理方面，国民政府大力革除烟毒、娼妓、赌博等，净化城市环境，稳定社会秩序。同时积极推行“国民精神总动员运动”，提倡新风俗，要求市民升国旗、唱国歌。③为了缓解住房压力，重庆建设了大量简易的工棚。

从1938年2月至1944年12月，日军集中侵华陆军和海军的主要航空兵力，对重庆进行了长达6年10个月的无差别轰炸。重庆市区的建筑和基础设施遭到了大面积毁坏，“跑警报”“躲轰炸”成为市民日常生活的重要内容。因此，重庆修建了大规模的防空洞和防空设施。1941年，全市公共防空工事可容纳12.51万人，私有防空工事可容纳

---

① 孙克宽．市万不宜“准用县之规定”[J]．市政建设，1948（1）．

② “四行”是中国银行、交通银行、中国农民银行、中央银行，“两局”是邮政储金汇业局和中央信托局。

③ 张瑾．“新都”抑或“旧城”：抗战时期重庆的城市形象[J]．四川师范大学学报（社会科学版），2015（6）．

33.66万人。[①] 为了减少轰炸损失，国民政府还对全市机关、学校、商店、住户进行分散。将北碚划为迁建区，一批机关、学校、文化团体和社会名人陆续迁入，极大地推动了北碚的发展，时有“小陪都”之称。[②]

抗战胜利后，国民政府还都南京，但蒋介石仍把重庆作为统治西南的政治中心。解放战争爆发后，蒋介石更把西南视为后方基地，不断从军事政治上加强对重庆的控制。

9.4　中国共产党的城市工作

9.4.1　苏区和边区的城市工作

城市是马克思主义在中国传播的主阵地，也是中国共产党的诞生地。中国共产党成立后，把城市作为革命斗争的主战场，在一些大城市建立党组织，领导城市工人运动。[③] 第一次国内革命战争失败以后，中国共产党在南昌、长沙、广州等城市领导了武装起义。在广州武装起义过程中，中国共产党仿照巴黎公社建立了中国第一个城市苏维埃政府，发布了《广州苏维埃宣言》和《广州苏维埃政府告民众书》，但这个苏维埃政权仅存在3天就被国民党反动势力镇压了。[④] 此后，中国共产党的工作重心从城市转向农村，走上了“农村包围城市、武装夺取政权”的革命道路。在开辟农村革命根据地的过程中，也曾在个别地方建立过短暂的城市苏维埃政权。如1931年2月，中国工农红军红二军团第六军军部驻扎湖北五峰县渔洋关时，成立了“渔洋关市苏维埃政府”。

1931年11月，中华苏维埃共和国临时中央政府在江西瑞金成立后，颁布了《中华苏维埃共和国划分行政区域暂行条例》和《地方苏维埃政府的暂行组织条例》。《中华苏维埃共和国划分行政区域暂行条例》将苏维埃共和国划分为省、县、区、乡（城）四级，“城”与“乡”同级。该条例第二条“乡苏和城苏”[⑤] 规定城苏的范围是“除城市范围外，加入附近周围二里的地方”。《地方苏维埃政府的暂行组织条例》将地方苏维埃政权分为省、县、区、乡（城市）四级，在条例中规定，城市苏维埃是由该城市的选民根据宪法的规定选举出的全城市的政权机关，它和乡苏维埃一样为苏维埃政权的基本组织。该条例还对城市苏维埃的组成、组织、职责等作出了具体规定，城市苏维埃代表大会由全市选民选出代表组成，代表会议选出主席团，作为城市代表会议闭会期间的最高权力机关，主持政府工作。主席团下设总务处及内务、劳动、财政、军事、文化、卫生、粮食、工农检查、土地等科。根据城市的特点，劳动科下可设失业劳动介绍所等机构（见图9-7）。

---

① 王希．中国和世界历史中的重庆［M］．重庆：重庆大学出版社，2013.

② 潘洵．抗战时期重庆大轰炸对重庆城市社会变迁的影响［J］．西南师范大学学报（人文社会科学版），2005（6）．

③ 刘吕红．中国共产党领导城市工作的百年历程、现实审视及基本经验［J］．西北师大学报（社会科学版），2021（4）．

④ 彭蕙．广州起义与中国第一个城市苏维埃政权的建立［J］．江苏教育学院学报，2012（1）．

⑤ “乡苏”是“乡苏维埃”的简称，“城苏”则是“城市苏维埃”的简称。

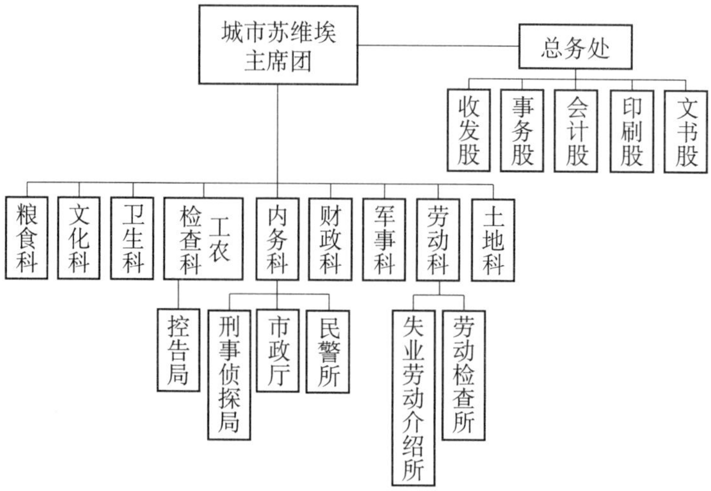

图 9-7　城市苏维埃组织系统示意图

资料来源：中国现代史资料编辑委员会. 苏维埃中国［E］.［出版地不详］：中国现代史资料编辑委员会，1957.

1933 年 12 月，中华苏维埃共和国将《地方苏维埃政府的暂行组织条例》修正为《中华苏维埃共和国地方苏维埃政府暂行组织法（草案）》，把市分为中央直属、省属、县属和区属四等，分别与省、县、区、乡同级。中央直属市和省属市之下还可以划分为若干市区，设立市区苏维埃。但因“反围剿”失败和随后的战略转移，中国共产党实际设立的城市非常少。汀州市是中央苏区唯一的一个市，1932 年 1 月由长汀县城区析置，是隶属于福建省苏维埃政府的省属市。汀州市下辖东郊、西郊、南郊、北郊、中心五个区，总人口约 3 万，聚集了中华商业公司、中华贸易公司、中华纸业公司、中华苏维埃福建省银行、闽西工农银行、中华织布厂、红军斗笠厂、印刷厂、樟脑厂等几十个由中央、省、市创办的企业，建立了造纸、木器、竹具、铁器等 20 多种手工业的生产合作社。汀州市一度呈现出繁荣的景象，被誉为“红色小上海”。1934 年红军进行战略性转移后，汀州市被撤销。

1935 年 10 月，中央红军到达陕北。1937 年 9 月，陕甘宁边区政府成立，名义上隶属于国民政府行政院管辖，行政层级相当于省级，但具有较高的独立性和自主性。① 陕甘宁边区延续了中华苏维埃共和国时期的地方政府组织形式，同时也与国民政府的行政体制进行了衔接，增设了行政督察专区，其下为县、区、乡（市）。中国共产党重视并积极探索地方自治，早在中国共产党第三次全国代表大会就明确提出“实行都市和乡村自治”。1937 年 8 月，洛川会议把“实行地方自治，铲除贪官污吏，建立廉洁政府”列入《抗日救国十大纲领》。1942 年 1 月，《陕甘宁边区各乡市政府组织暂行条例》规定，乡市参议会为乡市政权最高机关，一年改选一次，乡市参议会闭会时，乡市政府委员会为乡市政权最高机关。乡市长、乡市政府委员由乡市参议会选举产生，并受其监督。乡市政府下设各种委员会，委员与主任由乡市政府聘任。乡市政府下设行政村，行政村下设

---

① 应星，荣思恒. 中共革命及其组织的地理学视角（1921—1945）［J］. 中共党史研究，2020（3）.

自然村，村主任、村长分别由选民大会选举产生。①

1937年9月，陕甘宁边区政府在延安成立。延安市下设东区、南区和西北区三个区，共辖23个县。1939年，改为东、北、凤凰、南市四区。延安市政府内设五科：一科主管民政、人事、土地、婚姻、民事，二科主管财税，三科主管文教卫生，四科主管生产建设，五科主管粮食，还设有裁判处、秘书处、公安局等。1938年7月，增设地方法院，受陕甘宁边区高等法院和市政府双重领导。1942年，在延安市政府提交给边区政府的《加强延安市政权工作案》中，延安市被看作是边区首邑，对外是全国全世界人士首先注视之面目，对内是边区工作首先实验之场合。②

中国共产党高度重视沦陷区的敌后城市工作。在全面抗战初期，中国共产党敌后城市工作的主导方针是以保存和积蓄力量为主。1938年10月15日，张闻天在中国共产党六届六中全会上所作的《关于抗日民族统一战线与党的组织问题》报告中强调，党在敌人占领的中心城市与据点的任务，是坚决实行退却，转入秘密状态。1940年9月，中共中央发出《关于敌后大城市工作的通知》指出，“全党同志应把开展敌后大城市工作，视为党的最重要的任务，认识抗日战争没有长期艰苦城市工作的配合，最后的胜利是不可能的”。1944年6月，《中共中央关于城市工作的指示》发布，强调“必须把城市工作与根据地工作作为自己同等重要的两大任务”，“必须把争取敌占一切大、中、小城市与交通要道及准备群众武装起义这种工作，提到极重要地位”。中央还专门成立城市工作部，统筹部署城市工作，在敌后大城市广泛建立领导机构，积极团结工人、知识分子、进步人士和爱国华侨，建立全民族抗日统一战线，为抗战胜利作出了巨大贡献。③

9.4.2 解放区的城市接管工作

抗日战争胜利以后，中共中央于1945年9月2日作出了《关于新解放城市工作的指示》，对城市接管工作作出了八条原则性的规定：（1）新解放的县城，在根据地已有该县政权者，立即入城办公。在根据地尚无该县政权者，在城中成立临时县政权，在较大的城市中还须成立市政权。（2）成立人民自卫军，协助维持秩序，参加解放战斗。（3）对敌伪公有财产及大汉奸的企业，成立统一接收机关，暂行管制。（4）关于伪币、本币问题，一般不用命令禁止伪币行使，也不明文准许伪币行使。（5）在较大的城市中，必要时成立粮食管理机关，召集粮商，研究粮食需要与来源，禁止囤积，协助粮运，疏畅粮源，首先供给劳动人民。（6）救护盟国俘虏，保护外侨，监视敌侨与法西斯国家的侨民，不侵犯宗教团体与慈善机构，尽可能不借用学校。（7）对公用事业及财经机关的原有人员，尽量争取，保存案卷，照常工作。（8）有政策、有计划地搬运根据地内必需的机器及重要材料。

张家口是中国共产党依靠自己的力量从日寇手中收复的第一座省会城市，也是当时解放区最大的城市。中共晋察冀中央局、晋察冀边区行政委员会和晋察冀军区司令部以

---

① 赵铁锁，肖光文．抗日战争时期中国共产党地方自治理论与实践探析［J］．历史教学，2010（4）．

② 乔国存．“边区首邑”延安：中国共产党城市民族工作的肇始［J］．贵州民族研究．2020（11）．

③ 武晓华．全国性抗战时期中国共产党城市工作政策的演变探析［J］．思想理论教育导刊，2020（8）．

及边区其他党政群机关，都先后移至张家口。张家口迅速成为晋察冀边区军事、政治、经济和文化中心。1946 年 3 月和 4 月，晋察冀边区行政委员会先后颁布了《张家口市参议会选举暂行条例》《张家口市参议会组织暂行条例》《张家口市政府组织条例》，按照“三三制”的原则开展民主选举，成立了张家口市参议会作为全市最高权力机关。市政府是执行机关，由市参议会选举七名委员组成市政府委员会，并由参议会在委员中选举市长、副市长各一人。市政府下设秘书处及社会、教育、财政、建设、卫生、公安六局，在必要时另设各种专门管理机关及专门委员会。在城市基层组织方面，废除了日伪时期的甲牌制，建立了街（村）政权。张家口市政府积极促进工商业发展，开办合作社，推行教育改革，繁荣文化和艺术工作，为此后的城市接管积累了重要经验。

哈尔滨是解放战争期间中国共产党最早从国民党手中接收的城市。1946 年 4 月 28 日，东北民主联军解放哈尔滨。5 月 3 日，哈尔滨市政府成立。按照中共哈尔滨市委确定的“改造旧政权机构，洗刷和改造旧职员，建立基层政权”的方针，哈尔滨对旧政权的政府机构和部分人员进行了调整，废除了伪满时期的警察制度和保甲制度，建立了区、街两级基层政权。1946 年 7 月 16 日，哈尔滨成立了临时参议会，将其作为具有过渡性质的民意机关。1946 年 8 月至 10 月，哈尔滨相继成立了“哈尔滨民主青年联盟”“哈尔滨市妇女联合会”“哈尔滨市总工会”等群众组织。通过组织和团结社会各界人士，哈尔滨市政府积极整顿金融和市场秩序、恢复和发展生产、稳定社会秩序和人民生活，为接管大城市进行了诸多探索，为中国共产党工作重心由乡村向城市转移积累了许多经验。① 随着此后解放的大中城市不断增加，党中央决定从东北解放区抽调干部南下，哈尔滨是中央选派南下干部的重要基地。从 1948 年 6 月至 1949 年 9 月，哈尔滨先后选派 2 300 多名优秀干部南下，为接收和管理新解放的城市作出了重要贡献。

1947 年 6 月以后，随着在解放战争中由防御阶段转入反攻阶段，中国共产党接管的城市快速增加。由于在较长的一段时期，中国共产党的工作重心是围绕军事斗争和农村工作展开的，因此在部分城市的接管工作中出现了一些问题，比较突出的是以游击战争和农村的观点来接管城市，以反对封建地主的方式来对待城市资本家。如收复阳泉和井陉后，将厂矿中能搬动的机器和物资搬走；在石家庄，出现了批斗资本家和工人分厂的现象；还有一些城市，出现了搬运或破坏隶属于原国民政府的企业、商店、医院的机器和物资的情况。② 针对这些问题，中共中央出台了《关于政权制度及城市工作给东北局的指示》《军委批转东北野战军入城纪律守则》《中央批转东北局关于保护新收复城市的指示》《关于接管江南城市的指示》《中共中央关于入城部队遵守城市纪律的指示》《中共中央关于军事管制问题的指示》等一系列有关城市工作的要求和指示。同时积极总结经验教训，下发了《中共中央关于注意总结城市工作经验的指示》《中央工委关于收复石家庄的城市工作经验》《关于接收沈阳经验简报》等供各个新接管的城市学习借鉴，还专门对洛阳、开封、北平等城市的接管工作提出了意见和要求。③

经过不断的探索，中国共产党总结出一套完善的城市接管工作方案，主要内容包括：

---

① 葛琳．试论哈尔滨解放初期的政权建设［J］．哈尔滨市委党校学报，2006（3）．

② 李格．新中国成立前后的城市军事管制［J］．当代中国史研究，2010（5）．

③ 王金艳．中国共产党接管城市工作的理论体系［J］．东北师大学报（哲学社会科学版），2013（6）．

在政治方面，废除国民党政府颁布的反动法规，解散一切反动团体和机构，建立新的革命政权，以城市各界代表会议作为联系群众的桥梁；在经济方面，接管国民党的官僚资本，保护民族工商业，有步骤地收兑和禁用旧货币，按照原有税种和税率暂时照旧征税；在文化方面，保护学校和文化机构，对其进行必要与可能的改良，分类处理原有的宣传机构；在稳定社会秩序方面，对留任原职的职工和公教人员暂时照旧支薪，掌握重要物资以平稳物价，就地筹划解决粮食问题，统一管理和分配城市公共房产等；在对外关系方面，有步骤地摧毁帝国主义列强在华控制权，分轻重缓急地处理外国在华投资，接办或取缔外国在华开办的文化宣传机构，清理外国政府、团体、私人在华占有的房地产等。①

本章小结

1. 北洋政府时期军阀割据、战争频繁、国家政局动荡，但资本主义经济有所发展，思想文化开放繁荣。城市总体上稳步发展，城市社会结构和生活方式继续从传统向现代转型。西方的城市管理知识开始广泛传入中国，其中美国的市政改革、市政学和欧美的城市规划知识对中国产生了显著影响，推动了北洋政府和各地军阀新一轮的市政改革浪潮。其中孙科主导的广州市政改革对后世影响较大，奠定了南京国民政府时期市政管理的基本模式。

2. 南京国民政府时期实行国民党一党专政和蒋介石军事独裁统治，推行文化专制，强化社会控制。但国家经济发展取得了比较明显的成就，上海成为全国的经济中心，其他城市缓慢发展。1930 年的《市组织法》颁布后，中国市制进入了一个相对稳定和统一的时期。

3. 日本发动全面侵华战争后，沦陷区的城市遭到巨大破坏。国民政府迁都重庆，促进了大后方一些城市的超常规发展。国民党进一步加强一党专政的独裁统治，还发起了国民精神总动员运动，对主要城市实行战时统制政策。1943 年，国民政府颁布了新的《市组织法》，在文字上强调了城市自治，但实际上并未真正施行。

4. 城市是中国共产党的诞生地，也是早期革命的主阵地。第一次国内革命战争失败后，中国共产党的工作重心从城市转向农村。在开辟农村革命根据地的过程中，中国共产党制定了具有特色的市政制度，也设立了以汀州市为代表的城市。在转移到陕北后，中国共产党设立了延安市，同时积极开展沦陷区的敌后城市工作。在解放战争中，中国共产党不断总结城市接管工作的经验教训，形成了一套完善的城市接管工作方案，为新中国的成立奠定了坚实基础。

关键术语

北洋政府　美国市政改革　弱市长制　强市长制　城市经理制　城市委

① 王金艳．中国共产党接管城市工作的历史经验［J］．理论学刊，2013（10）．

员会制　公共行政学　市政学　田园城市　联省自治　京都市政公所　广州市政公所　昆明市政公所　成都市政公所　训政　新生活运动　新启蒙运动　城市苏维埃　城市接管

复习思考题

1. 简述民国时期城市发展过程与特征。
2. 分析北洋政府时期西方城市知识对中国的影响。
3. 归纳北洋政府时期主要城市的市政改革的特点。
4. 论述南京国民政府城市管理变革的要点。
5. 简述中国共产党在苏区和边区的城市工作的特点。
6. 分析中国共产党在解放战争中城市接管工作的经验和教训。

第10章

1949年以来的城市管理

中华人民共和国的成立改变了中国半殖民地半封建的社会性质，实现了国家的统一和民族的团结，建立了人民民主专政的政治制度，极大地改变了城市的性质和发展路径。中国的城市管理制度也因此发生了显著变化，并伴随着国家政治与社会经济的变化而不断调整。本章将1949年以来的70多年以1978年为界分为前后两段，分别介绍两个阶段的城市发展、城市管理知识和城市管理体制。

重点问题

- 新中国的城市发展历程
- 中国现代城市管理体制的特点与形成过程
- 西方城市管理知识对中国城市管理的影响
- 中国城市管理与城市规划学科的发展
- 新时期中国城市管理的主要特点和发展趋势

10.1　1949—1978年的城市管理

1949年3月，中国共产党在西柏坡召开七届二中全会，正式决定将党的工作重心由乡村移到城市。毛泽东指出："从一九二七年到现在，我们的工作重点是在乡村，在乡村聚集力量，用乡村包围城市，然后取得城市。采取这样一种工作方式的时期现在已经完结。从现在起，开始了由城市到乡村并由城市领导乡村的时期。党的工作重心由乡村移到了城市。"他号召"党和军队的工作重心必须放在城市，必须用极大的努力去学会管理城市和建设城市"。① 这次会议被认为是一次城市工作会议，是历史转变点。1949年，毛

① 毛泽东．在中国共产党第七届中央委员会第二次全体会议上的报告．北京：人民出版社，2004．

泽东在北京香山提出了“四面八方”的城市工作政策，即“公私兼顾、劳资两利、城乡互助、内外交流”，并将其写入《中国人民政治协商会议共同纲领》。①

10.1.1 城市发展

新中国成立初期面临着极其严峻和复杂的国内外形势。新中国成立后，政治上面临的紧迫任务是解放尚未解放的领土、完成祖国的统一、剿匪和镇压反革命、建立并巩固新生的各级人民政权。在恢复国民经济的同时，积极开展科教文卫体育事业建设②，城市发展也随之展开。在1949—1978年的近30年里，我国城市发展随着国家政治和社会经济形势的变化出现了较大的起伏，先后经历了稳步发展阶段（1949—1957年）、大起大落阶段（1958—1965年）和停滞阶段（1966—1978年）。

1. 稳步发展阶段（1949—1957年）

新中国成立后，党和政府领导人民完成了土地改革、工矿企业的民主改革以及其他各项改革。经过3年的努力，国民经济得到了全面恢复。1953年7月，抗美援朝战争取得胜利。1953年，国家提出了社会主义过渡时期的总路线，制定了第一个五年计划（以下简称“一五”计划），开始大规模地进行经济建设。“一五”计划的重点是苏联援建的156项重点工程和900多个限额以上大中型配套项目，集中力量发展重工业，为国家工业化和国防现代化奠定基础。到1957年，“一五”计划超额完成，国民经济呈现出良好的发展势头，城市因此得到恢复并稳步发展。

新中国成立初期，中共中央规定凡人口5万以上的城镇可以设市，但具体设市条件没有统一规定，各省设市标准不一。1948年，全国共有67个建制市，其中台湾地区9个，大陆58个。在解放全国的进程中，根据政治、军事和经济需要，新设了83个市，同时撤销了4个市。1950年又新设了27个市，撤销了14个市，到1950年底全国共有建制市148个（不含台湾地区）。其中直辖市12个，北京和天津为中央直属，沈阳、鞍山、抚顺、本溪、西安、上海、南京、武汉、广州、重庆为五大行政区直属③，其余为省辖市和专区④辖市。鉴于新中国成立初期设市过多，1951年开始放慢设市步伐。到1952年，建制市数量增加到153个⑤，全国城市化水平由1949年的10.6%上升到12.5%。“一五”计划期间又新设了一些城市，到1957年底全国城市数量增加到177个（见图10-1），城市

---

① 陈晋文．建国前后中国共产党接管城市的政策［J］．长白学刊，2011（6）．

② 《中华人民共和国简史》编写组．中华人民共和国简史［M］．北京：人民出版社，2021.

③ 1949年10月至1954年6月，我国曾在省以上设置过大行政区（大区）建制。1949年，设立了西南、西北、东北、中南、华东五大行政区。1950年11月，又增设了中央人民政府华北事务部，1952年4月改为政务院华北行政委员会。中央人民政府授权各大行政区人民政府或军政委员会，对其所辖的省市区实施领导和监督。1954年六大行政区撤销后，原由它们领导的沈阳、旅大、鞍山、抚顺、本溪、哈尔滨、长春、西安、武汉、广州、重庆等城市改为省辖市，由所在省领导。

④ 专区介于省和县之间，源于民国的行政督察区。新中国成立后沿袭了这一制度，在省以下设立专区作为省级政府的派出机构，管辖一定数量的县市，1975年改为地区行署。

⑤ 在此期间，河北峰峰、辽宁葫芦岛、河南汝南、湖北老河口、四川北碚和合川、云南河口和麻栗坡因种种原因被撤销市建制。

化水平上升到15.4%（见图10-2）。

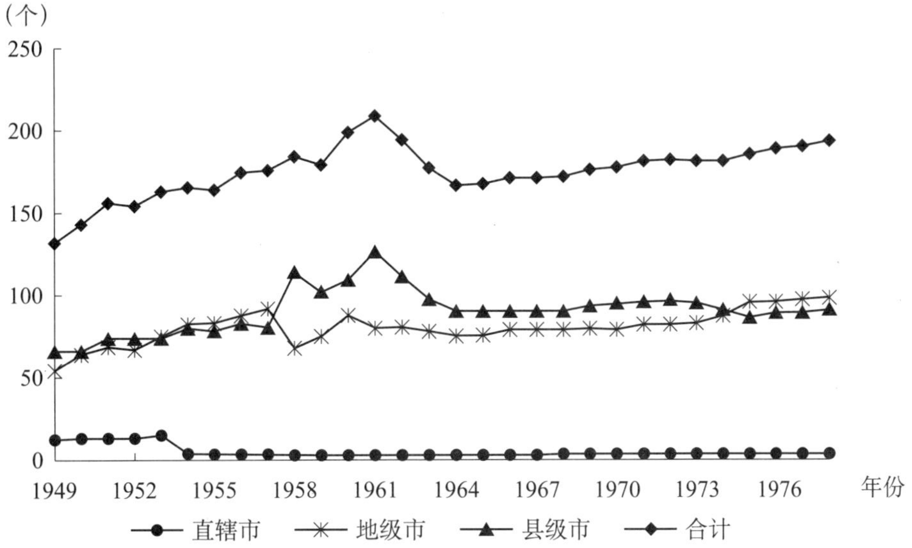

图10-1　1949—1978年中国城市数量变化图

资料来源：国家统计局城市社会经济调查总队．新中国城市50年［Z］．北京：新华出版社，1999.

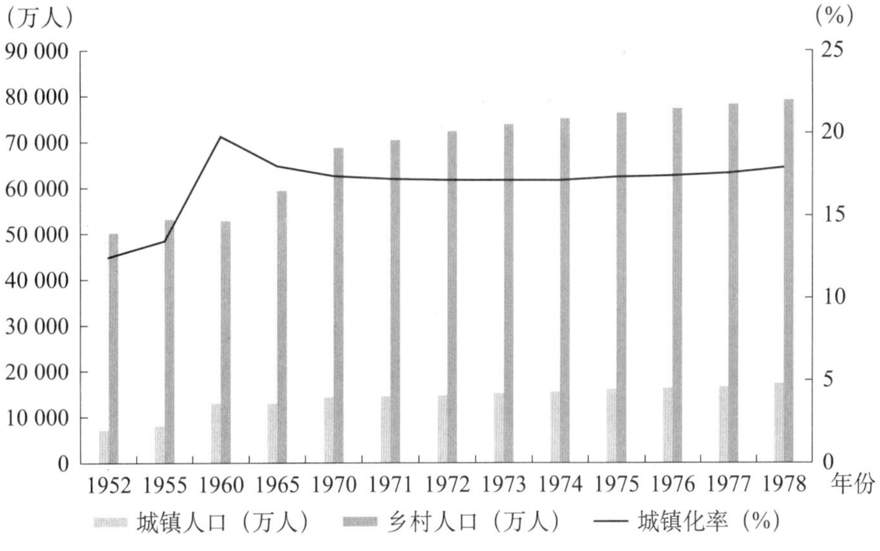

图10-2　1952—1978年中国城乡人口与城镇化率变化图

资料来源：国家统计局城市社会经济调查总队．新中国城市50年［Z］．北京：新华出版社，1999.

国务院颁布了新中国第一个市镇设置标准。1955年6月9日颁布的《关于设置市、镇建制的决定》规定市的设置条件为：（1）聚居人口10万以上的城镇；（2）聚居人口不足10万的城镇，必须是重要的工矿基地、省级地方国家机关所在地、规模较大的物资集散地或者边远地区的重要城镇，确有必要时方可设置市建制。规定镇的设置条件为：（1）县级或者县级以上地方国家机关所在地；（2）如果不是县级或者县级以上地方国家机关所在地，必须是聚居人口在2 000人以上，有相当数量的工商业居民，确有必要时方可设置镇建制；（3）少数民族地区，如有相当数量的工商业居民，聚居人口虽不及 2 000 人，但确有必要时可以设置镇建制。为推进工业化，该文件对工矿基地的市镇设置进行了单独规定：（1）规模较大、聚居人口较多、由省领导的工矿基地可设置市建制；（2）规模较小、聚居人口不多、由县领导的工矿基地可设置镇建制；（3）规模小、人口不多、在市的附近且在经济建设上与市的联系密切的工矿基地可划为市辖区。该文件还明确规定了“市的郊区不宜过大”和“镇以下不再设乡”，表明当时市镇的设置模式是“切块设市（镇）”。

延伸阅读

新中国成立初期的县辖市

新中国成立初期的市制曾一度延续民国时期的制度，也有少量县辖市。这些县辖市一部分是在解放区或者国民政府时期设置的。如 1949 年 3 月，陕甘宁边区政府将延安市并入延安县，延安市降为县辖市。另一部分则是新中国新设的县辖市。如 1952 年，延边专区改设延边朝鲜族自治区，自治区人民政府驻延吉县延吉市；1953 年，延吉市由原延吉县辖市改为自治州辖市。此外，1949 年 9 月，金州城区与城郊区合并成立金州市（县辖市）；1947 年 6 月，复县第二次解放后，设瓦房店市；1951 年 6 月，临川县城关区改为抚州市；位于青海省玉树藏族自治州玉树县的结古镇，1951 年设为玉树县辖的结古市。1953 年初，国家取消县辖市，并在“五四宪法”中得到确认。

2. 大起大落阶段（1958—1965 年）

1958 年 5 月，中国共产党第八届全国代表大会第二次会议正式通过了社会主义建设总路线。“大跃进”期间，经济建设虽然取得了不少成就，但是由于缺乏经验和脱离实际，忽视经济发展规律，导致了严重的“左倾错误”。主要由于“大跃进”运动和“反右倾”的错误，国民经济出现了严重危机。① 在 1958—1960 年这三年里，城市数量有了快速增加，全国新设市 44 个，城市人口从 1957 年的 9 949 万猛增到 1960 年的 1.3 亿，城市化率达到 19.7%。由于乡村人口大量涌入城市，工农业比例失调，城市就业和供应出现了严重困难，城市建设也远跟不上城市人口增长的需求。

城市郊区迅速扩大。1958 年 1 月，为了加强城市与农村的经济协作，上海市开始领导 11 个县，其后北京市也领导了 4 个县。1959 年 9 月，第二届全国人大常委会第九次会议颁布了《关于直辖市和较大的市可以领导县、自治县的决定》，以立法的形式确认市领导县的管理体制。辽宁省和河北省撤销全部专区，在全省范围内实行市领导县的体制。当时全国由市领导的县的数量达到 243 个，约占全国县制总数的 1/8。

1959—1961 年，中国连续发生严重的自然灾害。1961 年 1 月，中共八届九中全会正式决定对国民经济实行“调整、巩固、充实、提高”八字方针，市镇规模和设置条件是这次调整的重要内容之一。1961 年 6 月，中共中央先后发出《关于减少城镇人口和压缩

---

① 《中华人民共和国简史》编写组．中华人民共和国简史［M］．北京：人民出版社，2021.

城镇粮食销量的九条办法》以及《关于精减职工工作若干问题的通知》，要求在三年内减少城镇人口 2 000 万以上。1962 年 5 月，中共中央和国务院又作出《关于进一步精减职工和减少城镇人口的决定》。同年，周恩来主持召开了第一次全国城市工作会议，并发布了《关于当前城市工作若干问题的指示》，提出“调整市镇建制，缩小城市郊区，完成减少城镇人口计划”。1963 年 9 月 16 日到 10 月 12 日，为加强对城市的集中统一管理和解决城市经济生活的突出矛盾，中共中央和国务院召开了第二次全国城市工作会议。会议提出进一步做好工业调整工作，努力做好商业工作，加强房屋和其他市政设施的维修，以及加强城市管理等具体任务。从 1961 年到 1963 年底，城市数量由 208 个减少到 174 个，镇的数量由4 429 个减少到4 219 个。全国共减少职工数 1 887 万，减少城镇人口 2 600 万，城市化率从 19.29%回落至 16.84%。

但是，从当时农业生产水平和工业建设的实际需要来看，城镇人口占全国总人口的比重仍然过大，市镇建制仍然过多，市的郊区仍然偏大。为此，1963 年 12 月中共中央和国务院发布了《关于调整市镇建制、缩小城市郊区的指示》，作出如下要求：(1) 各省、自治区应按有关规定，对现有市逐个进行审查，撤销不够设市条件的市。(2) 市郊区应尽量缩小，市总人口中农业人口所占比例一般不应超过 20%。(3) 提高建制镇的标准。将建制镇标准提高到聚居人口在 3 000 人以上，其中非农业人口占 70%以上；或者聚居人口在 2 500 人以上且不足 3 000 人，其中非农业人口占 85%以上。到 1965 年底，全国市的数量减至 167 个，其中直辖市 2 个、地级市 77 个、县级市 88 个。① 停止推行市领导县体制，当年河北省恢复了全部专区，没有一个市继续领导县；辽宁省也随后恢复了专区，只在部分城市保留了市领导县的体制。到 1966 年，全国仅 25 个市实行市领导县体制，共领导 72 个县。

3. 停滞阶段（1966—1978 年）

这一时期我国社会经济以及城市发展深受“文化大革命”和三线建设的影响。“文化大革命”时期，我国国民经济出现较大起伏，但在党和人民的共同努力下，各项工作在艰难中仍然取得了重要进展。受“文化大革命”的影响，小城镇的经济功能弱化，发展受到严重阻碍。

三线建设是一次以备战为中心的大规模工业转移，中共中央要求采取多快好省的方法在三线地区建立一个比较完整的国防工业体系。1964—1980 年，全国三线地区累计投资 2 052.68 亿元，修建了 10 条铁路干线，建设了近 2 000 个大中型企业、科研院所，集中了数十万名科技人才，初步建成了以能源和交通为基础、国防科技工业为核心、重工业为主体、原材料工业与加工工业相配套的战略基地。三线建设促进了我国中西部地区的城市发展，攀枝花、六盘水、金昌、十堰等一批新兴工业城市由此而生，绵阳、德阳、遵义、宝鸡、天水、南阳、襄樊、宜昌、柳州等原有工业城市由此而获得发展。

---

① 顾朝林，邱友良，叶舜赞．建国以来中国新城市设置［J］．地理科学，1998（4）．

延伸阅读

三线建设

1964 年五六月间，毛泽东从经济建设和国防建设的战略布局考虑，将全国划分为一、二、三线。一线地区指沿海和边疆，二线地区是介于一线和三线地区之间的地区。三线地区指西南的四川（含今重庆市）、云南、贵州，西北的青海、陕西、甘肃、宁夏、青海，还有豫西、鄂西、湘西、晋西、桂北、粤北等，共涉及 13 个省区。三线建设历经三个五年计划，建设了数千个项目，初步改变了中国内地基础工业薄弱、交通落后、资源开发水平低下的状况，共形成固定资产原值 1 400 亿元，约占当时全国国家资产原值总额的 1/3。

由于这一时期国家经济建设的主导方针是“备战备荒”，工业建设强调“靠山、分散、进洞”，城市发展的主导方针是“不建集中城市”。因此，这一时期全国城市发展几乎处于停滞状态。市的数量增加缓慢，到 1976 年底，全国城市总数 188 个，新设城市 21 个，撤销城市 1 个，合并城市 1 个，城市总数增加 19 个。城镇人口长期徘徊在 1 亿～1.1 亿之间，城市非农业人口仅增加 180 万。

10.1.2 知识与学科发展

1. 苏联知识的引入

第二次世界大战结束后，苏联模式所取得的成就为世人所认可。在缺乏国家建设经验和被西方国家严密封锁的背景下，新中国选择了“一边倒”的外交政策，坚定地站在以苏联为首的反帝国主义战线一边，站在社会主义和世界和平民全阵营一边。1950 年《中苏友好同盟互助条约》签订后，中国开始广泛介绍苏联社会主义建设的成就和先进经验。国家组织人员大量翻译出版苏联书籍和报刊文章，向苏联和其他社会主义国家派遣大量留学生，苏联也派出大批科技专家帮助中国。中国各行各业都以苏联为榜样，依据苏联模式和苏联经验进行建设或改造。① 与之相对的是，当时以美国为首的西方国家对新中国采取敌视态度，并实行全面封锁。

在城市领域，由于新中国面临的主要任务是建设城市，城市规划是这一阶段向苏联学习的主要内容。苏联在第一个、第二个和第四个五年计划期间开展了大量城市规划工作，制定了包括莫斯科在内的数百个城市的规划，形成了具有社会主义和苏联特色的规划模式。其主要特点是城市规划受国民经济计划主导，强调工业发展、区域均衡和城乡平衡，重视人口和劳动力、规划定额指标以及规划建设的经济性等。由于它们主要形成于斯大林主政时期（1924—1953 年），因此又被称为“斯大林的城市建设原则”。②

---

① 孙其明．中苏关系始末［M］．上海：上海人民出版社，2002．

② 李浩．1930 年代苏联的“社会主义城市”规划建设术：关于“苏联规划模式”源头的历史考察［J］．城市规划，2018（10）．

苏联的城市规划理论和方法成为新中国城市规划的重要知识来源。1953—1957 年，中国学者共翻译约 50 本关于苏联城市规划的著作。其中对中国城市规划具有重要影响的有列甫琴柯的《城市规划：技术经济指标及计算》和大维多维奇的《城市规划工程经济基础》。20 世纪 50 年代，中国城市规划中所出现的基本人口、服务人口、被抚养人口、公建分类及千人指标、详细规划、修建设计、小区规划等新术语和方法几乎都源自这两本专著。① 1955—1958 年，城市建设出版社还出版了《城市建设译丛》，其目的是“及时地向读者介绍苏联城市建设方面的先进科学著作，使读者能够经常阅读到各种简短的富于创造性的文章，以此来帮助读者学习苏联城市建设的先进经验”。苏联也派出一批规划专家来到中国，直接参与中国“一五”计划时期一些重点工业城市的规划，并对北京、上海、天津等传统城市的改建提供技术指导。

与此同时，中国还对源自欧美的规划思想展开批判，田园城市思想是其典型。1931 年 6 月，联共（布）中央全会讨论“关于莫斯科的市政经济和苏联城市发展问题”时，田园城市思想因其小资产阶级立场、统治阶级的意图、未考虑到技术进步等原因受到批判。在中国学习苏联的过程中，田园城市思想也受到了批判。梁思成在这一时期对田园城市思想的态度的转变极具代表性，他于 1949 年 6 月在《新华月报》上发表的《城市的体形及其计划》一文中还对田园城市思想持肯定态度：“有限度的市区是不许蔓延过大的市区。最理想的以五六万人为最大限度。超过此数就应在至少三四公里距离之外，另建一区。两区之间必须绝对禁止建造工商住宅建筑，保留着农田或林地。这种疏散的分布，可使每区居民，不必长途跋涉，即可与大自然接触。”② 但 1951 年他和林徽因在为《城市计划大纲》一书所作的序言中表现出了对田园城市的批判态度：“英美等国所沾沾自喜的一些‘新市镇’……都只是些不太成功的逃避主题的支节尝试，只能满足比较少数财力宽裕的人的需要。”此后多年，专题讨论田园城市思想的文章再未出现过。书籍和报刊中凡是提及田园城市之处，也都对其持批判和否定态度。

在 1956 年 2 月召开的苏共第二十次代表大会上，赫鲁晓夫对斯大林模式展开了猛烈的批判。“斯大林的城市建设原则”在 1956 年以后也受到了批判，1957 年 5 月 24 日《人民日报》社论提出城市规划存在“四过”（规模过大、标准过高、占地过多、求新过急）现象，认为很大一部分是学习苏联模式的结果。中国城市规划行业开始反思和修正苏联模式，并转而引入波兰、罗马尼亚等东欧社会主义国家的规划经验，重新审视欧美资本主义国家的知识。

在 20 世纪 50 年代初期被作为批判对象的邻里单位被重新引入。邻里单位是 20 世纪 20 年代由美国社会学家及建筑师佩里提出的一种居住区规划思想，其目的是在汽车快速增加的时代背景下，创造一个适合居民生活、舒适安全和设施完善的居住环境。20 世纪 30 年代邻里单位开始引入中国，在 20 世纪 40 年代的《大上海都市计划》和《陪都十年建设计划草案》中已经将其作为住宅区的基本单元。20 世纪 50 年代初期，上海曹杨新村规划也具有邻里单位的典型特征。③ 在学苏联时，邻里单位思想受到批判，曹杨新村

---

① 许皓．苏联经验与中国现代城市规划形成研究（1949—1965）[D]．南京：东南大学，2018.

② 梁思成．城市的体形及其计划 [N]．人民日报，1949-06-11.

③ 李东泉，郑国，罗翔．从邻里单位到居住小区的知识转移分析 [J]．城市规划，2021（11）.

规划也被认为是资本主义的。来自苏联的、象征社会主义城市生活的周边式街坊在“一五”计划时期成为中国城市居住区的主流规划模式。但在1956年以后，苏联的周边式街坊受到质疑，甚至当时苏联来华专家马多林也认为苏联街坊是“形式主义”“朝向不好”，而“曹杨新村的行列式”是对的。① 邻里单位重新受到重视，在当时“厉行节约”“勤俭建国”“反四过”的背景下，中国的规划工作者将邻里单位的思想和中国的国情相结合，提出以“小区”作为城市居住区规划建设的基本单元，代替20世纪50年代初从苏联引入的街坊。但受之后来的“大跃进”、三线建设、“文化大革命”的影响，大规模的城市住宅区建设基本停止，居住小区规划直至20世纪80年代以后才在中国城市广泛推行。②

2. 学科的发展

中国在1949年之前建立的200多所高等学校主要参照欧美的高等教育体系，其办学理念、系科设置、教学内容、教学方法和教学制度也大多以欧美大学为样板，难以满足我国社会主义建设对专门化人才的大量需求。在“一边倒”和全面学习苏联的背景下，以分科教育和培养专门人才为特色的苏联高等教育模式成为新中国高等教育改革的范本。

中国人民大学是中国第一个按照苏联模式设立的大学。1949年12月16日《关于成立中国人民大学的决定》指出，中国人民大学的教育方针是“教学与实际联系，苏联经验与中国情况相结合”。1949年底召开的第一次全国教育工作会议也特别指出：“创办人民大学的任务，是接受苏联的先进经验，有计划、有步骤地培养新中国的各种建设干部。”1950年10月3日，中国人民大学正式成立。在开学典礼上，刘少奇特别强调，中国人民大学“是我们中国第一个办起来的新式的大学，在中国历史上以前所没有过的大学。中国将来的许多大学都要学习我们中国人民大学的经验，按照中国人民大学的样子来办立其他的大学。”从1950年到1957年，中国人民大学先后聘请了98名苏联专家，占当时全国教育系统苏联专家总数的1/3。在苏联专家的指导下，中国人民大学从专业设置、人才培养、师资培训、教材编写到科学研究，几乎都是参照苏联模式。③ 1952年至1953年，在总结中国人民大学办学经验的基础上，我国大规模调整了高等学校的院系设置，把效仿英美的高等教育体系改造成效仿苏联的体系，将全国高校由原来的211所缩并为182所。

中国人民大学是新中国经济地理和区域规划发展的重要源头。在计划经济时期，经济发展计划是国家意志的集中体现，城市规划工作从属于经济计划和区域规划。1950年，我国经济地理学的奠基人孙敬之教授创办了中国人民大学经济地理研究室，编写了100多万字的经济地理学讲义，这是新中国第一部完整的经济地理学讲义，被教育部指定为高等院校的参考教材。这一时期，中国还聘请苏联专家在中国人民大学开设生产力布局研讨班，来自全国各地经济计划部门的数百名工作人员先后在中国人民大学接受苏

① 中国城市规划学会. 中国城乡规划学学科史［M］. 北京：中国科学技术出版社，2018.

② 许皓. 苏联经验与中国现代城市规划形成研究（1949—1965）［D］. 南京：东南大学，2018.

③ 吴惠凡，刘向兵. 苏联专家与中国人民大学学科地位的形成［J］. 中共党史研究，2014（3）.

联专家的培训，为“一五”计划的实施和城市发展奠定了重要的知识基础。

在院校调整过程中，同济大学以土木系为基础，整合了上海及长江三角洲其他高校的建筑系，成立了同济大学建筑系，开设了“都市计划与经营”专业，随后依照苏联专科院校的专业目录将其改名为“城市建设与经营”，1955 年正式更名为城市规划专业。清华大学和天津大学也于院校调整之际，在建筑系高年级设立了城市规划专门化方向。①

在“大跃进”期间，由于工业建设的盲目冒进，城市规划也出现了“大跃进”，产生了很多问题。1960 年 11 月，在第九次全国计划工作会议宣布“三年不搞城市规划”的决定。1961 年 12 月，全国设计革命领导小组认为城市规划存在“只考虑远景，不照顾现实，规模过大，人口过多”等问题，再一次否定了城市规划，由此导致规划机构被撤并，人员下放，城市规划事业严重受挫。城市规划行业将重心从实践转向理论研究，建筑工程部组织了清华大学、同济大学、南京工学院和重庆建筑工程学院的教师联合编写了新中国第一本城乡规划教科书，奠定了中国城市规划学科知识的基本框架。②“文化大革命”期间，全国大学停止招生，大量的高校被“撤、迁、并”，高等教育体系遭到了严重破坏，城市规划学科的发展也因此被迫中断。

10.1.3　城市管理体制的演进

这一时期我国城市管理体制的发展可以分为三个阶段：1949—1953 年是以军事管制为主导的时期；1954—1965 年是中国现代城市管理体制形成的时期；1966—1979 年是以革命委员会为主导的时期。

1. 新中国成立初期的城市军事管制

由于政权转移时期通常会出现政治断裂、经济衰败、社会混乱等问题，因此需要有一个强有力的集政治、军事、经济、文化、公安、司法等各种职权于一体的领导机构，以顺利地实现政权重构和秩序重建。军事管制是由军队接管政府权力，对社会实行强制性管理和控制，是政权转移或紧急状态下普遍采取的一种形式。东北是解放最早的地区，也是最早对城市实施军事管制的地区。1948 年 11 月 15 日，中共中央在总结东北经验的基础上，发布了《中共中央关于军事管制问题的指示》，决定对新接收的城市一律实行军事管制。该指示要求，军事管制时间不能太短，必须达到管制目标和要求才能取消军事管制，十万以上人口的大城市取消军事管制须先征得中央批准。在军事管制时期，一般应实行戒严。解放军总部随后颁布了《关于新解放区军事管制条例》和《关于新解放城市军事管制时期的各项政策》，进一步规范了军事管制制度。

① 中国城市规划学会．中国城乡规划学学科史［M］．北京：中国科学技术出版社，2018.

② 李浩．历史回眸与反思：写在“三年不搞城市规划”提出 50 周年之际［J］．城市规划，2012（1）．

阅读材料

城市实行军事管制的任务和目的

《中共中央关于军事管制问题的指示》规定军事管制期间的主要任务和应该达到的目的是：(1) 完全肃清一切残余的敌人和散兵游勇以及任何进行武装抵抗的分子；(2) 接收一切公共机关产业和物资，并加以管制；(3) 恢复并维持经常的秩序，消灭一切混乱现象；(4) 收缴一切隐藏在民间的反动分子的武装及其他违禁物品；(5) 解散国民党、三青团、民社党、青年党及南京国民政府系统下的一切反动党派和团体，并收缴其各种反动证件，登记其各级负责人员，对登记后的少数反动分子实行管制（每日或每星期须向指定的机关报告其行动）；(6) 逮捕那些应该逮捕的战犯及罪大恶极的反动分子，没收那些应该没收的官僚资本；(7) 建立系统的革命政权机关，建立革命的警察、法庭、监狱，建立物资的管制机关，建立临时的人民参议会；(8) 在各种工人职员中，在青年学生中，进行切实的宣传组织工作，在可靠的基础上（注意不要被暗藏的特务分子及流氓投机分子所操纵）建立工会、学生会及青年团等作为城市革命政权可靠的群众基础；(9) 整理共产党在城市中的秘密组织，并建立党的组织。

资料来源：中共中央文献研究室，中央档案馆．建党以来重要文献选编（1921—1949）：第二十五册．北京：中央文献出版社，2011.

1949 年 9 月，中国人民政治协商会议第一届全体会议通过了具有新中国临时宪法性质的《中国人民政治协商会议共同纲领》，其中规定，“凡人民解放军初解放的地方，应一律实施军事管制，取消国民党反动政权机关，由中央人民政府或前线军政机关委任人员组织军事管制委员会和地方人民政府，领导人民建立革命秩序，镇压反革命活动，并在条件许可时召集各界人民代表会议。在普选的地方人民代表大会召开以前，由地方各界人民代表会议逐步地代行人民代表大会的职权。……凡在军事行动已经完全结束、土地改革已经彻底实现、各界人民已有充分组织的地方，即应实行普选，召开地方的人民代表大会”。1953 年 1 月，中央人民政府委员会通过《关于召开全国人民代表大会及地方各级人民代表大会的决议》。随着各个城市的人民代表大会陆续召开，军事管制委员会（以下简称军管会）将城市的一切权力移交给市人民代表大会和市人民政府委员会，军事管制制度才宣告结束。①

在军事管制时期，军管会是城市最高权力机关，对城市实行全面的强制管理和控制，镇压一切反革命活动和肃清国民党政权残余势力，领导群众建立革命秩序。军管会设主任和副主任，由当地主要军事首长担任。如北平（后改为北京）先后由叶剑英和聂荣臻、南京先后由刘伯承和粟裕、上海由陈毅、西安由贺龙、广州由叶剑英、昆明由陈赓担任军管会主任。军管会下设若干机构，分别负责接管、市政、防务等工作。如上海军管会下设财经接管委员会、文化教育管理委员会、军事接管委员会、上海警备司令部等机构。军管会向城市中的各机关和企事业单位派驻军代表，负责具体的接收和管理工作。军代表与被接收单位的地下党或工会负责人组成工作委员会，由军代表担任主席

① 李格．新中国成立前后的城市军事管制［J］．当代中国史研究，2010（5）．

并有最终决定权。联络员是军代表接收和管理工作的助手，通常接管一个大企业，由一个军代表带领若干联络员和守卫部队组成工作组。作为一种过渡体制，军管会制度有效地巩固了新生政权，快速恢复了城市秩序，也为新政权的建设和完善奠定了坚实的基础。

在实行军事管制的同时，军管会也积极推进市各界人民代表会议和市、区人民政府的建设工作。《中国人民政治协商会议共同纲领》规定："中华人民共和国的国家政权属于人民。人民行使国家政权的机关为各级人民代表大会和各级人民政府。……各级人民代表大会闭会期间，各级人民政府为行使各级政权的机关。"但鉴于不具备召开市人民代表大会的条件，各城市普遍采取了各界人民代表会议作为市人民代表大会的过渡形式。1949年12月颁布的《市各界人民代表会议组织通则》规定，"市各界人民代表会议由市军事管制委员会（以下简称军管会）及市人民政府召开之。未设立军管会的市由市人民政府召开之……在军事管制初期，各界人民代表会议是军管会和市人民政府传达政策、联系群众的协议机关"。按照中央的要求，军管会在实行军事管制的同时也要进行民主建政工作，帮助组织成立城市各界代表会议，向军管会及市人民政府反映人民的意见和要求。

为统一全国各个城市的行政组织，中央于1950年1月制定了《市人民政府组织通则》，该通则规定，市人民行使政权的机关为市人民代表大会（或市各界人民代表会议）和市人民政府。在市人民代表大会闭会期间，市人民政府为市的行使政权的机关。市人民政府委员会为市地方政权机关，按其隶属关系分别受中央或大行政区或省的直接领导。为迅速建立革命秩序，市人民政府委员会由上级人民政府或上级军事管制机关任命。①在军事管制时期，市人民政府在巩固革命秩序，镇压反革命活动等方面，须与市军事管制委员会采取统一步骤。市人民政府委员会根据市区大小和工作需要，设置各种工作机构：（1）民政、公安、财政、建设、文教、卫生、劳动等局（处、科），并设财经委员会；（2）人民监察委员会；（3）人民法院；（4）人民检查署。

在市人民政府之下为区人民政府。1949年6月，北平市和天津市军管会曾将区政府改为区公所，作为市政府的派出机构，其他城市也纷纷效仿。但这种单级市政府的管理体制不利于紧密联系市民、服务市民和动员市民，其弊端很快就暴露出来。因此，上海市首先于1950年6月设立区人民政府。1950年11月，中央政务院颁布《大城市区人民政府组织通则》，确认大城市在市人民政府的集中领导下，需要设立区一级政权机关，从而将实行仅一年的区公所改回区政府。该通则还规定：（1）区人民行使政权的机关为区人民代表大会（或区各界人民代表会议）和区人民政府。在区人民代表大会闭会期间，区人民政府即为区的行使政权的机关。（2）区人民政府委员会为区一级的地方政权机关，受市人民政府委员会的领导，由区人民代表大会选举区长、副区长及委员若干人，提请市人民政府批准组成。在解放初期，为迅速建立革命秩序，区人民政府委员会由市人民政府或市军事管制机关任命。区政府的机构设置按专业分工，与市政府相对应。至此，

---

① 从实际来看，当时的市长多由军管会主任或副主任兼任，如叶剑英和聂荣臻先后兼任北平（北京）市长、陈毅兼任上海市市长。

大城市中市区两级政权得以确立。

2. 中国现代城市管理体制的形成

随着第一部宪法的颁布和实施，我国城市开始形成由市党委、市人民代表大会、市人民政府以及市政治协商会议“四大班子”为主体的横向权力体系和由市政府、区政府、街道办事处和公安派出所、居民委员会为主体的纵向行政管理体系，以及以单位制为主、以街居制为辅的城市基层社会管理体制，奠定了改革开放以后我国城市管理的制度和组织基础。

（1）“四大班子”的形成。1953 年 1 月，《关于召开全国人民代表大会及地方各级人民代表大会的决议》决定于 1953 年召开由人民普选产生的地方各级人民代表大会，并在此基础上召开全国人民代表大会。1954 年 9 月，第一届全国人民代表大会召开，通过了第一部《中华人民共和国宪法》(简称“五四宪法”)。该宪法明确了新中国城市政权的基本架构：市人民代表大会是城市的权力机关，“地方各级人民代表大会都是地方国家权力机关”，“地方各级人民代表大会选举并且有权罢免本级人民委员会的组成人员”。市人民政府是城市的行政机关，“地方各级人民委员会，即地方各级人民政府，是地方各级人民代表大会的执行机关，是地方各级国家行政机关”。政治协商会议代行人民代表大会职权的任务已经结束，其职能转变为协助国家机关，密切联系群众，加强民族团结，发展国际友谊。1954 年颁布的《中国人民政治协商会议章程》指出，中国人民政治协商会议地方委员会是人民民主统一战线的地方组织，负责协商和进行地方的人民民主统一战线工作。由此形成了中国共产党领导下的具有中国特色的城市管理权力结构，即“四大班子”：市人民代表大会是城市权力机关，市人民政府是城市行政机关，市政治协商会议是协商机构，中国共产党的领导贯穿城市决策、行政和政治协商各个系统之中。

“五四宪法”颁布后，国家还出台了一系列规范中央和地方行政体制的法律法规。其中 1954 年制定的《中华人民共和国地方各级人民代表大会和地方各级人民委员会组织法》进一步明确了市和市辖区人民政府的设置。随着“一五”计划的实施，城市管理的范围越来越广，职能分工越来越细，形成“大政府，小社会”的格局。

（2）单位制的确立。中国自晚清开始就出现了“总体性危机”，整个社会处于“一盘散沙”的状态。为了恢复社会秩序，使国家政治和经济步入正常轨道，新中国的首要任务是将全社会组织起来。单位制是一种极具中国特色的社会组织形式，它是在新中国实行计划经济和赶超型工业化的背景下，在中国传统社会的基础上，借鉴革命时期的生活物资配给制、战时共产主义和苏联工业城镇经验形成的，是新中国城市经济和社会管理的一项基础性制度。

单位制产生和成熟于东北地区，安东（位于今辽宁丹东）和吉林是这一制度的发源地。在解放战争时期开展城市接收工作时，安东和吉林两地针对其工业企业较多的特点，一方面将权力集中于市一级政权，另一方面将优秀干部派驻工厂、企业和学校，形成“市政府-单位”的城市管理新模式。1950 年 1 月，新华社转发的《东北日报》社论《坚决改变城市政权的旧的组织形式与工作方法》对这一模式加以肯定，要求把城市中的群众首先按生产和工作单位（即按工厂、企业、机关、学校）组织起来，其次按职业（即按各行各业）组织起来，由市政府机关去同他们直接联系，提出在大城市建立“市政府-区政府-单位”、在中小城市建立“市政府-单位”的管理体系。“一五”计划时期，东北地区又兴建了一大批大中型工业企业，进一步完善了以单位为核心的城市管理模式，为全国提供了典型示范，单位制很快在全国所有城市中推行。①

单位具有政治动员、经济组织和社会管理三位一体的功能：（1）政治动员。每个单位都是国家和城市行政体系中的一个组成部分，普遍建立了完善的党群组织。党和政府的各项方针政策能够通过单位高效地传达给每一个职工，因此可以大规模地组织群众参与政治生活，实现党的政治目标。（2）经济组织。为加速推进工业化，实现富国强兵的目的，国家几乎垄断了所有经济资源，按照计划经济的要求，通过各类单位对经济资源进行配置和调控。单位成为城市和国家经济的支柱，各个单位普遍借鉴苏联的斯达汉诺夫运动模式开展劳动竞赛，为新中国工业化的快速推进发挥了重要的作用。（3）社会管理。单位不仅为职工提供薪资，还为职工及其家庭提供各种生活福利和社会保障。城市中各个单位以封闭式的围墙划定边界，内部空间与公共服务自成体系，形成一个个蜂窝状的小社会。单位也以行政管理、福利垄断和空间封闭为基础，成为其成员社会身份的界定者。② 通过个人对单位的依附与单位对国家的依附，国家对城市职工及其家庭实现全面整合。③

（3）街道办事处和居民委员会制度的确立。在区之下，一些城市在解放初期曾设街政府，作为城市的基层政权组织。1949年6月，北平和天津等城市决定撤销街政府，将街政府的部分职能转移到公安派出所④，实行“警政合一”的模式。1950年11月颁布的《大城市区人民政府组织通则》规定，区以下在公安派出所内设民政干事1～3人，进一步确认了这种模式。但是，由于城市基层事务繁多，民政干事难以应对。为了更好地联系群众和加强居民管理工作，一些城市开始尝试建立街道办事处。中央政府也认识到要普遍联系群众和组织群众，有必要设立街道办事处。1954年12月31日，第一届全国人大常委会第四次会议还通过了《城市街道办事处组织条例》，正式明确了街道办事处是市辖区和不设区的市人民委员会的派出机关，由此在街道层面形成了街道办事处和公安派出所两种类型的政权形式，两者职能各有侧重：街道办事处主要办理市和市辖区的人民委员会有关居民工作的交办事项，指导居民委员会的工作，反映居民的意见和要求；公安派出所主要维护基层社会治安，管理户政，处理违警事件，并处理群众要求调解的纠纷等。街道办事处的建立，标志着新中国城市纵向政权组织的重构基本完成。

街道以下的城市基层组织是居民委员会。在废除保甲组织和各种旧的社会组织后，将单位之外的无组织居民组织化是城市基层社会重建的重要任务。各个城市创建了一些新的居民组织，由于最初没有统一的要求和规定，这些组织的形式有别、功能各异。1954年12月31日，第一届全国人大常委会第四次会议通过了《城市居民委员会组织条

① 田毅鹏．“典型单位制”的起源和形成［J］．吉林大学社会科学学报，2007（4）．
② 揭爱花．单位：一种特殊的社会生活空间［J］．浙江大学学报（人文社会科学版），2000（5）．
③ 田毅鹏．单位制与“工业主义”［J］．学海，2016（4）．
④ 1948年称警察分驻所，1950年改称公安派出所。

例》，首次以国家律法的形式确认了城市居民委员会的性质、主要任务和组织结构。虽然党和政府在官方文件中不断强调居民委员会的自治性，但实际上又通过不同方式使其具有一定的行政化特征。街道办事处和居民委员会也由此与单位制一起成为国家力量渗透到城市基层的重要支撑，形成以单位制为主、街居制为辅的城市基层治理体制。国家通过单位管理职工及其家庭，通过街居体系管理社会闲散人员和优抚对象，从而实现对城市社会的全面整合和控制。

1958 年，全国掀起“大跃进”和“人民公社化”运动，街道办事处纷纷合并，组建城市人民公社，实行人民公社党委领导下的“党政合一”和“政社一体”体制。城市人民公社既是一级政权组织，也是经济组织和社会组织，全面负责街道的行政、生产、生活、公安、司法、文化、福利等，权力空前膨胀。“大跃进”宣告失败后，各个城市的人民公社又陆续恢复为街道办事处。

（4）城市户籍管理制度。新中国成立之初，国家对人口迁徙没有限制，《中国人民政治协商会议共同纲领》规定中华人民共和国人民有自由迁徙权。1951 年 7 月 16 日，公安部颁布了《城市户口管理暂行条例》，将城市户口划分为住家户、工商户、公寓户、船舶户、寺庙户、外侨户等类型，开始对城市户口进行统一管理。1953 年、1954 年和 1957 年国家先后发布《关于劝阻农民盲目流入城市的指示》《关于继续贯彻劝止农民盲目流入城市的指示》《关于制止农村人口盲目外流的指示》，这一系列文件严格限制农村人口盲目流向城市。1958 年 1 月，全国人大常委会通过了《中华人民共和国户口登记条例》，第一次明确将城乡居民划分为“农业户口”和“非农业户口”两种户籍，并且规定公民由农村迁往城市，必须持有劳动部门录用证明、学校录取证明或者城市户口登记机关准予迁入的证明，才能向常住地户口登记机关申请办理迁出手续。1964 年 8 月，公安部《关于处理户口迁移的规定（草案）》出台，提出了两个“严加限制”，即对从农村迁往城市、集镇的要严加限制；对从集镇迁往城市的要严加限制。同时还提出两个“适当限制”，即对从小城市迁往大城市的要适当限制，对从其他城市迁往北京和上海两市的要适当限制。在此基础上，城市户籍与城市居民的教育、就业、住房、医疗、养老等社会福利和保障等直接挂钩，在社会和治安管理中发挥着重要作用，成为配合城市单位制和街居制的又一项基础性制度。

3. 以革命委员会为主导的城市管理体制

1966 年“文化大革命”开始后，之前形成的城市管理体制遭到破坏。城市和市辖区人民代表大会名存实亡，城市各级政府受到严重冲击，城市各项管理工作处于半停顿和混乱状态。

各个城市建立“革命委员会”（以下简称“革委会”）。地方革命委员会代行地方人民代表大会、人民政府的职能，这在 1975 年前的宪法中没有依据。革委会的成员由革命干部代表、军队代表、革命群众代表组成。成员一般不通过选举产生，而是经过反复的争论、协商、审查后推选。到 1968 年 9 月，29 个省份及以下的各级政府、街道、工厂、学校都成立了革委会。街道办事处改组为街道革命委员会，居民委员会称为革命居民委员会。各级革委会的主要任务是抓阶级斗争，这严重背离了为人民服务的宗旨。①

与此同时，党中央也不断强调整党和党建工作，提出在革委会中建立“党的核心小组”来加强党的组织领导。1970 年 10 月 28 日，中共中央发出《关于召开地方各级党代表大会的通知》，要求召开地方各级党代会，产生新的党委。1973 年 1 月 1 日，中央提出各级领导机构要按照老中青相结合的原则逐步完善，市和区政府中一些职能局和专业局得到恢复，城市管理体制和社会秩序有所好转。但 1975 年 1 月第四届全国人民代表大会第一次会议通过的宪法规定，“地方各级革命委员会是地方各级人民代表大会的常设机关，同时又是地方各级人民政府”，对革委会这一体制通过宪法加以确认。

“文化大革命”结束后，革委会作为地方权力机关延续了一段时间。1978 年 2 月，五届全国人大一次会议提出，地区一级是省的派出机构，不设革命委员会。工厂、生产大队、学校、商店以及机关和其他企业事业单位，除了实行政企合一的厂矿企业以外，都不是一级政权，不再设立革命委员会，而应分别实行党委领导下的厂长、大队长、校长、经理等的分工负责制。1979 年 7 月 1 日，五届全国人大二次会议通过的《关于修正〈中华人民共和国宪法〉若干规定的决议》，将地方各级革委会改为地方各级人民政府。1979 年 9 月，五届全国人大常委会第十一次会议通过决议，正式取消革命委员会制度，恢复地方人民代表大会和人民政府制度，革委会从此退出历史舞台。

10.2　改革开放以后的城市管理

党的十一届三中全会开启了改革开放和社会主义现代化建设的新时期，把党和国家的工作重心转移到经济建设上来。随着经济社会的快速发展，中国经历了世界历史上规模最大、速度最快的城镇化进程，取得了举世瞩目的成就。中国学者也重新引入西方知识，结合本土的丰富实践，积极发展中国内生的城市管理知识体系，不断完善城市管理制度、创新城市管理方法，为全球城市管理的进一步发展积累中国经验、提供中国智慧。

10.2.1　城市发展

“文化大革命”结束后，国务院召开了一系列促进城市健康发展的工作会议，强调城市在国家发展中的重要性。1978 年 3 月，国务院在北京召开了第三次全国城市工作会议，发布了《关于加强城市建设工作的意见》，提出了城市整顿工作的一系列方针、政策，该意见成为改革开放以后城市建设和管理工作的一个新起点。1980 年 10 月，国家建委在北京召开了全国城市规划工作会议，确立了“控制大城市规模，合理发展中等城市，积极发展小城市”的方针。为了充分发挥城市的带动作用，中共中央和国务院于

① 何海兵．我国城市基层社会管理体制的变迁：从单位制、街居制到社区制［J］．管理世界，2003（6）．

1983年发布《关于地市州党政机关机构改革若干问题的通知》，决定推行市领导县的制度。

设市模式和条件再次发生变化。1983年，民政部制定了内部执行的设市标准，调整了设市的指导思想，由严格控制转向积极发展。1986年4月，国务院批转民政部《关于调整设市标准和市领导县条件的报告》，提出了“切块设市”和“整县改市”两种设市模式，并且把“市领导县”的体制进一步推广。1993年5月，国务院批转了民政部《关于调整设市标准的报告》，再次调整设市标准。这个报告开始明确将城市表述为“县级市”和“地级市”两类，提出以“整县改市”作为今后的主要设市模式。该报告中有关“县级市”的设置标准一直未正式改变，也未明确废止，故在形式上仍沿用至今。1999年，国家为减少行政层次，进一步加大了撤销“地区”改设“地级市”的力度，并调整了1993年的地区改地级市的标准，这个标准至今一直未改变。

进入21世纪以后，党中央和国务院更加重视城市工作。2005年9月29日，十六届中央政治局第二十五次集体学习的主题是国外城市化发展模式和中国特色的城镇化道路，北京大学周一星教授和同济大学唐子来教授就这个问题进行了讲解。胡锦涛在主持学习时强调，坚持走中国特色的城镇化道路，按照循序渐进、节约土地、集约发展、合理布局的原则，努力形成资源节约、环境友好、经济高效、社会和谐的城镇发展新格局。2013年12月12日至13日，中央城镇化工作会议提出了推进城镇化的主要任务。2014年3月16日，中共中央和国务院印发了《国家新型城镇化规划（2014—2020年）》，为推进中国特色新型城镇化作出了具体部署。2015年12月20日至21日，第四次中央城市工作会议明确了当前和今后一段时期全国城市工作的指导思想和总体思路，提出要坚持以人民为中心的发展思想，坚持人民城市为人民，强调要尊重城市发展规律，做好“五个统筹”①，着力提高城市发展持续性和宜居性。还特别要求各级党委充分认识城市工作的重要性，推进城市管理机构改革，创新城市工作体制机制；加快培养一批懂城市、会管理的干部，用科学态度、先进理念、专业知识去规划、建设、管理城市。

随着经济和社会的持续发展，中国城市也快速发展。1979年，全国共有216个城市，其中直辖市3个，地级市103个，县级市110个。城镇人口1.85亿，城镇化率18.96%。到1996年，全国城市总数达到666个，其中县级市445个（见图10-3）。由于县级市数量过多、增加过快，1997年国务院宣布暂停撤县设市。此后的16年间，由于一些县级市撤市改区，县级市数量逐年减少。直至2013年，县级市设置限制才有所松动。② 2011年，中国城镇化率超过50%，进入以城市社会为主体的新阶段。到2021年，全国共有城市691个，其中直辖市4个，地级市293个，县级市394个。城镇常住人口91 425万人，常住人口城镇化率达到64.72%（见图10-4），已经达到中等收入国家城镇化的平均水平。

---

① 统筹空间、规模、产业三大结构；统筹规划、建设、管理三大环节；统筹改革、科技、文化三大动力；统筹生产、生活、生态三大布局；统筹政府、社会、市民三大主体。

② 刘君德，范今朝．中国市制的历史演变与当代改革［M］．南京：东南大学出版社，2015.

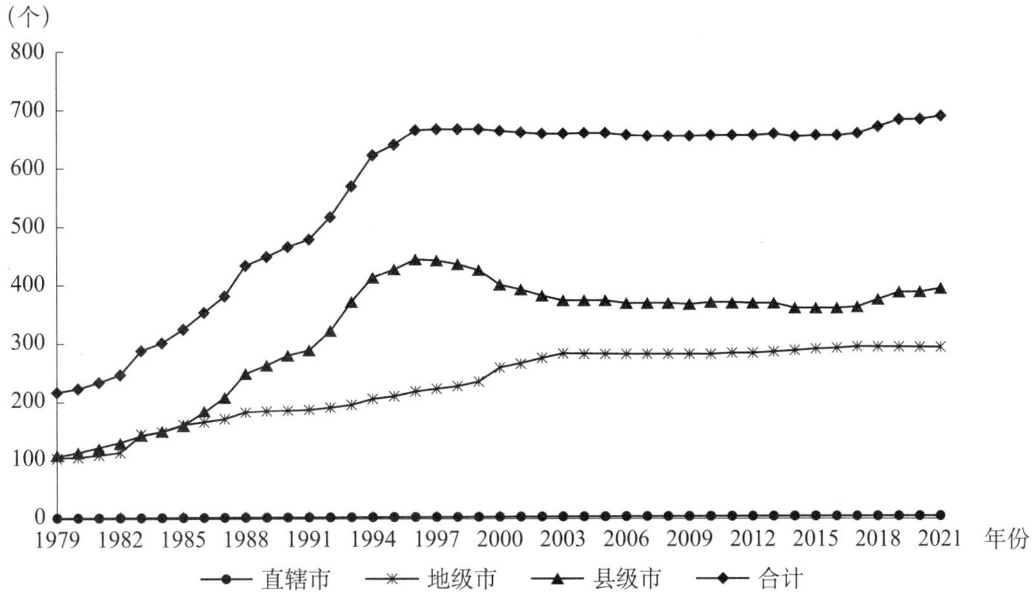

图 10－3　1979—2021 年中国城市数量变化图

资料来源：根据历年《中国统计年鉴》整理。

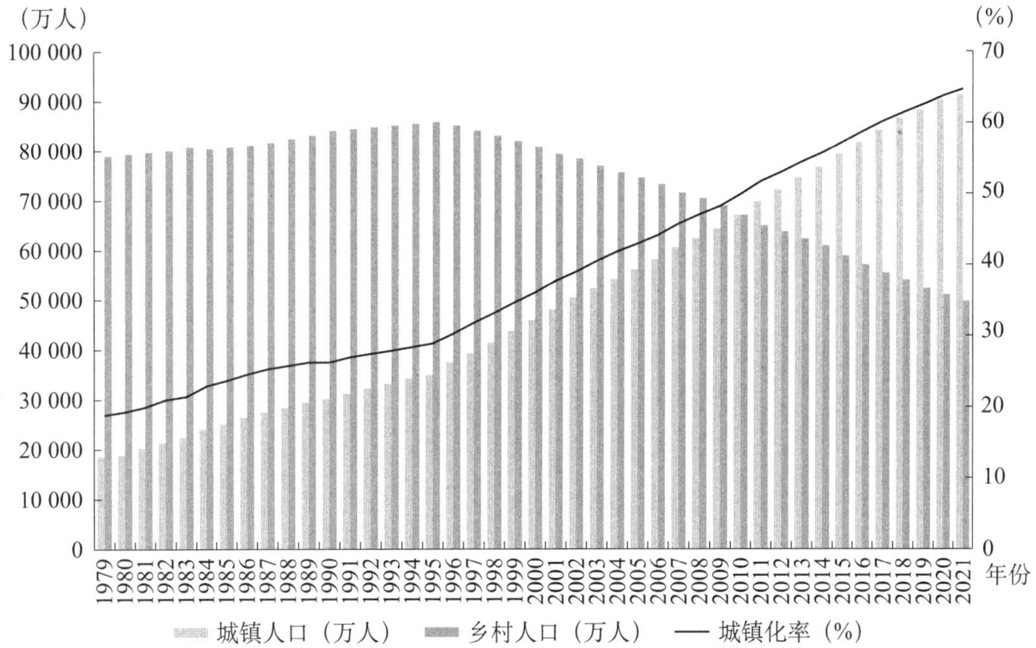

图 10－4　1979—2021 年中国城乡人口和城镇化率

资料来源：根据历年《中国统计年鉴》整理。

10.2.2　知识与学科发展

1. 西方城市规划和公共管理学科的发展

在城市规划领域，随着西方各类城市问题凸显和城市发展不确定性增强，西方出现了丰富多元的后现代城市规划思潮。后现代城市规划基于对城市经济、社会和文化复杂性的认识，呼唤以人性、文化、多元价值观等为特征的开放性和包容性规划。人们逐渐认识到城市规划不仅仅是一门技术或科学，还广泛涉及价值判断，是一项重要的公共政策，因此城市规划学与公共管理学的关系更加密切。

在公共管理领域，传统的公共行政学在第二次世界大战以后开始受到批评。如西蒙（H. A. Simon）对“政治-行政”二分进行了批判，并以“决策”为核心提出了一套全新的公共行政体系；沃尔多（D. Waldo）对传统公共行政学的组织范式和过于重视效率的做法进行了批评。20 世纪 60 年代，西方国家的社会、经济和政治危机催生了新公共行政学，它力图摈弃传统公共行政学的权威主义和以效率为中心的取向，试图建立以社会公平和社会正义为核心的民主行政，对西方国家和城市管理产生了重大影响。20 世纪 80 年代，新公共管理运动在西方各国兴起，政府积极采用企业管理理论与方法，引入市场竞争机制，提高公共管理水平及公共服务质量。这一运动不同程度地解决了发达国家面临的财政危机和信任危机，提升了政府的行政能力。① 但与此同时，新公共管理运动也带来了主体多元、权力分散、权责重叠、协调困难等管理碎片化问题，由此促进了治理理论的兴起和发展。

20 世纪 90 年代以后，针对新公共管理运动存在的问题，西方学者选择治理（governance）一词并赋予其新的含义来区别传统的管理，全球治理委员会将其定义为：各种公共和私人机构管理共同事务的诸多方式的总和，它是使相互冲突或不同的利益得以协调并且采取联合行动的持续过程。治理具有四个基本特征：（1）治理不是一整套规则，而是一种过程；（2）治理的基础不是控制，而是协调；（3）治理既涉及公共部门，也包括私人部门；（4）治理不是一种正式的制度，而是持续的互动。治理被引入西方城市领域，城市治理迅速被西方学者接受并成为西方城市研究的核心术语，其基本含义是城市政府与市民社会相互合作以促进城市发展的过程。城市治理思想认为无论哪个组织都不可能拥有足够的知识、资源和能力来独自解决城市问题，必须通过与其他组织交换知识和资源才能达成目的。因此城市政府应高度重视企业和社会组织的作用，积极与它们形成伙伴关系，共同解决城市问题、提供公共服务、增进公共利益。

2. 西方知识的影响：以田园城市思想为例

改革开放以后，各种古典的、现代的和后现代的西方城市规划与城市管理知识纷纷涌入中国，对中国城市管理产生了重要影响，本节仍以田园城市思想为例来介绍西方知识对中国的影响方式、过程和程度。

从 20 世纪 80 年代开始，田园城市思想再次进入中国，一些学术刊物陆续刊登关于田园城市思想的文章。1998 年是霍华德“田园城市思想”首次提出 100 周年，国内主流城市刊物组织专栏介绍了田园城市思想及其实践，再度兴起了田园城市思想的研究热。此后 20 多年间，田园城市思想一直是城市规划及相关学科研究的热点，并成为相关学科

① 唐兴霖，尹文嘉．从新公共管理到后新公共管理：20 世纪 70 年代以来西方公共管理前沿理论述评［J］．社会科学战线，2011（2）．

教科书的必备内容。由于教科书与考试有直接关联，所以考试制度使其进一步成为权威知识，最后内化为城市规划和管理行业的常识。田园城市思想因而在城市规划和管理的“思想丛林”和“百家争鸣”中脱颖而出，在各种思想讨论中占据优势地位。

进入 21 世纪，我国工业化和城市化加速发展导致各种城市病日益凸显，与之相伴随的是农业的落后、乡村的凋敝和生态环境的严重破坏。“三农”问题和生态文明建设成为新世纪党和国家工作的重中之重，2003 年党的十七大提出的“五个统筹”中，“统筹城乡发展”和“统筹人与自然和谐发展”与田园城市思想具有直接关联性。因此，田园城市思想再次进入中国后被广泛接受，各地纷纷以田园城市作为城市建设的愿景和目标，其中以成都 2009 年提出的“世界现代田园城市”最为典型。

近年来，面对世界百年未有之大变局，越来越多的人认识到中国的思想文化建设应立足中国性、彰显世界性，“走好中国道路”成为新时代的主旋律。与此同时，中国在城乡融合、乡村脱贫和生态环境建设等方面都取得了显著成效，不断满足人民日益增长的美好生活需要。作为对现实问题和未来需求的回应，公园城市开始取代田园城市成为中国城市发展的新目标。贵阳、江门、扬州等城市在 2015 年前后陆续提出了建设公园城市的目标。2018 年习近平总书记在成都视察后，公园城市成为更多城市的发展目标，成都于 2022 年成为我国首个“践行新发展理念的公园城市示范区”。

“公园”在“田园”所蕴含的生态性和人文性的基础上，进一步强调了人民性和公共性。近年来，“国家公园”“国家文化公园”“国家考古遗址公园”“国家农业公园”等一批与“公园”相关的空间概念迅速兴起，正在成为新时期国家治理的新载体和新表征。作为一种新的城市规划建设思想，公园城市是田园城市思想的中国式实践和时代性发展，它既延续了田园城市亲近自然、城乡一体和社会改良等美好愿望，又将中国传统的田园情结与新时代中国治国理政的政治逻辑、经济逻辑、生态逻辑、社会逻辑和文化逻辑融为一体，同时还融合了当下盛行的生态城市、低碳城市、宜居城市、包容城市、智慧城市、安全城市等概念，公园城市的发展正在引领中国城市走向新的未来。

从以上对田园城市与中国城市发展关系的梳理可以看出，中国对待西方知识的态度从根本上是源于中国的文化传统、意识形态和现实需求，是在充分结合不同时期社会文化特点和实际需要的前提下，对它们进行量体裁衣和工具化的利用。田园城市思想虽对中国城市产生了深刻影响，但其在中国的发展是“客随主变”。因此，要客观全面地把握西方知识对中国的影响，应当立足于中国的主体性地位。只有在中国发现历史，才有望在中国找到未来。

3. 我国城市管理相关学科的发展

随着城市化的快速推进，城市规划学科迅速恢复并得到快速发展。20 世纪 80 年代末，全国设有城市规划专业的院校有 10 多所，到 20 世纪 90 年代末发展到 60 所。进入 21 世纪以来，全国设置城市规划专业的高等院校数量激增，学科背景也呈现出多元化的特点，地理、园林、测绘、环境等与城市规划相关的学科不断增多。① 2006 年，中国人

---

① 赵民．改革开放 40 年之城市规划学科发展回溯与展望［J］．上海城市规划，2018（6）．

民大学建立了国内第一个公共管理学科下的城市规划与管理系，进一步丰富了我国城市规划学科的专业构成。2011 年国务院学位委员会颁布的《学位授予和人才培养学科目录》，将城乡规划学列为一级学科。城乡规划学科知识体系构建取得成效，《中国城乡规划学学科史》《城乡规划学名词》《城乡规划学科技术路线图》先后出版，分别梳理了城乡规划学知识体系的积累过程、当前的知识构成和未来演进的方向。①

城市管理学也逐渐加快发展步伐。我国市政学在 20 世纪 30 年代起步，但由于战乱和社会动荡发展缓慢。1952 年，市政学被当作资产阶级伪科学而撤销。20 世纪 80 年代，在殷体扬、夏书章、王邦佐等老一辈学者的极力呼吁和推动下，市政学得到恢复。1984 年，北京经济学院（现首都经济贸易大学）在经济学专业下开设了城市管理方向，1985 年正式设立城市管理专业，1986 年聘请著名的市政专家殷体扬担任北京经济学院教授。但 1989 年该系被合并到经济系，1993 年后停止招生。2001 年，云南大学又率先开设城市管理专业，随后北京大学、中国人民大学、中央财经大学、南开大学等 10 多所高校自主开设了城市管理专业，首都经济贸易大学的城市管理专业也重新开设。进入新时代，城市管理的人才培养更加受到重视，城市管理学科得以蓬勃发展。在 2013 年的中央城镇化工作会议上，习近平总书记指出：随着城市快速扩张和人口越来越多，城市管理难度越来越大。我们不少干部的思想观念和知识结构还不适应城市发展要求，主要靠过去的经验管理城市，甚至是靠主观意志和个人偏好管理城市，造成不少城市或多或少留着个人印记。我们的高校、党校、行政学院都要把培养一批专家型的城市管理干部作为重要任务，使他们能用科学态度、先进理念、专业知识去建设和管理城市。在 2015 年的中央城市工作会议上，习近平再次强调，致治之要，以育才为先。做好城市工作，需要一大批高素质城市干部队伍。2012 年教育部公布的《普通高等学校本科专业目录》新增城市管理专业，更多的高校开始兴办城市管理专业，仅 2012—2017 年就有 47 所高校增设这一专业。②

10. 2. 3　城市管理的演进

1. 城市权力机构的恢复

党的十一届三中全会之后，思想、政治、组织等领域全面展开拨乱反正，市党委、市人民代表大会、市政府和市政协“四大班子”得到全面恢复，重新确立了具有中国特色的现代城市管理体系。

在“文化大革命”后期，各地的城市党委已开始逐步恢复。1982 年 9 月，党的十二大通过的《中国共产党章程》再次强调了中国共产党是中国社会主义事业的领导核心，确立了城市党委对城市管理的领导权。城市党委通过城市层面的党代会讨论本地区的重大问题并作出决议，同时在城市行政机关、人民团体、经济组织、文化组织和其他非党

① 石楠．城乡规划学学科研究与规划知识体系［J］．城市规划，2021（2）．

② 刘广珠．改革开放 40 年城市管理学科的建设与发展［J］．城市管理与科技，2018（4）．

组织的领导机关中，通过设立党组发挥党对各项事业的领导核心作用。在 2015 年的中央城市工作会议上，习近平总书记进一步强调，各级党委要充分认识城市工作的重要地位和作用，主要领导要亲自抓，建立健全党委统一领导、党政齐抓共管的城市工作格局。

1979 年 6 月，五届全国人大二次会议通过了宪法修正案，重新制定了《地方各级人民代表大会和地方各级人民政府组织法》《全国人民代表大会和地方各级人民代表大会选举法》，中断了十多年的人民代表大会制度得以恢复。《地方各级人民代表大会和地方各级人民政府组织法》规定直辖市、市、市辖区的人民代表大会设立常务委员会。1982 年 12 月，五届全国人大五次会议通过的《中华人民共和国宪法》（以下简称“八二宪法”），继承和发展了“五四宪法”的基本原则，对“七八宪法”即 1978 年 3 月 5 日第五届全国人民代表大会第一次会议通过的《中华人民共和国宪法》进行了大幅度修改。这部宪法规定市和市辖区的人民代表大会是城市权力机关，市和市辖区人民政府是城市权力机关的执行机关。市和市辖区政府实行首长负责制，不再实行委员会制。中央和城市国家机构的职权划分，遵循在中央的统一领导下，充分发挥城市的主动性、积极性的原则。1982 年修正的《地方各级人民代表大会和地方各级人民政府组织法》，进一步完善了地方人民代表大会制度，扩大了地方权力机关的职权。

此后，在 1988 年、1993 年两次修正宪法和 1995 年第三次修正《地方各级人民代表大会和地方各级人民政府组织法》后，我国城市政权结构在 20 世纪 90 年代基本定型：市政权机构由市人民代表大会、市人民政府、市人民法院、市人民检察院组成。市人民代表大会是市的国家权力机关，市人民政府既是市人民代表大会的执行机关，又是市的国家行政机关，它对市人民代表大会和上一级国家行政机关负责并报告工作。市人民政府由市长、副市长、秘书长和各行政部门首长组成，市长和副市长由市人民代表大会选举产生。市人民法院是市的国家审判机关，法院院长由市人民代表大会选举和罢免，副院长、庭长、副庭长和审判员由市人民代表大会常务委员会任免。市人民检察院是市的国家法律监督机关，检察院检察长由市人民代表大会选举，但须经上一级人民检察院检察长提请该级人民代表大会常务委员会批准任命，副检察长、检察委员会委员和检察员由市人民检察院检察长提请市人民代表大会常务委员会批准。①

各级政协得到恢复并在城市管理中发挥重要作用。“八二宪法”重新肯定了政协的地位和作用，并特别强调，中国人民政治协商会议是有广泛代表性的统一战线组织，过去发挥了重要的历史作用，今后在国家政治生活、社会生活和对外友好活动中，在进行社会主义现代化建设、维护国家统一和团结的斗争中，将进一步发挥重要作用。1982 年 12 月，全国政协五届五次会议通过的《中国人民政治协商会议章程》指出，中国人民政治协商会议是我国政治生活中发扬社会主义民主的一种重要形式，根据中国共产党同各民主党派和无党派人士“长期共存，互相监督”“肝胆相照，荣辱与共”的方针，对国家的大政方针和群众生活的重要问题进行政治协商，并通过建议和批评发挥民主监督作用。在城市层面，市政协通过各种形式就城市管理的重大问题与市党委进行政治协商，参与城市管理重大问题的研究和决策，并对城市管理工作进行民主监督。

---

① 郭雪飞. 传统到现代：成都城市管理之世纪变迁 [M]. 成都：四川大学出版社，2016.

2. 城市纵向管理层级的变迁

各级革委会被撤销后，街居体系得到恢复和发展。1979 年的《地方各级人民代表大会和地方各级人民政府组织法》重新明确了街道办事处的性质。1980 年，全国人大常委会重新公布了 1954 年颁布的《城市街道办事处组织条例》和《城市居民委员会组织条例》，街道办事处和居民委员会的机构和职能得以恢复。在 20 世纪 80 年代，一些大中城市的区政府还依托街道办事处增设了一些职能部门的派出机构，形成“五所一院一场”（包括派出所、工商所、粮管所、房管所、环卫所、卫生院和菜场），街道办事处的管理和服务职能得到发展。

单位制的解体和城镇化的推进进一步强化了街道办事处的职能。伴随着企业制度、土地制度、住房分配制度、人事制度、医疗制度、就业制度等一系列制度变革以及城镇化的快速推进，单位制已经失去了存在的基础，封闭、分割、僵化的单位大院逐步打开。原来附着在单位之上的政治、经济、社会等管理和服务工作回归政府或社会。尤其是 20 世纪 90 年代初国企改制过程中，大量企业职工下岗，与他们相关的社会管理和公共服务职能由单位转移至街道办事处。再加上单位退休职工和城市流动人口的增加，街道办事处的管理和服务压力剧增，职能开始膨胀。1996 年，上海市政府提出“两级政府、三级管理”，即市区两级政府简政放权，将管理权下放到街道办事处，这一模式很快在全国各大中城市得到推广。街道办事处被赋予了更多的属地管理权和综合协调权，建立了综合执法队伍，大幅度增设机构和扩充人员编制。

“两级政府、三级管理”的体制在短时间内提高了城市管理效率，但也带来了新的问题。街道办事处具有双重角色：一是作为一级管理机构，它是上一级政府各项政策的具体执行者；二是作为一级服务机构，它承担着许多具体的社区服务事务。① 这让街道办事处经常处于顾此失彼的状态，通常是管理有余而服务不足，出现职权错位、职能超载、职责越位等问题。2009 年 6 月 27 日，十一届全国人大常委会第九次会议决定正式废除《城市街道办事处组织条例》。2010 年 7 月，铜陵市铜官区撤销街道办事处，铜陵市成为全国第一个没有街道办事处的地级市。但在绝大多数城市中，街道办事处并未撤销，仍在城市基层治理中发挥重要作用。

为解决城市管理纵向分权中街道办事处的职能异化问题，一些城市围绕街道办事处开展了各种改革活动。如北京进行了“街乡吹哨、部门报到”的改革，即街道办事处被赋予了执法召集权，一旦召集信号发出，各相关部门执法人员必须赶到执法现场，根据各自职责进行执法。南京撤销淮海路街道办事处，将与居民生活相关的公共服务交由淮海路行政事务受理中心承担，行政职能转交给区政府的其他职能部门。成都通过“还权、赋能、归位”改革，明晰街道办事处的功能定位，通过授权、委托、下移的方式，将与居民生活相关的服务事项下沉到基层便民服务平台办理，同时依托区级综合执法队实施城市综合治理。②

---

① 张冬冬．中国城市政府管理体制的结构性突破：以上海市“两级政府、三级管理”体制作为研究对象［J］．杭州师范大学学报（社会科学版），2015（1）．

② 吴侗．新中国成立 70 年来的“街道办”：变迁及其逻辑［J］．经济社会体制比较，2019（6）．

与此相伴随的是居民委员会的群众性自治组织功能被虚化。1989 年 12 月 26 日，七届全国人大常委会第十一次会议通过了《中华人民共和国城市居民委员会组织法》。按照法律规定，居民委员会是居民自我管理、自我教育、自我服务的基层群众性自治组织。但实际上，居民委员会除了要按照法律规定完成日常工作外，还要承担街道办事处和区政府派出机构交办的名目繁多的工作任务，实际上变成了各级党委和政府部门工作的执行者。居民委员会的自治功能难以实现，不能体现居民的主体意识和参与意识，因而很难得到居民的认同。尤其在物业公司和业主委员会成立后，居民委员会的地位面临着更大的挑战。

在单位制解体和街居制面临现实难题的背景下，社区制应运而生。1998 年，国务院在机构改革时将推进社区建设的职能赋予民政部。2000 年，国务院办公厅转发《民政部关于在全国推进城市社区建设的意见》，社区建设成为中国城市发展和管理的一个重要内容。[①] 社区制是对单位制和街居制的一种超越，它面向全体居民，强调服务，重视居民参与。2012 年，社区治理被正式写入党的十八大报告，社会基层治理成为新时期党和政府关注的焦点。习近平多次强调社会基层治理的重要性，指出"基层强则国家强，基层安则天下安"，要求"强化社区为民、便民、安民功能，做到居民有需求、社区有服务，让社区成为居民最放心、最安心的港湾"，提出"要把基层'强身'和机关'瘦身'有机结合起来，推动服务和管理力量向基层倾斜"。同时也强调，市民是城市建设、城市发展的主体。要尊重市民对城市发展决策的知情权、参与权、监督权，鼓励企业和市民通过各种方式参与城市建设、管理。在共建共享过程中，城市政府应该从"划桨人"转变为"掌舵人"，同市场、企业、市民一起管理城市事务、承担社会责任。只有让全体市民共同参与，从房前屋后实事做起，从身边的小事做起，把市民和政府的关系从"你和我"变成"我们"，从"要我做"变为"一起做"，才能真正实现城市共治共管、共建共享。2016 年，《关于进一步加强城市规划建设管理工作的若干意见》提出，要以社区服务型党组织建设带动社区居民自治组织和社会组织建设，要增强社区服务功能，实现政府治理和社会调节、居民自治良性互动。2017 年，中共中央、国务院发布《关于加强和完善城乡社区治理的意见》，正式确立了社区治理制度建设的主体框架，提出了"基层党组织领导、基层政府主导的多方参与、共同治理的城乡社区治理体系"的发展方向。[②]

3. 城市管理执法的变化

改革开放前，由于法律法规尚不健全，我国城市管理主要依据政策而不是法律。改革开放后，随着各个领域的法律法规不断完善，我国城市管理开始有法可依。比如在市容卫生方面，1982 年城乡建设环境保护部颁布了《城市市容环境卫生管理条例》，1986 年颁布了《城市容貌标准》，1992 年国务院颁布了《城市市容和环境卫生管理条例》。在城市规划方面，1984 年国务院颁布了《城市规划条例》，1989 年《中华人民共和国城市规划法》发布，2007 年《中华人民共和国城乡规划法》发布。随着城市的发展和城市问

---

① 张西勇，杨继武．历史制度主义视域下我国城市街道办事处的制度变迁［J］．中国行政管理，2012（12）．

② 何海兵．我国城市基层社会管理体制的变迁：从单位制、街居制到社区制［J］．管理世界，2003（6）．

题的增加，国家相关法律规章越来越多，各个城市的政府也制定了许多关于城市管理的地方性法规。但由于最初的监察和执法由相关职能部门各自负责，导致城市管理行政执法机构繁多、权责交叉重叠和重复执法。① 为了解决城市管理执法混乱的问题，一些城市开始探索推行多部门联合执法的执法体制。

1996 年 10 月 1 日施行的《中华人民共和国行政处罚法》为城市管理相对集中执法提供了法律依据。1997 年 5 月，北京市宣武区作为全国第一个试点，成立了宣武区城市管理监察大队，启动了城市管理的相对集中执法工作。1998—2000 年，北京市所有区县均组建了城市管理监察大队。2003 年 1 月，北京市城市管理综合行政执法局成立，并在市、区、街道（乡镇）三级都建立起独立的执法体系。2002 年 8 月，国务院颁布了《关于进一步推进相对集中行政处罚权工作的决定》，向全国推广北京的做法。各个城市纷纷组建了城市管理局或城市管理委员会，城市管理开始作为一个行业受到社会的普遍关注。

党的十八大以后，城市管理综合执法工作得到进一步加强。城市管理中的一些问题，主要原因在于体制机制不顺，必须通过深化改革来解决。由于缺乏系统设计，目前一些城市管理中存在“多龙治水”等乱象。2015 年 12 月，中共中央、国务院下发了《关于深入推进城市执法体制改革改进城市管理工作的指导意见》，就深入推进城市管理执法体制改革、改进城市管理工作提出了明确要求，再次强调推进综合执法，并明确了具体范围。2016 年 10 月，住房城乡建设部设立了城市管理监督局，负责拟订城市管理执法的政策法规，指导全国城市管理执法工作，开展城市管理执法行为监督。2017 年 1 月，住房城乡建设部颁布了《城市管理执法办法》，对城市管理的执法范围、执法主体、执法保障、执法规范、各部门间的协作配合、执法监督进行了规定。2021 年 1 月《中华人民共和国行政处罚法》修订，进一步确认了国家在城市管理领域推行建立的综合行政执法制度。

4. 数字化城市管理的推进

数字化城市管理是 21 世纪中国城市管理创新发展的重要内容，是利用信息技术打破传统城市管理部门和行政区划界限，推进城市管理和服务的标准化、均等化和精细化。具体做法是将管理区域按一定标准划分成若干个网格单元，将城市各种类型的部件和事件数字化并整合在网格中，依托层次分明、信息明确的数据模块，实现对网格内部件和事件管理的全时段、全方位覆盖，并通过资源整合提高管理效率和改进管理质量。

2004 年，北京市东城区被列为全国社会管理创新综合试点区，在全国首创网格化管理模式。东城区以每万平方米作为基准设置网格单元，按照完整、便利、均衡和差异性的原则，综合考虑“人、地、物、情、事、组织”等因素，将全区 17 个街道办事处、205 个社区划分为 589 个社会管理网格。东城区整合多部门的管理职能，在区一级创建“双轴心”管理体制和运行机制。“双轴心”，即监督轴和指挥轴，监督轴是城市管理监督评价中心，指挥轴是城市管理指挥中心。监督中心接收到相关信息后，进行甄别立案，

---

① 叶林，宋星洲，邓利芳．从管理到服务：我国城市治理的转型逻辑及发展趋势［J］．天津社会科学，2018（6）．

然后转批至指挥中心，由指挥中心根据问题归属派遣相关部门及专业人员进行处理。处理完毕后，指挥中心通过呼叫中心指派监督员现场核查、结案，并将处理结果上报监督中心作为评价系统的基础数据（见图 10－5）。

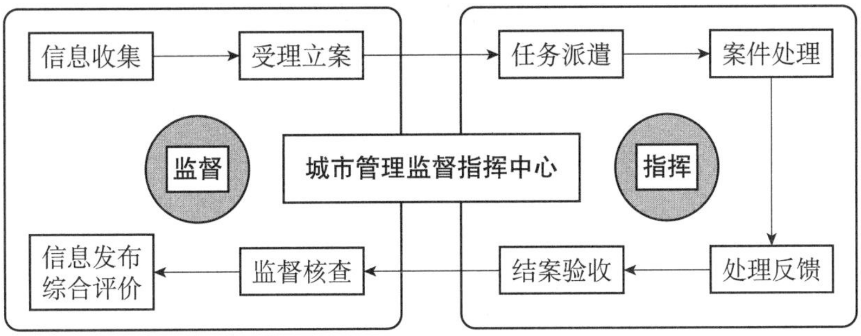

图 10－5　数字化城市管理处理流程

2005 年 7 月，建设部下发《关于推广北京市东城区数字化城市管理模式的意见》，在全国推广数字化城市管理新模式。此后，上海、南京、深圳、成都、杭州、武汉、扬州等大中城市纷纷开始试点。2006 年 11 月，建设部召开全国数字化城市管理工作会议，在总结经验的基础上进一步落实了发展数字化城市管理模式的工作部署。北京市也在东城区的基础上，确定在东城、朝阳、顺义三区开展创新综合试点。2012 年 6 月，北京市委、市政府出台了《关于推进网格化社会服务管理体系建设的意见》及实施方案，部署全市构建网格化城市服务管理体系。2015 年 8 月，北京市再次印发《关于加强北京市城市服务管理网格化体系建设的意见》，推进城市管理网、社会服务管理网、社会治安网“三网”融合发展。

2015 年中共中央、国务院发布的《关于深入推进城市执法体制改革改进城市管理工作的指导意见》，号召推进城市管理数字化、精细化、智慧化，要求我国所有市、县均整合形成数字化城市管理平台和城市公共信息平台，同时提出加快数字化城市管理向智慧化升级，实现感知、分析、服务、指挥、监察“五位一体”。2018 年，习近平总书记在上海考察时指出，一流城市要有一流治理，要注重在科学化、精细化、智能化上下功夫。既要善于运用现代科技手段实现智能化，又要通过绣花般的细心、耐心、巧心提高精细化水平，绣出城市的品质品牌。2021 年，住房城乡建设部就数字化城市管理的关键环节和重要领域制定了《城市运行管理服务平台建设指南（试行）》《城市运行管理服务平台技术标准》等技术标准文件，要求实现省级平台、市级平台与国家平台互联互通。① 同年，习近平在浙江考察时进一步强调，推进国家治理体系和治理能力现代化，必须抓好城市治理体系和治理能力现代化。运用大数据、云计算、区块链、人工智能等前沿技术推动城市管理手段、管理模式、管理理念创新，从数字化到智能化再到智慧化，让城市更聪明一些、更智慧一些，是推进城市治理体系和治理能力现代化的必由之路，前景广阔。

---

① 陆军．中国城市管理的现代化演进（2001—2021）[J]．北大政治学评论，2021（2）．

本章小结

1. 1949—1978 年，我国城市发展经历了稳步发展阶段、大起大落阶段和停滞阶段，城市管理体制经历了以军事管制为主导的时期、中国现代城市管理体制形成的时期和以革命委员会为主导的时期。在第二个时期，我国城市中开始形成由市党委、市人民代表大会、市政府和市政协“四大班子”为主体的横向权力体系和由市政府、区政府、街道办事处和公安派出所、居民委员会为主体的纵向行政管理体系，以及以单位制为主、以街居制为辅的城市基层社会管理体制，奠定了改革开放以后我国城市管理的制度和组织基础。

2. 改革开放以后，我国城市持续发展，取得了举世瞩目的成就。西方知识再次涌入中国，对我国城市管理产生了一定的影响，也促进了我国城市规划学科和城市管理专业的发展。以“四大班子”为主体的城市横向权力体系得到恢复，单位制逐步弱化，社区治理受到重视。城市管理相对集中、执法不断推进，数字化城市管理取得了显著的成效。

关键术语

县辖市　切块设市　市领导县　田园城市　邻里单位　单位制　街道办事处　居民委员会　城市户口　城市治理　两级政府　三级管理　部门报到　社区制　相对集中执法　城市管理监督局　数字化城市管理

复习思考题

1. 简述新中国成立以来中国城市发展的历程。
2. 简述军管会制度的特点及其取得的成效。
3. 分析单位制的特点及其演变过程。
4. 分析中国城市管理横向权力结构的特点及其形成过程。
5. 分析中国城市管理纵向层次的特点及其演变过程。
6. 中国当前城市管理知识和制度存在哪些问题？

人大版公共管理类教材

公共管理类专业教材——学科基础课教材

书名	作者
现代管理学原理（第三版）（“十一五”国家级规划教材）	娄成武　魏淑艳
一般管理学原理（第四版）	张康之　周　军
管理学基础（第三版）	方振邦
政治学原理（第三版）	景跃进　张小劲
现代政治学原理（第四版）	石永义　刘玉萼　张　璋
公共管理学（第二版）	陈振明
公共管理学——一种不同于传统行政学的研究途径（第二版）	陈振明
公共管理学（第三版）（数字教材版）（“十二五”国家级规划教材）	蔡立辉　王乐夫
公共管理学（精编版）	王乐夫　蔡立辉
公共管理学（第三版）	张康之　郑家昊
公共管理概论（第二版）	朱立言　谢　明
公共政策导论（第六版）（数字教材版）	谢　明
公共政策概论（第二版）	谢　明
公共政策学——政策分析的理论、方法和技术（“十一五”国家级规划教材）	陈振明
公共政策学（第二版）	杨宏山
政策科学——公共政策分析导论（第二版）	陈振明
公共经济学（第三版）（“十二五”国家级规划教材）	高培勇
公共经济学教程	秦立建
政府经济学（第四版）（“十一五”国家级规划教材）	郭小聪
政府经济学（第四版）	潘明星　韩丽华

公共管理类专业教材——方法课教材

书名	作者
公共管理研究方法	何兰萍　张俊艳
行政学研究方法与应用案例	萧鸣政　等
管理定量分析：方法与技术（第三版）	刘兰剑

公共管理类专业教材——行政管理、公共事业管理专业教材

书名	作者
行政法学导论（第二版）	姜晓萍
公共部门人力资源管理（第四版）	孙柏瑛　祁凡骅
公共部门人力资源开发与管理（第五版）（“十二五”国家级规划教材）	孙柏瑛　祁凡骅
公共部门人力资源管理（第三版）	滕玉成　于　萍
公共部门人力资源管理概论（第二版）	方振邦
公共部门人力资源管理案例	周均旭
行政管理学（第五版）（数字教材版）	郭小聪
公共行政学（第五版）	彭和平
公共行政学（第二版）	张康之　张乾友
行政学导论（第三版）	齐明山

书名	作者
	陈季修
）	范逢春
（第三版）（“十一五”国家级规划教材）	孙　萍　张　平
（第四版）	李传军
织学（第二版）	张　昕　李　泉
共组织理论	陆明远　冯　楠
公共事业管理概论（第三版）	朱仁显
公共组织财务管理（第三版）（“十一五”国家级规划教材）	王为民
国家公务员制度（第五版）（数字教材版）（“十二五”国家级规划教材）	舒　放　贾自欣
国家公务员制度概论（第二版）	刘碧强　郗永勤
公务员制度概论	李如海
公务员制度	温志强　王彦平　郝雅立
当代国家公务员制度：理论与实践	胡春艳
行政领导学（第三版）	朱立言　李国梁
领导学（第五版）	邱霈恩
领导学	孙　健
现代市政学（第五版）（数字教材版）	王佃利
市政管理学（第五版）（“十一五”国家级规划教材）	杨宏山
社区管理（第四版）	汪大海　魏　娜　郇建立
社区管理原理与案例	魏　娜
电子政务教程（第三版）（“十一五”国家级规划教材）	赵国俊
电子政府与电子政务（第二版）（“十一五”国家级规划教材）	张锐昕
行政伦理学教程（第四版）（“十二五”国家级规划教材）	张康之　李传军
公共危机管理概论（第二版）	王宏伟
公共危机管理	唐　钧
非营利组织管理（第二版）	康晓光
当代中国政府与政治（第二版）	景跃进　陈明明　肖　滨
当代中国政府与行政（第三版）	魏　娜　吴爱明
地方政府学概论（第二版）	方　雷
地方政府管理（第二版）	陈瑞莲　张紧跟
管理秘书实务（第三版）	赵锁龙
行政秘书学	唐　钧
公文写作与处理	赵国俊
机关管理的原理与方法（第三版）	赵国俊　陈幽泓
公共部门绩效管理（第二版）	方振邦
政府绩效管理（第二版）	方振邦　葛蕾蕾
政府绩效评估	蔡立辉
政府公共关系（第二版）（“十一五”国家级规划教材）	廖为建　张　宁
西方行政学理论概要（第二版）（“十一五”国家级规划教材）	丁　煌
公共行政学史（第二版）	何艳玲
西方公共管理名著导读	汪大海
文化管理学（第三版）（“十二五”国家级规划教材）	孙　萍
文化创意产业导论	魏鹏举
卫生事业管理（第二版）（“十一五”国家级规划教材）	李　鲁
现代公用事业管理	崔运武

公共管理类专业教材——劳动与社会保障专业教材

书名	作者
社会保障概论（第七版）	孙光德　董克用
社会保障学	戴卫东
劳动经济学（“十一五”国家级规划教材）	董克用　刘　昕
劳动法与社会保障法	黎建飞
社会保险学（第四版）	孙树菡　朱丽敏
社会保障基金管理	李春根
社会保障国际比较	仇雨临

公共管理类专业教材——土地资源管理专业教材

书名	作者
土地经济学（第八版）（“十一五”国家级规划教材）	毕宝德
土地法学（第二版）	严金明
土地资源学	张正峰　赵文武
土地资源管理学（第二版）	张正峰
国土空间规划学	张占录　张正峰
国土空间规划学导论	刘润秋　唐　鹏
不动产估价（第二版）（“十一五”国家级规划教材）	叶剑平　曲卫东
土地信息系统	曲卫东　韩　琼
地籍管理（第五版）（“十一五”国家级规划教材）	谭　峻　林增杰

公共管理类专业教材——城市管理专业教材

书名	作者
城市管理学（第四版）	杨宏山
城市管理学：公共视角	陆　军 等
城市经济学（第二版）	叶裕民　周　麟
城市总体规划原理	郐艳丽　田　莉
中国城市管理史概论	郑　国

公共管理类专业教材——应急管理专业教材

书名	作者
应急管理导论：原理与案例	李燕凌　朱正威 张海波　章文光
应急管理概论	王宏伟
应急管理理论与实践	唐　钧
突发事件风险管理	张小明
应急管理新论	王宏伟
新媒体时代的应急管理与危机公关	唐　钧
公共安全风险治理	唐　钧

公共管理硕士（MPA）教材——核心课教材

书名	作者
[illegible]士（MPA）核心课程教学指导纲要	全国公共管理专业学位研究生教育指导委员会
[illegible]建设理论与实践（第三版）	李景治　蒲国良
[illegible]管理英语（修订版）	顾建光
[illegible]术规范和论文写作	胡宏伟
公共管理学（第三版）（全国优秀教材二等奖）	张成福　党秀云
公共管理学原理（修订版）	陈振明
公共管理导论	竺乾威　朱春奎　李瑞昌
公共政策分析	陈振明
公共政策分析导论	陈振明
公共政策分析概论（修订版）	谢　明
公共部门经济学（第三版）	高培勇　崔　军
公共经济学	唐任伍
行政法学（修订版）	皮纯协　张成福
行政法学概论（第三版）	胡锦光
非营利组织管理概论（修订版）	王　名
非营利组织管理	王　名　王　超
公共管理伦理学（修订版）	张康之
社会研究方法	陈振明
电子政务理论与方法（第五版）	金江军
公文写作概论	高永贵

公共管理硕士（MPA）教材——专业方向必修课、选修课教材

书名	作者
公务员制度教程（第六版）	舒　放　王克良
比较政府与政治（修订版）	卓　越
当代中国政府与政治（第三版）	吴爱明　朱国斌　林　震
公共部门人力资源管理及案例教程（第三版）	陈天祥
公共部门绩效评估（修订版）	卓　越
公共部门危机管理（第三版）	张小明
应急管理通论（第二版）	李雪峰
公共部门战略管理（修订版）	陈振明
MPA 学位论文写作指南	汪大海

图书在版编目（CIP）数据

中国城市管理史概论/郑国编著. --北京：中国人民大学出版社，2025.4
新编21世纪公共管理系列教材
ISBN 978-7-300-32156-1

Ⅰ.①公… Ⅱ.①郑… Ⅲ.①城市管理-城市史-中国-高等学校-教材 Ⅳ.①K928.5

中国国家版本馆CIP数据核字（2023）第176455号

新编21世纪公共管理系列教材
中国城市管理史概论
郑 国 编著
Zhongguo Chengshi Guanlishi Gailun

出版发行	中国人民大学出版社		
社　　址	北京中关村大街31号	**邮政编码**	100080
电　　话	010－62511242（总编室）		010－62511770（质管部）
	010－82501766（邮购部）		010－62514148（门市部）
	010－62515195（发行公司）		010－62515275（盗版举报）
网　　址	http://www.crup.com.cn		
经　　销	新华书店		
印　　刷	北京密兴印刷有限公司		
开　　本	787 mm×1092 mm　1/16	**版　　次**	2025年4月第1版
印　　张	15 插页1	**印　　次**	2025年4月第1次印刷
字　　数	336 000	**定　　价**	55.00元

中国人民大学出版社　管理分社

教师教学服务说明

中国人民大学出版社管理分社以出版工商管理和公共管理类精品图书为宗旨。为更好地服务一线教师，我们着力建设了一批数字化、立体化的网络教学资源。教师可以通过以下方式获得免费下载教学资源的权限：

★ 在中国人民大学出版社网站 www.crup.com.cn 进行注册，注册后进入“会员中心”，在左侧点击“我的教师认证”，填写相关信息，提交后等待审核。我们将在一个工作日内为您开通相关资源的下载权限。

★ 如您急需教学资源或需要其他帮助，请加入教师 QQ 群或在工作时间与我们联络。

中国人民大学出版社　管理分社

教师 QQ 群： 648333426(工商管理)　114970332(财会)　648117133(公共管理)
教师群仅限教师加入，入群请备注（学校+姓名）

联系电话： 010-62515735，62515987，62515782，82501048，62514760

电子邮箱： glcbfs@crup.com.cn

通讯地址： 北京市海淀区中关村大街甲 59 号文化大厦 1501 室（100872）

管理书社　　人大社财会　　公共管理与政治学悦读坊